कालंजर दुर्ग

अभिलेख एवं धार्मिक महत्व

कालंजर दुर्ग

अभिलेख एवं धार्मिक महत्त्व

डॉ. अरविन्द कुमार सिंह
डॉ. राजेन्द्र यादव
डॉ. सुभाष चन्द्र यादव

AAYU PUBLICATIONS
New Delhi

Cataloging in Publication Data--DK

Courtesy: D.K. Agencies (P) Ltd. <docinfo@dkagencies.com>

Singh, A. K. (Arvind Kumar), 1959- **author.**
Kālañjara Durga : abhilekha evaṃ dhārmika mahatva / Ḍr. Aravinda Kumāra Siṃha, Ḍr. Rājendra Yādava, Ḍr. Subhāsha Candra Yādava.
pages cm
In Hindi.
On the inscriptions and religious glory of Kalanjar Fort located in Kalanjar city in Bānda District of Uttar Pradesh, India.
Includes bibliographical references.
ISBN 9789389381245

1. Kālinjar Fort (Kalanjar, India)--History. 2. Inscriptions, Indic--India--Kalanjar. 3. Hindu antiquities--India--Kalanjar. 4. Kalanjar (India)--Religion. I. Yadav, Rajendra (Archaeologist), author. II. Yādava, Subhāsha Candra, 1974- author. III. Title.

LCC DS486.K2655S56 2021 | DDC 954.2 23

Published by:

AAYU PUBLICATIONS
D-134, Agar Nagar, Prem Nagar-III
New Delhi-110086
Tel: 09910728725, 09654504227
Email: aayupublication@gmail.com
www.aayupublications.com

कालंजर दुर्ग : अभिलेख एवं धार्मिक महत्व

Edition 2021
ISBN: 978-93-89381-24-5

PRINTED IN INDIA

Printed at: Unitech Graphic Point, Delhi

प्राक्कथन

उत्तर प्रदेश के बांदा जिले में स्थित प्रसिद्ध पावन, ध्यान एवं तप स्थल कालंजर का सुदृढ़ दुर्ग (अक्षांश 25°1' उत्तर; देशांतर 80°29' पूर्व) विंध्य की सुरम्य पहाड़ियों के मध्य समुद्र तल से लगभग 381 मीटर ऊंचायी पर 5.7 किलोमीटर की परिधि में फैला हुआ है। संरचना, दृढ़ता, जल-ब्यवस्था, सैन्य संचालन जैसी विशेषताओं के कारण यह दुर्ग अजेय माना जाता रहा है। सामरिक महत्व के साथ-साथ इस स्थान का धार्मिक महत्व भी है, जो वैदिक काल से अपनी पवित्रता एवं रमणीयता के लिए विख्यात है। कालंजर तथा नीलकण्ठ नाम में ही यहां की धार्मिक महिमा निहित है। कालंजर, काल (समय) एवं जर (विजय) रूपी दो शब्दों से मिलकर बना है, जिसका तात्पर्य है जिसने काल या समय पर विजय प्राप्त कर ली हो। सागर मंथन से उत्पन्न विष से जगत को सुरक्षा प्रदान करने के लिए विषपान करने के बाद भगवान शिव द्वारा अपने कण्ठ में रोके रखने के कारण उनका कण्ठ नीला पड़ गया जिससे वे नीलकण्ठ कहलाये। जिस स्थान पर उन्होने विषरूपी काल पर विजय अर्जित की वह कालंजर नाम से जाना गया और वहां के देव शिव नीलकण्ठ के रूप में लोकविश्रुत हुए। शिव के इस महीमामयी क्षेत्र में सभी देवों का वास बतलाया गया है। अनादि काल से सिद्ध तपो भूमि, परम पुनीत, पापनाशक, पितरों का उद्धारक, शांति दायक, दर्शन मात्र से मुक्ति प्रदायक कालंजर में मानवता के उच्च आदर्श स्थापित हुए।

कालंजर के पश्चिम में यमुना की सहायक नदी बाघिनी प्रवाहित है तथा पूर्व एवं दक्षिण भाग वनाच्छादित है। आदितीर्थ के रूप में विख्यात पापनाशक लोकविश्रुत अवमुक्त क्षेत्र कालंजर पहाड़ी को पाषाण निर्मित रक्षा प्राचीर से परिवेष्टित कर विभिन्न दरवाजों से सुरक्षित किया गया है। दुर्ग का मुख्य प्रवेश द्वार उत्तर में है जिसे आलम दरवाजा, गणेश दरवाजा, चण्डी दरवाजा, बुद्ध-भद्र दरवाजा, हनुमान दरवाजा, लाल दरवाजा एवं बड़ा दरवाजा से सुरक्षित किया गया है। मुख्य दरवाजा के अतिरिक्त कटरा दरवाजा पश्चिम में तथा पन्ना दरवाजा दक्षिण-पूर्व में निर्मित है। जल आपूर्ति हेतु कोटितीर्थ, बुढ्ढा-बुढ्ढी, शनिचरी, मदार, खम्भोरन, रामकटोरा, बिजली, तेलयानी, बरदाही, दाई, तकिया, सूबेदार जैसे तालाब, स्वर्गारोहण, सीता, पाण्डु, सूर्य जैसे कुण्ड, मृग्धारा, मीनधारा, गंगा सागर, पाताल गंगा, भगवान-की-झिरिया, पानी-का-अमान, भैरो-की-झिरिया जैसे प्राकृतिक एवं मानव निर्मित जलस्रोतों का प्रावधान है। यहां के प्राकृतिक वैभव एवं महिमा ने ऋषियों, मुनियों, तपस्वियों, ध्यानियों, योगियों, उपासकों, श्रद्धालुओं तथा अन्य को अपनी ओर आकर्षित किया। सर्वसुविधायुक्त कालंजर गिरि पर निवास करने वाले तथा आने वाले व्यक्तियों ने अपनी गतिविधियों के साक्ष्य छोड़ रखे हैं।

कालंजर दुर्ग के वैभवशाली अतीत की गाथा वहां की पुरातात्विक सामग्रियों के रूप में विद्यमान है। प्राचीन भारतीय इतिहास के अनन्य स्रोत अभिलेखों की दृष्टि से यह स्थल विविध कालों के अनेकानेक अभिलेखों की उपलब्धता के कारण न केवल उत्तर प्रदेश के बल्कि उत्तर भारत के स्मारकों में अपना विशिष्ट स्थान रखता है। उन्नीसवीं शताब्दी ई० के आरम्भिक चरण में कालंजर के अभिलेख प्रकाश में आने के बाद विगत तीन शताब्दियों में समय-समय पर यहां के अभिलेखों का प्रकाशन होता रहा है। उन्नीसवीं, बीसवीं एवं इक्कीसवीं शताब्दी ई० में विद्वानों द्वारा अनेक अभिलेख तलाशे एवं सम्पादित किये गये। रेडेनहल्ल राबर्ट पागसन, एफ० मैसी, एडविन

टी० एट्किन्सन, अलेक्जेण्डर कनिंघम, एवं एल्वायस एन्टोन फुहरर ने अपने कालंजर सम्बन्धी वृतांत में वहां के अभिलेखों की चर्चा की है। बीसवीं शताब्दी ई० के आरम्भ में एफ० किलहार्न ने चण्डी दरवाजा में लगे मंदिर के पाषाण खण्ड पर अंकित उदयन के लेख के प्रथम श्लोक की जानकारी प्रदान की। कालान्तर में सन्त लाल कटारे ने संवत् 1147 के एक चन्देल अभिलेख का सम्पादन किया, हरिहर विट्ठल त्रिवेदी ने अपने अभिलेख संग्रह में चन्देल शासकों के समय के कालंजर के आठ अभिलेखों को समाहित किया, तथा कृष्ण कुमार ने कुछ अभिलेखों की जानकारी उपलब्ध करवाते हुए बुन्देला शासक प्रतापरुद्रदेव के पत्थर महल मस्जिद में लगे अभिलेख का सम्पादन किया। इक्किसवीं शताब्दी ई० में, पीटर सी० बिशप ने चन्देलों के पूर्व के दो अभिलेखों का विवरण प्रस्तुत् किया है, तथा हन्स टी० बेकर ने कुछ छोटे अभिलेखों के पाठ में सुधार करते हुए उनकी प्रासंगिक विवेचना की है। देवी प्रसाद दुबे एवं आशीष कुमार दुबे ने चन्देल शासक परमर्दिदेव के एक अभिलेख का सम्पादन किया है, तथा विजय कुमार एवं अन्य ने कालंजर के कुछ अभिलेखों का प्रलेखन किया है। संक्षेप में, अभी तक कालंजर के कुछ पूर्व चन्देल कालिक, नौ चन्देल, एक बुन्देला, तथा कुछ परवर्ती काल के अभिलेखों का ही प्रकाशन किया जा सका है। किंतु धार्मिक इतिहास की दृष्टि से महत्वपूर्ण विभिन्न कालों के (तीसरी से सत्रहवीं शताब्दी ई० तक तथा उसके बाद के भी) अनेकानेक तीर्थयात्री एवं अन्य लेखों का संपादन अभी तक नहीं हुआ है, जिससे स्पष्ट है कि भारतीय इतिहास लेखन में कालंजर के अभिलेखों को यथोचित स्थान प्राप्त नहीं हो सका है। प्राचीन भारतीय इतिहास लेखन के लिए सर्वाधिक विश्वसनीय साक्ष्य अभिलेखों का प्रस्तुत् व्यापक अध्ययन निश्चितत: ऐतिहासिक दृष्टि से अत्यन्त उपयोगी सिद्ध होगा, ऐसा मेरा विश्वास है।

कालंजर के शैलाश्रय एवं शैलोत्कीर्ण गुहाएं शैवाचार्यों एवं अन्य साधुओं के आवास तथा पूजागृह के रूप में उपयोग में लायी जाती थी, जिनके सन्दर्भ में जानकारी नीलकण्ठ तथा मृग्धारा क्षेत्र के लेखों से उपलब्ध है। विविध समयों में पूजा के लिए निर्मित गुहाओं की दीवार पर शिव तथा उनके परिवार देवताओं, नंदी और शैवाचार्यों का अंकन हुआ है। कालंजर के शिल्प अवशेषों तथा अभिलेखीय विवरणों से मंदिर-मूर्तियों का निर्माण चौथी शताब्दी ई० से आरम्भ हुआ जान पड़ता है, यद्यपि इससे भी पहले तीसरी शताब्दी ई० के एक लेख से अर्चना में तल्लीन उदयन की जानकारी उपलब्ध है। मध्यकाल में इस दुर्ग में अनेक महलों एवं मस्जिदों का निर्माण करवाया गया। विविध समयों में निर्मित वैविध्यपूर्ण स्थापत्य एवं मूर्तिशिल्प कालंजर के सांस्कृतिक सद्भाव एवं समन्वय को प्रदर्शित करने के साथ कालंजर के गौरवपूर्ण धार्मिक इतिहास को व्यक्त करते हैं। शिल्पियों ने स्थानीय धार्मिक और सामाजिक परम्परा का निर्वाह करते हुए कला निष्पादन में शिवलिंगों का सर्वाधिक संख्या में निर्माण किया हुआ है। लकुलिश तथा शैवाचार्यों या पाशुपतों की बहुसंख्यक मूर्तियों के निर्माण में लकुलीश सम्प्रदाय का प्रभाव दिखता है। निर्माण कार्यों में शास्त्रीय परम्परा के साथ स्थानीय एवं जनजातीय प्रभाव भी दिखता है।

धार्मिक रूप से कालंजर के वैदिक काल में ही प्रतिष्ठित होने की चर्चा है। पौराणिक विवरण और महाकाव्य में यहां की धार्मिक महिमा का विविध रूपों में उल्लेख हुआ है। कालंजर से ज्ञात अभिलेख कलचुरि, पाण्डव, प्रतिहार, चन्देल, बुन्देल, बघेल, आदि राजवंश के शासकों की राजकीय उपलब्धियों के साथ-साथ धार्मिक क्रियाकलापों का भी विवरण प्रस्तुत् करते हैं। राजकीय लेखों की अपेक्षा बहुत अधिक संख्या तीर्थयात्री लेखों की है, जिनसे विविध समय में कालंजर पधारे तीर्थयात्रियों द्वारा नीलकण्ठ एवं अन्य देवों के साथ कोटितीर्थ आदि के अभिवादन की जानकारी मिलती है। एक ही व्यक्ति द्वारा अनेक देवों के प्रणाम निवेदन से बहुदेववाद एवं धार्मिक सद्भाव की झलक मिलती है। अभिलेखों का प्रस्तुत् अध्ययन न केवल कालंजर की धार्मिक गतिविधियों को जानने की दृष्टि से महत्वपूर्ण है बल्कि स्थानीय स्तर पर किया गया यह प्रयास विन्ध्य क्षेत्र तथा भारत के धार्मिक इतिहास को विस्तार से समझने में सहायक हो सकता है।

वर्ष 2019 के अंत में डॉ० राजेन्द्र यादव एवं डॉ० सुभाष चन्द्र यादव के साथ कालंजर भ्रमण के समय वहां की अपार पुरासम्पदा ने हम लोगों को इतना अधिक प्रभावित किया कि उसी समय अंग्रेजी भाषा में उनकी जानकारी उपलब्ध करवाने के साथ हिन्दी भाषा के अध्येयताओं को विपुल अभिलेखीय सामग्री एवं धार्मिक महत्व से परचित करवाने का निर्णय लिया गया। प्रस्तुत् पुस्तक उसी सोच का परिणाम है, जिसमें प्रथम अध्याय का लेखन कार्य डॉ० राजेन्द्र यादव तथा डॉ० सुभाष चन्द्र यादव द्वारा एवं शेष अध्यायों का मेरे (डॉ० अरविन्द कुमार सिंह) द्वारा किया गया है। इस पुस्तक के माध्यम से कालंजर के अधिकांश अभिलेखों से पाठक प्रथम बार परचित होगें, जो क्षेत्रीय इतिहास की समझ एवं आगे के अध्ययन में सहायक सिद्ध हो सकता है।

पुस्तक लेखन में कुछ पुस्तकों एवं लेखों से महत्वपूर्ण जानकारी प्राप्त हुयी है। उनका विवरण अन्त में सम्मिलित संदर्भ ग्रंथ सूची में तथा यथास्थान दिया हुआ है। इन स्रोतों तथा उनके लेखकों के प्रति हम आभारी हैं। साक्ष्यों का संकलन संस्थाओं एवं व्यक्तियों के सहयोग के बिना सम्भव नहीं हो सकता था। कालंजर की पुरासम्पदा के अध्ययन की अनुमति प्रदान करने के लिए हम भारतीय पुरातत्त्व सर्वेक्षण के आभारी हैं। कालंजर दुर्ग के अधिकारियों एवं कर्मचारियों का असीम सहयोग सर्वेक्षण एवं पुरासम्पदाओं के छायांकन में प्राप्त हुआ है। कालंजर के पुरासामग्रियों के अध्ययन की परिकल्पना भी भारतीय पुरातत्त्व सर्वेक्षण मुम्बई परिक्षेत्र के प्रभारी अधीक्षण पुरातत्त्वविद डॉ० राजेन्द्र यादव के सहयोग के बिना नहीं की जा सकती थी। लखनऊ परिक्षेत्र के प्रभारी अधीक्षण पुरातत्त्वविद श्री मनोज सक्सेना, कालंजर दुर्ग पर कार्यरत श्री कमलेश कुमार पंगति, श्री सत्येन्द्र कुमार, श्री बाबुराम यादव, श्री राजकेश तथा श्री राजाराम द्वारा प्रदत्त सहयोग के लिए हम उनके आभारी हैं। साथ ही हम उन सभी संस्थाओं एवं व्यक्तियों के प्रति धन्यवाद ज्ञापित करना चाहते हैं जिनका सहयोग जाने-अनजाने किसी भी रूप में पुस्तक लेखन में प्राप्त हुआ है।

अल्प समय में पुस्तक के स्वच्छ एवं आकर्षक प्रकाशन के लिए आयु पब्लिकेशन्स के श्री ओम प्रकाश सिंह के प्रति हम अपना आभार प्रकट करते हैं।

ग्वालियर
25 दिसम्बर 2020

अरविन्द कुमार सिंह

अनुक्रमणिका

प्राक्कथन *v*

चित्र विवरण *xi*

1. ऐतिहासिक पृष्ठभूमि 1
राजेन्द्र यादव एवं सुभाष चन्द्र यादव

2. पश्चिम क्षेत्र के अभिलेख एवं धार्मिक महत्व 18
अरविन्द कुमार सिंह

3. मध्य क्षेत्र के अभिलेख एवं धार्मिक महत्व 148
अरविन्द कुमार सिंह

4. उत्तर क्षेत्र के अभिलेख एवं धार्मिक महत्व 219
अरविन्द कुमार सिंह

5. पूर्व क्षेत्र के अभिलेख एवं धार्मिक महत्व 248
अरविन्द कुमार सिंह

6. दक्षिण तथा तलहटी क्षेत्र के अभिलेख एवं धार्मिक महत्व 263
अरविन्द कुमार सिंह

7. पावन तीर्थ क्षेत्र कालंजर 283
अरविन्द कुमार सिंह

ग्रन्थ सूची 296

चित्र विवरण

चित्र 1.	कालंजर गिरि दुर्ग	2
चित्र 2.	मंदिर एवं मठ	5
चित्र 3.	कालंजर दुर्ग स्थित प्रमुख स्थल मानचित्र	20
चित्र 4.	परमाल दरवाजा स्तम्भ लेख, संवत् 1579	22
चित्र 5.	परमाल दरवाजा स्तम्भ लेख, संवत् 1676	24
चित्र 6.	परमाल दरवाजा स्तम्भ लेख	24
चित्र 7.	परमाल दरवाजा स्तम्भ लेख, संवत् 1547	26
चित्र 8.	हलोहर का परमाल दरवाजा स्तम्भ लेख	28
चित्र 9.	नीलकण्ठ मंदिर मार्ग लेख	30
चित्र 10.	वैकुण्ठपट अभिलेख, संवत् 1154	31
चित्र 11.	नीलकण्ठ मंदिर लेख, संवत् 1251	32
चित्र 12.	जिनसेन का नीलकण्ठ मंदिर लेख	33
चित्र 13.	नीलकण्ठ मंदिर लेख, संवत् 1597	33
चित्र 14.	गरुडी एवं वासुदेवी का नीलकण्ठ मंदिर लेख	34
चित्र 15.	कीर्त्तिवासुदेव तथा भावसोमेश्वर गुरु का गुहा मंदिर लेख	34
चित्र 16.	नरसिंह का गुहा मंदिर लेख, संवत् 1194	35
चित्र 17.	दिउव का गुहा मंदिर लेख	36
चित्र 18.	जाल्ह का गुहा लेख, संवत् 1194	36
चित्र 19.	महाउत का नीलकण्ठ मंदिर लेख	37
चित्र 20.	मदनवर्मा के समय का नीलकण्ठ मंदिर लेख, संवत् 1188	37
चित्र 21.	नृसिंह का नीलकण्ठ मंदिर लेख, संवत् 1194	39
चित्र 22.	गांगु एवं श्रीपत्वण का नीलकण्ठ मंदिर लेख, संवत् 1147	42
चित्र 23.	असगरी का लकुलीश प्रतिमा के पास का लेख	42
चित्र 24.	मुखलिंग के पास का खण्डित लेख	43
चित्र 25.	सिद्धरसि का नीलकण्ठ मंदिर लेख	44
चित्र 26.	मदनवर्मा के समय का लेख, संवत् 1186	46

चित्र 27.	सेवराज का नीलकण्ठ मण्डप लेख	47
चित्र 28.	जसपाल एवं लखणावती का मण्डप लेख	48
चित्र 29.	जिनदास का मण्डप लेख	49
चित्र 30.	नील का मण्डप लेख	49
चित्र 31.	नीलकण्ठ मण्डप लेख	50
चित्र 32.	मण्डप लेख, संवत् 1213	50
चित्र 33.	मण्डप लेख, संवत् 1222	51
चित्र 34.	तीकन का मण्डप लेख	54
चित्र 35.	मण्डप लेख, संवत् 1570	54
चित्र 36.	मण्डप लेख, संवत् 1619	55
चित्र 37.	ठक्कुर गाग का मण्डप लेख	55
चित्र 38.	साभठ का मण्डप लेख	56
चित्र 39.	ताल्ह का मण्डप लेख	56
चित्र 40.	नारायण का मण्डप लेख	57
चित्र 41.	पाल्हण का मण्डप लेख	57
चित्र 42.	गजोवनी एवं लाण्ह का मण्डप लेख	57
चित्र 43.	वलिप, सिव एवं वनश्रय का मण्डप लेख	60
चित्र 44.	कुकुहा का मण्डप लेख	61
चित्र 45.	दौम का मण्डप लेख	61
चित्र 46.	हलुड का मण्डप लेख	62
चित्र 47.	सक का मण्डप लेख	62
चित्र 48.	नीलकण्ठ मंदिर मण्डप अभिलेख	62
चित्र 49.	मण्डप लेख, संवत् 1194	63
चित्र 50.	कामता सिंह का मण्डप लेख	63
चित्र 51.	वाम्हट का मण्डप लेख	64
चित्र 52.	नीलकण्ठ मण्डप लेख	64
चित्र 53.	मीत्र का मण्डप लेख	65
चित्र 54.	नीलकण्ठ मण्डप का तीर्थयात्री लेख	65
चित्र 55.	प्रभाकर का मण्डप लेख	65
चित्र 56.	मण्डप लेख, संवत् 1541	67
चित्र 57.	मण्डप लेख, संवत् 1407	68
चित्र 58.	मण्डप लेख, संवत् 1576	69
चित्र 59.	मण्डप लेख, संवत् 1540	70

चित्र 60.	उरुइ एवं विरनी का मण्डप लेख	73
चित्र 61.	मण्डप लेख, संवत् 1546	73
चित्र 62.	मण्डप लेख, संवत् 1538	74
चित्र 63.	मण्डप लेख, संवत् 1567	75
चित्र 64.	मण्डप लेख, संवत् 1547	77
चित्र 65.	परमर्दिदेव का अभिलेख, संवत् 1258	79
चित्र 66 अ.	वीरवर्मन का खण्डित अभिलेख	86
चित्र 66 ब.	वीरवर्मन का खण्डित अभिलेख	86
चित्र 67.	देबीदीन का नीलकण्ठ मंदिर लेख	88
चित्र 68.	महण एवं सिमा का नीलकण्ठ मंदिर लेख	89
चित्र 69.	नीलकण्ठ मंदिर का तीर्थयात्री लेख	89
चित्र 70.	घोलु का नीलकण्ठ मंदिर लेख	90
चित्र 71.	भुवन का नीलकण्ठ मंदिर लेख	90
चित्र 72.	नीलकण्ठ मंदिर का शिवलिंग लेख	91
चित्र 73.	नीलकण्ठ मंदिर का तीर्थयात्री लेख	91
चित्र 74.	वत्सराज का नीलकण्ठ मंदिर लेख	92
चित्र 75.	कुल तथा दिक का नीलकण्ठ मंदिर लेख	92
चित्र 76.	उधरण का नीलकण्ठ मंदिर लेख	92
चित्र 77.	ईश्वर का नीलकण्ठ मंदिर लेख	93
चित्र 78.	पाहुल का नीलकण्ठ मंदिर लेख	93
चित्र 79.	वछराज का नीलकण्ठ मंदिर लेख	93
चित्र 80.	कुवर का नीलकण्ठ मंदिर लेख	94
चित्र 81.	हरि का नीलकण्ठ मंदिर लेख	94
चित्र 82.	कीर्त्तिवर्मन के समय का अभिलेख, संवत् 1147	95
चित्र 83.	देवपाल का नीलकण्ठ मंदिर लेख	97
चित्र 84.	गाग का नीलकण्ठ मंदिर लेख	97
चित्र 85.	सोढ का नीलकण्ठ मंदिर लेख	97
चित्र 86.	भोणपाल का नीलकण्ठ मंदिर लेख	98
चित्र 87.	वासुल एवं कूके का नीलकण्ठ मंदिर लेख	98
चित्र 88.	नीलकण्ठ मंदिर का तीर्थयात्री लेख	98
चित्र 89.	वाणंद का नीलकण्ठ मंदिर लेख	99
चित्र 90.	कुमरपाल का नीलकण्ठ मंदिर लेख	99
चित्र 91.	कील्हण का नीलकण्ठ मंदिर लेख	99

चित्र 92.	श्रीपती का नीलकण्ठ मंदिर लेख	100
चित्र 93.	रजपाल का नीलकण्ठ मंदिर लेख	100
चित्र 94.	जाल्हण का नीलकण्ठ मंदिर लेख	100
चित्र 95.	गंगु का नीलकण्ठ मंदिर लेख	101
चित्र 96.	गगह सुतक का नीलकण्ठ मंदिर लेख	101
चित्र 97.	नीलकण्ठ मंदिर के बगल के प्रकोष्ठ का लेख, संवत् 1619	103
चित्र 98.	नीलकण्ठ मंदिर के बगल के प्रकोष्ठ का लेख, संवत् 1619	103
चित्र 99.	सुरक्षा प्रहरी कक्ष का तीर्थयात्री लेख	104
चित्र 100.	सुरक्षा प्रहरी कक्ष का तीर्थयात्री लेख, संवत् 1619	105
चित्र 101.	सुरक्षा प्रहरी कक्ष लेख, संवत् 1593	106
चित्र 102.	सुरक्षा प्रहरी कक्ष लेख, संवत् 1593	106
चित्र 103.	सुरक्षा प्रहरी कक्ष लेख, संवत् 1619	107
चित्र 104.	रतन का सुरक्षा प्रहरी कक्ष लेख	107
चित्र 105.	सुरक्षा प्रहरी कक्ष लेख, संवत् 1593	108
चित्र 106.	सुरक्षा प्रहरी कक्ष लेख, संवत् 1583	110
चित्र 107.	सुरक्षा प्रहरी कक्ष लेख, संवत् 1593	111
चित्र 108.	सुरक्षा प्रहरी कक्ष लेख, संवत् 1593	112
चित्र 109.	सुरक्षा प्रहरी कक्ष लेख, संवत् 1593	112
चित्र 110.	वकट एवं राणे का सुरक्षा प्रहरी कक्ष लेख	113
चित्र 111.	दासवाह का सुरक्षा प्रहरी कक्ष लेख	114
चित्र 112.	स्वर्गारोहण जलाशय लेख, संवत् (11)54	116
चित्र 113.	स्वर्गारोहण जलाशय लेख, संवत् 1194	120
चित्र 114.	सती स्मारक लेख	121
चित्र 115.	कालभैरव प्रतिमा के पास का लेख, संवत् 1618	123
चित्र 116.	कालभैरव प्रतिमा के पास का लेख, संवत् 1618	123
चित्र 117.	कालभैरव प्रतिमा के पास का लेख, संवत् 1618	124
चित्र 118.	कालभैरव प्रतिमा के पास का लेख, संवत् 1541	124
चित्र 119.	सिद्ध की गुहा (गुहा 7) सरदल लेख	125
चित्र 120.	गुहा 7 सरदल लेख, संवत् 1544	126
चित्र 121.	उदैदेव का गुहा 7 सरदल लेख	126
चित्र 122.	गुहा 7 द्वार लेख	126
चित्र 123.	विक्रम का गुहा 7 द्वार लेख	127
चित्र 124.	गुहा 7 द्वार लेख	127

चित्र 125.	गुहा 7 लेख, संवत् 1593	128
चित्र 126.	घीरमचंद्र का गुहा 7 स्तम्भ लेख	128
चित्र 127.	केशव एवं लक्ष्मण का शिलालेख	129
चित्र 128.	गोचर का शिलालेख	130
चित्र 129.	कमगण गुहा लेख	130
चित्र 130.	व्रह्मज गुहा लेख	131
चित्र 131.	करमछ गुहा लेख	132
चित्र 132.	कमगण गुहा लेख	132
चित्र 133.	किधुशाकगण लेख	133
चित्र 134.	व्रह्म गुहा लेख	134
चित्र 135.	शंख लिपि लेख	135
चित्र 136.	संवत् 1593 का लेख	136
चित्र 137.	कुथि का शिलालेख	137
चित्र 138.	भूवराह प्रतिमा लेख	138
चित्र 139.	कटरा दरवाजा लेख, संवत् 1551	139
चित्र 140.	कटरा दरवाजा लेख, संवत् 1551	139
चित्र 141.	कटरा दरवाजा लेख, संवत् 1514	140
चित्र 142.	कटरा दरवाजा लेख, संवत् 1529	140
चित्र 143.	कटरा दरवाजा लेख, संवत् 1218	141
चित्र 144.	कटरा दरवाजा लेख, संवत् 1334	141
चित्र 145.	कटरा दरवाजा लेख, संवत् 1600	142
चित्र 146.	कटरा दरवाजा तीर्थयात्री लेख	142
चित्र 147.	नीलकण्ठ मंदिर खण्डित स्तम्भ लेख, संवत् 1187 (साभार, कनिंघम)	144
चित्र 148.	वसन्त का कोटितीर्थ लेख	148
चित्र 149.	भरमु एवं मक का कोटितीर्थ लेख	149
चित्र 150.	शंख लिपि लेख	150
चित्र 151.	मूर्ति के ऊपर लेख	150
चित्र 152.	कोटितीर्थ लेख, संवत् 1660	151
चित्र 153.	कोटितीर्थ लेख, संवत् 1551	152
चित्र 154.	कोटितीर्थ लेख, संवत् 1545	152
चित्र 155.	होला तथा गोपी दुबे का कोटितीर्थ लेख	153
चित्र 156.	कोटितीर्थ लेख, संवत् 1551	154
चित्र 157.	कोटितीर्थ लेख, संवत् 1673	155

चित्र 158.	कोटितीर्थ लेख, संवत् 1706	156
चित्र 159.	कोटितीर्थ लेख, संवत् 1727	157
चित्र 160.	राम-जानकी मंदिर लेख	158
चित्र 161.	राम-जानकी मंदिर लेख, संवत् 1623	159
चित्र 162.	राम-जानकी मंदिर लेख, संवत् 1625	160
चित्र 163.	राम-जानकी मंदिर लेख, संवत् 1625	160
चित्र 164.	केवलदास का राम-जानकी मंदिर लेख	161
चित्र 165.	राम-जानकी मंदिर लेख, संवत् 1619	162
चित्र 166.	राम-जानकी मंदिर लेख, संवत् 1627	162
चित्र 167.	कोटितीर्थ लेख, संवत् 1600	164
चित्र 168.	कोटितीर्थ लेख, संवत् 1511	165
चित्र 169.	त्रिलोखी का कोटितीर्थ लेख	166
चित्र 170.	कोटितीर्थ लेख, संवत् 1599	166
चित्र 171.	कोटितीर्थ लेख, संवत् 1562	167
चित्र 172.	शंख लिपि लेख	167
चित्र 173.	शंख लिपि लेख	168
चित्र 174.	शंख लिपि लेख	168
चित्र 175.	जय तथा रमा का कोटितीर्थ लेख	168
चित्र 176.	खण्डित शंख लिपि लेख	169
चित्र 177.	शंख लिपि लेख	170
चित्र 178.	माहिल का कोटितीर्थ लेख	170
चित्र 179.	कोटितीर्थ लेख	172
चित्र 180.	पत्थर महल मस्जिद लेख, संवत् 1562	174
चित्र 181.	पत्थर महल मस्जिद लेख, संवत् 1421	175
चित्र 182.	पत्थर महल मस्जिद लेख, संवत् 1566	176
चित्र 183.	पत्थर महल मस्जिद का तीर्थयात्री लेख	177
चित्र 184.	प्रतापरुद्रदेव का प्रशस्ति लेख, संवत् 1543 (साभार, कृष्ण कुमार)	178
चित्र 185.	ईश्वर का पत्थर महल मस्जिद लेख	183
चित्र 186.	पत्थर महल मस्जिद लेख, संवत् 1437	184
चित्र 187.	पत्थर महल मस्जिद लेख, संवत् 1154	185
चित्र 188.	कुल्हण का पत्थर महल मस्जिद लेख	185
चित्र 189.	पत्थर महल मस्जिद लेख, संवत् 1219	186
चित्र 190.	घांघ का पत्थर महल मस्जिद लेख	186

चित्र 191.	पत्थर महल मस्जिद लेख, संवत् 1576	187
चित्र 192.	नरायण का पत्थर महल मस्जिद लेख	187
चित्र 193.	पत्थर महल मस्जिद लेख, संवत् 1155	188
चित्र 194.	पत्थर महल मस्जिद लेख, संवत् 1125	192
चित्र 195.	पत्थर महल मस्जिद लेख, संवत् 1723	193
चित्र 196.	भीम का खण्डित पत्थर महल मस्जिद लेख	194
चित्र 197.	पत्थर महल मस्जिद लेख, संवत् 1588	195
चित्र 198.	पत्थर महल मस्जिद लेख, संवत् 1586	197
चित्र 199.	पत्थर महल मस्जिद लेख, संवत् 1577	197
चित्र 200.	परमर्दिदेव का अमान सिंह महल प्रशस्ति लेख, संवत् 1258	199
चित्र 201.	विंबणदेव का अमान सिंह महल प्रशस्ति लेख, संवत् 1420	205
चित्र 202.	जटिलधि का खण्डित अमान सिंह महल लेख	206
चित्र 203.	उमा-महेश्वर प्रतिमा लेख	207
चित्र 204.	अमान सिंह महल खण्डित प्रस्तर लेख	208
चित्र 205.	अमान सिंह महल खण्डित प्रस्तर लेख	210
चित्र 206.	अमान सिंह महल खण्डित प्रस्तर लेख	210
चित्र 207.	परमर्दिदेव का अमान सिंह महल खण्डित प्रस्तर लेख	211
चित्र 208.	लकुलीश प्रतिमा लेख	212
चित्र 209.	संकरगण का अमान सिंह महल लेख	213
चित्र 210.	जोगे का अमान सिंह महल लेख	213
चित्र 211.	महिपालदेव का अमान सिंह महल लेख	213
चित्र 212.	महारीसि का अमान सिंह महल लेख	214
चित्र 213.	वसन्त का खम्भोरन भैरव लेख	220
चित्र 214.	खम्भोरन भैरव तीर्थयात्री लेख	221
चित्र 215.	गोपाल का खम्भोरन भैरव लेख	221
चित्र 216.	चण्डी दरवाजा लेख, संवत् 1580	222
चित्र 217.	चण्डी दरवाजा लेख, संवत् 1599 एवं 1600	223
चित्र 218.	चण्डी दरवाजा लेख, संवत् 1572	223
चित्र 219.	पाण्डव उदयन का चण्डी दरवाजा लेख	225
चित्र 220.	बड़ा दरवाजा स्तम्भ लेख, संवत् 1629	227
चित्र 221.	बड़ा दरवाजा स्तम्भ लेख, संवत् 1587	229
चित्र 222.	बड़ा दरवाजा स्तम्भ लेख, संवत् 1560	232
चित्र 223.	दयानाथ का सीता सेज लेख	233

चित्र 224.	सीता सेज लेख, संवत् 1112	234
चित्र 225.	सीता सेज ललाटबिंब लेख	235
चित्र 226.	सीता सेज लेख, संवत् 1150	236
चित्र 227.	मनू का सीता सेज लेख	237
चित्र 228.	सीता सेज लेख, संवत् 1600	238
चित्र 229.	सीता सेज लेख, संवत् 1600	238
चित्र 230.	सीता सेज लेख, संवत् 1600	239
चित्र 231.	सीता सेज लेख, संवत् 1597	239
चित्र 232.	सीता सेज लेख, संवत् 1600	240
चित्र 233.	सीता सेज लेख, संवत् 1581	240
चित्र 234.	सीता कुण्ड लेख, संवत् 1340	241
चित्र 235.	पाताल गंगा लेख, संवत् 1338	242
चित्र 236.	पाताल गंगा लेख, संवत् 1337	242
चित्र 237.	मनोरथ का पाण्डु कुण्ड लेख	244
चित्र 238.	पाण्डु कुण्ड लेख	245
चित्र 239.	पाण्डु कुण्ड लेख, संवत् 1667	245
चित्र 240.	वीरायण का मीन धारा लेख	248
चित्र 241.	वसन्त का मीन धारा लेख	249
चित्र 242.	वसन्त का भगवान सेज लेख	249
चित्र 243.	उदयन का भगवान सेज लेख	250
चित्र 244.	कमलचन्द्र का भगवान सेज लेख	250
चित्र 245.	नारायण का सिद्ध की गुहा लेख	251
चित्र 246.	वशु का सिद्ध की गुहा लेख	251
चित्र 247.	भैरव का झिरका लेख, संवत् 1194	253
चित्र 248.	मेडुकी भैरव लेख, संवत् 1422	254
चित्र 249.	मेडुकी भैरव लेख, संवत् 1566	254
चित्र 250.	मेडुकी भैरव लेख, संवत् 1194	255
चित्र 251.	मेडुकी भैरव लेख, संवत् 1600	256
चित्र 252.	मेडुकी भैरव लेख, संवत् 1194	256
चित्र 253.	मेडुकी भैरव लेख, संवत् 1423	257
चित्र 254.	मेडुकी भैरव लेख, संवत् 1541	260
चित्र 255.	मेडुकी भैरव लेख	261
चित्र 256.	पन्ना दरवाजा लेख, संवत् 1600	263

चित्र 257.	पन्ना दरवाजा लेख, संवत् 1550	264
चित्र 258.	विदिशा के लाकुडों का मृग्धारा लेख	265
चित्र 259.	विषयपति का मृग्धारा लेख	265
चित्र 260.	आदित्यदास का मृग्धारा लेख	266
चित्र 261.	मृग्धारा का खण्डित लेख	266
चित्र 262.	मृग्धारा लेख, संवत् 1562	268
चित्र 263.	मृग्धारा लेख, संवत् 1547	269
चित्र 264.	मृग्धारा लेख, संवत् 1564	271
चित्र 265.	मृग्धारा लेख, संवत् 1605	273
चित्र 266.	मृग्धारा लेख, संवत् 1600	274
चित्र 267.	वसन्त का बलखण्डेश्वर लेख	277
चित्र 268.	वसन्त का वाहक मूर्ति लेख	278
चित्र 269.	जहांगीर महल खण्डित लेख	279
चित्र 270.	छत्रसाल के समय का ताम्रपत्र लेख	280
चित्र 271.	नीलकण्ठ मंदिर	283
चित्र 272.	काल भैरव	287
चित्र 273.	मेडुकी भैरव	287
चित्र 274.	चामुण्डा	288
चित्र 275.	नौ मुखी शिव	288
चित्र 276.	शैवाचार्य एवं उपासक	289
चित्र 277.	शैवाचार्य एवं शिवलिंग	289
चित्र 278.	मृग्धारा के पास सात मृगों का अंकन	292
चित्र 279.	मृग्धारा की बाहरी शिला पर दश मृगों का लेख सहित अंकन	292

1

ऐतिहासिक पृष्ठभूमि

कालंजर दुर्ग (25°01' उत्तरी अक्षांश तथा 80°29' पूर्वी देशांतर) उत्तर भारत का एक प्रसिद्ध व महत्वपूर्ण दुर्ग है। उत्तर प्रदेश के बॉदा जनपद की नरैनी तहसील में स्थित ऐतिहासिक दुर्ग, जनपद मुख्यालय से लगभग 65 किमी० की दूरी पर स्थित है। यहाॅ बॉदा, रींवा, पन्ना तथा प्रयागराज (इलाहाबाद) से भी सड़क मार्ग द्वारा पहुंचा जा सकता है। प्रयागराज से इसकी दूरी लगभग 192 किमी०, रींवा से लगभग 94 किमी० तथा पन्ना से लगभग 47 किमी० है। निकटतम रेलवे स्टेशन नरैनी से कालंजर की दूरी लगभग 25 किमी० है।

कालंजर दुर्ग, विन्ध्य पर्वत श्रेणी की उपत्यका में समुद्र तल से लगभग 381 मी० ऊँची कालंजर नामक पहाड़ी पर अवस्थित है, इसे कालंजर के नाम से ही जाना जाता है। लगभग आयताकार पहाड़ी की अधिकतम परिमाप उत्तर-पश्चिम में 1.90 किमी० तथा पूर्व-पश्चिम में 1.85 किमी० के आस-पास है। इसकी परिधि लगभग 5.7 किमी० है। पहाड़ी की सतह लगभग सपाट है जो संरचनात्मक निर्माण हेतु सुविधाजनक है। प्राकृतिक बनावट में पहाड़ी का निचला दो तिहाई भाग आवागमन हेतु सुगम तथा उपरी एक तिहाई भाग सीधी चट्टान युक्त होने से दुर्गम प्रतीत् होता है।

दुर्ग में दो प्रवेश द्वार थे, उत्तर में बड़ा दरवाजा तथा पश्चिम में कटरा दरवाजा। उत्तरी द्वार, प्रमुख द्वार था जिसकी सुरक्षा हेतु छः अन्य द्वार निर्मित थे। दुर्ग में एक अन्य द्वार भी था जिसे पन्ना शहर की तरफ खुलने के कारण पन्ना दरवाजा के नाम से जाना जाता है। विस्तृत क्षेत्र में व्याप्त दुर्ग के विभिन्न भागों को स्थानीय रूप से तथा महत्वपूर्ण प्रतिमाओं, मंदिरों, भवनों आदि के कारण अलग-अलग नामों से जाना जाता है यथा, उत्तर की तरफ बाहर निकले भाग को शृंगार किला, उत्तर-पूर्वी कोने को भंचाचर क्षेत्र, पूर्व में स्थित बुड्ढा-बुड्ढी तालाब को वृद्धक क्षेत्र, पश्चिमी भाग को नीलकण्ठ क्षेत्र और दक्षिणी भाग को कोटितीर्थ क्षेत्र के रूप में जाना जाता है। इसके अतिरिक्त मृग्धारा, खम्भोरन तालाब, बलखण्डेश्वर, गंगा सागर, सुरसरिगंगा, भगवान सेज, सीता सेज, अमान सिंह महल आदि नामों से क्षेत्रवार वर्गीकरण किया जाता है।

कालंजर, विन्ध्य पर्वत शृंखला का भाग है, जो तीन क्रमागत शैलीय चट्टानों के जमाव द्वारा निर्मित हुआ है। निचली चट्टान परत 'पन्ना शैल' तथा उपरी चट्टान परत 'झीरी शैल' के नाम से जानी जाती है। इन दोनों शैल परतों के मध्य की परत 'नीचली रींवा बलुआ पत्थर' के रूप में वर्गीकृत की गयी है। बॉदा जिले एवं कालंजर का यह भूभाग इन्हीं रींवा समूह की चट्टानों से मिलकर बना है। बॉदा जनपद के समीप केन नदी एवं विन्ध्य पर्वत शृंखला के निकट अर्कियन समूह की 'नीस' चट्टानें पायी जाती हैं। कालंजर पहाड़ी एवं समीपवर्ती अन्य पहाड़ियां भी अर्कियन नीस से निर्मित हैं जिनके ऊपर बलुए पत्थर की परत है। तरौनी के पास अर्कियन नीस के बीच में बलुए पत्थर, शैल चट्टान एवं चूना पत्थर की परतें दिखलायी पड़ती हैं, जिनका निचला भाग विन्ध्य समूह के नाम से जाना जाता है। 'अर्कियन नीस' संभवतः पूर्व धारवाड़ियन अथवा किंचित बाद की या प्राचीन अरावली सिस्ट के समकालीन मानी जा सकती है (सिंह 1971: 599)। कालंजर पहाड़ी के समीपवर्ती पहाड़ियों में नीस एवं साइनट भी प्राप्त होता है। कुछ पहाड़ियों में क्षरण के परिणामस्वरूप इनकी उपरी सतह बड़े-बड़े खण्डों में टूटी हुई हैं।

कुछ पहाड़ियां मृदा विहीन चट्टानों के रूप में स्थित हैं। इस क्षेत्र में अधिकांश गावों के नाम स्थानीय पहाड़ियों के नाम से जाने जाते हैं। इस श्रेणी की अन्य पहाड़ियों में मरफा, बमेसर, खत्री, रसीम एवं चित्रकूट आदि प्रमुख हैं। इसी वर्ग की कालंजर पहाड़ी बुन्देलखण्ड पठार के मध्य अलग से खड़ी दिखायी देती है (चित्र 1)।

चित्र 1. कालंजर गिरि दुर्ग

मुख्यतः तीन प्रकार के बलुआ पत्थर कालंजर क्षेत्र में उपलब्ध हैं, जो शिल्प एवं स्थापत्य निर्माण कार्यों हेतु प्रयोग में लाए जाते हैं। ये बलुआ पत्थर विन्ध्य समूह, रींवा समूह व भांडेर समूह के हैं। कालंजर के आस-पास अनेक रंग के बलुआ पत्थर प्राप्त होते हैं, जैसे धूसर रंग, पाण्डु वर्णीय (buff colour), हलके गुलाबी बलुआ पत्थर एवं अन्य। ये सभी अलग-अलग रंग के पत्थर पहाड़ी की अलग-अलग परत में पाए जाते हैं। इनमें से कुछ अत्यंत मुलायम व कमजोर होते हैं जो मूर्ति एवं स्थापत्य निर्माण हेतु अनुपयुक्त माने जाते हैं। इस क्षेत्र से ज्ञात पाण्डु वर्णीय बलुआ पत्थर महीन कण वाले, सिलिका युक्त तथा कठोर प्रकृति के हैं। अपनी उच्च गुणवत्ता के कारण मूर्ति, मंदिर व भवन निर्माण कार्य में इनका सर्वाधिक उपयोग किया गया है। रींवा समूह के बलुआ पत्थर अच्छी तरह स्तरित, संघनित तथा कठोर होते हैं, जो मुख्यतः लाल और बैगनी रंग के हैं। भांडेर समूह के बलुआ पत्थर भी अच्छी तरह स्तरीत, संघनित तथा कठोर हैं। इनका रंग प्रायः भूरा है।

कालंजर, प्राचीन काल में चेदि महाजनपद, पूर्व मध्यकाल में जेजाकभुक्ति और मध्यकाल में बुन्देलखण्ड के अंतर्गत समाहित था। इस क्षेत्र की सीमा पूर्व में विन्ध्य पर्वत, पश्चिम में बेतवा नदी, तथा उत्तर में यमुना नदी तक विस्तृत थी (बोस 1956: 171)। कालंजर बॉदा की भू-संरचना से गहन रूप से संपृक्त है। जनपद बॉदा उत्तर में यमुना नदी तथा दक्षिण में विन्ध्य पर्वत शृंखला से आवेष्ठित है। यह शृंखला थोड़े-थोड़े अन्तराल पर विभाजित है, जिसके कारण पहाड़ियां अलग-अलग स्वतंत्र रूप में दिखायी देती हैं। यमुना नदी के निकट से प्रारम्भ कर करवी तहसील की तरफ क्रमशः पहाड़ियों की उंचायी उत्तरोत्तर बढ़ती जाती है और अनुसुइया नामक स्थान पर यह शृंखला जनपद की सीमा को पार कर जाती है। तदनन्तर नरैनी तहसील के समीप पूर्व दिशा में गोधरामपुर से शृंखला पुनः प्रारम्भ हो जाती है, जो पश्चिम में कालंजर के पास बॉदा जनपद की सीमा का निर्धारण करती है। पन्ना की पहाड़ियां बॉदा जनपद की दक्षिणी सीमा को निर्धारित करती हैं।

इस क्षेत्र के भू-भाग को संरचना के आधार पर सामान्यतया दों हिस्सों में विभाजित किया जा सकता है। प्रथम, वर्तमान चित्रकूट जनपद के मऊ और करवी तहसील के दक्षिण में स्थित ऊंचा पठारी भाग, जो पाठा के नाम से जाना जाता है तथा दूसरा जलोढ़ (एलुवियम) मिट्टी से निर्मित निचला भाग, जिसके अंतर्गत बॉदा क्षेत्र आता है। क्षेत्र का दायां भाग अनेक छोटी नदियों एवं नालों द्वारा विभाजित दिखता है तथा बायां भाग लगभग समतल है। इसका अधिकांश भाग यमुना और केन नदियों द्वारा बहा कर लायी हुयी मार और काबर मिट्टी से निर्मित है तथा आंशिक जमाव बाघिनी नदी और गररा नाले द्वारा प्रवाहित मिट्टी से हुआ है (ड्रेक-ब्रोकमैन 1929)।

बॉदा का क्षेत्र अनेक नदियों द्वारा सिंचित है। यमुना इस क्षेत्र की सबसे बड़ी नदी है। उत्तर-दक्षिण और दक्षिण-पूर्व दिशा में प्रवाहित होते हुए वलयाकार मार्ग से यमुना नदी बॉदा जनपद के कुल 130 किमी० प्रवाह पथ

तय करती है। केन, बाघिनी और पैसुनी, यमुना की तीन सहायक नदियां हैं। बाघिनी के अतिरिक्त अन्य नदियां दक्षिण से उत्तर दिशा में प्रवाहित होते हुए यमुना में मिलती हैं। जनपद बॉदा की दूसरी बड़ी और सदाबहार नदी केन अथवा कियाना है। पार्जिटर (1922: 259, 269) के अनुसार केन नदी ही प्राचीन शुक्तिमती नदी है, जिसके तट पर चेदि महाजनपद की राजधानी शुक्तिमती स्थित थी। केन नदी का उद्गम स्थल मध्य प्रदेश के दमोह जनपद में है जहां से निकलकर प्रवाहित होते हुए नरैनी तहसील के बिल्हारका ग्राम के समीप वह बॉदा में प्रवेश करती है तथा चिल्लाघाट के पास यमुना में मिल जाती है। केन गहरी नदी है और अपने उद्गम से यमुना में मिलने तक बिना मार्ग परिवर्तन किये हुए प्रवाहित होती है। इसका दक्षिणी तट ऊंचा एवं तंग घाटी युक्त है तथा बायां तट ढलानयुक्त है, जिसपर कटाव व जमाव अधिक दिखलायी पड़ता है।

केन के बाद बाघिनी, बॉदा की दूसरी बड़ी नदी है। मध्यप्रदेश के पन्ना जिले में कोहन के समीपवर्ती पहाड़ियों से निकलकर प्रवाहित होते हुए नरैनी तहसील के मसौनी ग्राम के निकट बॉदा जनपद में प्रवेश करती है। यह नदी, जनपद में दक्षिण-पश्चिम से उत्तर-पूर्व की तरफ प्रवाहित होते हुए कालंजर पहाड़ी के पश्चिम से आगे बढ़ते हुए यमुना में मिल जाती है। इसके दोनों तटों पर बालू एवं कंकड़ का जमाव है तथा कहीं-कहीं जलोढ़ मिट्टी का जमाव भी दिखलायी पड़ता है। रंज, बाघिनी की प्रमुख सहायक नदी है, जो नरैनी के समीप गुढ़ाकला में बाघिनी में मिल जाती है। इससे आगे बढ़ने पर दक्षिण से आने वाली अनेक छोटी-छोटी सहायक नदियां यथा, मदरार, बरार, करेही, बाणगंगा और बरुआ आदि बाघिनी में मिल जाती हैं। इसके अतिरिक्त पैसुनी नदी मध्य प्रदेश से निकलकर इन्तवा, दुण्डेला ग्राम के समीप बॉदा जनपद में प्रवेश करती है तथा उत्तर दिशा की ओर प्रवाहित होते हुए जनपद को दो भागों में विभाजित करती है।

बाघिनी और पैसुनी नदी के उत्तरी तट पर यमुना द्वारा लायी गयी जलोढ़ मिट्टी का जमाव मिलता है, जो मऊ के मौखाज तक फैला हुआ है। पहाड़ियों के मध्य का निचला भाग वर्षा ऋतु में जलमग्न हो जाता है। बाघिनी नदी बॉदा जनपद को दक्षिण-पश्चिम और उत्तर-पूर्व दो हिस्सों में विभाजित करती है।

बलुआ पत्थर व जलस्रोतों के साथ ही खनिज सम्पदा के लिए भी यह क्षेत्र जाना जाता है। कालंजर से लगभग 45 किमी॰ की दूरी पर हीरे की प्रसिद्ध खदाने हैं। इसके समीप ही अजयगढ़, जो अभेद्य दुर्ग और सुन्दर स्थापत्य तथा मूर्ति शिल्प के लिए प्रसिद्ध है, के समीप भी हीरे की खदानें हैं। इस क्षेत्र में हीरे लाल रंग की कंकरीली मिट्टी में प्राप्त होते हैं जिन्हे बड़ी सावधानी से एकत्रित किया जाता है। पन्ना से गुणवत्ता युक्त चार भिन्न प्रकार के हीरे प्राप्त होने की जानकारी है। पागसन ने उल्लेख किया है कि उसने स्वयं कालंजर से लगभग 3 मील दूर बाघिनी नदी के तट पर एक खदान प्रारम्भ की थी किंतु स्वयं पर्यवेक्षण न करने से उसे अपेक्षित लाभ नहीं मिला। पन्ना (मध्य प्रदेश), के हीरे की खदानों का उल्लेख टॉलेमी ने 'पन्नास्सा' के रूप में किया है। परंतु कुछ विद्वानों का मानना है कि राजा छत्रसाल से पूर्व पन्ना में हीरे की जानकारी यहां के निवासियों को नहीं थी (पागसन 1828: 169-171)। कालंजर का उल्लेख भी टॉलेमी ने अपने ग्रंथ में प्रसाइके राज्य में 'कनागोरा' के रूप किया है, जो कि यमुना नदी के दक्षिण में स्थित था (एट्किंसन 1874: 446-473)। उपर्युक्त सन्दर्भों से प्रतीत् होता है कि द्वितीय शताब्दी ई॰ में भारत आने वाले रोमन भूगोलवेत्ता टॉलेमी को कालंजर एवं पन्ना के विषय में पर्याप्त जानकारी थी। यही नही, टॉलेमी ने कालंजर को महत्वपूर्ण धार्मिक स्थल के रूप में उल्लिखित किया है। इसप्रकार के विवरणों से स्पष्ट है कि पन्ना और उसके आस-पास का क्षेत्र हीरे के लिए प्रसिद्ध था, जो सम्भवत: इस क्षेत्र की आर्थिक उन्नति तथा व्यापारिक गतिविधियों का प्रमुख कारण बना होगा।

जहां तक वानस्पतिक सम्पदा का प्रश्न है, इस क्षेत्र में मुख्यत: सम-शीतोष्ण जलवायु वाले पौधे पाये जाते हैं। इनमें अधिकांश कम वर्षा में उत्पन्न होने वाले पौधे हैं। सामान्यतया यह विरल वनाच्छादित क्षेत्र है, किंतु दक्षिण भाग में घने बन भी हैं। इन वनों में नदी जमावों पर सामान्यत: बबूल, करौंदा, महुआ, खैर, ढाकसाल, बांस और झरबेर पाये जाते हैं। पहाड़ियों पर उगने वाले पौधों में सीताफल व झाड़ियां प्रमुख हैं।

बाँदा जनपद के काली मिट्टी वाले क्षेत्र में मुख्यरूप से हिरण (मृग) पाए जाते हैं। जनपद के उत्तरी भाग बाँदा एवं बबेरू तहसीलों में नीलगाय की बहुलता है। नदी घाटियों एवं मैदानों में चिंकारा, स्यगोट, तेंदुआ, चीता, गंधविलाव, भेड़िया, लोमड़ी, गीदड़, सांभर तथा जंगली सुअर, बारहसिंघा, बन्दर एवं खरगोश आदि जानवर भी पाए जाते हैं (*डिस्ट्रक्ट गजेटियर आफ झांसी* 1908)।

सांस्कृतिक पृष्ठभूमि

विन्ध्य पर्वतमाला क्षेत्र में स्थित कालंजर दुर्ग की ख्याति एक पर्वतीय दुर्ग के रुप में बहुविश्रुत है। इसके आख्यानों से धार्मिक, पौराणिक और ऐतिहासिक ग्रन्थ भरे पड़े हैं। भारत वर्ष में मानवीय उत्पत्ति के प्राथमिक अवशेष विन्ध्य पर्वत की उपत्यका में अनेक स्थलों से प्रकाश में आये हैं (पन्त 1982: 7-9)। बाँदा जनपद एवं समीपवर्ती क्षेत्र से भी प्रागैतिहासिक मानव के अवशेष सिद्धपुर, दुरेण्डी, निही, बेल्हारका, गोपीपुर, ऐंचवारा, लोधवारा तथा कालंजर से ज्ञात हुए हैं। नरैनी तहसील में केन नदी के दाहिने तट पर स्थित बेल्हारका ग्राम के समीप से निम्न पुरापाषाण कालीन चोपर-चौपिंग समूह के प्रस्तर उपकरण प्राप्त हुए हैं (पन्त 1982: 47)। मानिकपुर के समीप निही एवं गोपीपुर नामक स्थान से निम्न पुरापाषाण कालीन एश्युलियन संस्कृति के प्रस्तर उपकरण प्रकाश में आये हैं (पन्त 1982: 49-54)।

इसी क्रम में करवी से लगभग 8 किमी॰ दक्षिण-पूर्व में स्थित सिद्धपुर ग्राम से लगभग एक किमी॰ दक्षिण-पश्चिम में बांकेसिद्ध घाटी से मध्य पुरापाषाण एवं उच्च पुरापाषाण कालीन मानव के अवशेष विदित हैं (पन्त 1982: 88-89, 109-111)। इसके अतिरिक्त बाँदा शहर से लगभग 5 किमी॰ दक्षिण-पश्चिम में केन नदी के किनारे दुरेण्डी ग्राम के समीप से भी मध्य पुरापाषाण कालीन उपकरण प्राप्त हुए हैं (पन्त 1982: 32)। मध्य पुरापाषाण काल के बाद उच्च पुरापाषाण कालीन मानवीय गतिविधियों के साक्ष्य भी बाँदा जनपद में सिद्धपुर के अतिरिक्त ऐंचवारा, लोधवारा तथा कालंजर से प्रकाश में आये हैं (पन्त 1982: 109-130)।

कालंजर दुर्ग से लगभग 3 किमी॰ पश्चिम में बाघिनी नदी के दाहिने तट पर स्थित एक छोटी पहाड़ी से उच्च पुरापाषाण कालीन संस्कृति के भी कुछ उपकरण प्रकाश में आये हैं। यद्यपि यहां से कोई स्तरित जमाव नहीं मिला है परंतु प्रभूत संख्या में प्राप्त प्रस्तर उपकरणें तथा उनकी तकनीकी के आधार पर अन्वेषक ने इसे उच्च पुरापाषाण कालीन कार्यस्थल (factory site) के रूप में स्वीकार किया है। यहां से अन्वेषण के दौरान कुल 1233 पाषाण उपकरण मिले जिनमें से 428 पूर्ण एवं अर्ध निर्मित प्रकार के हैं। प्राप्त उपकरणों के निर्माण शैली के विस्तृत अध्ययन से इस क्षेत्र की पाषाण कालीन संस्कृतियों पर व्यापक प्रकाश पड़ता है (पन्त 1982: 122-127)।

उच्च पुरापाषाण काल के बाद मध्य पाषाण काल तथा नवपाषाण कालीन मानवीय अधिवास के साक्ष्य इस क्षेत्र में अत्यन्त सीमित संख्या में ज्ञात हैं। कालंजर से प्राप्त उच्च पुरापाषाण कालीन उपकरण संग्रह में कुछ लघु पाषाण उपकरण (microliths) ही प्राप्त हुए हैं परन्तु उनकी संख्या अत्यन्त सीमित है (*इण्डियन आर्किआलाजी 1976-77 ए रिव्यू*: 80)। यहां उल्लेखनीय है कि लघु पाषाण उपकरणों का उपयोग उच्च पुरापाषाण कालीन संस्कृति से प्रारम्भ कर ऐतिहासिक काल तक होता रहा है। कालंजर पहाड़ी के पश्चिमी स्कन्ध पर स्थित प्राकृतिक कन्दराओं में गेरुए रंग से निर्मित पशु चित्रों की उपस्थिति यहां पर मध्य पाषाण काल में मानवीय अधिवास की सूचक मानी जा सकती है (पन्त 1982: 125)। मध्य पाषाण कालीन मानवीय संस्कृति आखेटक व संग्राहक का मिश्रित स्वरुप धारण कर चुकी थी। विन्ध्य पर्वत शृंखला में ऐसे अनेक उदाहरण मौजूद हैं जिससे स्पष्ट है कि इस काल का मानव पहाड़ और मैदान दोनों स्थानों पर अपना अधिवास बनाने लगा था। इस क्रम में वह अपनी आवश्यतानुसार उपयुक्त वातावरण का चयन कर उसने पहाड़ और मैदान दोनों क्षेत्रों में उपलब्ध संसाधनों का उपयोग करने लगा था। इस परिप्रेक्ष्य में कालंजर अत्यन्त उपयोगी स्थान सिद्ध हुआ होगा। पहाड़ी पर उपलब्ध कन्दराएं अधिवास हेतु, पाषाणखण्ड उपकरण हेतु तथा समीप स्थित नदी घाटी व वन, जलापूर्ति तथा आखेट हेतु अनुकूल थी।

उपर्युक्त साक्ष्यों के विश्लेषण से प्रतीत् होता है कि यह क्षेत्र प्रारम्भ से ही मानवीय गतिविधियों हेतु आकर्षण का केन्द्र रहा है। विन्ध्य पर्वत श्रेणी की स्वतंत्र खड़ी पहाड़ियां, उनकी घाटी में स्थित नदी-नाले, जंगल, जमीन और जानवर सब मिलकर प्रागैतिहासिक मानव की आवश्यकता पूर्ति में सहायक बने, जिसमें निम्न पुरापाषाण काल से प्रारम्भ कर मध्य पाषाण काल तक इस क्षेत्र में मानवीय गतिविधियां बनी रहीं। परन्तु मध्य पाषाण काल के उपरान्त नव पाषाण काल से प्रारम्भिक ऐतिहासिक काल तक की मानवीय गतिविधियों के साक्ष्य इस क्षेत्र से नगण्य और अप्राप्य हैं। इस बात की सम्भावना से इंकार नहीं किया जा सकता कि नव पाषाण कालीन मानव अब उत्पादक बन गया था और वह स्थायी जीवन व्यतीत करने लगा था। इसके लिए उसे सुरक्षित वातावरण, उपजाऊ जमीन, सदाबहार नदियां और सुगम भू-भाग की आवश्यकता थी। अपनी इन आवश्यकताओं की पूर्ति हेतु उसने दुर्गम पहाड़ी क्षेत्र से हटकर आस-पास उपलब्ध सुगम और उपयुक्त स्थलों का चयन किया होगा। इसके बावजूद पहाड़ से अपनी आवश्यकता हेतु उसका सम्बन्ध बना रहा होगा।

कालंजर व आस-पास के क्षेत्रों की भी कमोवेश यही स्थिति प्रतीत् होती है। मध्य पाषाण काल से प्रारम्भिक ऐतिहासिक काल तक की मानवीय गतिविधियों के साक्ष्यों का अभाव गवेषणा का विषय है। मध्य पाषाण काल के बाद ईसा की प्रारम्भिक सदियों में कालंजर पुनः एक पवित्र क्षेत्र और धार्मिक स्थल के रूप में ख्याति अर्जित करता है, जिसका समय के साथ उतरोत्तर महत्व बढ़ता गया। रामायण, महाभारत सहित वैदिक, पौराणिक व धार्मिक साहित्य, कालंजर आख्यान से परिपूर्ण है। पुरातात्विक साक्ष्य भी कालंजर की धार्मिक महत्ता को उजागर करते हैं। कालंजर तथा समीपवर्ती क्षेत्र में अनेक आश्रम एवं शैव मंदिर, मठ होने की जानकारी है (चित्र 2)।

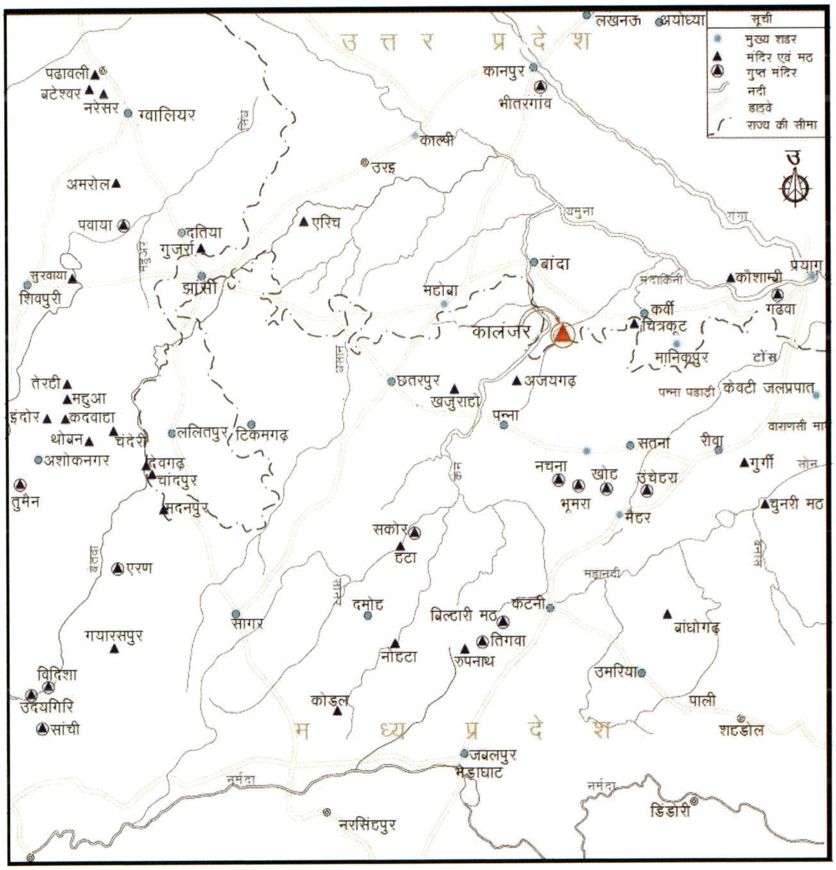

चित्र 2. मंदिर एवं मठ

राजनैतिक पृष्ठभूमि

वैदिक साहित्य में कालंजर का उल्लेख हुआ है। आरम्भ में कालंजर क्षेत्र चेदियों के प्रभाव में था, जो यमुना और विन्ध्य के मध्य अवस्थित था (*ऋग्वेद*, 8.5.37.39; मेक्डानल एवं कीथ 1912: 263)। ऋग्वेद की एक दान-स्तुति (8.5.37.39) में चेथ (चेदि के शासक) बसु द्वारा ब्रह्मतिथि नामक ऋषि को सौ ऊँट और एक हजार गाएँ दानस्वरूप देने का उल्लेख है। ऐसा प्रतीत् होता है कि चेदि ऋग्वैदिक काल में अधिक प्रभावशाली नहीं थे क्योंकि दस राजाओं के युद्ध में अथवा सुदास के दूसरे किसी युद्ध में भाग लेने का उल्लेख नहीं मिलता है। पौराणिक काल में कालंजर क्षेत्र पर यादवों का आधिपत्य था। पौराणिक परम्परा के अनुसार मनु के पौत्र पुरुरवा और ऐल (जो चन्द्रवंश के संस्थापक थे) ने दोआब, मालवा और पूर्वी राजस्थान के विस्तृत भू-भाग पर प्रतिष्ठान नामक स्थान (आधुनिक झाँसी प्रयाग के निकट) से शासन किया (मजूमदार एवं अन्य 1951: 272-273)। इनके प्रपौत्र ययाति थे, जो कि एक महान विजेता थे तथा उन्होने अयोध्या एवं कान्यकुब्ज के पश्चिम मध्य प्रदेश एवं उसके पूरे क्षेत्र पर शासन किया। इसके उपरान्त ययाति के पुत्र यदु (यादवों के पूर्वज) ने बुन्देलखण्ड के विस्तृत भाग पर शासन किया, जिसकी सीमायें चम्बल, बेतवा और केन नदियों तक विस्तृत थी (मजूमदार एवं अन्य 1951: 277)। कालान्तर में यादवों की मुख्य शाखा का स्थान हैहयों की शाखा ने ग्रहण किया। तदनन्तर अयोध्या के शासक सगर द्वारा हैहयों की प्रभुता समाप्त कर दी गयी। इस परिस्थित का लाभ उठाकर विदर्भ के यादवों ने उत्तर में अपना अधिकार स्थापित किया (मजूमदार एवं अन्य 1951: 288)। केशिका, जो कि विदर्भ के यादव शासक का द्वितीय पुत्र था, ने चेदि शाखा की नींव डाली, जो चेदि अथवा चेदि देश के नाम से प्रख्यात हुआ। चेदि की सीमाएं यमुना के दक्षिणी भाग तथा चम्बल एवं केन नदियों तक विस्तृत थी, जो आधुनिक बुन्देलखण्ड का भाग है (डे 1927: 48)। चेदियों ने इस क्षेत्र में आर्यो के प्रभाव को बढ़ाया और यहाँ के आर्येत्तर निवासियों में सामंजस्य स्थापित किया होगा (मजूमदार एवं अन्य 1951: 315)। कुछ समय के बाद चेदियों को हराकर वसु ने (हस्तिनापुर के राजा कुरु के पांचवे अथवा आठवें वंशज) चेदि देश को अपने राज्य में मिला लिया था। सम्भवत: इस विजय के परिणामस्वरूप ही वसु को *चैदोपरिचर* (चेदियों का विजेता) कहा गया है (मजूमदार एवं अन्य 1951: 296)। वसु एक महान शासक एवं विजेता था, जिसके साम्राज्य का विस्तार वत्स, मगध और मत्स्य राज्य तक था तथा राज्य की राजधानी शुक्तिमती नदी के किनारे (आधुनिक केन नदी) स्थित सोत्थिवती (शुक्तिमती) थी (*महाभारत*, आदि पर्व, 63, 2)।

छठी शताब्दी ई०पू० में उत्तर भारत के सोलह महाजनपदों में चेदि भी सम्मिलित था। उस समय विभिन्न महाजनपद अपनी प्रभुत्ता स्थपित करने के लिए आपस में संघर्षरत थे। इनमें मगध, कोशल, वत्स और अवन्ति चार सर्वाधिक शक्तिशाली राजतन्त्र थे। चेदि राजाओं की सूची *चेतियजातक* में दी गई है। इस सूची में एक चेदि राजा उपचर का उल्लेख है, जिसके पाँच पुत्र थे और कहा जाता है कि उन्होने पाँच नगरों की स्थापना की थी। इस उपचर नामक राजा की पहचान महाभारत में वर्णित उपरिचर वसु के साथ की गई है (सुल्लेरे 1987: 32)।

छठी शताब्दी ई०पू० के उत्तरार्ध में बिम्बिसार के राज्याभिषेक के साथ मगध साम्राज्य का उत्थान प्रारम्भ हुआ। परिणामत: उत्तर भारत में राजनैतिक उथल-पुथल प्रारम्भ हुयी। मगध एवं अवन्ति में परस्पर शत्रुता थी। ऐसा प्रतीत् होता है कि चेदियों का अन्त समभवत: महाभारत युद्ध के साथ अथवा इसके कुछ समय बाद हो गया था (मजूमदार एवं अन्य 1951: 319)। इनका स्थान या तो हैहयों ने अथवा बीतिहोत्रों ने ग्रहण किया, जिनका उल्लेख पौराणिक सूची में हुआ है। वीतहोत्र चेदियों के समान यादवों की एक शाखा थे तथा उस समय मध्यदेश में शासनरत थे (मजूमदार एवं अन्य 1951: 325)। उनके राज्यान्तर्गत बुन्देलखण्ड का क्षेत्र समाहित था (मजूमदार एवं अन्य 1955: 1-9)। कालान्तर में बुन्देलखण्ड के कुछ भाग पर अवन्ती के शासक प्रद्योत ने अधिकार कर लिया था। परन्तु कालंजर क्षेत्र उस समय किसके अधीन था, यह सुनिश्चित करना कठिन है। मगध से शासन करने वाले शिशुनाग वंश के राजाओं ने अवन्ती के राजा प्रद्योत के वंश की श्रीलक्ष्मी को कलंकित किया था। इससे प्रतीत् होता है

कि सम्भवत: कुछ समय के लिए यह क्षेत्र शिशुनाग वंश के राजाओं के अधीन रहा होगा। लगभग 345 ई०पू० में शिशुनागों का अन्त कर नन्द मगध की गद्‌दी पर आसीन हुए। इस वंश का सबसे प्रतापी शासक महापद्मनन्द था। पुराणों के अनुसार महापद्म ने क्षत्रियों को समाप्त कर अपना एकछत्र राज्य स्थापित किया था। इसलिए इसे 'सर्वक्षत्रान्तक' कहा गया है। महापद्म ने अपने समकालीन इक्ष्वाकु, पांचाल, काशी, हैहय, कलिंग, अश्मक, कुरु, मिथिला, शूरसेन तथा बीतिहोत्र आदि को अपने अधीन कर लिया था (रायचौधरी 1971: 173-174)। यदि जैन प्रमाणों के साक्ष्य को स्वीकार करें तो उत्तर भारत का अधिकांश भाग नन्द शासकों के अधीन था, जिसमें कालंजर क्षेत्र भी सम्मिलित रहा होगा (अग्रवाल 1995: 398)।

चौथी शताब्दी ई०पू० के उत्तरार्ध में मगध साम्राज्य का उदय हुआ। नन्दों को समाप्त कर चन्द्रगुप्त ने एक विशाल मौर्य साम्राज्य की नींव डाली तथा अशोक जैसे चक्रवर्ती सम्राट के समय में राज्य की सीमाएँ अफगानिस्तान से मैसूर तथा अरब सागर से बंगाल की खाड़ी तक विस्तृत थी। इस समय बाँदा जिला एवं कालंजर क्षेत्र उज्जैन से नियन्त्रित होता रहा होगा, जहाँ स्वयं अशोक राजा बनने से पूर्व प्रान्तपति था।

द्वितीय शताब्दी ई०पू० में मगध की गद्‌दी पर शुंगों का अधिकार हो गया, जिन्होने उत्तर भारत के अधिकांश भाग पर राज्य किया। बुन्देलखण्ड एवं मालवा के क्षेत्र, जिसमें कालंजर का क्षेत्र भी सम्मिलित था, इनके अधीन थे। शुंगो के उपरान्त कण्व एवं मित्र शासकों का अधिकार इस क्षेत्र पर रहा। ये मित्र शासक सम्भवत: शुंग से भिन्न थे, जो कौशाम्बी से शासन कर रहे थे, जिनके अधीन बुन्देलखण्ड क्षेत्र भी आता था। कौशाम्बी से अनेक मुद्राएँ एवं सिक्के प्राप्त हुए हैं जिनपर बृहस्पतिमित्र, ब्रह्ममित्र, वरुणमित्र, गोमित्र, शिवमित्र, जेठमित्र, देवमित्र आदि शासकों के नाम मिलते हैं (*जर्नल आफ द न्यूमिस्मेटिक सोसाइटी आफ इण्डिया* 26: 5, टिप्पणी 7)। कुछ ऐसे शासक थे, जिनके सिक्कों पर नामों के आगे मित्र उपनाम नहीं है, जिसे रायचौधरी मगध के मित्र शासकों से जोड़ते हैं। कुछ मित्र शासकों के अभिलेख भरहुत स्तूप के वेदिका-स्तम्भों पर लिखे हैं (कनिंघम 1879: 132)। इससे यह स्पष्ट है कि मित्र शासक कयी शाखाओं में बटे थे जो अलग-अलग स्थानों से शासन कर रहे थे, जिनमें कालंजर क्षेत्र कौशाम्बी शाखा के मित्र शासकों के अधीन था (अग्रवाल 1995: 399)।

प्रथम शताब्दी ईस्वी में उत्तर-पश्चिम सीमा से कुषाणों ने भारत में प्रवेश किया और देखते-देखते उत्तर भारत के अधिकांश भागों पर अधिकार कर लिया। इससे प्रतीत् होता है कि कनिष्क के शासन काल में कालंजर का यह क्षेत्र कुषाण साम्राज्य का अंग रहा होगा (मजूमदार एवं अन्य 1955: 141-142)। टॉलमी के भूगोल में 'प्रासाइके' को यमुना के दक्षिण में बतलाया गया है, जिसकी राजधानी कालंजर थी (एट्किन्सन 1874: 2)। टॉलमी के विवरणानुसार कालंजर कुषाणों के साम्राज्य का अंग था। कालंजर दुर्ग के कोटितीर्थ की दक्षिण दीवार में लगी कुषाण कालीन ईटों (42×26×06-07 सेमी०) से स्पष्ट है कि उनका अधिकार कालंजर पर रहा होगा।

तृतीय शताब्दी के उत्तरार्ध में कुषाण एवं सातवाहन शासक अत्यन्त कमजोर हो चुके थे, जिसका लाभ उठाकर अनेक छोटे-छोटे महत्वाकांक्षी राजाओं ने अपने को स्वतन्त्र कर लिया। केन्द्रीय शासन की इस दुर्बलता का लाभ उठाकर विन्ध्य में वाकाटकों का एक क्षेत्रीय शक्ति के रूप में उदय हुआ। वाकाटक वंश का प्रतापी शासक प्रवरसेन (लगभग 300 ई०) था, जिसने बुन्देलखण्ड से हैदराबाद तक अपने राज्य का विस्तार किया था (मजूमदार एवं अन्य 1955: 220)। इसके समकालीन उत्तर में नाग शासक दो शाखाओं - पद्‌मावती (जिला ग्वालियर) एवं मथुरा से शासन कर रहे थे। इनके शासनान्तर्गत मथुरा, धौलपुर, आगरा, ग्वालियर, कानपुर, झाँसी और बाँदा के क्षेत्र सम्मिलित थे (मजूमदार एवं अल्तेकर 1967: 28)। पराक्रम के साथ-साथ वाकाटकों ने सुदृढ़ता के लिए समकालीन गुप्तों एवं नागवंश से वैवाहिक सम्बन्ध भी स्थापित किए। रुद्रसेन की माँ नागवंश के शासक भवनाग की पुत्री थी (मजूमदार एवं अन्य 1955: 220)। जब रुद्रसेन प्रथम अपने शासन के आरम्भिक वर्षो में कठिनाइयों से घिर गया था, तब उसके नाना भवनाग ने उसकी सहायता की थी, जिसका दूरगामी परिणाम निकला तथा रुद्रसेन की शक्ति में काफी वृद्धि हुयी थी। इससे प्रतीत् होता है कि नागों का अधिकार कालंजर पर रहा होगा।

चतुर्थ शताब्दी ईस्वी के आरम्भ में उत्तर भारत की राजनैतिक दशा में बिखराव दिखता है। कमजोर पड़ती केन्द्रीय सत्ता के परिणामस्वरूप छोटे-छोटे राज्यों का उदय होने लगा। इसी समय इलाहाबाद के निकट श्रीगुप्त ने एक नये राजवंश की स्थापना की जो गुप्तवंश के नाम से प्रसिद्ध हुआ (सक्सेना: 12)। इस वंश का उदय भारत के राजनैतिक क्षितिज पर एक महान शक्ति के रूप में हुआ और इनका काल भारतीय इतिहास में स्वर्णयुग कहलाया। समुद्रगुप्त की प्रयाग प्रशस्ति में उसके द्वारा विजित राजाओं की सूची में नाग राजाओं का नाम भी है (फ्लीट 1888)' समुद्रगुप्त को सर्वराजोच्छेता कहा गया है, जिसका अर्थ है कि उसने उत्तरापथ के राजाओं का उन्मूलन कर उनके क्षेत्र को अपने राज्य में सम्मिलित कर लिया था। इससे स्पष्ट है कि समुद्रगुप्त के समय कालंजर क्षेत्र गुप्तों के अधीनस्थ हो गया था। नन्द लाल डे (1927: 14) के अनुसार बुन्देलखण्ड का दक्षिणी भाग और जबलपुर का उत्तरी भाग चेदि देश कहलाता था, जिसकी राजधानी कालंजर थी। गुप्त संवत् 148 के गढ़वा अभिलेख से ज्ञात होता है कि बुन्देलखण्ड का पूर्वोत्तर भाग गुप्त साम्राज्य का अंग था (अग्रवाल 1995: 400)। उत्तर गुप्तकाल में यमुना और नर्मदा के मध्य का भाग वर्ष 484-485 ई० में बुद्धगुप्त तथा इसके सामन्तों द्वारा शासित था। गुप्त संवत् 165 के एरण स्तम्भ-लेख से ज्ञात होता है कि गुप्त साम्राज्य उत्तर में यमुना से लेकर दक्षिण में नर्मदा नदी तक फैला हुआ था- *कालिन्दी नर्म्मदयार्मध्यं पालयति लोकपाल गुणेर्ज्जगिति महाराजत्रिय मनुधअवति सुरश्चिमचन्द्रे च।* कालंजर दुर्ग से प्राप्त गुप्तकालीन मन्दिरों के भग्नावशेष भी इस बात की पुष्टि करते हैं। कालंजर दुर्ग के नीलकण्ठ मन्दिर से शिवलिंग पर उत्कीर्ण लेख, मृगधारा से ज्ञात तीन लघु-शिलालेख, कोटितीर्थ के दो लेख, पाण्डुकुण्ड के निकट उत्कीर्ण लेख को लिपि के आधार पर गुप्तकाल में रखा गया है। गुप्तकालीन अभिलेखों में कालंजर का उल्लेख नहीं है परन्तु यहाँ से प्राप्त अभिलेखों एवं मन्दिर के अवशेषों से उस समय की गतिविधियां सिद्ध होती है। गुप्तकाल में कालंजर पहाड़ी पर गढ़वा एवं अन्य गुप्तकालीन कला-केन्द्रों की भाँति मन्दिर निर्मित किए गए थे, जो बिना किसी राजकीय प्रश्रय के सम्भव नहीं था। मृगधारा से प्राप्त तीन यात्री लेखों से पता चलता है कि गुप्तकाल में विदिशा के आदित्यदास एवं लकुट पाशुपत सम्प्रदाय के कुछ यात्री कालंजर तीर्थयात्रा पर आए थे। इसी अभिलेख से ज्ञात होता है कि आदित्यदास त्रिशूलादित्य को प्रणाम करता है।

गुप्तकाल में कालंजर के सामरिक दृष्टि से सुदृढ़ता के ठोस प्रमाण उपलब्ध नहीं है। संचानकोट से कालंजर-पीठ लिखित मुहर का सांचा प्राप्त हुआ है। इसीप्रकार की दो मुहर भीटा उत्खनन से प्राप्त हुई है जिसपर 'कालिंजर भट्टारकस्य' लेख उत्कीर्ण है (मार्शल 1915: 49)। इससे पता चलता है कि गुप्तकाल में कालंजर किसी शासक या सामन्त द्वारा शासित रहा होगा, जहाँ से यह मुहर जारी की गई थी। बुद्धगुप्त के शासन काल के पाली (*एपिग्राफिआ इण्डिका 2*: 364) एवं सिंगरोली (*आर्किआलाजिकल सर्वे आफ इण्डिया एनुअल रिपोर्ट 1936-37*: 88) से प्राप्त दो-ताम्रपत्रों में महाराज लक्ष्मण का उल्लेख है। महाराज लक्ष्मण के गुप्त संवत् 158 (447 ई०) के दो अभिलेखों में इसकी राजधानी जयपुर का उल्लेख है। समभवत: यह जयपुर चन्देल अभिलेखों में वर्णित जयपुर दुर्ग है, जिसकी पहचान अजयगढ़ से की जाती है (*एपिग्राफिआ इण्डिका* 1: 325)। अजयगढ़ दुर्ग कालंजर से मात्र 25 किमी० दक्षिण-पश्चिम में स्थित है। सम्भव है कि कालंजर पर गुप्त शासक अपने सामन्तों के माध्यम से शासन करते रहे होगें। कालंजर से सामन्त वसन्त के उत्तर गुप्तकालीन ब्राह्मी में लिखित चार लेख विदित हैं, जिससे स्पष्ट है कि वसन्त नामक किसी महासामन्त का कालंजर पर शासन था। यह वसन्त किसी 'पंचसभा' अथवा पांच सदस्यों वाली बड़ी सभा का सदस्य था। इससे प्रतीत् होता है कि सम्भवत: वसन्त भी इन्ही सामन्तों में से एक था, जिसके अधीन कालंजर रहा होगा। इस वसन्त की पहचान अभी शोध का विषय है।

गुप्त शासन के उत्तरार्ध में हूणों के आक्रमण प्रारम्भ हो गये थे। अभिलेखों से ज्ञात होता है कि मातृविष्णु की मृत्यु के बाद उसके भाई धान्यविष्णु ने अपनी राज्यलक्ष्मी को हूणों के राजा तोरमाण को सौंप दिया था। इसकी पुष्टि एरण से ज्ञात वराह अभिलेख से होती है। इसके अनुसार धान्यविष्णु ने तोरमाण के शासन काल में एक पाषाण मन्दिर का निर्माण कराया था (अग्रवाल 1995: 400)। कौशाम्बी से प्राप्त दो मुहरों पर हूणराज तोरमाण

का मुद्रालेख है (शर्मा 1960: 16) जिससे इस तथ्य की पुष्टि होती है कि हूणों का शासन बुन्देलखण्ड पर भी था। परन्तु शीघ्र ही गुप्त शासक नरसिंहगुप्त बालादित्य ने हूणों को पराजित कर उत्तर भारत एवं मध्य भारत में उनकी शक्ति को क्षीण कर दिया (अग्रवाल 1995: 400)। परन्तु इस बात के स्पष्ट प्रमाण नहीं हैं कि कालंजर पर हूणों का प्रभाव स्थापित हो पाया था या नहीं।

गुप्तों के उपरान्त कालंजर पाण्डुवंशी शासकों के अधीन था। ये पाण्डुवंशी परिव्राजक और उच्चकल्प के उत्तर-पूर्व सीमा पर राज्य करते थे, जिनके अनेक ताम्र-पत्र लेख विदित हैं। पाण्डुवंशी शासक उदयन के कालंजर अभिलेख से ज्ञात है कि उसके शासन काल में गृहवर्मन ने भगवान भद्रेश्वर के लिए ईंट का एक मन्दिर बनवाया था। विद्वानों में उदयन के शासन काल को लेकर पर्याप्त मतभेद है। मिराशी (1960: 219) एवं मजूमदार (मजूमदार एवं अन्य 1954: 31) उदयन का काल पाँचवी शती ईस्वी का अन्तिम चरण मानते हैं। सुधाकर पाण्डेय ने उदयन का शासन काल छठी शताब्दी ईस्वी के मध्य माना है (*मध्यधारती*, भाग 9, अंक 9, खण्ड 1: 15)। उदयन सम्भवत: मौखरियों का सामन्त था (*इपिग्राफिआ इण्डिका* 4: 257, पादटिप्पणी 4)। यदि उदयन का शासन काल पाँचवी या छठी शताब्दी ईस्वी में मानते है तो इसकी प्रमाणिकता पुरातात्विक साक्ष्यों से भी होती है। पाँचवी-छठी शताब्दी में दुर्ग में शैलोत्कीर्ण गुफाओं एवं मन्दिरों का निर्माण प्रारम्भ हुआ था। ऐसी सम्भावना है कि इन्ही मन्दिरों में से किसी मन्दिर का निर्माण गृहवर्मन द्वारा करवाया गया होगा। नीलकण्ठ मन्दिर के पश्चि-भाग में निर्मित शिवलिंग छठी शताब्दी के जान पड़ते हैं।

गुप्त साम्राज्य की शक्ति क्षीण होने के साथ उत्तर भारत के राजनीतिक पटल पर अनेक शक्तियों का उदय हुआ, जिनमें मौखरी और पुष्यभूति वंश प्रमुख थे। पुष्यभूत वंश के शासकों की राजधानी थानेश्वर (स्थाणुवीश्वर) थी, जो कालान्तर में उत्तर भारत के शक्तिशाली साम्राज्य का केन्द्र बना। इस वंश का सबसे प्रतापी शासक हर्ष (606-647 ई०) था, जिसने सम्पूर्ण उत्तर भारत, जिसमें बंगाल, कामरूप भी सम्मलित थे, को एक छत्र के नीचे लाने में सफलता पाई थी। सम्भवत: बुन्देलखण्ड का क्षेत्र भी इसके अधिकार में रहा होगा। *हर्षचरित* से ज्ञात है कि विन्ध्य के घने जंगलों में अपनी बहन राज्यश्री की खोज के लिए हर्ष गया था (पाठक 1982: 37), तथा भिक्षु दिवाकरमित्र की सहायता से वह राज्यश्री को खोज पाया था। परन्तु हर्ष का प्रत्यक्ष अधिकार कालंजर पर था या नहीं, स्पष्ट नहीं है।

हर्ष के समय कलचुरियों की कई शाखाएँ उत्तर एवं दक्षिण भारत में राज्य करती थीं। साहित्यिक विवरणों से विदित है कि कृष्णराज कलचुरि वंश (महिष्मती शाखा) का प्रथम शासक था, जिसने गुप्तों एवं वाकाटकों की अवनति का लाभ उठाकर नर्मदा क्षेत्र में लगभग छठी शताब्दी ई० में अपना प्रभुत्व स्थापित किया था। इसका साम्राज्य राजपूताना, कोंकण, महाराष्ट्र, विदर्भ एवं नर्मदा के निकटवर्ती क्षेत्र तक विस्तृत था (पाठक 1982: 608), जिसकी पुष्टि उसकी मुद्राओं की प्राप्ति से भी होती है (*जर्नल आफ द न्यूमिस्मेटिक सोसाइटी आफ इण्डिया 3*: 23-24)। महिष्मती की कलचुरि शाखा को पश्चिम से चालुक्यों का दबाब तथा राजपूताना की ओर से गुर्जर-प्रतिहारों के राजनैतिक दबाव को झेलना पड़ा जिस कारण विन्ध्यक्षेत्र की ओर विस्थापित होना पड़ा। हर्ष के उपरान्त विखण्डित राजनैतिक स्थित का लाभ उठाकर त्रिपुरी (आधुनिक जबलपुर) के कलचुरि शासक वामराज ने कालंजर पर अभिकार कर लिया होगा। मिराशी के अनुसार वामराज का समय 675 ई. से 700 ई. के मध्य रहा होगा। कृष्णराज ने कालंजर दुर्ग पर अधिकार कर 'कालंजर पुरवराधीश्वर' की उपाधि धारण की (मिराशी 1955: 68)। इनका यह अधिकार सम्भवत: आठवीं शताब्दी तक रहा। बाद में गुर्जर-प्रतिहारों ने इसे समाप्त कर कालंजर मण्डल तक अपना साम्राज्य बढ़ा लिया था। मिहिरभोज के 886 ई० के बराह अभिलेख से प्रमाणित होता है कि इसके पूर्व कालंजर मण्डल पर कन्नौज की प्रतिहार सत्ता का प्रशासनिक अधिकार पूर्णत: स्थापित हो चुका था तभी तो भोज ने कालिंजर मण्डल में दान दिया था (*एपिग्राफिआ इण्डिका* 19: 15)।

कल्याण शाखा के कलचुरियों के अभिलेखों में इस वंश के प्रारम्भिक शासक का नाम कृष्ण मिलता है, जिसने कालंजर और डाहल विजित किया था (*एपिग्राफिआ इण्डिका* 28: 25)। इसी वंश के शासक विज्जल (1156 ई०) ने 'कालंजरपुराधीश्वर' का विरुद धारण किया था (*एपिग्राफिआ इण्डिका* 5: 249; 28: 209-215)। सोढ़देव के 1077 ई० के कहला ताम्रपत्र से विदित होता है कि किसी कलचुरि वंश के श्रेष्ठपुरुष (*कलचुरिकुलतिलक:*) ने कालंजर और अयोमुख (उत्तर प्रदेश के आधुनिक प्रतापगढ़ एवं रायबरेली जिले) को जीता और क्रयों को दबाया था (*एपिग्राफिआ इण्डिका* 7: 89)। इसी वंश (कल्याण के कलचुरि) के राजा राजपुत्र ने सरयूपार कलचुरियों की एक शाखा स्थापित की थी, जिसकी पुष्टि कहला अभिलेख से होती है (मिराशी 1955: 382)। जल्हण कृत *सूक्तिमुक्तावली* में कालंजर के एक शासक भीमट का उल्लेख है, जिसने पांच नाटकों की रचना की थी (सुल्लेरे 1987: 36)। उल्लेखनीय है कि सरयूपार की कलचुरि वंशावली में भीमट का नाम प्राप्त होता है। यह भीमट सम्भवत: शिवराज प्रथम का पुत्र भीमट प्रथम रहा होगा (सुल्लेरे 1998: 40)। अत: दोनों स्रोतों से ज्ञात भीमट को एक मानते हुए कालंजर पर उसका अधिकार स्वीकार किया गया है, जिसके लिए अब अभिलेखीय साक्ष्य भी उपलब्ध है। ऐसा प्रतीत् होता है कि कालंजर प्रारम्भ से ही कल्याण के कलचुरियों के अधिनस्थ था।

गुर्जर-प्रतिहार शासक नागभट्ट द्वितीय लगभग 800 ई० में कन्नौज की गद्दी पर बैठा। यद्यपि नागभट्ट-द्वितीय की तिथि को लेकर कुछ विद्वानों में मतभेद है, परन्तु अधिकतर विद्वानों का मत है कि नागभट्ट-द्वितीय ने 795 ई० से 833 ई० तक शासन किया था, जिसके समय में प्रतिहार राज्य की सीमाएँ कालंजर तक विस्तृत थी (मजूमदार एवं अन्य 1955: 83)। कलचुरियों के उपरान्त कालंजर प्रतिहारों के अधीन था। नागभट्ट के बाद उसका पुत्र रामभद्र (833-836 ई०) गद्दी पर बैठा जो एक भीरु एवं कमजोर राजा सिद्ध हुआ। इसके समय में कालंजर कुछ समय के लिए राष्ट्रकूटों के हाथ में चला गया प्रतीत् होता है (मजूमदार एवं अन्य 1955: 28)। रामभद्र के उत्तराधिकारी भोज (836-885 ई०) के गद्दी पर बैठते ही प्रतिहारों ने पुन: विजय अभियान प्रारम्भ कर दिया। भोज के 836 ई० के बेराच (बेड़च) ताम्र-पत्र लेख से ज्ञात होता है कि उसने 836 ई० में कालंजर मण्डल को दिये जाने वाले दान को पुन: प्रारम्भ कराया था (*एपिग्राफिआ इण्डिका* 23: 242), जिससे स्पष्ट है कि भोज ने कालंजर को अपने अधिकार क्षेत्र में कर लिया था। परन्तु यह विजय अधिक दिनों तक स्थायी न रह सकी और कालंजर दुर्ग पर पुन: राष्ट्रकूटों का अधिकार हो गया।

राष्ट्रकूट शासक कृष्ण तृतीय के शक संवत् 862 (940-41 ई०) के देवली (*एपिग्राफिआ इण्डिका* 5: 188-197) और शक संवत् 880 (948-49 ई०) के कर्हाट (*एपिग्राफिआ इण्डिका* 4: 278) अभिलेख में कहा गया है कि कृष्ण तृतीय ने अपनी एक दृष्टि मात्र से दक्षिण दिशा के दुर्गों को जीत लिया और गुर्जर राजा के मन से कालंजर और चित्रकूट के दुर्गों को पुन: वापस होने की आशा समाप्त कर दी थी। शक संवत् 862 के देवली अभिलेख से ज्ञात है कि इस उत्तर भारतीय अभियान के समय कृष्ण तृतीय मात्र एक राजकुमार था, जिसका राज्याभिषेक 939 ई० में हुआ था और राजा बनने से पूर्व ही उसने कालंजर विजित किया होगा (पाठक 1982: 168)।

पतनोन्मुख प्रतिहार साम्राज्य का लाभ उठाकर चन्देलों, चेदियों एवं परमारों ने स्वतंत्र राज्य की स्थापना कर ली थी। परम्पराओं एवं अभिलेखीय साक्ष्यों से ज्ञात है कि 825 ई० के पूर्वार्द्ध में नन्नुक नामक राजा ने चन्देल वंश की नींव डाली थी। आरम्भिक काल से चन्देलों की उत्पत्ति विषयक परम्परागत अनुश्रुतियाँ इनका सम्बन्ध कालंजर के साथ स्थापित करती हैं (सुल्लेरे 1987: 40)। प्रारम्भिक चन्देल शासक महोबा के आस-पास क्षेत्रों में प्रतिहारों के सामन्त के रूप में शासन कर रहे थे (रे 1931: 668)। खजुराहो से प्राप्त अभिलेखों में नन्नुक को नृप और महीपति की उपाधि से विभूषित किया गया है। नन्नुक के बारे में अभिलेखीय साक्ष्य किंचित मौन है, जिसके कारण अधिक जानकारी उपलब्ध नहीं है। नन्नुक के बाद इसके उत्तराधिकारी वाक्पति, जयशक्ति, और विजयशक्ति, राहिल तथा हर्ष हुए। हर्ष (905-925 ई०) के राजा बनते ही चन्देल सत्ता का उत्कर्ष प्रारम्भ हुआ। हर्ष ने शक्ति विस्तार हेतु शाकम्भरी के चाहमानों एवं मध्य भारत के कलचुरियों के साथ वैवाहिक सम्बन्ध स्थापित

किया। खजुराहो अभिलेख से ज्ञात है कि हर्ष ने चाहमान राजकुमारी कंचुका के साथ विवाह किया था, जिससे यशोवर्मन उत्पन्न हुआ था (*एपिग्राफिआ इण्डिका* 1: 123, श्लोक 20–21)। लक्ष्मीकर्ण कलचुरि के बनारस ताम्रपत्र लेख से ज्ञात है कि त्रिपुरी के कलचुरि नरेश कोकल्ल ने चन्देल राजकुमारी से विवाह किया था। यह कोकल्ल त्रिपुरी अथवा डाहल शाखा का संस्थापक था, जिसने 850–885 ई० तक शासन किया था (पाठक 1982: 611)।

यशोवर्मन (925–950 ई०) के राजा बनने के समय राजनैतिक परिस्थियाँ उसके अनुकूल थी। प्रतिहार साम्राज्य की शक्ति क्षीण हो चली थी और राष्ट्रकूट आपस में गद्दी के लिए संघर्षरत थे, जिसका यशोवर्मन ने भरपूर लाभ उठाया। गद्दी पर बैठते ही उसने अपनी राज्य की सीमाओं का विस्तार करना प्रारम्भ किया। यशोवर्मन ने खेल-खेल में ही कालंजर गिरि जीत लिया, जो शिव का अधिवास था एवं जिसकी ऊंचाई से मध्यान्ह की सूर्य गति वाधित होती थी (*एपिग्राफिआ इण्डिका* 1: 127–128)। यशोवर्मन ने कालंजर दुर्ग किससे विजित किया, इसका उल्लेख अभिलेख में नहीं है। इस विषय पर विद्वानों में मतभेद है, जिसे तीन-वर्गो में बाँट सकते हैं। प्रथम वर्ग के विद्वानों के अनुसार यशोवर्मन ने कालंजर राष्ट्रकूटों से जीता था, तथा द्वितीय वर्ग के विद्वानों का मानना है कि यशोवर्मन ने कालिंजर गुर्जर-प्रतिहारों से तथा तृतीय वर्ग के विद्वानों के मतानुसार कलचुरियों से विजित किया था। हेमचन्द्र राय, त्रिपाठी, अल्तेकर एवं शिशिर कुमार मित्र के अनुसार यशोवर्मन ने कालंजर राष्ट्रकूटों से जीता था (पाठक 1982: 385)। ये विद्वान अपने कथन के समर्थन में कर्हद, देवली एवं जूर अभिलेखों के साक्ष्य को प्रस्तुत् करते हैं। द्वितीय मत के सर्मथक मिराशी के मतानुसार चन्देल विजय के पूर्व कालंजर प्रतिहारों के अधिकार क्षेत्र में था (मिराशी 1955: 75)। उपरोक्त विषय पर मत-मतान्तर होने के कारण यह सुनिशचित करना कठिन है कि यशोवर्मन ने कालंजर को किससे जीता था। सभी विद्वानों ने अपनी बात को सही प्रमाणित करने के लिए, अभिलेखीय एवं समकालीन राजनैतिक परिस्थितियों को ध्यान में रखकर निष्कर्ष निकाले हैं। सारांशत: यह कहा जा सकता है कि यशोवर्मन के शासन काल में कालंजर चन्देलों के अधिकार में आ गया था।

यशोवर्मन के बाद उसका पुत्र धंग (950–1102 ई०) चन्देल राज्य का उत्तराधिकारी बना। धंग एक कुशल शासक के साथ महान विजेता भी था। उसके शासन काल में चन्देल राज्य की सीमाओं का विस्तार हुआ। खजुराहो अभिलेख से ज्ञात है कि कौशल, क्रथ, सिंहल, कुन्तल के शासक उसकी आज्ञाएं मानते थे, और कांची, आंध्र, राढ़ और अंग के शासकों की पत्नियाँ उसके कारागार में थीं (*एपिग्राफिआ इण्डिका* 1: 145)। इसप्रकार का विवरण अतिश्योक्ति पूर्ण तथा प्रंशसात्यमक हो सकता है। सीमा विस्तार की दृष्टि से देखें तो यशोवर्मन के समय में चन्देल साम्राज्य की सीमा प्रयाग तक विस्तृत थी। उससे आगे बढ़ते हुए धंग ने काशी का क्षेत्र विजित कर अपने साम्राज्य में सम्मलित कर लिया था (पाठक 1982: 397)। उसने किसी कान्यकुब्ज नरेन्द्र को समरभूमि में पराजित किया था (*एपिग्राफिआ इण्डिका* 1: 197, 203)। परन्तु यह कान्यकुब्ज नरेश कौन था, इसकी पहचान नहीं हो सकी है। संवत् 1055 (998 ई०) के एक अभिलेख में इसे 'कालंजराधिपति' कहा गया है (*एपिग्राफिआ इण्डिका* 16: 201–204)। इससे स्पष्ट है कि धंग के समय में कालंजर सामरिक महत्व का मुख्य केन्द्र बन चुका था। इस दुर्ग पर अधिकार रखना किसी भी वंश के लिए गौरव का विषय था। इसीलिए चन्देलों के पूर्व कलचुरियों ने भी 'कालंजरपुरावराधीश्वर' विरुद धारण किया था। मुस्लिम लेखकों ने चन्देलों का उल्लेख कालंजर के शासक के रूप में किया है (फरिश्ता 1831–32: 18)। किन्तु चन्देल राजधानी खजुराहों में होने की परम्परा आगे भी बनी रही, जिसकी पुष्टि अनेक साक्ष्यों से होती है (पाठक 1982: 397)। मुसलमान इतिहासकार धंग के पुत्र विद्याधर को भी खजुराहो का शासक बताते हैं (*अल-तारखिल-कामिल* 9: 115–116)।

धंग के बाद उसका पुत्र गण्ड (1003–1017 ई०) गद्दी पर बैठा। गण्ड का शासन राजनैतिक दृष्टि से महत्वपूर्ण नहीं था। गण्ड का उत्तराधिकारी विद्याधर (1018–1029 ई०) अपने पिता धंग की भाँति शक्तिशाली एवं युद्धप्रिय था। इसके काल में न केवल चन्देल सत्ता ने चर्मोत्कर्ष प्राप्त किया, अपितु उसने मुसलमान आक्रमणों की विभीषिका से चन्देल राज्य की रक्षा भी की थी। विद्याधर के गद्दी पर बैठने के साथ उसका सामना प्रतिहार शासक राज्यपाल

से हुआ। विद्याधर ने राज्यपाल को मारकर 'परमेश्वर परम्भट्टारक महाराजाधिराज' की उपाधि धारण की थी (*इण्डियन एन्टीक्वेरी* 16: 205)। इसके शासन की प्रमुख घटना तुर्कों का आक्रमण था। महमूद गज़नवी ने चन्देलों पर दो बार आक्रमण किया। इसका प्रथम आक्रमण हिज़री 410 (1031 ई०) में हुआ। इब्न-उल-अतहर के अनुसार विद्याधर चन्देल एवं महमूद में घमासान युद्ध हुआ, परन्तु रात के अंधेरे का लाभ उठाकर विद्याधर भाग निकला (पाठक 1982: 407)। महमूद का दूसरा आक्रमण 1032 ई० में हुआ। महमूद ने कालंजर के अभेद्य दुर्ग पर घेरा डाल दिया, जो लम्बे समय तक चला। बाद में विद्याधर ने महमूद को उपहार आदि भेजा (पाठक 1982: 410) और महमूद उपहार आदि लेकर प्रसन्न होकर वापस गजनी लौट गया। इन कथनों में कुछ कपोलकल्पित उद्धरण प्रतीत् होते हैं। सारांशतः यह कहा जा सकता है कि महमूद, चन्देल शक्ति का भेदन करने में असफल रहा। विद्याधर के इस अभियान और मुसलमानों के आक्रमण का सामना करने से उत्तर भारत में चन्देलों की प्रतिष्ठा बढ़ गयी थी।

विद्याधर के पश्चात कालंजर विजयपाल (1030-1050 ई०), कीर्तिवर्मन (1060-1100 ई०), सल्लक्षणवर्मन (1100-1115 ई०), जयवर्मन (1115-1120 ई०) और पृथ्वीवर्मन (1120 ई०) आदि चन्देल शासकों के अधीन रहा। यह काल चन्देल सत्ता का अवनति काल था। ये सभी शासक राजनैतिक दृष्टि से कमजोर सिद्ध हुए परन्तु कालंजर दुर्ग पर चन्देलों का शासन बना रहा। पृथ्वीवर्मन के पश्चात उसका पुत्र मदनवर्मन (1120-1163 ई०) गद्दी पर बैठा। कालंजर से मदनवर्मन के अनेक अभिलेख ज्ञात है। मदनवर्मन चन्देल वंश के उन महान शासकों में से था जिसके गद्दी पर बैठते ही कमजोर पड़ती चन्देल सत्ता पुनः संगठित हो विजयोन्मुख हो उठी थी (पाठक 1982: 419-420)। मदनवर्मन जिस समय गद्दी पर बैठा उस समय की राजनीतिक परिस्थितियां उसके अनुकूल थी। मदनवर्मन के समकालिक चेदि और मालवा के शासक कमजोर हो गये थे। रीवाँ के पास पवनार से प्राप्त सिक्कों के ढेर से ज्ञात होता है कि उसकी राज्य की सीमाएँ दक्षिण में मैसूर की पहाड़ियों तक विस्तृत थी (*जर्नल आफ द एशियाटिक सोसाइटी आफ बंगाल* 10: 199-200)। परमार शासित क्षेत्रों से मदनवर्मन के दान देने के उल्लेख प्राप्त हुए हैं, जिससे स्पष्ट होता हैं कि इन क्षेत्रों को मदनवर्मन ने परमारों से छीना होगा। *कीर्तिकौमुदी, कुमारपालचरित* (142), एवं चन्दबरदायी (*इण्डियन एण्टीक्वेरी* 37: 144) से ज्ञात है कि मदनवर्मन का संघर्ष चालुक्य नरेश जयसिंह सिद्धराज के साथ हुआ था। चन्दबरदायी के अनुसार मदनवर्मन ने जयसिंह सिद्धराज को पराजित किया था। यदि संक्षेप में कहें तो मदनवर्मन के राज्य की सीमाएँ उत्तर में यमुना, दक्षिण-पश्चिम में बेतवा, पूर्व में रीवाँ और दक्षिण में नर्मदा तक व्याप्त थी, जिसमें कालंजर, खजुराहो, अजयगढ़ और महोबा सहित बुन्देलखण्ड एवं बघेलखण्ड का रीवाँ क्षेत्र सम्मलित था।

मदनवर्मन के बाद यशोवर्मन द्वितीय (1163-1165 ई०) चन्देल सत्ता का उत्तराधिकारी बना। यह अत्यन्त ही भीरु प्रवृत्ति का था। इसका शासन अल्पकालिक रहा। यशोवर्मन के बाद उसका पुत्र परमर्दिदेव (1165-1202 ई०) चन्देलों का उत्तराधिकारी बना। परमर्दिदेव के अनेक अभिलेख प्राप्त हुए हैं, जिनमें उसको 'परमभट्टारक महाराजाधिराज परमेश्वर एवं परममाहेश्वर श्री कालंजराधिपति' जैसे विरुदों से अभिहित किया गया है (पाठक 1982: 423)। परमर्दिदेव के शासन काल में यद्यपि चन्देलों की राज्य सीमाओं का उल्लेखनीय विस्तार नहीं हुआ, परन्तु वह अपने राज्य की सीमाओं की रक्षा करने में सफल रहा। ह्रासोन्मुख चन्देल शक्ति को देखकर अनेक शासकों की दृष्टि कालंजर दुर्ग पर लगी थी। समय का लाभ उठाकर दिल्ली के चहमान शासक पृथ्वीराज तृतीय ने कालंजर पर आक्रमण किया था, जो चन्देल सत्ता के विनाश का कारण सिद्ध हुआ। *पृथ्वीराजरासो, परमलरासो* (महोबाखण्ड) और जगनिकृत *आल्हाखण्ड, सारंगधरपद्धति, प्रबन्धचिन्तामणि* से चाहमान शासक पृथ्वीराज तृतीय (1178-1192 ई०) द्वारा चन्देलों पर आक्रमण की सूचनाएँ मिलती है। महोबा के निकट दोनों सेनाओं के बीच संघर्ष हुआ, जिसमें चाहमान विजयी हुए और चाहमानों ने पज्जुनराय नामक अपने एक सेनापति को महोबा का नायक नियुक्त किया था (पाठक 1982: 425)। इसकी पुष्टि मदनपुर से प्राप्त संवत् 1239 (1179 ई०) के अभिलेख से होती है (कनिंघम

1880: 98-99)। किन्तु चाहमानों का चन्देल शासित क्षेत्रों पर अधिकार स्थायी न रह सका। अभिलेखों से ज्ञात है कि परमर्दिदेव ने शीघ्र ही कालंजर एवं महोबा के क्षेत्र को पुन: जीत लिया था (कनिंघम 1885: 72)।

उस समय तुर्कों की फौजों के सामने भारत के बड़े-बड़े राजा नतमस्तक हो रहे थे। महमूद गोरी ने पृथ्वीराज तृतीय (1178-1192 ई०) तथा चयचन्द्र गहड़वाल (1193-94 ई०) का अन्त कर अपने सिपहसालारों को उत्तर भारत के राज्यों की विजय हेतु नियुक्त किया। कुतुबुद्दीन ऐबक के नेतृत्व में 599 हिज़री (1202 ई०) में तुर्क सेना ने आक्रमण कर दिया। इस समय कालंजर पर चन्देल शासक परमर्दिदेव का शासन था (पाठक 1982: 426)। आक्रमण का पता चलते ही परमर्दिदेव कालंजर दुर्ग छोड़कर नीचे मैदान में आकर मुस्लिम सेना का जमकर मुकाबला किया। हसन निज़ामी लिखता है कि मैदान में घमासान युद्ध लड़ने के बाद चन्देल अधीनता स्वीकार करते हुए आत्मसमर्पण को विवश हुए (*आर्किआलाजिकल सर्वे आफ इण्डिया एनुअल रिपोर्ट 1927-28*: 11)। इसी बीच परमर्दिदेव की मृत्यु हो गयी, परन्तु उसका मंत्री अजदेव आत्मसमर्पण को तैयार न हुआ। युद्ध चलता रहा, अन्ततः पानी की भीषण कमी के कारण चन्देल सेना को आत्मसमर्पण करना पड़ा। जब असहाय सेना दुर्ग से बाहर आयी, तभी तुर्क सेना उन पर टूट पड़ी। भीषण नरसंहार हुआ और पचास हजार ब्यक्ति दास बना लिए गये तथा दुर्ग को हज़बरुद्दीन हसन अर्नाल को सौंप दिया गया। सन् 1202 ई० में कालंजर चन्देलों के हाथ से निकलने के बाद भी अजयगढ़ उनके पास रहा, जहाँ से कालंजर पर पुन: अधिकार का वे प्रयास करते रहे।

परमर्दिदेव के बाद उसका उत्तराधिकारी त्रैलोक्यवर्मन गद्दी पर बैठा। गर्रा ताम्र-पत्र में त्रैलोक्यवर्मन को परमर्दिदेव का पुत्र और उत्तराधिकारी बताया गया है। त्रैलोक्यवर्मन ने 'परमभट्टारक महाराजाधिराज परमेश्वर परममाहेश्वर कालंजराधिपति' का विरुद धारण किया था (*एपिग्राफिआ इण्डिका* 16: 272-277)। कालंजर पर चन्देलों के अधिकार की पुष्टि त्रैलोक्यवर्मन के गर्रा अभिलेख और वीरवर्मन के अजयगढ़ अभिलेख से होती है। इन अभिलेखीय साक्ष्यों से स्पष्ट है कि तुर्कों को पराजित कर त्रैलोक्यवर्मन ने कालंजर अपने अधिकार में कर लिया था। त्रैलोक्यवर्मन के बाद उसका उत्तराधिकारी वीरवर्मन (1260-1310 ई०) गद्दी पर बैठा। अजयगढ़ और कालंजर इसके अधीन थे। अजयगढ़ से प्राप्त संवत् 1317 (1259 ई०) के शिलालेख में वीरवर्मन को महान योद्धा कहा गया है (*एपिग्राफिआ इण्डिका* 16: 327-329)। वीरवर्मन के बाद भोजवर्मन (1286-1288 ई०), हम्मीरवर्मन (1288-1310 ई०) चन्देल सत्ता के उत्तराधिकारी बने जिनका अधिकार कालंजर क्षेत्र पर था। हम्मीरवर्मन के अनेक अभिलेख अजयगढ़, चरखारी, बम्हनी से प्राप्त हुए है (*एपिग्राफिआ इण्डिका* 16: 10; 20: 134-136)। अजयगढ़ के सती अभिलेख में हम्मीरवर्मन के लिए 'कालंजराधिपति' का विरुद् प्रयुक्त किया गया है (*एपिग्राफिआ इण्डिका* 20: 134, पादटिप्पणी 2)। इससे स्पष्ट होता है कि कालंजर क्षेत्र पर उसका अधिकार था। इससे प्रकट है कि यद्यपि चन्देल क्षेत्रों पर मुसलमानों के आक्रमण होते रहे, परन्तु चन्देलों का अधिकार कालंजर क्षेत्र पर बना रहा। हम्मीरवर्मन के बाद वीरवर्मन, शशांकभूप (संवत् 1387) भिमलादेव (संवत् 1403) तथा परमर्दिदेव (संवत् 1447) ने क्रमशः कालंजर से राज्य किया (तिवारी 1934: 340)। चन्देल वंश का अन्तिम शासक कीरतसिंह था। परमर्दिदेव और कीरतसिंह के बीच के राजाओं के नाम ज्ञात नहीं हैं।

सोलहवीं शताब्दी ई० के प्रथम भाग में पुन: एक नये युग का सूत्रपात हुआ, सन् 1526 में बाबर फरगना से होता हुआ हज़ारों मील लम्बा रास्ता तय कर दिल्ली पहुँचा। बाबर ने अन्ततः पानीपत के मैदान में इब्राहीम लोदी (1517-1526 ई०) को पराजित कर दिल्ली में मुग़ल साम्राज्य की नींव डाली। बाबर के समय में ही उसके पुत्र हुमायूँ ने हिज़री 936 (1530 ई०) में कालंजर दुर्ग को जीतने के लिए अभियान चलाया, परन्तु पिता की बीमारी की खबर मिलने के कारण उसे अभियान को बीच में छोड़कर वापस लौटना पड़ा। पिता की मृत्यु के बाद हुमायूँ दिल्ली की गद्दी पर बैठा। पुन: हिज़री 937 (1531 ई०) में उसने कालंजर पर आक्रमण किया। कृष्ण कुमार के मतानुसार हुमायूँ के दोनों आक्रमण असफल रहे थे। कुमार प्रतापरुददेव की प्रशस्ति में वर्णित घटना को सही

मानते हैं (तिवारी 1934: 340)। परन्तु *अकबरनामा* एवं *तबकाते अकबरी* में इसके विपरीत वर्णन मिलता है, जिसके अनुसार हुमायूँ ने राजा के सामने सन्धि प्रस्ताव रखा, जिसे चन्देल राजा ने सहर्ष स्वीकार कर लिया। बदले में दो मन स्वर्ण एवं अन्य बहुमूल्य उपहार दिये। वास्तव में इस अभियान में हुमायूँ सफल रहा।

शेरशाह ने कुछ समय के लिए समूचे उत्तर भारत पर अधिकार कर लिया था। इसी क्रम में उसने सन् 1545 ई० में कालंजर पर भी आक्रमण किया। चन्देल शासक कीरतसिंह ने अफगाानों का डटकर सामना किया। *तबारीखे शेरशाही* के अनुसार कालंजर किले के पूर्व में स्थित कालिंजरी पहाड़ी से अफगान सेना तोपखाने से कालंजर पर गोले बरसा रही थी। एक दिन जब शेरशाह सैनिकों का निरीक्षण कर रहा था, उसी समय उसकी स्वयं की सेना से दागा गया गोला रक्षा-प्राचीर से टकराकर उसके निकट गिरा और शेरशाह बुरी तरह घायल हो गया। इससे अफगान सेना ने क्रोध में आकर भीषण गोलाबारी की और अगले दिन प्रातः कीरतसिंह को बन्दी बना लिया गया। हिज़्री 952 रवि-उल-अब्बल माह की 10 तारीख (24 मई, 1545 ई०) में शेरशाह की मृत्यु हो गयी। शेरशाह की मृत्यु के बाद उसका पुत्र इस्लामशाह (1545-1554 ई०) रविउल अव्वल माह की 17 तारीख (26 मई, 1545 ई०) को गद्दी पर बैठा (कुमार 1999: 156)। गद्दी पर बैठते ही उसने कीरतसिंह को मार देने का आदेश दिया। कीरतसिंह के साथ ही सदैव के लिए कालंजर चन्देलों के हाथ से निकल गया और चन्देल सत्ता का सूर्य अस्त हो गया।

अफगानों के बाद कालंजर थोड़े समय के लिए बघेल राजा रामचन्द्र के हाथ में आ गया था और सन् 1569 ई० तक उसके नियन्त्रण में रहा (सरवानी अब्बास, *तवारीखे शेरशाही*: 173-174)। रामचन्द्र का एक लेख कालंजर दुर्ग में अंकित है। अफगानों की सत्ता ज्यादा दिनों तक कायम न रह सकी और हुमायूँ ने पुनः अफगानों को परास्त कर पूर्व की ओर धकेल दिया। हुमायूँ के बाद उसका पुत्र अकबर (1555-1605 ई०) गद्दी पर बैठा। अकबर ने सन् 1569 ई० में मजनूखान काकसाल के नेतृत्व में एक बड़ी सेना को कालंजर विजय के लिए भेजा (पागसन 1828: 163)। एक दिन के घेरे के बाद बघेल राजा ने आत्मसमर्पण कर मुगल सेना को हीरे-जवाहरात सहित दुर्ग की चाबी सौंप दी। विजय के बाद अकबर ने मजनूखान काकसाल को कालंजर का किलेदार नियुक्त कर दिया (*जर्नल आफ द एशियाटिक सोसाइटी आफ बंगाल* 50: 42)। कालान्तर में अकबर ने कालंजर को अपने नवरत्नों में एक राजा बीरबल को जागीर के रूप में सौंप दिया (*अकबरनामा* 2: 498-500; *आइने-अकबरी* 1: 369-406)।

शाहजहाँ के शासन काल में सैय्यद अहमद कालंजर का किलेदार था। शाहजहाँ को बुन्देला शासक जुझारसिंह और अफगान शासक खान-ए-जहाँ लोदी लगातार मुगल सेना को चेतावनी देते रहते थे। इनके आक्रमण का लगातार खतरा बना रहता था। खान-ए-जहाँ लोदी ने सन् 1629 में विद्रोह कर दिया। सैय्यद अहमद ने बड़ी कुशलता से खान-ए-जहाँ के पुत्र हसन और उसके बाइस हाथियों को अपने कब्जे में कर लिया (स्मिथ 1918: 72)। इससे शाहजहाँ ने प्रसन्न होकर सैय्यद अहमद को 'जाँबाज खान' के खिताब से सम्मानित किया और साथ में उसे आदेश दिया कि वह अफगानों को यहाँ से मार भगाये (स्मिथ 1918: 72, पादटिप्पणी)। पुनः एक बार 24 जनवरी, 1631 ई० को सिहोंदा नामक स्थान पर मुग़ल सेना और अफगान शासक खान-ए-जहाँ और इसके समर्थकों के बीच युद्ध हुआ। मुजफ्फर खान और मधुसिंह के नेतृत्व में मुगल सेना ने जमकर युद्ध किया तथा सफलता पायी। खान-ए-जहाँ का सिर काटकर बादशाह के पास भेज दिया गया (अग्रवाल 1995: 412)। इसके उपरान्त कुछ समय के लिए कालंजर पर औरंगजेब का अधिकार रहा। कालंजर में आलम दरवाजे के ऊपर लगे हिज़्री 1084 (1673 ई०) के फारसी अभिलेख से ज्ञात है कि औरंगजेब के शासनकाल में मुहम्मद मुराद ने इस दरवाजे का निर्माण करवाया था (*बादशाहनामा* 1: 349)।

चौदहवीं शताब्दी के प्रारम्भिक चरण में मध्य भारत में एक और क्षेत्रीय शक्ति का उदय हुआ, जिसने कई स्थानों यथा, महौनी (जगम्मनपुर), गढ़कुण्डार, ओरछा एवं टेहरी को अपनी राजधानी बनाकर बुन्देलखण्ड के विस्तृत क्षेत्र पर शासन किया। बुन्देल शासक काशी के गहड़वालवंशी क्षत्रिय थे, जो बुन्देलखण्ड में शासन करने के

कारण बुन्देल कहलाए। तेरहवीं शताब्दी ई० के अन्तिम चरण में सोहनपाल अथवा द्रोणपाल ने खंगार राजा हुरमत सिंह को छल से मारकर गढ़कुण्डार को अपनी राजधानी बनाया और यहाँ उसने लगभग 8 वर्ष (1251-1259 ई०) तक शासन किया (*बादशाहनामा* 1: 350)। सन् 1531 ई० में राजा प्रताप रुद्रदेव ने अपनी राजधानी गढ़कुण्डार से ओरछा स्थानान्तरित की। बुन्देला शासकों में प्रताप रुद्रदेव सबसे प्रतापी शासक था। पत्थर महल मस्जिद (इस्लामशाह मस्जिद), कालंजर से प्राप्त प्रताप रुद्रदेव की संस्कृत प्रशस्ति से ज्ञात होता है कि इसका शासन कालंजर पर था, जिसने दुर्ग में एक विष्णु मन्दिर का निर्माण करवाया था (*मासीर-उल-उमरा* 1: 577)। इन बुन्देल राजाओं ने तत्कालीन मध्य भारत की राजनीति में एक क्षेत्रीय शक्ति के रुप में महत्वपूर्ण भूमिका निभाई थी।

मधुकरशाह बुन्देला (1554 से 1592 ई०) अकबर का समकालीन एवं मित्र था। बुन्देला शासकों में चम्पतराय का पुत्र छत्रसाल (1671-1731 ई०) सबसे शक्तिशाली राजा हुआ। गद्दी पर बैठते ही इसने अपने आस-पास के क्षेत्रों पर दबाव बनाना प्रारम्भ कर दिया। इतिहासकारों का मत है कि महाराजा छत्रसाल कालंजर दुर्ग को विजित करने वाला प्रथम बुन्देल शासक था (कनिंघम 1885: 28-29)। किन्तु प्रताप रुद्रदेव की कालंजर प्रशस्ति से पता चलता है कि महाराज छत्रसाल के लगभग दो शताब्दी पूर्व बुन्देल राजा द्रोणपाल तथा, प्रताप रुद्रदेव (1486-1531 ई.) ने कालंजर दुर्ग के निकटवर्ती क्षेत्र को न केवल विजित कर वहाँ शासन किया था, अपितु वहाँ पर अनेक निर्माण भी करवाये थे, जिनमें विष्णु मन्दिर का निर्माण प्रमुख है (कुमार 1999: 155)। इससे भी लगभग सौ वर्ष पूर्व का विंबणदेव का लेख भी अब प्रकाश में आ चुका है। *छत्रप्रकाश* के अनुसार सोहनपाल (द्रोणपाल) के पूर्व वीरसिंह नामक बुन्देल राजा ने भी कालंजर विजित किया था। उस समय कालंजर दुर्ग पर औरंगजेब का शासन था। सन् 1688-1689 ई० में बुन्देलों ने कालंजर दुर्ग पर आक्रमण कर घेरा डाल दिया। यह घेरा 18 दिन तक चला, अन्त में घमासान युद्ध के पश्चात बुन्देला विजयी हुए। छत्रसाल ने मान्धाता चौबे को कालंजर का किलेदार नियुक्त किया (कुमार 1999: 157)। कालंजर हारने के बाद भी इलाहाबाद सूबे और कालंजर सरकार मुगलों के लिए परेशानी का कारण बने रहे। बुन्देले मुगल शासित क्षेत्रों पर छिट-पुट आक्रमण करते रहते थे। औरंगजेब ने इससे परेशान होकर मुहम्मद बेग को कालंजर पर आक्रमण के लिए भेजा। 1701 ई० में मुहम्मद बेग ने इब्राहीम खान को लेकर कालंजर पर आक्रमण किया, परन्तु मुगल सेना को सफलता नहीं मिली। औरंगजेब ने अंततः छत्रसाल से परेशान होकर उससे सन्धि कर उसे 1705 ई० में 4000 मनसब का मनसबदार नियुक्त किया (कुमार 1999: 157)।

औरंगजेब के बाद उसका पुत्र बहादुरशाह (1707-1712 ई०) गद्दी पर बैठा। उस समय छत्रसाल को मुगल दरबार में उच्च स्थान प्राप्त था। उसके द्वारा शासित क्षेत्रों के लिए बादशाह की सहमति प्राप्त कर अपने को स्वतन्त्र कर लिया तथा कालंजर दुर्ग छत्रसाल के राज्य का अंग बना रहा (पागसन 1828: 67)। सन् 1729 ई० में मुगलों के इलाहाबाद के सूबेदार मोहम्मद खान वंगश ने छत्रसाल पर आक्रमण किया। अपनी कमजोर स्थित का देखते हुए छत्रसाल ने पेशवा बाजीराव से सहायता माँगी। पेशवा की मदद से छत्रसाल ने मुगलों को मार भगाया। कालंजर से प्राप्त छत्रसाल के ताम्र-पत्र से ज्ञात होता है कि अमानसिंह (1752-1757 ई०) उसका मंत्री था जिसके द्वारा नीलकण्ठ मन्दिर के पुजारी को पहारी गांव दान में दिये जाने का उल्लेख (त्रिपाठी 2003: 158) किया गया है, किंतु ऐसा विवरण अभिलेख में नहीं है। छत्रसाल ने अपनी मृत्यु से पूर्व ही अपने साम्राज्य को तीन भागों में बाँट दिया था। इस बँटवारे में एक हिस्सा पेशवा बाजीराव प्रथम को तथा दोनों पुत्रों, हृदयशाह को पन्ना, जिसमें कालंजर, मऊ, एरिच एवं धमोनी; तथा जगतराज को जैतपुर की गद्दी मिली, जिसमें जैतपुर वा बेलाताल, अजयगढ़, चरखारी, भूरागढ़ एवं बाँदा शामिल थे। इस विभाजन से कालंजर पन्ना राज्य का अंग बन गया (अग्रवाल 1995: 414)।

हृदयशाह के शासन काल (1732-1739 ई०) में मान्धाता चौबे कालंजर का गर्वनर था। हृदयशाह के उपरान्त सभासिंह (1739-1752 ई०), अमानसिंह (1752-1757 ई०) ने कालंजर पर राज्य किया। संवत् 1804 (1747 ई०) में अमानसिंह के दीवान हिन्दूपत (1757-1776 ई०) ने चित्रकूट में एक तालाब के किनारे उसकी हत्या कर कालंजर

पर कब्जा कर लिया। हिन्दूपत के तीन-पुत्र सरनेत सिंह, अनिरुद्ध सिंह और धोकल सिंह थे। हिन्दूपत की मृत्यु के बाद उसका ज्येष्ठ-पुत्र अनिरुद्ध सिंह आठ वर्ष की उम्र में कालंजर की गद्दी पर बैठा। अनिरुद्ध सिंह के लिए हिन्दूपत ने दो संरक्षक बेनी हजूरी को दीवान तथा कायमजी चौबे को किलेदार और कोषाध्यक्ष नियुक्त किया। कालान्तर में बेनी हजूरी और कायमजी चौबे में मतभेद हो गया। सन् 1780 ई० में अनिरुद्ध सिंह की मृत्यु के पश्चात पन्ना राज्य गृहयुद्ध में फँस गया। धोकल सिंह और सरनेत सिंह में युद्ध हो गया, जिसमें कायमजी चौबे के सहयोग से सरनेत सिंह विजयी हुआ (*अकबराज-ए-दरबार-ए-मुल्ला,* (जयपुर अभिलेखागार) 19: 79)। सन् 1786 ई० में कायमजी चौबे की मृत्यु के बाद उसका पुत्र रामकिशन चौबे कालंजर का दुर्गपति बना। कायमजी चौबे की मृत्यु के बाद सरनेत सिंह पुनः अकेला पड़ गया। समय आने पर सरनेत सिंह, नोने अर्जुन सिंह का समर्थन पाने में सफल रहा। पॉगसन के अनुसार गथेवरा (छतरपुर के पास) के युद्ध में बेनी हजूरी मारा गया तथा नोने अर्जुन सिंह घायल होने के बाद भी विजित रहा (*इण्डियन आर्किआलाजी 1971-72 ए रिव्यू*: 60)। इस गृहयुद्ध के बाद भी कालंजर पन्ना राज्य का अंग बना रहा।

छत्रसाल की मृत्यु के बाद विभाजित राज्य का एक तिहाई हिस्सा प्राप्त करने के बाद मराठों का प्रभाव बुन्देलखण्ड क्षेत्र में बढ़ता गया। अलीबहादुर पेशवा बाजीराव प्रथम का पौत्र था। मराठा शासन ने अली बहादुर को बुन्देलखण्ड में अपना प्रतिनिधि नियुक्त कर रखा था। अलीबहादुर अत्यन्त ही महत्वाकांक्षी था। उसने छत्रसाल के वंशज, बाँदा के अल्पवयस्क राजा बख्तसिंह पर आक्रमण कर दिया। बख्तसिंह का संरक्षक नौने अर्जुन सिंह अजयगढ़ के समीप अलीबहादुर से युद्ध करते हुए 18 अप्रैल, 1792 ई० को वीरगति को प्राप्त हुआ। इसप्रकार से अलीबहादुर ने राज्य पर कब्जा कर बाँदा को अपनी राजधानी बनायी तथा नवाब वंश की नींव डाली (पागसन 1828: 105)। अलीबहादुर इससे सन्तुष्ट नहीं हुआ और उसने आस-पास के क्षेत्रों, जैतपुर, चरखारी, विजावर, पन्ना तथा रींवा के राजाओं पर आक्रमण कर लूट-पाट करना प्रारम्भ कर दिया। कालंजर दुर्ग इससे काफी निकट था, जो इसकी आँखों में लगातार खटक रहा था। कालंजर दुर्ग के किलेदार रामकिशन चौबे ने दिसम्बर 1798 में अपना एक वकील नवाब अलीबहादुर के पास भेजा और सन्धि की पेशकश की। नवाब ने लूट-पाट बंद करने के बदले में पाँच लाख रुपये के नज़राने के साथ तीस हजार रुपये की मांग की (पागसन 1828: 106)। इतनी बड़ी रकम सुनकर रामकिशन को क्रोध आया और उसने यह रकम देने से इन्कार कर दिया। इसका परिणाम यह हुआ कि अलीबहादुर ने कालंजर पर आक्रमण कर घेरा डाल दिया। घेरा एक लम्बे समय तक चलता रहा परन्तु रामकिशन ने नवाब के सभी प्रयास असफल कर दिए। नवाब अलीबहादुर अचानक बीमार पड़ा और 28 अगस्त, 1802 ई० को उसकी मृत्यु हो गयी (पागसन 1828: 114)। मृत्यु के समय उसका बेटा शमशेर बहादुर पूना में था। पिता की मृत्यु का समाचार पाते ही वह बाँदा आ गया और कालंजर में घेरा डाल रही सेना की कमान सम्भाली (पाण्डेय 1991: 24)। शमशेर बहादुर ने अपने को बाँदा का नवाब घोषित कर अपने चाचा नवाब गनीबहादुर को अजयगढ़ में नजरबन्द कर दिया। अलीबहादुर के सेनापति हिम्मत बहादुर गोंसाई ने स्थिति की नाजुकता भाँपकर अंग्रेजों के साथ 1802 ई० में बेसिन की संधि कर ली। बेसिन की संधि के बाद बुन्देलखण्ड पर अंग्रेजों का वर्चस्व बढ़ने लगा (अग्रवाल 1995: 416-17)। बेसिन की सहायक संधि (16 दिसम्बर, 1803) के बाद कम्पनी सरकार को पेशवा के समस्त राजनैतिक अधिकार प्राप्त हो गये। अंग्रेजों ने मराठों के बाद बाँदा के नवाब शमशेर बहादुर द्वितीय पर दबाव डाला। नवाब के पास संधि के अतिक्ति और कोई रास्ता न था। चार लाख रुपये की वार्षिक पेंशन देकर अंग्रेजों ने नवाब के सभी राजनैतिक अधिकार छीन लिए (पागसन 1828: 123)।

बाँदा हस्तगत करने के उपरान्त अंग्रेजों ने अजयगढ़ को अपने अधिकार में कर लिया। उसके बाद कम्पनी सरकार ने अपना ध्यान कालंजर दुर्ग पर केन्द्रित किया। इस समय कालंजर पर रामकिशन चौबे के पौत्र दरियाव सिंह का अधिकार था। अंग्रेजों ने 18 जनवरी, 1812 ई० में कर्नल मर्टिन्डल के नेतृत्व में एक विशाल सेना लेकर कालंजर पर घेरा डाल दिया (पाण्डेय 1991: 25)। कम्पनी सरकार ने कालंजर पर गोलाबारी की परन्तु दुर्ग पर

इसका कोई विशेष प्रभाव नहीं पड़ा। दरियाव सिंह ने स्थिति को समझते हुए आत्मसमर्पण का प्रस्ताव स्वीकार कर लिया। सन्धि की सर्त के अनुरुप चौबे परिवार को 75,000 रुपये की वार्षिक राजस्व की जागीर प्राप्त हुयी (पाण्डेय 1991: 26)। इसमें पालदेव, सराव, पहरा तथा भदौसा ग्राम सम्मलित थे। इसके उपरान्त कालंजर बाँदा जनपद का अंग बन गया और अंग्रेजों ने इसे अपनी सैनिक छावनी बनाया। सन् 1835 ई० में अंग्रेजों ने पश्चिमोत्तर प्रदेश का गठन किया जिसमें बाँदा सम्मलित था। कालंजर का दुर्गम दुर्ग भारतवर्ष के स्वतंत्र होने तक अंग्रेजों के अधिकार में बना रहा।

राजनैतिक दृष्टि से प्रतिष्ठित होने के बहुत पहले ही कालंजर अपनी धार्मिक महिमा के लिए लोकविश्रुत हो गया था। यहां की बनाच्छादित रमणीय पहाड़ी ने ऋषि-मुनियों को अपनी ओर आकर्षित किया, जिनकों स्थानीय जनजातियों का पूर्ण सहयोग प्राप्त था। जनजातीय समुदाय के लोगों की धार्मिक जिज्ञासाओं एवं मान्यताओं के अनुरूप कालंजर गिरि पर पूजा-अर्चना आरम्भ हुयी, जिसने समय के साथ बाहरी लोगों का ध्यान अपनी ओर आकार्षित किया। कालंजर के धार्मिक महत्व का प्रचार प्रसार होने पर दूर-दराज के क्षेत्रों से लोग धार्मिक भाव से आने लगे। जन भावनाओं के अनुरूप जन सहयोग से मंदिरों-मूर्तियों का निर्माण आरम्भ हुआ तथा समय के साथ बढ़ती धार्मिक लोकप्रियता ने राजाओं-महाराजाओं का ध्यान आकर्षित किया, जिन्होने पूजा-अनुष्ठान के साथ-साथ मंदिर-मूर्तियों के निर्माण, उनके जिर्णोद्धार में बढ़ चढ़कर सहयोग प्रदान किया। धार्मिक भावना के इस केन्द्र के सामरिक महत्व को देखते हुए राजाओं-महाराजाओं ने पहाड़ी को चारो ओर से दुर्ग के रूप में सुरक्षित करवाकर, महलों आदि का निर्माण करवाकर प्रत्यक्ष-अप्रत्यक्ष रूप में शासन सत्ता के केन्द्र के रूप में स्थापित किया। विद्यमान स्थापत्य एवं मूर्तिशिल्प की प्राचीनता गुप्तकाल तक निर्धारित की जाती है। साहित्यिक विवरणों के अनुसार वैदिक काल में ही कालंजर का धार्मिक महत्व स्थापित होगया था। गुप्त काल के पूर्व से ही तीर्थयात्रियों का आवागमन आरम्भ हो गया था, जिसके अभिलेखीय साक्ष्य उपलब्ध हैं। एक लेख से विदित है कि उदयन तृतीय शताब्दी ई० में उपासनारत था। तृतीय शताब्दी ई० से सत्रहवीं शताब्दी ई० तथा उसके बाद के भी सात सौ से अधिक अभिलेख दुर्ग के विभिन्न क्षेत्रों में विद्यमान हैं, जो कालंजर के धार्मिक महत्व को समझने में सहायक हैं, जिसका विवरण आगे के अध्यायों में दिया गया है।

राजेन्द्र यादव एवं सुभाष चन्द्र यादव

2

पश्चिम क्षेत्र के अभिलेख एवं धार्मिक महत्व

महत्वपूर्ण तीर्थस्थल के रूप में विख्यात कालंजर दुर्ग के वैभवशाली अतीत की गाथा वहां की पुरातात्त्विक सामग्रियों के रूप में विद्यमान है। प्राचीन भारतीय इतिहास के अनन्य स्रोत अभिलेखों की दृष्टि से यह स्थल विविध कालों के अनेकानेक अभिलेखों की उपलब्धता के कारण न केवल उत्तर प्रदेश के बल्कि उत्तर भारत के स्मारकों में अपना विशिष्ट स्थान रखता है। उन्नीसवीं शताब्दी के आरम्भिक चरण में कालंजर के अभिलेख प्रकाश में आने के बाद विगत तीन शताब्दियों में समय-समय पर यहां के अभिलेखों का प्रकाशन होता रहा है। उन्नीसवीं, बीसवीं एवं इक्कीसवीं शताब्दी ई० में विद्वानों द्वारा अनेक अभिलेख तलाशे एवं सम्पादित किये गये, यद्यपि अभी तक का सबसे अच्छा ऐतिहासिक सर्वेक्षण अलेक्जेण्डर कनिंघम (1885) का माना जाता है, जो एफ० मैसी (1848) के विवरण पर आधारित है। इनके अतिरिक्त रेडेनहल्ल राबर्ट (डब्लू०आर०) पागसन (1828), एडविन टी० एट्किन्सन (1874) एवं अल्वायस अन्टोन फुहरर (1891) ने भी अपने कालंजर सम्बन्धी वृतांत में वहां के अभिलेखों की चर्चा की है। बीसवीं शताब्दी ई० के आरम्भ में एफ० किलहार्न (1905) ने चण्डी दरवाजा में लगे, किसी मंदिर के पाषाण खण्ड पर अंकित, उदयन के लेख के प्रथम श्लोक की जानकारी प्रदान की। उसके बाद सन्त लाल कटारे (1960) ने संवत् 1147 (1090 ई०) के एक चन्देल अभिलेख का सम्पादन किया, हरिहर विट्ठल त्रिवेदी (1989) ने अपने अभिलेख संग्रह के खण्ड तीन में चन्देल शासकों के समय के कालंजर के आठ अभिलेखों को समाहित किया, तथा कृष्ण कुमार (1976-77, 1999) ने कुछ अभिलेखों की जानकारी उपलब्ध करवाते हुए बुन्देला शासक प्रतापरुद्रदेव के पत्थर महल मस्जिद में लगे अभिलेख का सम्पादन किया। इक्किसवीं शताब्दी ई० में, पीटर सी० बिशप (2013) ने चन्देलों के पूर्व के दो अभिलेखों का विवरण प्रस्तुत् किया है, तथा हन्स टी० बेकर (2014) ने कुछ छोटे अभिलेखों के पाठ में सुधार करते हुए उनकी प्रासंगिक विवेचना की है। देवी प्रसाद दुबे एवं आशीष कुमार दुबे (2014) ने चन्देल शासक परमर्दिदेव के एक अभिलेख का सम्पादन किया है, तथा विजय कुमार (2016, 2019) ने कालंजर के कुछ अभिलेखों का प्रलेखन किया है। संक्षेप में, अभी तक कालंजर के कुछ पूर्व चन्देल, नौ चन्देल, एक बुन्देला, तथा कुछ परवर्ती काल के अभिलेखों का ही प्रकाशन किया जा सका है। किंतु विभिन्न कालों के (तीसरी से सत्रहवीं शताब्दी ई० तक तथा उसके बाद के भी) अनेक यात्री एवं अन्य लेखों का सम्पादन अभी तक नहीं हुआ है, जिससे स्पष्ट है कि भारतीय इतिहास लेखन में कालंजर के अभिलेखों को यथोचित स्थान प्राप्त नहीं हो सका है। निश्चिततः कालंजर के अभिलेखों का व्यापक अध्ययन ऐतिहासिक दृष्टि से अत्यन्त आवश्यक है।

कालंजर के आरम्भिक पुरातात्त्विक लेखन के रूप में भीटा उत्खनन से दो मुद्रांक ज्ञात हैं। 3.81 × 3.17 सेन्टीमीटर माप की एक अण्डाकार मुद्रांक पर पीठिका के ऊपर लिंग के एक ओर पहाड़ एवं दूसरी ओर त्रिशूल-परशु का अंकन है और नीचे गुप्तकालीन ब्राह्मी लिपि में 'कालञ्जर' लिखा हुआ है। दूसरी अण्डाकार 0.95 × 2.54 सेन्टीमीटर माप वाले मुद्रांक पर गुप्तकालीन ब्राह्मी लिपि में 'कालञ्जर भट्टारकस्य' लिखा हुआ है। इसपर छत्र के साथ लिंग एवं बगल में त्रिशूल बना है, और लिंग के नीचे निर्मित वर्तुलाकार आकृतियां कालंजर पहाड़ी का

प्रस्तुतीकरण जान पड़ती हैं (मार्शल 1915: 49)। संचानकोट उत्खनन से ज्ञात मुद्रा डाइ पर चौथी शताब्दी की ब्राह्मी लिपि में 'कालंजर व(?)त' पढ़ा गया है (थापल्याल एवं तिवारी 2006: 451-456)। इन मुद्राओं के अंकन, लेख एवं अन्य पुरातात्त्विक साक्ष्य कालंजर के एक प्रमुख तीर्थ, विशेषकर शैव तीर्थस्थल होने की पुष्टि करते हैं, जिस कारण ही वहां से जारी मुद्रा पर शिवालय का अंकन हुआ है।

यह देखने में आया है कि पूर्वकालिक अन्वेषकों, जैसे एफ० मैसी तथा अलेक्जेण्डर कनिंघम, द्वारा बताये गये अभिलेख दिन प्रतिदिन मानवीय अथवा प्राकृतिक कारणों से नष्ट होते जा रहे हैं। अधिकांश अभिलिखित पत्थर या तो खण्डित अथवा क्षरित हो गये हैं या उनपर कायी, शैवाल आदि का जमाव हो गया है, जिससे उनकी लिखावट अस्पष्ट हो गयी है। नीलकण्ठ मंदिर में अभी भी पूजा-अर्चना की जाती है जिससे अनेकानेक यात्रियों एवं भक्तों का निरन्तर आवागमन होता रहता है। इससे पहाड़ी का पर्यावरण बुरी तरह से प्रभावित होता है। सर्वाधिक खतरनाक स्थिति है, यात्रियों द्वारा प्राचीन अभिलेखों को खण्डित करना अथवा उसके ऊपर खरोचकर आकृतियां बनाना या नाम लिखना; चाक, चारकोल या विविध प्रकार के रंगों से लिखना अथवा आकृतियां बनाना। निरन्तर नष्ट हो रहे कालंजर दुर्ग पर उपलब्ध ऐतिहासिक दृष्टि से सर्वाधिक महत्वपूर्ण अभिलेखीय साक्ष्य के शीघ्र प्रलेखन की आवश्यकता को देखते हुए दुर्ग का सघन सर्वेक्षण करते हुए उनका न केवल छायांकन किया गया बल्कि उनमें वर्णित धार्मिक महत्व के तथ्यों की विवेचना भी की गयी। फिरभी प्रस्तुत् अध्ययन यह दावा नहीं करता कि कालंजर दुर्ग के प्रत्येक एवं समस्त अभिलेखों को इसमें समाहित कर लिया गया है, क्योंकि कुछ अभिलेख या तो नष्ट हो गये हैं, अस्पष्ट एवं अपठनीय हो गये हैं, पहुंच से दूर हैं, या प्रलेखन के दौरान हमलोगों की नजर में नहीं आये। इसीप्रकार पर्सियन भाषा एवं नस्तलिक लिपि में लिखे अभिलेखों का अध्ययन भाषायी एवं लिपिगत विशिष्ट ज्ञान के अभाव के कारण नहीं किया जा सका है।

कालंजर दुर्ग के विभिन्न भागों के पर्वतीय रास्तों की शिलाओं, सोपानों, दीवारों, प्राकृतिक एवं मानव निर्मित गुहाओं, दरवाजों, स्तम्भों, पाषाण खण्डों, मूर्तियों, मंदिर के विभिन्न अंगों आदि पर लिखित अभिलेखों में मुख्यत: तिथि तथा तीर्थयात्री द्वारा देव आराधना सम्बन्धी विवरण समाहित है। मूल स्थल पर विद्यमान अभिलेखों के अतिरिक्त कुछ प्राचीन तथा स्थानतरित किये जा सकने वाले अभिलिखित पाषाण खण्डों एवं मूर्तियों को एकत्रित कर अमान सिंह महल तथा नीलकण्ठ जैसे संग्रहों में रख दिया गया है। इन सभी तथा जो अभिलेख अपने मूल स्थलों पर विद्यमान हैं उनके प्रलेखन एवं अध्ययन का प्रयास किया गया है। अध्ययन की सुविधा की दृष्टि से विभिन्न स्थलों (चित्र 3) से ज्ञात अभिलेखों को क्षेत्रीय आधार पर पांच अध्यायों में विभक्त करते हुए कुल सत्रह उपवर्गों के अंतर्गत वर्णित किया गया है, जो निम्नवत है:

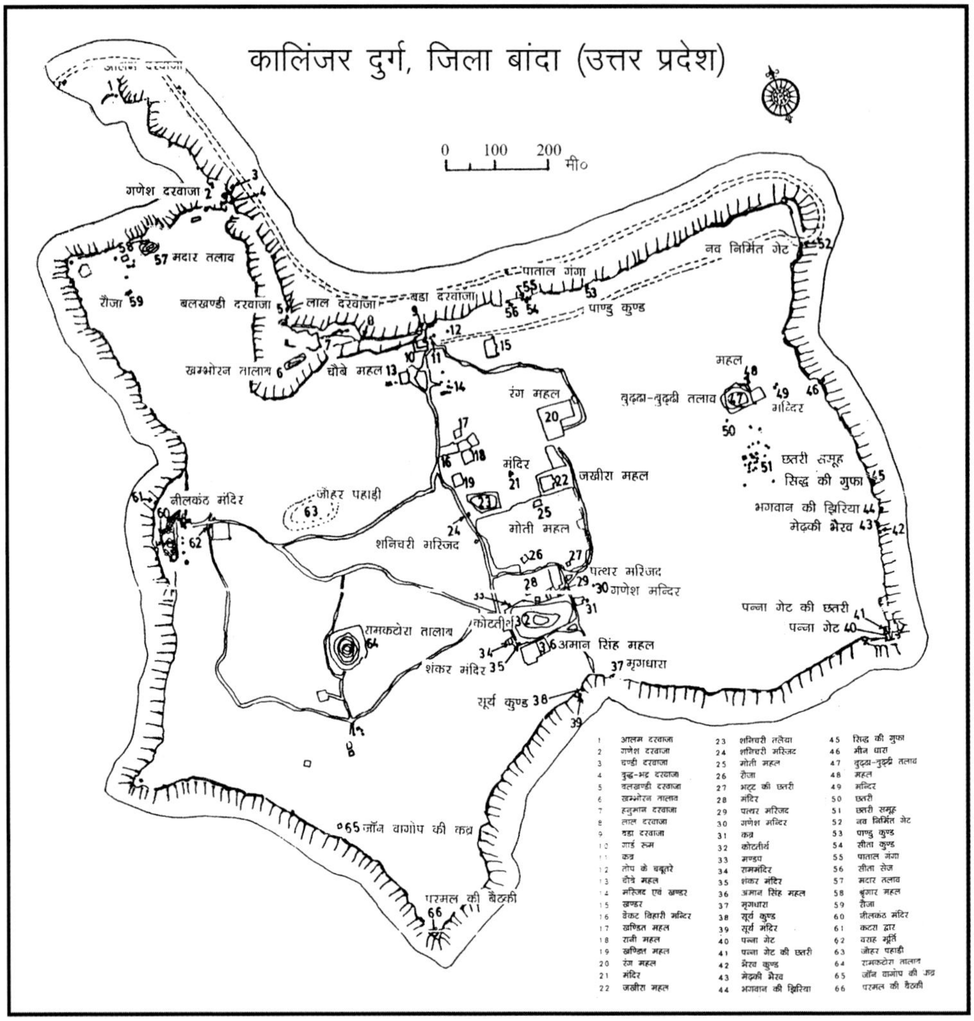

चित्र 3. कालंजर दुर्ग स्थित प्रमुख स्थल मानचित्र

अध्याय 2 : पश्चिम क्षेत्र के अभिलेख - अ. नीलकण्ठ मंदिर परिसर के अभिलेख

अध्याय 3 : मध्य क्षेत्र के अभिलेख - आ. कोटितीर्थ, इ. पत्थर महल मस्जिद, ई. अमान सिंह महल के अभिलेख

अध्याय 4 : उत्तर क्षेत्र के अभिलेख - उ. खम्भोरन भैरव, ऊ. चण्डी दरवाजा, ए. बड़ा दरवाजा, ऐ. सीता सेज एवं सीता कुण्ड ओ. पाताल गंगा, औ. पाण्डु कुण्ड के अभिलेख

अध्याय 5 : पूर्व क्षेत्र के अभिलेख - क. मीन धारा, ख. भगवान सेज, ग. सिद्ध की गुहा, घ. मेडुकी भैरव के अभिलेख

अध्याय 6 : दक्षिण एवं अन्य क्षेत्र के अभिलेख - च. पन्ना दरवाजा, छ. मृगधारा, ज. अन्य अभिलेख

यहां यह उल्लेखनीय है कि कालंजर के अधिकांश अभिलेख अब खण्डित एवं अस्पष्ट हो चुके हैं तथा शंख लिपि में लिखे अभिलेखों का उद्वावचन अभी तक सुनिश्चित एवं सर्वमान्य रूप में नहीं किया जा सका है। इसी कारण अनेक अभिलेखों के सम्भावित पाठ प्रस्तावित हैं।

अ. नीलकण्ठ मंदिर परिसर के अभिलेख

कालंजर पहाड़ी के पश्चिमी भाग के मध्य में स्थित शिव को समर्पित प्रसिद्ध नीलकण्ठ मंदिर का निर्माण गुप्त काल में या उससे भी पूर्व गुहा मंदिर के रूप में हुआ जान पड़ता है, जिसके सम्मुख मण्डप का निर्माण 1090 ई० में चन्देल शासक कीर्त्तिवर्मन द्वारा करवाया गया था। गुप्तोत्तर काल में गर्भगृह को अलंकरण अभिप्रायों से सुसज्जित किया गया तथा बाह्य मण्डप, सुरक्षा प्राचीर, दरवाजे आदि निर्मित हुये। मंदिर पहुँच मार्ग में परमाल तथा अमान सिंह दरवाजा निर्मित हुये। दुर्ग के पश्चिमी खण्ड के मध्य भाग में स्थित परमाल दरवाजा प्रसिद्ध चन्देल शासक परमर्दिदेव के समय में बनवाया गया था। इस दरवाजे के विभिन्न अंगो पर बाद के समय के अनेक अभिलेख अंकित हैं, जिनमें से अधिकांश पंद्रहवीं से सत्रहवीं शताब्दी ई० के मध्य के हैं। इस दरवाजे से मंदिर की ओर आगे बढ़ने पर अमान सिंह दरवाजा से होकर गुजरना पड़ता है। यह दरवाजा पन्ना के शासक अमान सिंह द्वारा निर्मित करवाया गया था। इसी मार्ग से आगे बढ़ते हुए मंदिर तक पहुंचते है। मंदिर प्रांगण को दीवारों से घेरकर दरवाजों के द्वारा सुरक्षित बना दिया गया है। इनमें प्रथम दरवाजा कटरा दरवाजा के नाम से प्रसिद्ध है, जिससे होकर तलहटी में स्थित कटरा ग्राम तक के लिये प्राचीन समय से मार्ग बना हुआ है। इस दरवाजे पर कुछ अभिलेख भी लिखे हुए हैं। दूसरा दरवाजा सात नम्बर गुहा के पास है, जिसके बाहर शैलाश्रयों एवं अभिलेखों के अवशेष देखे जा सकते है। नीलकण्ठ मंदिर प्रांगण की शिला पर विभिन्न समयों में मूर्तियां एवं अभिलेख उत्कीर्ण किए गए तथा गुहा मंदिर का निर्माण करवाया गया। मंदिर के दक्षिण में ऊपरी शिला को काटकर बनाया गया जल संग्रहण स्वर्गारोहण नाम से प्रसिद्ध है। इससे कुछ ही दूरी पर काल भैरव की विशालकाय शैलोत्कीर्ण मूर्ति निर्मित है। मंदिर के गर्भगृह में नीलकण्ठ महादेव नाम से विख्यात एकमुखी शिवलिंग स्थापित है, जो कालंजर के सर्वाधिक लोकप्रिय देव के रूप में प्रतिष्ठित हैं और उनकी उपासना कालंजर में सदियों से होती आ रही है, जैसा अभिलेखीय साक्ष्य से प्रमाणित है। तीर्थयात्रियों के अधिकांश लेख पांचवी से सत्रहवीं शताब्दी ई० के मध्य के हैं। नीलकण्ठ मंदिर क्षेत्र के स्थान्तरित किये जा सकने वाले कुछ पाषाण एवं मूर्ति लेखों को वर्तमान समय में अमान सिंह महल में संरक्षित किया गया है, जिसका विवरण सम्बन्धित वर्ग के अंतर्गत दिया गया है।

परमाल दरवाजा के दक्षिण में गोलाकार चबुतरा बना हुआ है। इस चबुतरे का निर्माण तोप रखने के लिए करवाया गया जान पड़ता है, जिनमें से एक छोटी तोप पर एफ० मैसी ने *धुर्धनी श्री महाराजधिराज श्री महाराज श्री राज हिरदे* लेख लिखा होना बतलाया है। इसके अतिरिक्त दो अन्य तोपों में से एक पर एफ० मैसी ने *दलमर्दन श्री महाराजधीराज श्री महाराज श्री राज हिरदेसहीजुदेव* एवं दूसरे पर *मनपसर श्री महाराजधीराज श्री महाराज श्री राज हिरदेसहिजुदेव कारीगर नंदसेन* लिखे होने का उल्लेख किया है (मैसी 1948: 178, 186, 187; कुमार 2016: 111)।

परमाल दरवाजा के अभिलेख

परमाल दरवाजा पर अंकित अभिलेखों में अधिकांश स्तम्भों पर उत्कीर्ण हैं तथा कुछ स्तम्भों के मध्य बने प्रकोष्ठ की दीवार में लगे पत्थरों पर लिखे हैं। एक अभिलेख तो दरवाजे पर बनी मानव आकृति के खण्डित वक्ष भाग पर अंकित है। यह सभी अभिलेख तीर्थयात्रियों द्वारा किए गए देव स्तुति का विवरण प्रस्तुत् करते हैं।

अभिलेख अ.1.

परमाल दरवाजा के सम्मुख भाग में निर्मित मानव आकृति (केएफ 250) के खण्डित वक्ष भाग पर सोलहवीं शताब्दी ई० की नागरी लिपि में लिखा अभिलेख अस्पष्ट है, जिसके सम्भावित पाठ से महलीपु द्वारा शुभ अर्थात् कल्याणार्थ भगवान महेश (शिव) को प्रणाम निवेदन करने अर्थात् उनकी उपासना करने अथवा अभिवादन की जानकारी मिलती है:

1. महेसकह प्र-
2. नमुद्यत्र म-
3. हलीपु सु(शु)-
4. भः

अभिलेख अ.2.

परमाल दरवाजा के एक स्तम्भ के ऊपरी भाग पर अंकित सोलहवीं शताब्दी ई० की नागरी लिपि में लिखित यह अभिलेख अस्पष्ट है, जिसमें सम्भवतः उमतल द्वारा महेश के अभिवादन का उल्लेख है:

1. महेसकह
2. प्रनामुकरम
3. उमतलक

अभिलेख अ.3.

परमाल दरवाजा के उसी स्तम्भ के उपर्युक्त अभिलेख (अ.2.) के नीचे सोलहवीं शताब्दी ई० की नागरी लिपि में लिखित यह अभिलेख अधिक स्पष्ट नहीं है। संभावित पाठ द्वारा इसमें रमज द्वारा महेश तथा नीलकण्ठ के अभिवादन के साथ तिथि श्रावण वदि 14 बुधवार संवत् 1582 (1525 ई०) उल्लिखित होने की जानकारी मिलती है:

1. महेसकह प्रनमु न(नी)ल-
2. कंठक नित्य प्रति श्राव-
3. ण वदि 14 बुधकह संव-
4. त् 1582 सम(ए) श्री रमज
5. प्रनमु

अभिलेख अ.4. चित्र 4.

परमाल दरवाजा के उसी स्तम्भ पर सोलहवीं शताब्दी ई० की नागरी लिपि में लिखित इस अभिलेख का आरम्भ तिथि संवत् 1579 (1522 ई०) भाद्र सुदि 5 बुधवार से हुआ है, जिसमें उकख के पुत्र भगत द्वारा वासुदेव के अभिवादन का उल्लेख है।

1. संवत् 1579 समये भा-
2. द्र सुदि 5 वुधकह वासुदे-
3. वकह प्रनामु उकषु
4. पुत्र भगतक नित्य प्र-
5. ति माहक

चित्र 4. परमाल दरवाजा स्तम्भ लेख, संवत् 1579

अभिलेख अ.5.

परमाल दरवाजा के उपर्युक्त अभिलेख (अ.4.) के नीचले भाग पर ग्यारह पंक्तियों में अंकित यह अभिलेख सत्रहवीं शताब्दी ई० की नागरी लिपि में लिखा हुआ है। इसमें तिथि संवत् 1682 (1625 ई०) एवं राम, महेश तथा नीलकण्ठ के अभिवादन का विवरण है:

1. रम
2. महेसक-
3. ह प्रनमु-
4. छमुसदने श्रीत्य-
5. सुषीक ली(नी)ल-
6. कंठकहीदेव-
7. कह प्रन-
8. मु .... दाम
9. संवत् 1682 वुध
10. .... शुभ
11. महेसकह प्रनम

अभिलेख अ.6.

परमाल दरवाजा के एक अन्य स्तम्भ पर पंद्रहवीं शताब्दी ई० की नागरी लिपि में लिखित अभिलेख में तिथि संवत् 1536 (1479 ई०) तथा दसध द्वारा नीलकण्ठ के अभिवादन का उल्लेख है:

1. संवत् 1536
2. ली(नी)लकंठक प्रनमु
3. नीत प्रती दसधक

अभिलेख अ.7.

परमाल दरवाजा के उसी स्तम्भ के नीचले भाग पर सोलहवीं शताब्दी ई० की नागरी लिपि में लिखित अभिलेख में देईस द्वारा नीलकण्ठ के अभिवादन का उल्लेख है:

1. नीलकंठकह प्रनमु
2. नीतं प्रती देईसक

अभिलेख अ.8. चित्र 5.

परमाल दरवाजा के उपर्युक्त अभिलेख (अ.7) के नीचे उसी स्तम्भ पर अंकित अभिलेख। सत्रहवीं शताब्दी ई० की नागरी लिपि में लिखित अभिलेख में तिथि संवत् 1676 (1619 ई०) के अंतिम दो अंक चिन्ह ऊपरी दो चिन्हों के नीचे दर्शाये गए हैं। इसमें गनेश एवं दिवदर द्वारा महेश के अभिवादन का विवरण है:

1. महेसकह प्रन-

2. मु गनेसके दि-
3. वदरेक संवत् 1676
4. नित्यं प्रति

चित्र 5. परमाल दरवाजा स्तम्भ लेख, संवत् 1676

अभिलेख अ.9. चित्र 6.

परमाल दरवाजा के उसी स्तम्भ पर सत्रहवीं शताब्दी ई० की नागरी लिपि में लिखित अभिलेख में कवल द्वारा महेश के अभिवादन की चर्चा है। कवल को हरिद्वार से आया हुआ बतलाया गया है:

1. महेसकह प्रनामु
2. हरिद्वारयौयेक
3. कवलक नित
4. प्रति

चित्र 6. परमाल दरवाजा स्तम्भ लेख

अभिलेख अ.10.

परमाल दरवाजा के उसी स्तम्भ पर सत्रहवीं शताब्दी ई० की नागरी लिपि में लिखित अभिलेख में सुराप की पत्नी तथा शंकर द्वारा महेश एवं रुख द्वारा रामपद के अभिवादन का उल्लेख है:

1. महेसकह प्रण-
2. मु कोटि सुराप भ-
3. र्या प्रनमु संक-
4. र श्री रामप-
5. दे प्रनमु रुषौ

अभिलेख अ.11.

परमाल दरवाजा के एक अन्य स्तम्भ के ऊपरी भाग पर अंकित अभिलेख। सत्रहवीं शताब्दी ई० की नागरी लिपि में लिखित इस अभिलेख में सम्भवत: जगतिरपाल द्वारा नीलकण्ठ के अभिवादन की चर्चा है:

1. जगतिरप(पा)ल
2. ली(नी)लकंठकह
3. प्रनमु

अभिलेख अ.12.

परमाल दरवाजा के उसी स्तम्भ पर सत्रहवीं शताब्दी की नागरी लिपि में लिखित एक अन्य अभिलेख में केदा, सुमेह एवं कवीकगण द्वारा नीलकण्ठ के अभिवादन का उल्लेख है:

1. केदाक प्रन-
2. मु नीलकंठ-
3. कह सुमेह
4. वुधी कवीक-
5. गण नीत प्र-
6. नमु ली(नी)लकं-
7. ठकह

अभिलेख अ.13.

परमाल दरवाजा के उसी स्तम्भ पर सत्रहवीं शताब्दी ई० की नागरी लिपि में लिखित इस अभिलेख में तिथि संवत् 1780 (1723 ई०) तथा गुणथाव द्वारा महेश एवं नीलकण्ठ के अभिवादन का उल्लेख है:

1. महेसकह प्रन-
2. मु ली(नी)ल-
3. कंठक प्रन-
4. मु ली(नी)लकंठ-

5. कह गु(ण)-
6. थावौइक (सं)
7. 1780

अभिलेख अ.14.

परमाल दरवाजा के एक स्तम्भ के ऊपरी भाग पर अंकित अभिलेख। सत्रहवीं शताब्दी ई० की नागरी लिपि में लिखित यह अभिलेख अस्पष्ट है, जिसमें सम्भवतः तिजली, पण्डित सीघनि एवं भैद द्वारा नीलकण्ठ के अभिवादन का उल्लेख है:

1. निलकंठकह प्रन-
2. मु तिजली पं सी-
3. घनि भैदकण

अभिलेख अ.15. चित्र 7.

परमाल दरवाजा के उसी स्तम्भ पर अंकित अभिलेख। पंद्रहवीं शताब्दी ई० की नागरी लिपि में छ पंक्तियों में लिखे अभिलेख से तिथि संवत् 1547 (1490 ई०) वैशाख सुदि 12 तथा उक्त तिथि को मुरौ द्वारा अभिलेख लेखन का कार्य नीलकण्ठ के अभिवादन के उपरान्त किये जाने की जानकारी मिलती है। विजय कुमार (2016: 117) ने अभिलेख का पाठ *नीलकन्था प्रणामुदाद्रक जुग जुग निथओ सम्वत् 1547 समयै वैशाख सुदि* दिया है, जबकि सम्भावित उद्वाचन निम्नवत् है:

1. निलकंठकह प्रना-
2. मुदाइक जुग जु-
3. ग नित्यं प्रति सं-
4. वत् 1547 समये
5. वैसाष सुदि 12
6. मुरौकह लिषो

चित्र 7. परमाल दरवाजा स्तम्भ लेख, संवत् 1547

अभिलेख अ.16.

परमाल दरवाजा के उसी स्तम्भ पर अंकित चौदह पंक्तियों में सोलहवीं शताब्दी ई० की नागरी लिपि में लिखित इस अभिलेख की दसवीं पंक्ति और उसके बाद के अधिकांश अक्षर अस्पष्ट हो चुके हैं, जिस कारण उनका संभावित पाठ दिया गया है। अभिलेख में तिथि संवत् 1610 (1553 ई०) के साथ पांच देवों - राम, महेश, गणेश, पार्वती और नीलकण्ठ का सलेमशाह के राज्यकाल में देइ द्वारा अभिवादन किये जाने का विवरण है। साथ ही आचार्य मनप्रीत एवं लेखक रतनु का भी उल्लेख हुआ है:

1. सलेमसहीक रजु
2. रामकह प्रनमु।। महेस-
3. कह प्रनमु।। गनेसक-

4. ह प्रनमु।। परवतिकह
5. प्रनमु।। ली(नी)लकंठक-
6. ह प्रनमु नीत्यं प्रती
7. संव(त्) चद्रुमुतीनम
8. 1610 गुरौदीन।। श्रवन
9. सुदी।। लिषितं रतनुक-
10. शुक।। गुरु मनप्रीतु-
11. आचार्य त वरयन प्रन-
12. मुं नित्य भूपालेद्व अर्च्चत्रि-
13. षरगे ....
14. मुरुषेणेइ देइ प्रनिमती

अभिलेख अ.17.

परमाल दरवाजा के एक अन्य स्तम्भ पर सत्रहवीं शताब्दी ई० की नागरी लिपि में लिखित अभिलेख में मीसुव द्वारा नीलकण्ठ के अभिवादन का उल्लेख है:

1. ली(नी)लकंठकह-
2. मी
3. प्रनमुतव
4. मीसुव निति प्रती

अभिलेख अ.18.

परमाल दरवाजा के एक प्रकोष्ठ में स्थित पाषाण खण्ड (एन 11) पर अंकित अभिलेख। सत्रहवीं शताब्दी ई० की नागरी लिपि में लिखित इस अस्पष्ट अभिलेख में नीलकण्ठ के अभिवादन का उल्लेख है:

1. ली(नी)लकां(कं)ठकह प्रनमु

अभिलेख अ.19.

परमाल दरवाजा के एक पाषाण खण्ड पर अंकित अभिलेख। सोलहवीं शताब्दी ई० की नागरी लिपि में लिखित खण्डित अभिलेख में तिथि संवत् 1610 (1553 ई०) तथा रीषी द्वारा नीलकण्ठ के अभिवादन का उल्लेख है:

1. ली(नी)लकंठकह प्रनमु ....
2. ऐ मसीकै रीषी .... सं 1610 ....

अभिलेख अ.20.

परमाल दरवाजा के एक स्तम्भ पर पंद्रहवीं शताब्दी ई० की नागरी लिपि में लिखित अभिलेख में तिथि संवत् 1540 (1483 ई०) तथा महादेव की आराधना के लिये पधारे तीर्थयात्रियों, खागुदासी, गगईणी, लजेट, तथा पण्डित कैरुवी का विवरण है:

1. संवत् 1540
2. सवदेवतनु-
3. कह प्रनमु
4. षागुदासी
5. सव कुटुंव-
6. क वैदन्हक
7. दीन प्रा(प्र)ति
8. गगईणि लजे-
9. टक प्रनमु
10. पंडित श्री कैरुविक-
11. ह महमाम-
12. रामरामरीकृपू
13. महदेवह प्रनमु

अभिलेख अ.21.

परमाल दरवाजा के उसी स्तम्भ के नीचले भाग पर अंकित सोलहवीं शताब्दी ई० की नागरी लिपि में लिखित खण्डित अभिलेख में पनवकुल द्वारा महेश के अभिवादन का विवरण है:

1. महेसकह प्रनामु
2. पनवकुल ......

अभिलेख अ.22. चित्र 8.

परमाल दरवाजा के एक स्तम्भ पर सत्रहवीं शताब्दी ई० की नागरी लिपि में लिखित अभिलेख में संभवत: गांग के पुत्र हलोहर द्वारा अभिवादन का उल्लेख है:

1. गांगेउत्यक पुत्र-
2. क श्री हलोहर
3. जगत कमीतु

चित्र 8. हलोहर का परमाल दरवाजा स्तम्भ लेख

अभिलेख अ.23.

परमाल दरवाजा के एक स्तम्भ पर सत्रहवीं शताब्दी ई० की नागरी लिपि में लिखित अभिलेख में पण्डित सीवू का नाम लिखा है:

1. पंडित श्री सीवू

अभिलेख अ.24.

परमाल दरवाजा के उपर्युक्त अभिलेख (अ.24.) के नीचे अंकित अभिलेख। दूसरी पंक्ति में अपेक्षाकृत छोटे आकार में *नामु* भूल सुधार के समय लिखा हुआ जान पड़ता है। सत्रहवीं शताब्दी ई० की नागरी लिपि में लिखित अभिलेख में हरिहर द्वारा महेश के अभिवादन का विवरण है:

1. महेसकह प्र-
2. नामु
3. हरिहरक नि-
4. त प्रती

अभिलेख अ.25.

परमाल दरवाजा के एक स्तम्भ पर पंद्रहवीं शताब्दी ई० की नागरी लिपि में लिखे अभिलेख में तिथि संवत् 1504 (1447 ई०) तथा दुनपदी एवं पुघीरा द्वारा महेश का अभिवादन करने का उल्लेख है:

1. महेसकह प्रनमु
2. दुनपदीक
3. पुघीराक नीत्प्रती
4. संवत् 1504
5. मीत।।

अभिलेख अ.26.

परमाल दरवाजा के एक स्तम्भ पर सोलहवीं शताब्दी ई० की नागरी लिपि में लिखित अस्पष्ट अभिलेख में तिथि संवत् 1615 (1558 ई०) तथा कवि भीमक द्वारा अभिलेख के लेखन के साथ-साथ श्रद्धा पूर्वक महेश का अभिवादन करने का उल्लेख है:

1. महेसकह प्रनमु
2. निलन(कं)ठस प्रन-
3. मु नित्प्रति संवत्
4. 1615 सु(शुक्रे) लीषो
5. कविन भीमक स्र-
6. धामय

अभिलेख अ.27.

परमाल दरवाजा के समीप किले की दीवार में लगे पाषाण खण्ड पर अंकित अभिलेख। पंद्रहवीं शताब्दी ई० की नागरी लिपि में लिखित अभिलेख में तिथि संवत् 1545 (1488 ई०) तथा राजा प्रतापरुद्र द्वारा नीलकण्ठ एवं कोटितीर्थ के अभिवादन का उल्लेख है। बुन्देला शासक प्रतापरुद्रदेव का संवत् 1543 का प्रशस्तिलेख पत्थर महल मस्जिद (अभिलेख इ.20) में है, तथा उनका संवत् 1555 (अ.160) का एक लेख नीलकण्ठ मंदिर क्षेत्र में है। विजय कुमार (2016: 111, चित्र 6) के अनुसार इसमें धर्म यात्री द्वारा नीलकण्ठ के अभिवादन का विवरण है। अभिलेख का पाठ निम्नवत् है:

1. संवत् 1545 निलकंठकह प्रन-
2. मु देव निलकंठकह प्रन-
3. मु राज(जा) प्रतापरुद्रकै छोभिक-
4. व देव निलकंठ कोटितिर्थ प्र-
5. नमु

अभिलेख अ.28.

परमाल दरवाजा के समीप की किले की दीवार में लगे पाषाण खण्ड पर पंद्रहवीं शताब्दी ई० की नागरी लिपि में लिखित खण्डित अभिलेख में तिथि विक्रम एवं शक संवत् में क्रमशः 1535 तथा 1400 (1478 ई०) दी हुयी है:

1. संवत् 1535 समये भाद्र सुदी 15 सक 1400 सनौ
2. .... क .... पावे ....
3. .... विक ....

मंदिर मार्ग के अभिलेख

अभिलेख अ.29. चित्र 9.

नीलकण्ठ मंदिर मार्ग की एक सीढ़ी पर आधुनिक नागरी लिपि में लिखित अभिलेख में मंदिर एवं दुर्ग निर्माण का काल्पनिक समय वर्णित है:

1. ये वो जमाने बक्त का इम(मा)रत व किला
2. बना जो विधो के महरवा डालेग-
3. ये जेमा नंदो के बक्त का

चित्र 9. नीलकण्ठ मंदिर मार्ग लेख

अभिलेख अ.30. चित्र 10.

नीलकण्ठ मंदिर मार्ग में दुर्ग की दीवार से लगे वैकुण्ठपट्ट की पादपीठिका पर अंकित अभिलेख। ग्यारहवीं शताब्दी ई० की नागरी लिपि में लिखित तिथि संवत् 1154 (1097 ई०) की आरम्भिक दो संख्याएं स्पष्ट नहीं है। इसमें देल्हण द्वारा प्रणाम निवेदन करने का उल्लेख है:

1. श्री देल्हण: प्रणमति
2. 1154

चित्र 10. वैकुण्ठपट्ट अभिलेख, संवत् 1154

अभिलेख अ.31.

नीलकण्ठ मंदिर मार्ग में शैलोत्कीर्ण प्रतिमा (केएफ 217) के ऊपरी भाग में अंकित अभिलेख। क्षतिग्रस्त बारहवीं शताब्दी ई० की नागरी लिपि में लिखित अभिलेख में महेश के अभिवादन का विवरण जान पड़ता है:

1. ....
2. .... दल ....
3. ....किल ...
4. .... जणक ....
5. वादेस ... महेसक .....
6. .... प्रनमु

अभिलेख अ.32.

नीलकण्ठ मंदिर मार्ग में शैलोत्कीर्ण प्रतिमा (केएफ 216) के नीचले भाग में अंकित बारहवीं शताब्दी ई० की नागरी लिपि में लिखित क्षतिग्रस्त अभिलेख में चापगण के लोगों द्वारा अभिवादन किये जाने का विवरण है:

1. .... भूवश्री चापगणे
2. .... प्रनाम:

अभिलेख अ.33.

नीलकण्ठ मंदिर मार्ग में शैलोत्कीर्ण प्रतिमा (केएफ 216) की बगल में अंकित अभिलेख। क्षतिग्रस्त तेरहवीं शताब्दी ई० की नागरी लिपि में लिखित अभिलेख में महेश के अभिवादन का विवरण है:

1. महेसक प्रणमु ....
2. .... अरचदे देवे ....

3. .... देव ....
4. प्रनमुक .... मस ....
5. मह ...... लत्ताहे ... पुनक ...
6. द्येधक .... दयीज
7. .... कह
8. .... प्रति ...

अभिलेख अ.34. चित्र 11.

नीलकण्ठ मंदिर मार्ग में दो शैलोत्कीर्ण प्रतिमाओं के मध्य भाग में अंकित बारहवीं शताब्दी ई० की नागरी लिपि में लिखित अभिलेख में तिथि संवत् 1251 (1194 ई०) तथा मतिवल, गल्हे, एवं वल्ह का उल्लेख है:

1. श्रीनाथ्य संवत् 1251 मतिवल गल्हे च वल्हउ

चित्र 11. नीलकण्ठ मंदिर लेख, संवत् 1251

अभिलेख अ.35.

नीलकण्ठ मंदिर मार्ग में शैलोत्कीर्ण प्रतिमा के नीचे अंकित क्षतिग्रस्त सत्रहवीं शताब्दी ई० की नागरी लिपि में लिखित अभिलेख में दुषुराम पढ़ा जा सका है:

1. .... दुषुराम

अभिलेख अ.36.

नीलकण्ठ मंदिर मार्ग की शिला पर अंकित क्षतिग्रस्त बारहवीं शताब्दी ई० की नागरी लिपि में लिखित अभिलेख में कुछ अक्षर ही पढ़े जा सके हैं:

1. ....
2. ...... कहत्य प्रनमु ....
3. .... मिलजती वरत सर ......
4. .... दिन प्रती मीक ....
5. ....

अभिलेख अ.37.

नीलकण्ठ मंदिर मार्ग में शैलोत्कीर्ण शिवलिंग के नीचले भाग में अंकित क्षतिग्रस्त तेरहवीं शताब्दी ई० की

नागरी लिपि में लिखित अभिलेख में अभिवादन तथा देवद्धर के आदेश पर कुछ निर्माण करवाये जाने की सम्भावना प्रतीत् होती है:

1. .... प्रनति ....
2. अदेसु पलसुर देवद्धरं ....

अभिलेख अ.38. चित्र 12.

नीलकण्ठ मंदिर के समीप पाषाण खण्ड पर बारहवीं शताब्दी ई० की नागरी लिपि में लिखित अभिलेख में जिनसेन द्वारा अभिवादन का विवरण है:

1. जिनसेनक प्रनमु

चित्र 12. जिनसेन का नीलकण्ठ मंदिर लेख

अभिलेख अ.39. चित्र 13.

नीलकण्ठ मंदिर के समीप सीढ़ी पर अंकित अभिलेख। सोलहवीं शताब्दी ई० की नागरी लिपि में लिखित अभिलेख में तिथि संवत् 1597 (1540 ई०) तथा किसुनदास द्वारा महेश के अभिवादन का विवरण है:

1. महादेवकह प्रनामु-
2. करनदमन किसुन-
3. दासक संवत् 1597

चित्र 13. नीलकण्ठ मंदिर लेख, संवत् 1597

अभिलेख अ.40. चित्र 14.

नीलकण्ठ मंदिर के उत्तर में गुहा 1 की शैलोत्कीर्ण कुलिका (केएफ 207) के उपरी भाग पर अंकित अभिलेख। बारहवीं शताब्दी ई० की नागरी लिपि में लिखित इस अभिलेख में गरुडी एवं वासुदेवी नामक दो उपासिकाओं या देवियों का उल्लेख है:

1. गरुडी वासुदेवि

चित्र 14. गरुडी एवं वासुदेवी का नीलकण्ठ मंदिर लेख

अभिलेख अ.41.

नीलकण्ठ मंदिर के उत्तर में स्थित गुहा 2 के प्रतिमा (केएफ 202) के नीचे अंकित अभिलेख। तेरहवीं शताब्दी ई० की नागरी लिपि में लिखित अभिलेख में सूत्रधार विल्हण के पुत्र वाजसु द्वारा विष्णु के अभिवादन का विवरण:

1. सुत्रधरक विल्हण पुत्र वाज-
2. सुह वीसणुकह देवहगा

अभिलेख अ.42. चित्र 15.

नीलकण्ठ मंदिर के उत्तर में स्थित गुहा 3 के मुखलिंग (केएफ 198) के समीप अंकित अभिलेख। अभिलेख की तिथि *एनुअल रिपोर्ट आफ इण्डियन एपिग्राफी 1969-70* (73, संख्या सी 2969) में नौवीं शताब्दी उल्लिखित है, जबकि लिपिशास्त्रीय आधार पर यह दसवीं शताब्दी ई० की नागरी लिपि में लिखित जान पड़ता है। इसमें कीर्त्तिवासुदेव तथा भावसोमेश्वर गुरु के अभिवादन का विवरण है। अभिलेख के उत्कीर्णन तथा देव हेतु गुहा निर्माण का कार्य सूत्रधार छिछा के पुत्र देस द्वारा किया गया था। यहां पर यह उल्लेखनीय है कि छिछा नामक सूत्रधार का नाम खजुराहो के लक्ष्मण मंदिर पर तथा विश्वनाथ मंदिर अभिलेख में लिखा हुआ है, जिन्होंने खजुराहो के आरम्भिक चन्देल मंदिरों के निर्माण में अहम भूमिका का निर्वहन किया था। सम्भव है कि कालंजर के चन्देल कालीन निर्माण कार्यों में भी उनका तथा उनके पुत्र का योगदान रहा होगा:

चित्र 15. कीर्त्तिवासुदेव तथा भावसोमेश्वर गुरु का गुहा मंदिर लेख

1. स्वस्ति श्री कीर्तिवासुदेव:।
2. भावसोमेश्वरगुंरव: प्र-
3. णमति।।

4. छिछा सूत्रधं(धार)-
5. सउषउतं(पुत्रं) दे-
6. स लेण षन्नि-
7. त्तं देव:।

अभिलेख अ.43. चित्र 16.

नीलकण्ठ मंदिर के उत्तर में स्थित गुहा 3 के मुखलिंग (केएफ 196) के ऊपर अंकित अभिलेख। अभिलेख का छायाचित्र अलेक्जेण्डर कनिंघम (1885: 36, प्लेट 10इ) ने दिया हुआ है तथा इसे *एनुअल रिपोर्ट आफ इण्डियन एपिग्राफी 1966-67* (53: संख्या सी 2406) में सूचीबद्ध किया गया है। अभिलेख में गौरीप्रिया (शिव) के सुंदर मंदिर का निर्माण भारद्वाज ब्राह्मण राल्हण के पुत्र नरसिंह द्वारा करवाने का उल्लेख है। राल्हण एवं उनके पुत्र नरसिंह का उल्लेख संवत् 1192 के लेख (अ.49) में भी हुआ है। बारहवीं शताब्दी ई० की नागरी लिपि में लिखित अभिलेख में तिथि संवत् 1194 (1137 ई०) चैत्र वदि 5 गुरुवार वर्णित है। अभिलेख का पाठ प्रथम बार दिया जा रहा है, जिसका आरम्भ सिद्धम् चिन्ह एवं शिव की आराधना से हुआ है तथा अंत में तिथि अंकित है:

1. सिद्धम् ओं नम: शिवाय।। भवन्त नीलोत्पलदामरस्यो: श्रीकण्ठकण्ठद्युतयोमु
2. देव:। सृसन्ति मौलीन्द्र कलांसुभातिर्लनाध्वका भद्द्रवि विभ्रमंसा:।। भारद्वाजो
3. द्विजश्रेष्ठोगरिष्ठो व्रह्मवर्च्चसां।। आशीद्विस्वंशितं कुर्व्वन र(रा)ल्हणो निजकीर्त्तिभि:।।
4. सुवि: कलानां निलयोद्विजानां अग्रेसर: कीर्त्तिसुध्यां निवास:। आशीत्प्रसूनु न-
5. रसिंहनामा तत: समुद्रादिवसीतरस्मि:।। कलिद्विपं येन यथाघ ना-
6. म्नाहत्वासुता वारकरप्रहारै मुक्तामणिअप(र्प)मिवाति गौरं गौदो(री)प्रि-
7. यागार्धमकर्यमेतत्।। संवत् 1194 चैत्र वदि 5 गुरौ।।

चित्र 16. नरसिंह का गुहा मंदिर लेख, संवत् 1194

अभिलेख अ.44. चित्र 17.

नीलकण्ठ मंदिर के उत्तर में स्थित गुहा 3 की शैलोत्कीर्ण प्रतिमा (केएफ 193) के ऊपरी भाग में अंकित अभिलेख। बारहवीं शताब्दी ई० की नागरी लिपि में लिखित इस अभिलेख में दिउव द्वारा नीलकण्ठ के अभिवादन का विवरण है:

1. श्री नीलंकी. देव. दिउवं प्रणमती

चित्र 17. दिउव का गुहा मंदिर लेख

अभिलेख अ.45.

नीलकण्ठ मंदिर मार्ग में सीढ़ी के पत्थर पर अंकित अभिलेख। आधुनिक नागरी लिपि में लिखित अभिलेख में लालजी कुशवाह का नाम लिखा हुआ है:

1. लालजी
2. कुशवाहा करा
3. लालजी

अभिलेख अ.46. चित्र 18.

नीलकण्ठ मंदिर के उत्तर में स्थित गुहा 4 की त्रिदेव प्रतिमा (केएफ 188) के बाएं भाग की शिला पर अंकित अभिलेख। बारहवीं शताब्दी ई० की नागरी लिपि में लिखित अभिलेख में तिथि संवत् 1194 (1137 ई०) नरसिंह के अभिलेख (अ.43) के समान है। अभिलेख का आरम्भ ओं चिन्ह से हुआ है उसके बाद *म* के लिए एक अतिरिक्त चिन्ह दिया हुआ है। इसकी विषयवस्तु राउत साहुल के पुत्र जाल्ह द्वारा निर्माण करवाये जाने से सम्बन्धित है:

1. ओं म राउत श्री साहुल शुत जा-
2. ल्हकेन कारापितम्।। संवत्
3. 1194 चैत्र वदि 5 गुरौ।।

चित्र 18. जाल्ह का गुहा लेख, संवत् 1194

अभिलेख अ.47. चित्र 19.

नीलकण्ठ मंदिर के उत्तर स्थित त्रिदेव प्रतिमा के पास अंकित अभिलेख। बारहवीं शताब्दी ई० की नागरी लिपि में लिखित अभिलेख में महाउत द्वारा नीलकण्ठ के अभिवादन तथा देव के प्रति दान का विवरण है:

1. स्वस्ति श्री महाउत निलक-
2. ण्ठकार्पितत्रैक दानः।।
3. सुभ्रक्षके महाउत नि-
4. त्यं प्रणमतिः।।

चित्र 19. महाउत का नीलकण्ठ मंदिर लेख

अभिलेख अ.48. चित्र 20.

नीलकण्ठ मंदिर के उत्तर में गुहा 4 के ऊपर स्थित, केएफ 184 एवं 185 के मध्य, शिला पर अंकित अभिलेख। इस अभिलेख का सम्पादन एफ० मैसी (1848: 321-322), अलेक्जेण्डर कनिंघम (1885: 34-35, प्लेट 10सी) एवं हरिहर विट्ठल त्रिवेदी (1989: 392-394) द्वारा किया गया है, तथा *एनुअल रिपोर्ट आफ इण्डियन एपिग्राफी 1969-70* (73, संख्या सी 2970) में सूचीबद्ध है। अभिलेख में महेश्वर के परमभक्त, कालंजराधिपति चन्देल नरेश मदनवर्मा के शासनकाल में नीलकण्ठ की प्रतिमा को स्थापित करने का विवरण है। तदन्तर कुमार परिवार के वछराज का विवरण है, जो महाराज सोल्हण के पुत्र थे। स्थापित देव तथा उनके स्थापित करने वाले के नाम को लेकर एफ० मैसी एवं अलेक्जेण्डर कनिंघम ने भिन्न मत प्रकट किया है। कनिंघम ने देव का नाम लक्ष्मीधर, जबकि मैसी ने वरदा बतलाया है। इसीप्रकार मूर्ति के स्थापक के रूप में मैसी ने दो व्यक्तियों, राजदेव तथा सोलुण, की चर्चा की है। कनिंघम ने यह संख्या अधिक बतलायी है, जबकि दण्ड से विभाजन के आधार पर मूर्ति स्थापित करवाने वाले दो व्यक्तियों के नाम कवि अच्छोड एवं राउत उदन के जान पड़ते हैं। नीलकण्ठ मूर्ति का निर्माण सूत्रधार राम के पुत्र रूपकार लाहड ने किया था। सूत्रधार राम के एक अन्य पुत्र तथा लाहड के भाई रूपकार लक्ष्मीधर का भी उल्लेख हुआ है। अभिलेख की तिथि संवत् 1188 (1131 ई०) कार्त्तिक सुदि 8 शनिवार दी हुयी

चित्र 20. मदनवर्मा के समय का नीलकण्ठ मंदिर लेख, संवत् 1188

है। बारहवीं शताब्दी ई० की नागरी लिपि में अंकित अभिलेख का पाठ है:

1. सिद्धम्[1] स्वस्ति परमभट्टारक महाराजाधिराज परमेस्व(श्व)र परममा-
2. हेस्व(श्व)र श्रीकालंजराधिपति श्रीमन्मदनवर्म्मदेव चरणाम्वु(म्बु)[2]-
3. जाराधन तत्परो धीमान्धर्म्मपरायणो[3] महाराजपु-
4. त्र श्री सोल्हण[4] सुत मह(हा)सहणिक मह(हा)सेलैतकुम[5]-
5. रकुलकमलंदु[6] महाराजपुत्र श्री वछराज:।।।।[7]
6. कविघयेक[8] अछोड[9]। राउत श्री उदन:[10]।। देवश्री नी-
7. लकंठस्य सूत्रधार[11] श्री रामसुत रूपकार श्री लाह-
8. ड तद्वा(द्भ्रा)तृ[12] रूपकार श्री लक्ष्मीधर[13] आस्था मूर्त्तिरेषि-
9. तेति[14]।। संवत् 1188 कार्त्तिक सुदि 8[15] स(श)नै।

टिप्पणी:

1. चिन्ह द्वारा व्यक्त। कनिंघम ने *औम्* पढ़ा है।
2. मैसी ने *पादाम्बू* पढ़ा है।
3. कनिंघम ने *परायन* पढ़ा है।
4. मैसी ने *लु* पढ़ा है।
5. कनिंघम ने *साहसिकेन दु:शैलेन* पढ़ा है। त्रिवेदी ने *सैलेत* पढ़ा है।
6. कनिंघम ने *कमलड्.दु* तथा त्रिवेदी ने *कमलेंदु* पढ़ा है।
7. यहाँ पर अलंकारिक चिन्ह है, मैसी ने *देवश्री नित्यविद्यै सच्छ्रेष्ठ:* पढ़ा है।
8. कनिंघम ने *कविद्यन्क* तथा त्रिवेदी ने *कविघयंक* पढ़ा है।
9. मैसी ने *नित्य* तथा त्रिवेदी ने *अछोड* पढ़ा है।
10. मैसी ने *सदुत्तमोग्रदान:* पढ़ा है।
11. मैसी ने *मूर्त्तिकर:* पढ़ा है।
12. मैसी ने *श्री ल: श्री वरदाया* पढ़ा है।
13. कनिंघम ने *बद्री* पढ़ा है, जबकि मैसी का सुझाव *श्री साहाय्यावबद्धानुरूपकरश्रील:* पढ़ने का है।
14. मैसी ने *रेषाकारायितेति* पढ़ा है।
15. मैसी ने *6* पढ़ा है।

अभिलेख अ.49. चित्र 21.

नीलकण्ठ मंदिर के समीप नरसिंह मूर्ति (केएफ 175) के पास अंकित अभिलेख। इस अभिलेख का सम्पादन एफ० मैसी (1848: 322, संख्या 5), अलेक्जेण्डर कनिंघम (1885: 35-36, प्लेट 10डी), तथा हरिहर विट्ठल त्रिवेदी (1989: 405-406) द्वारा किया गया है एवं *एनुअल रिपोर्ट आफ इण्डियन एपिग्राफी* 1972-73 (113, संख्या सी 3609-3610) में सूचीबद्ध है। यहां पर दो अभिलेख क्रमवार ऊपर नीचे लिखे हुए हैं, जिनमें नीचे लिखे

अभिलेख के अक्षर अपेक्षाकृत बड़े आकार के हैं। दोनों अभिलेखों की विषयवस्तु लगभग समान है, किंतु तिथि केवल ऊपर के लेख में वर्णित है। एफ० मैसी ने केवल ऊपर के अंश का पाठ दिया है। इस अभिलेख में नृसिंह प्रतिमा का निर्माण दीक्षित पृथ्वीधर के पौत्र एवं ठक्कुर राल्हण के पुत्र ठक्कुर नृसिंह द्वारा करवाया गया बताया गया है। राल्हण एवं उनके पुत्र नरसिंह का उल्लेख संवत् 1194 के लेख (अ.43) में भी हुआ है। तिथि संवत् 1192 (1135 ई०) ज्येष्ठ वदि 9 रविवार उल्लिखित है:

चित्र 21. नृसिंह का नीलकण्ठ मंदिर लेख, संवत् 1194

ऊपर का लेख

1. सिद्धम्[1] दीक्षित श्री पृथ्वीधर सुत: ठक्कुर[2] श्री रा-
2. ल्हणो[3] बभूव[4] तस्य तनयेन ठक्कुर श्री नृसिम्-
3. हेन[5] देवश्री नृसिंहस्य मूर्त्तिरिय कारापि-
4. तेति[6]।। संवत् 1192 ज्येष्ठ वदि[7] 9 रवौ

नीचे का लेख

1. सिद्धम्[8] दीक्षित श्री पृथ्वीधर सु-
2. त: राल्हण: तत्सुतेन श्री-
3. नृसिंहेन नृसिंहमू-
4. र्त्ति: कारापितेयं।।

टिप्पणी:

1. चिन्ह द्वारा व्यक्त। कनिंघम ने *औम्* पढ़ा है।
2. मैसी ने *सरक्कार* पढ़ा है।

3. कनिंघम ने *सल्हण* पढ़ा है।
4. मैसी ने *कल्हणोपाभृत* तथा कनिंघम ने *पभुव* पढ़ा है।
5. खण्डित अक्षर को *नृसिंहेन* पढ़ा जा सकता है।
6. मैसी ने *कारयितेति* पढ़ा है।
7. कनिंघम ने *सुदि* पढ़ा है।
8. चिन्ह द्वारा व्यक्त।

अभिलेख अ.50.

नीलकण्ठ मंदिर के समीप शिला पर अंकित अभिलेख। बारहवीं शताब्दी ई० की नागरी लिपि में लिखित अभिलेख में मणि एवं विर्ही द्वारा नीलकण्ठ के अभिवादन का विवरण है:

1. श्री देव निलकंठ मणिल प्रणमति।।
2. श्री देवा निलकंठ विर्हील प्रणमति।।

अभिलेख अ.51.

नीलकण्ठ मंदिर के समीप शैवाचार्य की आकृति (केएफ 163) के ऊपर एवं पीछे की शिला पर अंकित अभिलेख। अलेक्जेण्डर कनिंघम (1885: 36) ने इस अभिलेख का उल्लेख तो किया है किंतु न तो छायाचित्र दिया है और न ही पाठ। बारहवीं शताब्दी ई० की नागरी लिपि में लिखित अभिलेख के अस्पष्ट होने के कारण उसके कुछ ही अक्षर अब पठनीय है, जिससे तिथि संवत् 1195 (1138 ई०), महेश की मूर्ति, नीलकण्ठ, कालंजर दुर्ग, दुर्गपाल, एवं अन्य विवरणों की जानकारी मिलती है:

1. .... त्रायप्त .... कपहितनिहिक ....
2. .... कदितनाकिलेसके .... गनलानष्ठो सतथिहा ....
3. .... ण्डतस्वरत्पत्र ..... कुत्वि .... घागलह सुद्वधा: आज्ञा ....
4. .... युन .... अनंत्य रजक:।। राहिजाति प्रण्यदे ....
5. .... रवउयतु पतिहे .... नलमत सुदृसशा ....
6. ..... दात घटरतिचुयाति चलति श्रीस्थ .... लगदीतर्याच महेशमूर्त्तिः ....
7. .... मग्नापिता व्रह्मपदौकीर्त्तिः। सुलादातात्मात गणीयमुर्त्ति नंदराज ....
8. .... धी:।। य: सातुलसृवयिस्वा कामानिम्महतिलदीनाना ....
9. ..... द्विजातोवा वरदाशय सुख:।। .... पादुकाम ज ... सिद्धग्राथ ....
10. .... न दान्नोद्य प्राचाति मुक्ताफलतुल्यकाहि जगत्य वगितयुत: कणद्रस्यसातिल ...
11. ... छायोद्भाव भाव्वच्छलग शुभ्रदु गेह्ले। तत्त्रजा ....
12. ..... दुर्गोह श्री कालंजराद्रि: पृथु शिश्वतस्वि ....
13. .... संत्वा नित्यत्र:। यत्र उलीखना ....
14. ... सुभमत्रह ...... ला दुर्ग्गपाल: कपाली ....
15. .... : शकलधिपवुलव्धं ....

16. .... नीलकंठ:।। यस्मा ....

17. .... हृथपनि न्नीच्चैर्द्धज पुन ....

18. .... वरानाति तीव्रायसदर्पाह ....

19. .... प्रीत्येदवी ...... चुदितप ....

20. .... दियदन्हैनि ....

21. .... कीर्त्यार्थण ....

22. .... नजपथुह सुमनसामुक्ती ....

23. .....जि भलवाहे वर्गेवीरेदताम ....

24. .... शस्तुनदं तीर्थाण्णात्रवधा: ....

25. ... स्ववौ। विद्वद्रिष्टष्व वाद्वलय ....

26. ... शुद्धततनयोपनरदि .... त्वौ ......

27. .... कण्मल्लिका ...... निहत्य: .... रदय ....

28. .... सिव।। संवत् 1195 ....

अभिलेख अ.52.

नीलकण्ठ मंदिर के समीप शिला पर पंद्रहवीं शताब्दी ई० की नागरी लिपि में लिखित अभिलेख में तिथि संवत् 1512 (1455 ई०) वैशाख सुदि 1, बुधवार उल्लिखित है:

1. मि सम 1512
2. वसष सुद(दि) 1 उते(बुधे)

अभिलेख अ.53.

नीलकण्ठ मंदिर के समीप शिला पर सोलहवीं शताब्दी ई० की नागरी लिपि में लिखित अभिलेख में शुभ अर्थात् कल्याणार्थ ईरत द्वारा गणेश, सरस्वती तथा नीलकण्ठ के अभिवादन एवं तिथि संवत् 1593 (1536 ई०) कार्त्तिक सुदि 11 बुधवार का विवरण है:

1. ओं गणेशाय नम: श्री सरस्वत्यै नम:
2. नीलकंठकह प्रनामुमय ईरतम मह ...
3. संवत् 1593 समए कातिक सुदि 11 वुधेक-
4. ह शुभमस्तु

अभिलेख अ.54. चित्र 22.

नीलकण्ठ मंदिर के समीप के संग्रह में विद्यमान पाषाण खण्ड पर अंकित अभिलेख। ग्यारहवीं शताब्दी ई० की नागरी लिपि में लिखित अभिलेख में तिथि संवत् 1147 (1090 ई०) तथा ठक्कुर गांगु एवं नायक श्रीपत्वण द्वारा नीलकण्ठ की उपासना का विवरण है। इस अभिलेख में नीलकण्ठ का उल्लेख सकलदेव, चक्रवर्ती, तथा देवाधिदेव के रूप में किया गया है:

1. सकलदेव चक्रवर्ति देवाधीदेव श्री निलकंठ।। ठकुर गांगुच्चिंत ...
2. (सं) 1147 श्रीदेव निलकंठ नायक श्रीपत्वणा

चित्र 22. गांगु एवं श्रीपत्वण का नीलकण्ठ मंदिर लेख, संवत् 1147

अभिलेख अ.55.

नीलकण्ठ मंदिर के समीप एक पाषाण खण्ड पर सत्रहवीं शताब्दी ई० की नागरी लिपि में लिखित अभिलेख में तिथि संवत् 1692 (1635 ई०) एवं सुरु द्वारा नीलकण्ठ के अभिवादन का विवरण है, जिन्हे विश्वदेव के रूप में वर्णित किया गया है:

1. संवत् 1692 कातिक वदि 2 कह सुभमस्तुनी
2. वलस्व श्री नीलकंठकह प्रनामु सुरुक
3. वरावलीमह सकल्याम सुभाद विश्वदेव
4. नीलकंठकह प्रनमु

अभिलेख अ.56. चित्र 23.

नीलकण्ठ मंदिर के उत्तर में स्थित गुहा 5 के ऊपर निर्मित लकुलीश (केएफ 480) के ऊपरी भाग में अंकित अभिलेख। हन्स टी० बेकर (2014: 215) ने (1) *श्रीन्लकु(ली)ष(शं) क्रयन(ग)री प्रणमति* (2) *पर(म)ता(ग)* तथा विजय कुमार (2016: 181) ने *लकुलीश ....प्रणमति .... लाग* पाठ किया है। जबकि नौवीं-दसवीं शताब्दी ई० की नागरी लिपि में लिखित इस अभिलेख में असगरी द्वारा परम भाग्य हेतु लकुलीश के अभिवादन का विवरण है:

1. श्री लकुलीसक असगरी प्रणमति
2. परमभाग।

चित्र 23. असगरी का लकुलीश प्रतिमा के पास का लेख

अभिलेख अ.57. चित्र 24.

नीलकण्ठ मंदिर के समीप मुखलिंग, आचार्य एवं उपासक की आकृति के नीचे अंकित अभिलेख। दसवीं-ग्यारहवीं शताब्दी ई॰ की नागरी लिपि में लिखित खण्डित अभिलेख के कुछ अक्षर ही पठनीय है:

1. ...... ह जलसि परमभाग

चित्र 24. मुखलिंग के पास का खण्डित लेख

अभिलेख अ.58.

नीलकण्ठ मंदिर के समीप शैलोत्कीर्ण आकृति (केएफ 159) के पास अंकित अभिलेख। ग्यारहवीं शताब्दी ई॰ की नागरी लिपि में लिखित अभिलेख में सम्भवत: कालंजर के धार्मिक महत्व का विवरण है जहां श्रधावश लोग आते रहते थे:

1. कालंजर स्रधहक

अभिलेख अ.59.

नीलकण्ठ मंदिर के समीप शैलोत्कीर्ण मानव आकृति (केएफ 158) के नीचे अंकित अभिलेख। सातवीं शताब्दी ई॰ की सिद्धमातृका लिपि में लिखित अभिलेख में सम्भवत: लस द्वारा हर (शिव) की उपासना का विवरण है:

1. चत्रे हर लस अर्च

अभिलेख अ.60.

नीलकण्ठ मंदिर के समीप पाषाण खण्ड पर पंद्रहवीं शताब्दी ई॰ की नागरी लिपि में षेस्या लिखा है:

1. षेस्या

अभिलेख अ.61.

नीलकण्ठ मंदिर के समीप शैलोत्कीर्ण आकृति (केएफ 145) के ऊपरी भाग में अंकित अभिलेख। बारहवीं शताब्दी ई॰ की नागरी लिपि में लिखित अभिलेख में जेत्रण के अभिवादन का विवरण है:

1. जेत्रणयम प्रणमति।।

अभिलेख अ.62.

नीलकण्ठ मंदिर के पास की शैलोत्कीर्ण मानव आकृति (केएफ 146) के पास ग्यारहवीं शताब्दी ई० की नागरी लिपि में लिखित खण्डित अभिलेख में सम्भवत: वम द्वारा अभिवादन की चर्चा है:

1. प्रनमु वमकत्व ...
2. .... नाज

अभिलेख अ.63.

नीलकण्ठ मंदिर के समीप शैलोत्कीर्ण मानव आकृति (केएफ 141) के बगल में बारहवीं शताब्दी ई० की नागरी लिपि में लिखे अस्पष्ट अभिलेख में गलहदेव द्वारा पाप हरण के लिए संभवत: देव का अभिवादन एवं धार्मिक अनुष्ठान करवाने की चर्चा है:

1. श्री गलहदेव
2. दरपपाप

अभिलेख अ.64.

नीलकण्ठ मंदिर के पास शैलोत्कीर्ण मानव आकृति (केएफ 142) के ऊपर अंकित अभिलेख। बारहवीं शताब्दी ई० की नागरी लिपि में लिखित अभिलेख में कवि मल्ह द्वारा अभिवादन का विवरण है:

1. पपाक्ष कवि मल्हव
2. पुजतेस्ति प्रनमु ....

अभिलेख अ.65.

नीलकण्ठ मंदिर के समीप शैलोत्कीर्ण मानव आकृति (केएफ 143) के बगल में बारहवीं शताब्दी ई० की नागरी लिपि में लिखित अभिलेख में तिल्हकदेव का नाम लिखा है:

1. तिल्ह-
2. कवदेव-
3. दिस

अभिलेख अ.66. चित्र 25.

नीलकण्ठ मंदिर के समीप शैलोत्कीर्ण मानव आकृति (केएफ 184) के पास अंकित अभिलेख। आठवीं-नौवीं शताब्दी ई० की सिद्धमातृका लिपि में लिखित खण्डित अभिलेख में सिद्धरासि द्वारा सिद्धेश्वर के अभिवादन का विवरण है:

1. श्री सिद्धेस्व(श्व)रदेवस्य
2. श्री सिद्धरासि प्रणमति

चित्र 25. सिद्धरसि का नीलकण्ठ मंदिर लेख

अभिलेख अ.67.

नीलकण्ठ मंदिर के उत्तर में स्थित एक पाषाण खण्ड पर आधुनिक नागरी लिपि में लिखित अभिलेख में प्रमोद मिश्र का नाम अंकित है:

1. प्रमोदमिश्रा

अभिलेख अ.68.

नीलकण्ठ मंदिर के उत्तर में स्थित एक पाषाण खण्ड पर आधुनिक नागरी लिपि में लिखित अभिलेख में कालंजर के रामबाबू तथा बांदा के वीहारी का नाम लिखा हुआ है:

1. रामबाबू कलिंजर
2. विहारी बांदा

अभिलेख अ.69.

नीलकण्ठ मंदिर के समीप एक पाषाण खण्ड पर आधुनिक नागरी लिपि में लिखित खण्डित अभिलेख में बालकदास तथा बाबा राधेश्याम की चर्चा है। इनके नाम कालंजर दुर्ग के अधिकांश महत्वपूर्ण स्थलों पर उत्कीर्ण हैं:

1. बालां(ल)कदास
2. अहता नडाकौर
3. बाबा राधेस्याम

अभिलेख अ.70.

नीलकण्ठ मंदिर के उत्तर में एक पाषाण खण्ड पर आधुनिक नागरी लिपि में लिखित यह अभिलेख स्पष्ट नहीं है:

1. रमरमदारी ....
2. काली ....

अभिलेख अ.71.

नीलकण्ठ मंदिर के समीप एक पाषाण खण्ड पर अंकित अभिलेख। तेरहवीं शताब्दी ई॰ की नागरी लिपि में लिखित अभिलेख में तिथि संवत् 1352 (1295 ई॰) तथा नीलकण्ठ एवं अष्टादित्य के परमभक्ति एवं प्रणाम निवेदन का विवरण है:

1. (नीलकं)ठस्य श्री अष्टादित्यहणे परमभक्त्या:
2. प्रणमत्य।। संवत् 1352 आस्वनि सुदि 13 वुधा

नीलकण्ठ मंदिर मण्डप अभिलेख

अभिलेख अ.72. चित्र 26.

नीलकण्ठ मंदिर के मण्डप के एक स्तम्भ पर अंकित अभिलेख। इसका सम्पादन अलेक्जेण्डर कनिंघम (1885: 34, प्लेट 10ए) तथा हरिहर विट्ठल त्रिवेदी (1989: 390-391) ने किया है एवं *एनुअल रिपोर्ट आफ इण्डियन एपिग्राफी* 1959-60 (127, सं. सी 480) में यह सूचीबद्ध है। अभिलेख की ऊपरी तीन पंक्तियों में नीलकण्ठ के अभिवादन

का विवरण है। तदनन्तर सिद्धम् चिन्ह, तिथि संवत् 1186 (1129 ई०), जो चन्देल नरेश मदनवर्मा की आरम्भिक तिथि है, महाप्रतिहार संग्रामसिंह एवं महानर्तकी पद्मावती का उल्लेख है। अंत में लाखु एवं औजि का नाम लिखा हुआ है जो अभिलेख के उत्कीर्णक हो सकते हैं। हरिहर विट्ठल त्रिवेदी (1989: 391) ने इन नामों के बाद में लिखे होने की संभावना को स्वीकार करते हुए मूल अभिलेख से उसका कोई सम्बन्ध नहीं माना है, किंतु लेखन शैली की समानता इसप्रकार की मान्यता के विरुद्ध है:

चित्र 26. मदनवर्मा के समय का लेख, संवत् 1186

1. देवश्री नीलकंठ-
2. अने[1]। नित्यं प्रणमिह
3. षुग्ण[2]
4. सिद्धम्[3] (।) सं 1186 महाराजा श्री-
5. मदनवर्म्मदेव(वः)।। महा-
6. प्रतीहार संग्रामसीह(सिंहः)।।
7. महानाचणि पद्मादति(वती)।।
8. लाषुः[4] औजि(जिः)।

टिप्पणी:

1. कनिंघम एवं त्रिवेदी ने *म* (?) पढ़ा है।
2. त्रिवेदी ने इस अंश को छोड़ दिया है।
3. चिन्ह द्वारा व्यक्त। कनिंघम ने *औम* पढ़ा है।
4. कनिंघम ने *लान्षुः* पढ़ा है।

अभिलेख अ.73.

नीलकण्ठ मंदिर के मण्डप के उसी स्तम्भ पर नीचे बारहवीं शताब्दी ई० की नागरी लिपि में लिखित अभिलेख में मनी दुबे द्वारा नीलकण्ठ के अभिवादन का विवरण है:

1. नीलकंठकह प्रना-
2. मुर्घाउत दुवे मनी

अभिलेख अ.74. चित्र 27.

नीलकण्ठ मंदिर के मण्डप के स्तम्भ पर दो आकृतियों के मध्य अंकित अभिलेख। ग्यारहवीं शताब्दी ई० की नागरी लिपि में लिखित अभिलेख में परमभक्त ठकुर सेवराज, पत्नी राजदेवी तथा पुत्री वरेघ द्वारा सपरिवार देव के अभिवादन का विवरण है:

1. भट्टपू अवप वश्रा सुभहश्रि महाभक्त्य प्रणमं
2. ठकुर श्री सेवराज भार्या राजदेव्या पुत्री व-
3. रेघाकके सपरिवार नितं प्रणमति

चित्र 27. सेवराज का नीलकण्ठ मण्डप लेख

अभिलेख अ.75.

नीलकण्ठ मंदिर के मण्डप के एक स्तम्भ के नीचले भाग पर बारहवीं शताब्दी ई० की नागरी लिपि में लिखित खण्डित अभिलेख में कील्हण, द्रोलराद एवं मल के अभिवादन का विवरण है:

1. .... कील्हडतये द्रोलराद्यौ मल नित्य प्र-
2. णमति।

अभिलेख अ.76.

नीलकण्ठ मंदिर के मण्डप के एक स्तम्भ पर अंकित बारहवीं शताब्दी की नागरी लिपि में लिखे खण्डित अभिलेख में साहिल्ल, खुरल एवं देण द्वारा देव अभिवादन का विवरण है:

1. .... णजे .... साहिल्लण श्रीरभट्टकाय: शुभ्रन
2. ..... देस्ल ..... वरुकं षुरल प्रणम्यात्रि भक्त्याम देण
3. .... ति

अभिलेख अ.77.

नीलकण्ठ मंदिर के मण्डप के एक स्तम्भ पर बारहवीं शताब्दी ई० की नागरी लिपि में लिखित खण्डित अभिलेख में नीलकण्ठ के अभिवादन का विवरण है:

1. .... णाहलसाद .... द सुत
2. .... नीलकंठ नित प्रणमति:।।......

अभिलेख अ.78.

नीलकण्ठ मंदिर के मण्डप के स्तम्भ पर आधुनिक नागरी लिपि में रामेसुर का नाम लिखा हुआ है:

1. रामेसुर

अभिलेख अ.79.

नीलकण्ठ मंदिर के मण्डप के एक स्तम्भ पर आधुनिक नागरी लिपि में लिखित अभिलेख में बालकदास और सेवाधर का नाम लिखा हुआ है:

1. बालकदास
2. सेवधर

अभिलेख अ.80.

नीलकण्ठ मंदिर के मण्डप के एक स्तम्भ पर आधुनिक नागरी लिपि में लिखित अभिलेख में सेवाधर का नाम लिखा हुआ है:

1. सेवाधर

अभिलेख अ.81. चित्र 28.

नीलकण्ठ मंदिर के मण्डप के एक स्तम्भ पर बारहवीं शताब्दी ई० की नागरी लिपि में लिखित अभिलेख में राम के पुत्र जसपाल, एवं लषणावित द्वारा अभिवादन का विवरण है, जिन्हे परमभक्त बतलाया गया है:

1. रामसुत: जसपाल लषणावित
2. महाभक्ता चिरां प्रणमति:।।

चित्र 28. जसपाल एवं लखणावती का मण्डप लेख

अभिलेख अ.82.

नीलकण्ठ मंदिर के मण्डप के एक स्तम्भ पर अंकित बारहवीं शताब्दी ई० की नागरी लिपि में लिखे अभिलेख में अबेल एवं अन्य, तथा सूत्रधार शलव के पुत्र कुलधर के अभिवादन का विवरण है:

1. अबेलकादि प्रनमु सुत्रधर शलव
2. सुत कूलधर प्रणमती:।।

अभिलेख अ.83.

नीलकण्ठ मंदिर के मण्डप के एक स्तम्भ पर बारहवीं शताब्दी ई० की नागरी लिपि में लिखित अभिलेख में छोटे के पुत्र धामण के अभिवादन का विवरण है:

1. श्री छोटे पुत्र
2. धामण

3. प्रणम-
4. ति

अभिलेख अ.84. चित्र 29.

नीलकण्ठ मंदिर के मण्डप के एक स्तम्भ पर बारहवीं शताब्दी ई० की नागरी लिपि में लिखित अभिलेख का आरम्भ सिद्धम् चिन्ह से हुआ है, तदनन्तर जिनदास द्वारा महेश्वर मंदिर में नीलकण्ठ के अभिवादन तथा कविराज द्वारा वासुदेव की उपासना का विवरण है:

1. सिद्धम् नाछात्रि महेस्व(श्व)रस्य भवनंर्विस्थीर्णं सोभावरंमात्तंगा जिनदास सः पुण्य
2. विभो श्री नीलकंठाग्रतः।। तनैत्रंहि महात्मनातृ पुरुषं विद्योनितं च कु-
3. लां पुण्यमस्यसि कीर्त्तयाः कविराज्य स्रधज मंगालये।। वासुदेवनिर्चमु ..

चित्र 29. जिनदास का मण्डप लेख

अभिलेख अ.85. चित्र 30.

नीलकण्ठ मंदिर के मण्डप के एक स्तम्भ पर अंकित बारहवीं शताब्दी ई० की नागरी लिपि में लिखे अभिलेख में नील द्वारा नीलकण्ठ के अभिवादन का विवरण है:

1. श्री नीलकंठदेव नित्य प्रणमति
2. श्री नील

चित्र 30. नील का मण्डप लेख

अभिलेख अ.86. चित्र 31.

नीलकण्ठ मंदिर के मण्डप की आकृति (केएफ 122) के नीचे स्तम्भ के ऊपरी वर्तुल भाग पर बारहवीं शताब्दी ई० की नागरी लिपि में लिखित अभिलेख में वैशाख माह के कृष्णपक्ष के शनिवार के दिन नीलकण्ठ के अभिवादन का विवरण है। इसमें वर्ष का उल्लेख नहीं हुआ है:

1. ली(नी)लकंठकहः प्रनम नीतनमः
2. वैशष वदी वर सनीवरकु

चित्र 31. नीलकण्ठ मण्डप लेख

अभिलेख अ.87. चित्र 32.

नीलकण्ठ मंदिर के मण्डप के एक पाषाण खण्ड पर बारहवीं शताब्दी ई० की नागरी लिपि में लिखित अस्पष्ट अभिलेख में तिथि संवत् 1213 (1156 ई०) एवं नीलकण्ठ के अभिवादन का विवरण है:

1. देव श्री नीलकंठस्य पधिराश्रतोध
2. भक्त्य (प्र)णमति।। (सं 1)213 समये

चित्र 32. मण्डप लेख, संवत् 1213

अभिलेख अ.88.

नीलकण्ठ मंदिर के मण्डप के एक पाषाण खण्ड पर अंकित अभिलेख। बारहवीं शताब्दी ई० की नागरी लिपि में लिखित खण्डित अभिलेख में तिथि संवत् 1243 (1186 ई०) एवं ठकुर छीहण, आल्हेन तथा शणघू के अभिवादन का विवरण है:

1. संवत् 1243
2. वैसाख शुदि 1 रवौ ठकु(र) ....
3. श्री छीहणा व श्री आल्हेन
4. .... श्री शणघूशंग्तिम ....
5. .... प्रण ....

अभिलेख अ.89.

नीलकण्ठ मंदिर के मण्डप के एक पाषाण खण्ड पर अंकित बारहवीं शताब्दी ई० की नागरी लिपि में लिखित खण्डित अभिलेख में कुछ अक्षर ही पठनीय हैं:

1. .... त्यं
2. .... वनक .... प्रनमति
3. ..... त्यणी ....

अभिलेख अ.90.

नीलकण्ठ मंदिर के मण्डप के एक पाषाण खण्ड पर बारहवीं शताब्दी ई० की नागरी लिपि में लिखित खण्डित अभिलेख में रमण के अभिवादन का उल्लेख है:

1. ..... पर श्री रमणत्व प्रणम:।।

अभिलेख अ.91. चित्र 33.

नीलकण्ठ मंदिर के मण्डप के एक पाषाण खण्ड पर अंकित अभिलेख को अलेक्जेण्डर कनिंघम (1885: 36-37) ने फुटपाथ में बताया है। बारहवीं शताब्दी ई० की नागरी लिपि में लिखित अभिलेख में तिथि संवत् 1222 (1165 ई०) एवं क्षत्रिय परिवार के लक्ष्मण के पुत्र वासुदेव तथा पमेण के पुत्र वसु एवं हरदेव के पुत्र वासाभ द्वारा नित्य अभिवादन का विवरण है:

1. सं 1222 क्षत्रवंसोद्भव श्री लष्मण सुत वासुदेव नित्यं प्रणमति
2. पमेण सुत श्री वसुं। हरदेव सुत वासाभु (नित्यं प्रणमति)

चित्र 33. मण्डप लेख, संवत् 1222

अभिलेख अ.92.

नीलकण्ठ मंदिर के मण्डप के उसी पाषाण खण्ड पर अंकित अभिलेख। बारहवीं शताब्दी ई० की नागरी लिपि में लिखित अभिलेख में नीलकण्ठ के अभिवादन का विवरण है। यहां पर नीलकण्ठ का उल्लेख देवाधिदेव अर्थात् देवों के देव के रूप में हुआ है:

1. देवाधिदेव नीलकंठकह नित्य प्रनमे:।।

अभिलेख अ.93.

नीलकण्ठ मंदिर के मण्डप के उसी पाषाण खण्ड पर बारहवीं शताब्दी ई० की नागरी लिपि में लिखित खण्डित अभिलेख में वीद द्वारा नीलकण्ठ के अभिवादन का विवरण है:

1. नीलकंठकह ....

2. प्रनमु वीदंतस ....
3. घुनौसवस ....

अभिलेख अ.94.

नीलकण्ठ मंदिर के मण्डप के उसी पाषाण खण्ड पर अंकित बारहवीं शताब्दी ई० की नागरी लिपि में लिखे खण्डित अभिलेख में नीलकण्ठ के अभिवादन का विवरण है:

1. देव ली(नी)लकंठकह प्रनमु ....
2. ....

अभिलेख अ.95.

नीलकण्ठ मंदिर के मण्डप के उसी पाषाण खण्ड पर बारहवीं शताब्दी ई० की नागरी लिपि में लिखित अभिलेख में हरीदास, शंभु तथा उनके पुत्र वालप के अभिवादन का विवरण है:

1. .... प्रनमु हरीदासकह ....
2. .... संभुसहीणज पुत्र वालपहरा ....
3. .... रचौद्धव ....

अभिलेख अ.96.

नीलकण्ठ मंदिर के मण्डप के उसी पाषाण खण्ड पर बारहवीं शताब्दी ई० की नागरी लिपि में लिखित खण्डित अभिलेख में पुण्यार्थ राजद्र द्वारा नीलकण्ठ के अभिवादन का विवरण है:

1. .... श्री नीलकंठकहा श्री गृहांणह
2. .... धराय ..... राजद्रैनप पुणाद्येण

अभिलेख अ.97.

नीलकण्ठ मंदिर के मण्डप के उसी पाषाण खण्ड पर बारहवीं शताब्दी ई० की नागरी लिपि में लिखित खण्डित अभिलेख में परेसण, अलिमल एवं अन्य द्वारा देव आराधना का विवरण है, जिसका सम्भावित पाठ है:

1. .... क ....
2. ... यानीदकरनाम ....
3. .... प्रणमु परेसण .... नक ....
4. .... प्रणमु श्री अलिमल ....
5. .... दीकुम धरावक ....
6. ....

अभिलेख अ.98.

नीलकण्ठ मंदिर के मण्डप के उसी पाषाण खण्ड पर बारहवीं शताब्दी ई० की नागरी लिपि में लिखित खण्डित अभिलेख में नीलकण्ठ के अभिवादन, सीलवट, तथा अगनेण का उल्लेख है:

1. .... देव श्री नीलकंठ सीलवट ....
2. .... कीतं प्रमानः अगनेण ....
3. .... तिपः अचरधिः श्री ....
4. .... प्रती प्रणमति ....
5. .... क ....

अभिलेख अ.99.

नीलकण्ठ मंदिर के मण्डप के एक पाषाण खण्ड पर अंकित अभिलेख। बारहवीं शताब्दी ई० की नागरी लिपि में लिखित अभिलेख में रई द्वारा देव से क्षमा याचना करने की सम्भावना जान पड़ती है:

1. क्षमौथेत्रं रई

अभिलेख अ.100.

नीलकण्ठ मंदिर के मण्डप के एक पाषाण खण्ड पर आधुनिक नागरी लिपि में लिखित अभिलेख में बालकदास तथा लालजी का विवरण है:

1. ढिडिवलीहम
2. ... बा बालकदास
3. लालजी

अभिलेख अ.101.

नीलकण्ठ मंदिर के मण्डप के एक पाषाण खण्ड पर अंकित पंद्रहवीं शताब्दी ई० की नागरी लिपि में लिखे अस्पष्ट अभिलेख में तिथि संवत् 1480 (1423 ई०) एवं गयास, सुत्वल तथा अन्य द्वारा नीलकण्ठ के अभिवादन का विवरण है:

1. नं निः जन्मनि नीलकण्ठः
2. सेनलुडेलःर्नमुदनेगतिसेनुगन्ह
3. विप्रस्टिं सं सुदघाटमोपिनमस्कः सेति
4. सिघभुवनेकौघन नीलकण्ठदेवाः
5. स्त गयासलन शुत्तककद्द
6. नीलकण्ठः शुत्वलनां
7. दानुपौ पेवा संवत् 1480 कार्तिक
8. सुद 6 .. बुधे

अभिलेख अ.102. चित्र 34.

नीलकण्ठ मंदिर के मण्डप के एक स्तम्भ पर बारहवीं शताब्दी ई० की नागरी लिपि में लिखित अभिलेख में जील्हण तथा उनके पुत्र तीकन द्वारा नीलकण्ठ के अभिवादन का विवरण है:

1. देव श्री निलकंठस्य-
2. त्रा जील्हण प्रणमति सुत
3. श्री तीकनस्य

चित्र 34. तीकन का मण्डप लेख

अभिलेख अ.103.

नीलकण्ठ मंदिर के मण्डप के उसी स्तम्भ पर पंद्रहवीं शताब्दी ई० की नागरी लिपि में लिखित अभिलेख में अमद्य द्वारा नीलकण्ठ के अभिवादन का विवरण है:

1. अमद्यक प्रनामु
2. नीलकंठकह नि-
3. तं प्रति

अभिलेख अ.104.

नीलकण्ठ मंदिर के मण्डप के उसी स्तम्भ पर अंकित सोलहवीं शताब्दी ई० की नागरी लिपि में लिखे अभिलेख में गेनी द्वारा नीलकण्ठ के अभिवादन का विवरण है:

1. ओं देव श्री निलकंठ वलस्या गेनी प्रणमधि(ति):।।

अभिलेख अ.105. चित्र 35.

नीलकण्ठ मंदिर के मण्डप के उसी स्तम्भ पर अंकित सोलहवीं शताब्दी ई० की नागरी लिपि में लिखे अभिलेख में तिथि संवत् 1570 (1513 ई०) चैत्र वदि 7 शनिवार तथा वनष द्वारा नीलकण्ठ एवं सभी देवों के अभिवादन का विवरण है:

चित्र 35. मण्डप लेख, संवत् 1570

1. सवदेवको प्रनामु
2. नीलकंठकाह
3. संवत् 1570 चैत्र वदि 7
4. शनैवरह लिषा
5. नीलकंठकह प्रनमु
6. दीन प्रती वनष्कन्वहुवका

अभिलेख अ.106. चित्र 36.

नीलकण्ठ मंदिर के मण्डप के उसी स्तम्भ पर अंकित सोलहवीं शताब्दी ई० की नागरी लिपि में लिखे अभिलेख में तिथि संवत् 1619 (1562 ई०) प्रथम और अंतिम पंक्ति में लिखा है एवं इसमें सकधर तथा रतन द्वारा नीलकण्ठ के अभिवादन का विवरण है:

1. संवत् 1619 समये
2. श्रवणक वदी पंचमी वु-
3. धो देवन श्री ली(नी)लकंठ
4. प्रनमु दीन प्रती सक-
5. धर रतनक संवत्
6. 1619

चित्र 36. मण्डप लेख, संवत् 1619

अभिलेख अ.107. चित्र 37.

नीलकण्ठ मंदिर के मण्डप के एक स्तम्भ पर बारहवीं शताब्दी ई० की नागरी लिपि में लिखित अभिलेख में ठक्कुर गाग के अभिवादन का विवरण है:

1. ठक्कुर श्री गागेको
2. प्रणमति।।

चित्र 37. ठक्कुर गाग का मण्डप लेख

अभिलेख अ.108.

नीलकण्ठ मंदिर के मण्डप के उसी स्तम्भ पर बारहवीं शताब्दी ई० की नागरी लिपि में लिखित अभिलेख में कुमार के अभिवादन का उल्लेख है:

1. कुमर श्री प्रनुमेपम्यात

अभिलेख अ.109. चित्र 38.

नीलकण्ठ मंदिर के मण्डप के उसी स्तम्भ पर बारहवीं शताब्दी ई० की नागरी लिपि में लिखित अभिलेख में साभठ के अभिवादन का विवरण है:

1. साभठ प्रणमीती

चित्र 38. साभठ का मण्डप लेख

अभिलेख अ.110. चित्र 39.

नीलकण्ठ मंदिर के मण्डप के उसी स्तम्भ पर बारहवीं शताब्दी ई० की नागरी लिपि में लिखित अस्पष्ट अभिलेख में ताल्ह द्वारा नीलकण्ठ के अभिवादन का विवरण है:

1. देव श्री नीलकंठ ....
2. ताल्ह नित्वा प्रण-
3. मति।।

चित्र 39. ताल्ह का मण्डप लेख

अभिलेख अ.111. चित्र 40.

नीलकण्ठ मंदिर के मण्डप के उसी स्तम्भ पर बारहवीं शताब्दी ई० की नागरी लिपि में लिखित अभिलेख में नारायण द्वारा नीलकण्ठ के अभिवादन का विवरण है:

1. श्री देव निलकंठ:। नारायण
2. प्रणम्यति नित्यं सदा:।।

चित्र 40. नारायण का मण्डप लेख

अभिलेख अ.112. चित्र 41.

नीलकण्ठ मंदिर के मण्डप के उसी स्तम्भ पर बारहवीं शताब्दी ई० की नागरी लिपि में लिखित अभिलेख में पाल्हण द्वारा नीलकण्ठ के अभिवादन की चर्चा है:

1. श्री निलकंठदेव:। पाल्हणसु
2. प्रणंमाती नित्यं सदा

चित्र 41. पाल्हण का मण्डप लेख

अभिलेख अ.113. चित्र 42.

नीलकण्ठ मंदिर के मण्डप के उसी स्तम्भ पर बारहवीं शताब्दी ई० की नागरी लिपि में लिखित अभिलेख में गजोवनी एवं लाण्ह द्वारा अभिवादन का उल्लेख है:

1. गजोवनी लाण्हंय
2. ण्ण(प्रण)मती नीतु

चित्र 42. गजोवनी एवं लाण्ह का मण्डप लेख

अभिलेख अ.114.

नीलकण्ठ मंदिर के मण्डप के उसी स्तम्भ पर बारहवीं शताब्दी ई० की नागरी लिपि में लिखित अभिलेख में रमुनाद के पुत्र वेली का उल्लेख है:

1. रमुनाद्यान–
2. म पुत्र वेली

अभिलेख अ.115.

नीलकण्ठ मंदिर के मण्डप के एक पाषाण खण्ड पर अंकित बारहवीं शताब्दी ई० की नागरी लिपि में लिखे अभिलेख में रोहा द्वारा नीलकण्ठ के अभिवादन का विवरण है:

1. श्री देव निलकंठ रोहा इत प्रणमु

अभिलेख अ.116.

नीलकण्ठ मंदिर के मण्डप के उसी स्तम्भ पर बारहवीं शताब्दी ई० की नागरी लिपि में लिखित खण्डित अभिलेख में संभवतः देव नीलकण्ठ के अभिवादन का विवरण है:

1. श्री देव नीलकंठ।। स ....

अभिलेख अ.117.

नीलकण्ठ मंदिर के मण्डप के उसी स्तम्भ पर बारहवीं शताब्दी ई० की नागरी लिपि में लिखित अभिलेख में देउ द्वारा नीलकण्ठ के अभिवादन का विवरण है:

1. श्री देव निलकंठ।। देउ प्रणमति।।

अभिलेख अ.118.

नीलकण्ठ मंदिर के मण्डप के उसी स्तम्भ पर अंकित अभिलेख। बारहवीं शताब्दी ई० की नागरी लिपि में लिखित अभिलेख में पृथध द्वारा नीलकण्ठ के अभिवादन का विवरण है:

1. श्री निलकंठदेव प्रनाम्वः पृथधात
2. (प्रणं)मु नित्यं सदा

अभिलेख अ.119.

नीलकण्ठ मंदिर के मण्डप के उसी स्तम्भ पर बारहवीं शताब्दी ई० की नागरी लिपि में लिखित अभिलेख में नीलकण्ठ के अभिवादन का विवरण है:

1. देव नीलकंठ प्रणाम्यती

अभिलेख अ.120.

नीलकण्ठ मंदिर के मण्डप के उसी स्तम्भ पर बारहवीं शताब्दी ई० की नागरी लिपि में लिखित अभिलेख में सिलावट दगत द्वारा नीलकण्ठ के अभिवादन का विवरण है:

1. श्री देव नीला(ल)कंठ नीती प्रममु दगतर सिलेवट

अभिलेख अ.121.

नीलकण्ठ मंदिर के मण्डप के उसी स्तम्भ पर बारहवीं शताब्दी ई० की नागरी लिपि में लिखित अभिलेख में सिलावट उधस द्वारा नीलकण्ठ के अभिवादन का विवरण है:

1. श्री देव (नील)कंठ नीत्य प्रणमसि उधस्ठ सिलेवट:

अभिलेख अ.122.

नीलकण्ठ मंदिर के मण्डप के उसी स्तम्भ पर बारहवीं शताब्दी ई० की नागरी लिपि में लिखित खण्डित अभिलेख का संभावित पाठ है:

1. .... णिथान

अभिलेख अ.123.

नीलकण्ठ मंदिर के मण्डप के उसी स्तम्भ पर बारहवीं शताब्दी ई० की नागरी लिपि में लिखित अभिलेख में सूत्रधार होणपाल के पुत्र रतनु द्वारा नीलकण्ठ के अभिवादन का विवरण है:

1. श्रीदेव निलकंठ
2. सुत्रधार होणपाल
3. सुत रतनु प्रण-
4. मु नितं सदा

अभिलेख अ.124.

नीलकण्ठ मंदिर के मण्डप के उसी स्तम्भ पर बारहवीं शताब्दी ई० की नागरी लिपि में लिखित अभिलेख में देव नीलकण्ठ का उल्लेख है:

1. श्री देव निलकंठ

अभिलेख अ.125.

नीलकण्ठ मंदिर के मण्डप के उसी स्तम्भ पर बारहवीं शताब्दी ई० की नागरी लिपि में लिखित अभिलेख में मादा द्वारा नीलकण्ठ के अभिवादन का विवरण है:

1. श्री निलकंठ मादा नीत्य प्रणम्य:।।

अभिलेख अ.126.

नीलकण्ठ मंदिर के मण्डप के उसी स्तम्भ पर बारहवीं शताब्दी ई० की नागरी लिपि में लिखित अभिलेख में सेनहार द्वारा नीलकण्ठ के अभिवादन का विवरण है:

1. श्री नीलकंठ ... सुत सेवहार प्रणम

अभिलेख अ.127.

नीलकण्ठ मंदिर के मण्डप के उसी स्तम्भ पर बारहवीं शताब्दी ई० की नागरी लिपि में लिखित अभिलेख में महसुर के पुत्र होलपाल एवं उनके पुत्र आस द्वारा नीलकण्ठ के अभिवादन का विवरण है:

1. श्री देव निलकंठ इति मह-
2. सूरत्पुत्र श्री होलपाल
3. सदा सहि सुत आस
4. सह प्रणमति नित

अभिलेख अ.128.

नीलकण्ठ मंदिर के मण्डप के उसी स्तम्भ पर बारहवीं शताब्दी ई० की नागरी लिपि में लिखित अभिलेख में कुलधर एवं सुचिवर्म का उल्लेख है:

1. ..... कुलधर सुचिवर्म्म

अभिलेख अ.129.

नीलकण्ठ मंदिर के मण्डप के उसी स्तम्भ पर बारहवीं शताब्दी ई० की नागरी लिपि में लिखित अभिलेख में वछराज द्वारा नीलकण्ठ के अभिवादन का विवरण है:

1. श्री देव नीलकंठ वच्छ्र(छरा)जह-
2. स्यह प्रतण(णमत)

अभिलेख अ.130. चित्र 43.

नीलकण्ठ मंदिर के मण्डप के एक स्तम्भ पर बारहवीं शताब्दी ई० की नागरी लिपि में लिखित अभिलेख में वलिप, सिव और वनश्रय द्वारा नीलकण्ठ के अभिवादन का विवरण है:

1. दुर्गधारि निलकंण्ठ(ण्ठ) रा(प्र)-
2. णम वलिपुषू। सिवो-
3. ज।। वनश्रयोगानि-
4. णं णंमती

चित्र 43. वलिप, सिव एवं वनश्रय का मण्डप लेख

अभिलेख अ.131. चित्र 44.

नीलकण्ठ मंदिर के मण्डप के स्तम्भ पर अंकित अभिलेख। चौदहवीं शताब्दी ई० की नागरी लिपि में लिखित अभिलेख में कुकुहा द्वारा नीलकण्ठ के अभिवादन का विवरण है:

1. कुकुहाकेर
2. प्रनाम नित्यं
3. प्रति नीलकंठकह

चित्र 44. कुकुहा का मण्डप लेख

अभिलेख अ.132.

नीलकण्ठ मंदिर के मण्डप के उसी स्तम्भ पर पंद्रहवीं शताब्दी ई० की नागरी लिपि में लिखित अभिलेख में उदभा के अभिवादन का उल्लेख है:

1. उदभाक प्रनमु

अभिलेख अ.133. चित्र 45.

नीलकण्ठ मंदिर के मण्डप के उसी स्तम्भ पर पंद्रहवीं शताब्दी ई० की नागरी लिपि में लिखित अभिलेख में दौम द्वारा नीलकण्ठ के अभिवादन का उल्लेख है:

1. नीलकंठकह प्रनम
2. नीत प्रती दौमक

चित्र 45. दौम का मण्डप लेख

अभिलेख अ.134. चित्र 46.

नीलकण्ठ मंदिर के मण्डप के उसी स्तम्भ पर तेरहवीं शताब्दी ई० की नागरी लिपि में लिखित अभिलेख में हलुड द्वारा नीलकण्ठ के अभिवादन का विवरण है:

1. रांग्मं हलुड नीलकंठकू

चित्र 46. हलुड का मण्डप लेख

अभिलेख अ.135. चित्र 47.

नीलकण्ठ मंदिर के मण्डप के उसी स्तम्भ पर तेरहवीं शताब्दी ई० की नागरी लिपि में लिखित अभिलेख में सक द्वारा नीलकण्ठ के उपासना की चर्चा है:

1. श्री देव नीलकंठ सक पुजावड

चित्र 47. सक का मण्डप लेख

अभिलेख अ.136.

नीलकण्ठ मंदिर के मण्डप के उसी स्तम्भ पर तेरहवीं शताब्दी ई० की नागरी लिपि में लक्ष्मण का नाम लिखा है:

1. लष्मण

अभिलेख अ.137. चित्र 48.

नीलकण्ठ मंदिर के मण्डप के उसी स्तम्भ पर आधुनिक नागरी लिपि में लिखित अभिलेख में तिथि तथा व्यक्तिगत नामों, जैसे राधेश्याम, बालकदास, शंकर, दाहीर, भईयालाल एवं अन्य, का उल्लेख है:

1. ब्बा(बाबा) राधेस्याम
2. बालकदास
3. शंकर

चित्र 48. नीलकण्ठ मंदिर मण्डप अभिलेख

4. दाहीर
5. भईयालाल
6. लोहार
7. सन् 1835 ई०

अभिलेख अ.138. चित्र 49.

नीलकण्ठ मंदिर के मण्डप के उसी स्तम्भ पर बारहवीं शताब्दी ई० की नागरी लिपि में लिखित अभिलेख में तिथि संवत् 1194 (1137 ई०) तथा राउत गागे द्वारा सिद्धि एवं आनन्द हेतु सम्भवतः देव के अभिवादन का उल्लेख है:

1. राउत श्री गागेवि सिद्धसे
2. वानंदः।। वीथ संव(त्) 1194

चित्र 49. मण्डप लेख, संवत् 1194

अभिलेख अ.139. चित्र 50.

नीलकण्ठ मंदिर के मण्डप के उसी स्तम्भ पर आधुनिक नागरी लिपि में कायस्थ कामता सिंह का नाम लिखा है:

1. कायस्थ
2. कामतासिंह

चित्र 50. कामता सिंह का मण्डप लेख

अभिलेख अ.140. चित्र 51.

नीलकण्ठ मंदिर के मण्डप के उसी स्तम्भ पर पंद्रहवीं शताब्दी ई० की नागरी लिपि में लिखित अभिलेख में वाम्हट द्वारा नीलकण्ठ के अभिवादन का विवरण है:

1. श्री देव निलकंठ पादान्
2. वाम्हट नित्य प्रणंम्यति

चित्र 51. वाम्हट का मण्डप लेख

अभिलेख अ.141.

नीलकण्ठ मंदिर के मण्डप के उसी स्तम्भ पर आधुनिक नागरी लिपि में लिखा है:

1. पिटवा

अभिलेख अ.142.

नीलकण्ठ मंदिर के मण्डप के उसी स्तम्भ पर पंद्रहवीं शताब्दी ई॰ की नागरी लिपि में अंकित कुछ अक्षरों का पाठ है:

1. पित्वानाठिता

अभिलेख अ.143. चित्र 52.

नीलकण्ठ मंदिर के मण्डप के उसी स्तम्भ पर तेरहवीं शताब्दी ई॰ की नागरी लिपि में लिखित अभिलेख में देव नीलकण्ठ के अभिवादन का विवरण है:

1. श्री देव नीलकंठा ण्ण(प्रण)मती

चित्र 52. नीलकण्ठ मण्डप लेख

अभिलेख अ.144. चित्र 53.

नीलकण्ठ मंदिर के मण्डप के उसी स्तम्भ पर तेरहवीं शताब्दी ई॰ की नागरी लिपि में लिखित अभिलेख में मीत्र द्वारा नीलकण्ठ के अभिवादन का विवरण है:

1. देव श्री निलकंठ प्रन्नेमवेक मीत्रमि:।

चित्र 53. मीत्र का मण्डप लेख

अभिलेख अ.145. चित्र 54.

नीलकण्ठ मंदिर के मण्डप के उसी स्तम्भ पर तेरहवीं शताब्दी ई० की नागरी लिपि में लिखित अभिलेख से विदित होता है कि जसपाल, साधु वोहिथ अपने पुत्र छित्तम, तथा भूले एवं वासुकी के साथ नीलकण्ठ के प्रणाम निवेदन में निरंतर तल्लीन थे:

1. श्र(श्री) देव नीला(ल)कंठ ण्ण(प्रण)मती जसपालायकर:।
2. साधु वोहिथ पुत्र च्छीत्मसीया नित्यं प्रणमति।।
3. भूले नित्यं प्रणमति। वासुकि नित्यं
4. प्रणमति

चित्र 54. नीलकण्ठ मण्डप का तीर्थयात्री लेख

अभिलेख अ.146. चित्र 55.

नीलकण्ठ मंदिर के मण्डप के उसी स्तम्भ पर सोलहवीं शताब्दी ई० की नागरी लिपि में लिखित अभिलेख में प्रभाकर द्वारा नीलकण्ठ तथा पार्वती के अभिवादन का विवरण है:

1. नीलकंठकह परभाकर
2. नीतं प्रति कोटि प्रनाम
3. नीलकंठक नीत प्रति
4. पारवतिक प्रनोम्यत्र

चित्र 55. प्रभाकर का मण्डप लेख

अभिलेख अ.147.

नीलकण्ठ मंदिर के मण्डप के उसी स्तम्भ पर पंद्रहवीं शताब्दी ई० की नागरी लिपि में लिखित अभिलेख में तिथि संवत् 1541 (1484 ई०) तथा दीमन एवं मल्ह द्वारा नीलकण्ठ के अभिवादन और महाकामगार यसिग का विवरण है:

1. महाकंगार श्री
2. यसिगदेवक
3. .... निलकं-
4. ठकहय दीमने
5. रससे मल्हदेन
6. प्रणम नित्यम-
7. मु सं 1541

अभिलेख अ.148.

नीलकण्ठ मंदिर के मण्डप के उसी स्तम्भ पर तेरहवीं शताब्दी ई० की नागरी लिपि में लिखित अभिलेख में सोम द्वारा नीलकण्ठ के अभिवादन का विवरण है:

1. सिद्धम् देव श्री नीलकंठकयो:
2. ... ठायो सोमौ नित्य प्रणमयो।

अभिलेख अ.149.

नीलकण्ठ मंदिर के मण्डप के उसी स्तम्भ पर पंद्रहवीं शताब्दी ई० की नागरी लिपि में लिखित क्षतिग्रस्त अभिलेख में तिथि संवत् 1541 (1484 ई०) तथा दरघो, कुहदार एवं अन्य के द्वारा देव के अभिवादन का विवरण है:

1. संवत् 1541 कठू
2. महा .... लक
3. माल्ह ..... होल
4. देवक ....
5. पेसरषे ....
6. .... मह ....
7. ..... दरघोक ..
8. ... कुहदारक ..
9. ..... रमसीव ..
10. ... कंठ ......
11. ...... प्रनमु ..
12. ....

13. ..... वलर्च ..
14. ... देवमनध ..
15. .... देवय ..
16. .... हलेरषम ..
17. ...... पदवा ..

अभिलेख अ.150. चित्र 56.

नीलकण्ठ मंदिर के मण्डप के एक पाषाण खण्ड पर अंकित अभिलेख, जिसका प्रयोग मंदिर में प्रवेश के लिए सीढ़ी के रूप में हो रहा है। पंद्रहवीं शताब्दी ई० की नागरी लिपि में लिखित अभिलेख में तिथि संवत् 1541 (1484 ई०) श्रावण वदि 14 बुधवार तथा नथ के पुत्र वनौस के साथ सरथ एवं सहणि द्वारा नीलकण्ठ के अभिवादन का विवरण है:

चित्र 56. मण्डप लेख, संवत् 1541

1. संवत् 1541 समए श्रवन वदि 14 वुधे-
2. हावरी प्रभुपदै नथ सुत वनौस निल-
3. कंठकह कोटि प्रनामुतत्या प्रपेयंतेर्थ
4. कंट कोटि प्रन्यमु श्री सरथा सहणि
5. कोटि प्रनामु नीलकंठकह नित्य प्रति

अभिलेख अ.151. चित्र 57.

नीलकण्ठ मंदिर के मण्डप के एक पाषाण खण्ड पर अंकित अभिलेख, जिसका उपयोग मंदिर में प्रवेश के लिए सीढ़ी के रूप में किया जा रहा है। चौदहवीं शताब्दी ई० की नागरी लिपि में लिखित अभिलेख में तिथि संवत् 1407 (1350 ई०) चैत्र सुदि 6 गुरुवार तथा गौड़ एवं कौत्स गोत्रीय ब्राह्मण गेम के प्रपौत्र, दाह के पौत्र, धौल के पुत्र राजनाथ द्वारा नीलकण्ठ के अभिवादन का विवरण है। अंत में सूत्रधार सुलह का नाम लिखा है, जो अभिलेख के उत्कीर्णक होने के साथ संभवत: कालंजर के निर्माण कार्यों में भी संलग्न रहे होगें:

1. सिद्धम् श्रीदा श्री कमलेवे गौड़ व्राह्मण कौत्स गोत्र गेमे पुत्र दाहषे तस्य
2. पुत्र धौल तस्य पुत्रनौ राजनथयौंत्यये यथा कर्म्मस कुटुंगडार्तया श्री नील-
3. कंठ:। ते नित्यं प्रणंम्य संवत् 1407 चैत्र सुदि 6 गुरौ श्री देवपद्रर्च
4. सुत्रज(ध)र सुलहस नान

चित्र 57. मण्डप लेख, संवत् 1407

अभिलेख अ.152.

नीलकण्ठ मंदिर के मण्डप के एक पाषाण खण्ड पर सत्रहवीं शताब्दी ई॰ की नागरी लिपि में लिखित अभिलेख में अयमनाथ, गोपीनाथ, एवं आदीनाथ द्वारा नीलकण्ठ के अभिवादन का विवरण है। अंत में पुनः आदीनाथ द्वारा नित्य प्रणाम निवेदन किए जाने का उल्लेख है:

1. लि(नी)लकंठकह प्रनंमु प्रनेला अयमनाथ
2. गोपीनाथवादीनाथः। प्रनंमा नीत्य-
3. मेव आदीनाथम

अभिलेख अ.153.

नीलकण्ठ मंदिर के मण्डप के एक पाषाण खण्ड पर सोलहवीं शताब्दी ई॰ की नागरी लिपि में लिखित खण्डित अभिलेख में नीलकण्ठ के अभिवादन का विवरण है:

1. .... कत
2. ली(नी)लकंठ .... लिस ....
3. .... हिकह जिप्र ....
4. लि(नी)लकंठकह प्रनमु ....
5. .... कान लव .... (प्रनमु)
6. दिन प्रति

अभिलेख अ.154.

नीलकण्ठ मंदिर के मण्डप के एक पाषाण खण्ड पर पंद्रहवीं शताब्दी ई॰ की नागरी लिपि में लिखित एक खण्डित अभिलेख में तिथि संवत् 1533 (1476 ई॰) तथा नीलकण्ठ के अभिवादन का विवरण है:

1. नीलकंठकह
2. ... पतिपषेथ
3. संवत् 1533

अभिलेख अ.155.

नीलकण्ठ मंदिर के मण्डप के एक पाषाण खण्ड पर बारहवीं शताब्दी ई॰ की नागरी लिपि में जणदइ का नाम लिखा हुआ है:

1. जणदइद्

अभिलेख अ.156.

नीलकण्ठ मंदिर के मण्डप के एक पाषाण खण्ड पर पंद्रहवीं शताब्दी ई॰ की नागरी लिपि में कदुसा लिखा हुआ है:

1. कदुसा

अभिलेख अ.157. चित्र 58.

नीलकण्ठ मंदिर के एक स्तम्भ के नीचले भाग पर अंकित अभिलेख। अभिलेख का उल्लेख *एनुअल रिपोर्ट आफ इण्डियन एपिग्राफी* 1959-60 (127, संख्या सी 481) में हुआ है। सोलहवीं शताब्दी ई॰ की नागरी लिपि में लिखित अभिलेख में तिथि संवत् 1576 (1519 ई॰) तथा दामोक के पुत्र प्राणनाथ एवं मानसिंघ, मदनसिंघ द्वारा नीलकण्ठ के अभिवादन का विवरण है:

1. नीलकंठकह प्रनामु गलितअण-
2. तिव दामोकै पुत्र प्राणनाथर्पगनो-
3. थमौपीमाथ मानसिंघ मदन-
4. सिंघ सं 1576

चित्र 58. मण्डप लेख, संवत् 1576

अभिलेख अ.158. चित्र 59.

नीलकण्ठ मंदिर के मण्डप के एक पाषाण खण्ड पर पंद्रहवीं शताब्दी ई॰ की नागरी लिपि में लिखित अभिलेख में तिथि संवत् 1540 (1483 ई॰) कार्त्तिक सुदि 15 रविवार तथा सूत्रधार उदैचंद द्वारा नीलकण्ठ के अभिवादन एवं लेखक सद के विवरण के साथ मतकुअरी, पतिव, भइदेवचंद, रैचंद, पैगदास, एवं हमीरदेइ के नाम लिखे हैं:

1. संवत् 1540 कर्तीक सुदि 15 रवौकं
2. प्रयगि सुत्राध(त्रधा)र उदैचंदभिष। सुभका

3. प्रर्नमु लि(नी)लकंठकं नित्य प्रति कोटि जुग
4. जुगकं तथ मतकुअरि तथ पतिव तथ
5. भइदेवचंद तथ रैचंद तथ पैगदस तथ
6. हमिरदेइका प्रर्नुमु सदकंह लीष्यते।।

चित्र 59. मण्डप लेख, संवत् 1540

अभिलेख अ.159.

नीलकण्ठ मंदिर के मण्डप के एक पाषाण खण्ड पर सोलहवीं शताब्दी ई० की नागरी लिपि में लिखित अभिलेख में तिथि संवत् 1588 (1531 ई०) तथा हरी द्वारा अभिवादन का विवरण है:

1. संवत् 1588 सम(ये)
2. कर्म्यडस: दुर हरीव
3. प्रनिकस्यन

अभिलेख अ.160.

नीलकण्ठ मंदिर के मण्डप के एक पाषाण खण्ड पर पंद्रहवीं शताब्दी ई० की नागरी लिपि में लिखित अभिलेख में तिथि संवत् 1555 (1498 ई०) मार्ग वदि 13 रविवार तथा राजा प्रतापरुद्र द्वारा कोटितीर्थ एवं नीलकण्ठ के अभिवादन का विवरण है:

1. संवत् 1555 समये
2. मर्ग वदि 13 रा(र)वौकहं
3. प्रनमु कोटितिर्थ लि(नी)ल-
4. कंठकंह राज(जा) प्रतापरु-
5. द्रके दशेहर दल्हेकदी
6. दीनशाती

अभिलेख अ.161.

नीलकण्ठ मंदिर के मण्डप के एक पाषाण खण्ड पर सोलहवीं शताब्दी ई० की नागरी लिपि में लिखित अभिलेख में तिथि संवत् 1594 (1537 ई०) भाद्र वदि 8 रविवार तथा प्रभु द्वारा नीलकण्ठ के अभिवादन का विवरण है:

1. देवकह प्रनम्यम निलकंठकह
2. प्रनमु प्रभुगलणी संवत् 1594
3. समये भद्र वदी 8 रवौ

अभिलेख अ.162.

नीलकण्ठ मंदिर के मण्डप के एक पाषाण खण्ड पर सोलहवीं शताब्दी ई० की नागरी लिपि में लिखित अभिलेख में तिथि संवत् 1588 (1531 ई०) तथा हरिहर द्वारा सभी देवों एवं नीलकण्ठ के अभिवादन का विवरण है:

1. सकलदेवकह प्रनमु निलकं-
2. ठ वर्षनि हरिहरका सं 1588

अभिलेख अ.163.

नीलकण्ठ मंदिर के मण्डप के उसी पाषाण खण्ड पर आधुनिक नागरी लिपि में लिखा हुआ है:

1. पोर्वमघ

अभिलेख अ.164.

नीलकण्ठ मंदिर के मण्डप के एक पाषाण खण्ड पर पंद्रहवीं शताब्दी ई० की नागरी लिपि में लिखित अभिलेख में तिथि संवत् 1523 (1466 ई०) तथा भीखमल एवं गुदिमज द्वारा महादेव के अभिवादन का उल्लेख हुआ है:

1. महादेवकह प्रनामु भीषमलस्मीगही गुदिमजवी संवत्
2. 1523

अभिलेख अ.165.

नीलकण्ठ मंदिर के मण्डप के एक पाषाण खण्ड पर पंद्रहवीं शताब्दी ई० की नागरी लिपि में लिखित अभिलेख में तिथि संवत् 1555 (1498 ई०) वैशाख सुदि 12 शुक्रवार तथा दौवाह द्वारा नीलकण्ठ के अभिवादन का विवरण है:

1. संवत् 1555 समऐ वश
2. सुदि 12 सुक्रे कलेयो दौवाह
3. कामाह प्रनमु नीलकंठकह

अभिलेख अ.166.

नीलकण्ठ मंदिर के मण्डप के एक पाषाण खण्ड पर सोलहवीं शताब्दी ई० की नागरी लिपि में लिखित अभिलेख में दौम एवं भूरी द्वारा नीलकण्ठ के अभिवादन का विवरण है:

1. दौमवहका प्रर्नमु लिला(नील)-
2. कंठकं सद भुरि

अभिलेख अ.167.

नीलकण्ठ मंदिर के मण्डप के एक पाषाण खण्ड पर सोलहवीं शताब्दी ई० की नागरी लिपि में लिखित अभिलेख में महक द्वारा नीलकण्ठ के अभिवादन का उल्लेख है:

1. य श्री महक एतत वरिह
2. सहस्तक श्री नीलकंठाय
3. महिंद्वत्र

अभिलेख अ.168.

नीलकण्ठ मंदिर के मण्डप के एक पाषाण खण्ड पर सोलहवीं शताब्दी ई० की नागरी लिपि में लिखित अभिलेख में तिथि संवत् 1593 (1536 ई०) तथा गोसाईदास द्वारा कल्याणार्थ अभिवादन का उल्लेख है:

1. संवत् 1593 मिक्षदिगम नित्य सुभ
2. गोसाइदासाक प्रन्यमु

अभिलेख अ.169.

नीलकण्ठ मंदिर के मण्डप के एक पाषाण खण्ड पर सोलहवीं शताब्दी ई० की नागरी लिपि में लिखित अभिलेख में त्रिलोकदेई द्वारा नीलकण्ठ के अभिवादन का विवरण है:

1. त्रिलोकदेइक नि-
2. त प्रति निलकंठक
3. कोटि प्रनम

अभिलेख अ.170.

नीलकण्ठ मंदिर के मण्डप के एक पाषाण खण्ड पर सोलहवीं शताब्दी ई० की नागरी लिपि में लिखित खण्डित अभिलेख में कुछ अक्षर ही पढ़े जा सके हैं:

1. .... कइआवा-
2. .... वु

अभिलेख अ.171.

नीलकण्ठ मंदिर के मण्डप के एक पाषाण खण्ड पर सत्रहवीं शताब्दी ई० की नागरी लिपि में लिखा है:

1. विक

अभिलेख अ.172. चित्र 60.

नीलकण्ठ मंदिर के मण्डप के एक पाषाण खण्ड पर सत्रहवीं शताब्दी ई० की नागरी लिपि में लिखित अभिलेख में उरुइ तथा विरनी द्वारा नीलकण्ठ के अभिवादन का विवरण है:

1. नीलकंठकह प्रनामु उरुइक

2. नित्यं प्रति
3. नीलकंठकह प्रनामु विर-
4. नीघु

चित्र 60. उरुइ एवं विरनी का मण्डप लेख

अभिलेख अ.173. चित्र 61.

नीलकण्ठ मंदिर के मण्डप के एक पाषाण खण्ड पर पंद्रहवीं शताब्दी ई० की नागरी लिपि में लिखित अभिलेख में तिथि संवत् 1546 (1489 ई०) कार्त्तिक वदि 5 रविवार तथा खुरेद, उरीअ, राउत, उद द्वारा नीलकण्ठ के अभिवादन का विवरण है:

1. नीलकंठकहः प्रनामु गनेसदयरि श्री रम
2. संवत् 1546 समए। कातिक वदि 5 रवौ शेते।।
3. नीलकण्ठकाह प्रनमु नीतं प्रती।।
4. षुरेदे उरीअक राउतक प्रनमु।।
5. निलकण्ठकह प्रनमुथरक उदक

चित्र 61. मण्डप लेख, संवत् 1546

अभिलेख अ.174. चित्र 62.

नीलकण्ठ मंदिर के मण्डप के एक पाषाण खण्ड पर पंद्रहवीं शताब्दी ई० की नागरी लिपि में लिखित अभिलेख में तिथि संवत् 1538 (1481 ई०) तथा उतरमू, एवं सुलाखर वासी धर्मसिंह द्वारा नीलकण्ठ के अभिवादन का विवरण है:

1. सिद्धि:।।
2. संवत् 1538 समये नीलकंठकह कोटि प्रनामु
3. उत्तरमू वादाकेरन्नित्यंत्ती सर्वदा
4. धर्मसिह वीधिनि सुलाषर- वासक प्रनामु नि-
5. त्प्रती ....

चित्र 62. मण्डप लेख, संवत् 1538

अभिलेख अ.175.

नीलकण्ठ मंदिर के मण्डप के एक पाषाण खण्ड पर पंद्रहवीं शताब्दी ई० की नागरी लिपि में लिखित अभिलेख में तिथि संवत् 1532 (1475 ई०) तथा त्रिलोक के चीरकालिक ज्ञान हेतु वंधुरीव निदाप द्वारा नीलकण्ठ के अभिवादन का विवरण है:

1. संवत् 1532 समये श्री नीलकंठकह प्रना-
2. मुय शदा नित प्रति वंधुरीव निदापु त-
3. तसी चीरक त्रिलोक गियानक

अभिलेख अ.176.

नीलकण्ठ मंदिर के मण्डप के उसी पाषाण खण्ड पर पंद्रहवीं शताब्दी ई० की नागरी लिपि में लिखित अभिलेख में तील्हक दुबे द्वारा नीलकण्ठ के अभिवादन का विवरण है:

1. नीलकंठकह प्रनामु तील्हकाह दुवैक

अभिलेख अ.177.

नीलकण्ठ मंदिर के मण्डप के एक पाषाण खण्ड पर सत्रहवीं शताब्दी ई० की नागरी लिपि में लिखित अभिलेख में गनेश, दिवदर, वाघुल तथा सत्री द्वारा महेश के अभिवादन का विवरण है:

1. महेस
2. महेसकह प्रनमु नित्यं
3. गनेसकं दीककद(वदरेक)
4. वाघुलदि श्री सत्रीहम्म

अभिलेख अ.178. चित्र 63.

नीलकण्ठ मंदिर के मण्डप के एक पाषाण खण्ड पर सोलहवीं शताब्दी ई० की नागरी लिपि में लिखित अभिलेख में तिथि संवत् 1567 (1510 ई०) क्वार वदि 12 शुक्रवार तथा गुग एवं वल द्वारा महादेव एवं नीलकण्ठ के अभिवादन का विवरण है:

1. महादेवकह प्रनामु
2. श्री गुग श्री वल निल-
3. कण्ठनु प्रती संवत् 1567
4. समए कुआर वदी 12 सुक्रप(वा)री

चित्र 63. मण्डप लेख, संवत् 1567

अभिलेख अ.179.

नीलकण्ठ मंदिर के मण्डप के एक पाषाण खण्ड पर सोलहवीं शताब्दी ई० की नागरी लिपि में लिखित अभिलेख में सिलाउट अर्थात् पत्थर का कार्य करने वाले असद के पुत्र हरकमल द्वारा कल्याणर्थ कुछ निर्माण किए जाने तथा सद एवं मनिह द्वारा नीलकण्ठ के अभिवादन का विवरण है:

1. सिलाउट
2. असद सुत हरकमलिह करिय श्री सुभो
3. प्रनमु लिले(नील)कंठ-
4. कं सदकंह तथ मनिह

अभिलेख अ.180.

नीलकण्ठ मंदिर के मण्डप के एक पाषाण खण्ड पर पंद्रहवीं शताब्दी ई० की नागरी लिपि में लिखित अभिलेख में तिथि संवत् 1530 (1473 ई०) पौष सुदि 11 तथा नीलकण्ठ के अभिवादन का विवरण है:

1. संवत् 1530 समय पौष
2. सुदी 11 नीलकंठकह
3. नीत प्रती कोटि प्रन्यमी युग
4. युग ....

अभिलेख अ.181.

नीलकण्ठ मंदिर के मण्डप के एक पाषाण खण्ड पर पंद्रहवीं शताब्दी ई० की नागरी लिपि में लिखित अभिलेख में नीलकण्ठ के अभिवादन तथा काल के वास मणिकर्णिका का उल्लेख है:

1. सिद्धि नीलकंठकह प्रनामु।। निती लोकद्रके
2. नित प्रति कोटि प्रनामउ। त कालवसुयसि
3. मनिकर्निका

अभिलेख अ.182.

नीलकण्ठ मंदिर के मण्डप के एक पाषाण खण्ड पर अंकित अभिलेख में ऊपरी दो पंक्तियों के अक्षर नीचे की अपेक्षा आकार में बड़े हैं। पंद्रहवीं शताब्दी ई० की नागरी लिपि में लिखित अभिलेख में वेध द्वारा महेश तथा दाश, रेम एवं वास द्वारा नीलकण्ठ के अभिवादन का विवरण है:

1. महेसकह प्रमा(णा)मपी प्रकजि दिम(न) प्रती
2. वेधणत्य
3. नीलकंठह प्रनामु दाश
4. नीत्य प्रति रेमक
5. वासहण ....

अभिलेख अ.183.

नीलकण्ठ मंदिर के मण्डप के एक पाषाण खण्ड पर सत्रहवीं शताब्दी ई० की नागरी लिपि में लिखित खण्डित अभिलेख में तिथि संवत् 1659 (1602 ई०) वदि 7 बुधवार तथा जख द्वारा नीलकण्ठ के अभिवादन का विवरण है:

1. नीलकंठकह प्रनामु श्री जषाक
2. संवत् 1659 वदि 7 वुधवर

अभिलेख अ.184.

नीलकण्ठ मंदिर के मण्डप के एक पाषाण खण्ड पर सोलहवीं शताब्दी ई० की नागरी लिपि में लिखित खण्डित अभिलेख में अपुश द्वारा नीलकण्ठ के अभिवादन का विवरण है:

1. श्री नीलकंठ ...
2. अपुशये प्रणमु

अभिलेख अ.185. चित्र 64.

नीलकण्ठ मंदिर के मण्डप के एक पाषाण खण्ड पर पंद्रहवीं शताब्दी ई० की नागरी लिपि में लिखित अभिलेख में तिथि संवत् 1547 (1490 ई०) तथा घन द्वारा नीलकण्ठ के अभिवादन का विवरण है:

1. श्री निलकंठकह
2. प्रनमुदयत्र।।
3. संवत् 1547 षेपत्यत्रि
4. की जात्र सकलपिटकु
5. घनकौ प्रनामु ....
6. नक

चित्र 64. मण्डप लेख, संवत् 1547

अभिलेख अ.186.

नीलकण्ठ मंदिर के मण्डप के एक पाषाण खण्ड पर पंद्रहवीं शताब्दी ई० की नागरी लिपि में लिखित अभिलेख में महेश के अभिवादन का विवरण है:

1. महेसकह प्रणामह

अभिलेख अ.187.

नीलकण्ठ मंदिर के मण्डप के एक पाषाण खण्ड पर पंद्रहवीं शताब्दी ई० की नागरी लिपि में जादुअ का नाम लिखा है:

1. जादुअ।

अभिलेख अ.188.

नीलकण्ठ मंदिर के मण्डप के एक पाषाण खण्ड पर पंद्रहवीं शताब्दी ई० की नागरी लिपि में चार अक्षरों के साथ शिल्पी चिन्ह अंकित है:

1. तिकराम

अभिलेख अ.189.

नीलकण्ठ मंदिर के मण्डप के एक पाषाण खण्ड पर पंद्रहवीं शताब्दी ई० की नागरी लिपि में लिखित खण्डित अभिलेख में कुछ अक्षर ही पठनीय है:

1. .... षमृठाणं .... रछम ....

अभिलेख अ.190.

नीलकण्ठ मंदिर के मण्डप के एक पाषाण खण्ड पर तेरहवीं शताब्दी ई० की नागरी लिपि में केशव का नाम लिखा है:

1. केसव

अभिलेख अ.191.

नीलकण्ठ मंदिर के मण्डप के एक पाषाण खण्ड पर पंद्रहवीं शताब्दी ई० की नागरी लिपि में कदुआ लिखा है:

1. कदुआ

अभिलेख अ.192.

नीलकण्ठ मंदिर के मण्डप के एक पाषाण खण्ड पर पंद्रहवीं शताब्दी ई० की नागरी लिपि में व्यक्तिगत नाम लिखा हुआ है:

1. रघपद

अभिलेख अ.193.

नीलकण्ठ मंदिर के मण्डप के एक पाषाण खण्ड पर पंद्रहवीं शताब्दी ई० की नागरी लिपि में लिखित अभिलेख में तिथि 1545 (1488 ई०) तथा भउ द्वारा नीलकण्ठ के अभिवादन का विवरण है:

1. संवतसर 1545 (वै)सष वदि 5 दिने (शु)क्रवर
2. नीलकंठकह प्रनमु भउक
3. नीत प्रती

अभिलेख अ.194.

नीलकण्ठ मंदिर के मण्डप के एक पाषाण खण्ड पर पंद्रहवीं शताब्दी ई० की नागरी लिपि में लिखित अभिलेख अधिक स्पष्ट नहीं है। सम्भवत: इसमें रणेप द्वारा नीलकण्ठ के अभिवादन के साथ लेखक दिन एवं सिलावट नेद्दर, जिनका निर्माण कार्य में योगदान रहा होगा, का विवरण है:

1. ... षमकह प्रजमइ रणेप-
2. पंदि:। दिनेकत्र लेष
3. नीलकंठकह प्रनमु नेद्दर
4. सीलाउटक

अभिलेख अ.195.

नीलकण्ठ मंदिर प्रांगण के एक पाषाण खण्ड पर अंकित अभिलेख। पंद्रहवीं शताब्दी ई० की नागरी लिपि में लिखित खण्डित अभिलेख में धर्म एवं अन्य द्वारा नीलकण्ठ के अभिवादन का विवरण है:

1. (नी)लकंठकह पावकुसुम्हाक प्रनामु कोटि नितं प्रति सर्वदा
2. नीलकंठकह कोटि प्रनामुकर धर्माक नित्य प्रति
3. नीलकंठकह .... राउतह .....

अभिलेख अ.196. चित्र 65.

चित्र 65. परमर्दिदेव का अभिलेख, संवत् 1258

काले रंग के पत्थर पर अंकित खण्डित अभिलेख, जो पूर्व में नीलकण्ठ मंदिर के पास की गुहा में प्रवेश के सामने के स्तम्भ से टीका हुआ था, वर्तमान में मंदिर संग्रह में विद्यमान है। इस अभिलेख का सम्पादन एफ० मैसी (1848: 313-317), अलेक्जेण्डर कनिंघम (1885: 37-38) एवं हरिहर विट्ठल त्रिवेदी (1989: 478-482) ने किया है। मूल अभिलेख तथा छायाचित्र के आधार पर पूर्व पाठ में सुधार के साथ कुछ और अक्षरों को पढ़ने का प्रयास किया गया है। अभिलेख की तिथि संवत् 1258 (1201 ई०) कार्त्तिक सुदि 10 सोमवार लिखी है। सम्पूर्ण अभिलेख दो भागों में विभक्त है, जिसके प्रथम भाग में भगवान शिव एवं पार्वती का विवरण है, जबकि पचीसवीं पंक्ति से आरम्भ दूसरे भाग के आरम्भिक पॉच श्लोकों में चन्देल शासक परमर्दिदेव की उपलब्धियों का उल्लेख है। इस प्रशस्ति की रचना स्वयं शासक परमर्दिदेव द्वारा किया जाना बताया गया है, जिन्होने पुरारि अर्थात् शिव के प्रति अपनी परम भक्ति स्वरूप अभिलेख की रचना की थी। अभिलेख के लेखन एवं उत्कीर्णन का कार्य राजा के पसंदीदा एवं सभी कलाकारों में अधिक प्रवीण पद्म द्वारा अपने छोटे भायी देऊक के साथ मिलकर किया गया था। पद्म की तीन पीढ़ियों का उल्लेख है, जिसके अनुसार उनके पिता अल्हण तथा पितामह सल्हण थे। सल्हण को भी कलाकार बताया गया है, जिससे उस समय परिवारगत ब्यवसाय की जानकारी मिलती है। परमर्दिदेव की उपलब्धियों की चर्चा करते हुए उन्हे सभी राजाओं में श्रेष्ठ, दशार्णाधिनाथ, अपने पराक्रम से शत्रुओं को अधिनस्थ करने वाला, तथा चाहमान शासक पृथ्वीराज के (1184 ई० में हुए) आक्रमण के बाद भी पितामह मदनवर्मन् से प्राप्त राज्य को भलिभांति नियंत्रित करने में सफल रहने वाला बताया गया है। ऊपरी किनारे पर एक पंक्ति में बाद में *लि(नी)लकंठकह प्रनम्यमस मनुकवाययक* लिखा गया है, जिसकी लिपि सोलहवीं शताब्दी की नागरी है, जिसमें अन्य अभिलेखों से ज्ञात मनू की चर्चा है। तेरहवीं शताब्दी ई० की नागरी लिपि में लिखित अभिलेख का पाठ निम्नवत् है:

1. ओं[1] नमः शिवाय।। तत्पूर्व्वे नीविमोक्षे श्रवणकुवलयेनाशु निर्व्वाप्य दीपं चूडाचंद्रप्रकाशप्रसरविधुरया शैलभर्तुर्दुहित्रा। ध्वान्तभ्रान्त्या भजन्त्या नवघनपटलश्यामलं कंठकाण्डं दत्ताश्लेष प्रमोदः प्रगुण-

2. यतु मुदं मेदुरामीश्वरो वः।।(1।।) देहार्द्धानद्धकान्ताकुच कुसुममयो भालनेत्रानलार्च्चि:पीनोष्मा मौलिखेलन्मुखरसुरनदी नीररम्यो जगन्ति। स्फीतोत्तंसेन्दुकान्तिर्द्विरददृति[2]दृढाच्छादन व्यक्तसी(शी)-

3. तः शंभुर्भूषास्थिकुंदप्रकर परिवृतः पातु सर्व्वर्त्तुं मूर्त्तिः।।(2।।) देव द्यूतजितं प्रयाचति पणं देवी दिशत्युत्तरं न स्वामीति निगद्य कल्पितरुषःश्रान्त्यः[3] स्वकान्तासखीः। हारभ्रान्ति हठावकृष्टफणभृत्फू-

4. त्कारदूरद्रुताः प्रेक्ष्यालीक[4]समाधिभेदिहसितं कुर्व्वन्हरः पातु वः।।(3।।) दास्येहं परिरंभणानि कितवद्यूते जितानि त्वया मिथ्यौत्सुक्यमिदं यतः शतमहोरात्राणि तत्रावधिः। इत्युक्तः शिवया

5. निशदिवसक्ष[5]ज्ज्योतिर्म्मयाक्षिद्वयद्रागुन्मेषनिमेष कोटिपटलव्यग्रो हरः पातु वः।।(4।।) मानोरछा ..... क्षुरत्ते यत्यर्शुदिमंध्य ...... चिन्तयत्यनुदिनं ध्यानापदेशादयं येनामुं मुनयोप्यनादि निधनं ध्यायन्ति धौत-

6. स्पृहाः। इत्यंकामू[6]करे हृते गिरिजयोस्य[7] दत्त[8] पद्मासनाद्विस्वं(श्वं) पात्र पुरध्रिमेद्वेसएतः तेनोव देवर्ष्य ..... स्रध्योद्यश्यतका ....।।(5।।) प्येतत्काष्ठातटकरटि घटोत्कृत्तकृत्ति प्रतानप्रत्यग्र प्रच्छंदाढ्यः

7. कपटमृगपति स्फारवर्म्मोकवेलः[9]। गीर्व्वाणो दण्डञ्चण्डप्रचय विरविकसंतकष्यरही .... कालिकेयोः।।(6।।) भ्रश्यद्भूतलमुल्लसत्तनु तुलाकोटिध्वनि प्रस्पु(स्फु)रत्तारागु-

8. च्छमतुच्छकंकणमणि ज्योतिर्धृतेन्द्रायुधं। उभ्वाम वन्दवो ततत्वा दयेह ....।।(7।।) .... भीमभ्रमविततजटादंडचंडाभिघात क्षुभ्यद्दिक्कुंभिकंठ ध्वनित-

9. विरचितोत्तालगीतप्रकाराः। पादप्राम्त(न्त)प्रहार प्रचलित वसुधागोल .... (प्रकाराः)।।(8।।) संग्रामे .... भोग्वलनत्यं व्युतिकर दलिते भूतलेरंगदुस्थं संपाते दिक्पतीनां भुजवन

10. पवनोद्वासिते सभ्य[10]सूत्यं। स्रस्तस्वर्ग्गापगाद्रीभवतिवग्रेद्व ....।।(9।।) .... त्य वूद्वांवडोरेगेन्द्रस्व सितमभ्वदुभुज्वालभालाक्षिवहि्नष्णुष्ट[11]-

11. व्र(ब्र)ह्मांडभांडद्रधविकटजटापिंगलिम्नः पुरारेः[12]। दाण्य द्वादश्वत्याहलवलित श्री .... तयतांडवाडंवरं वः।।(10।।) पादांतर्ल्लक्ष्यलेखानिभृत वसुमती चक्रवाल प्र-

12. तिष्ठं नष्टाष्टाशाविभागप्रसरमुरु भुजाजाल लीलायितेन। .... प्रलयमह महावभरवस्य[13]।।(11।।) इंदुर्ज्जर्ज्जरिताः(तः) कपालकुहर-

13. क्रोडे कुहूकारिणः प्रोद्भूताः फणमण्डले फणिपतेरायामिभिः .... (।) .... फूत्कृतिध्वस्ता .... तोद्वदलालमालिचलितोभंडारारिधीवरः[14]।।(12।।) सा चूडादृढव(ब)-

14. (द्ध)पन्नगपतिश्वासानिलापूरणैर्गुंजंती तिमिरप्रसार ....[15] (।) .... न्निलदः प्रयाति विरतिं नांद्यापि सन्नामिव।।(13।।) स्नातस्यान-

15. (द्धश)त्रोः क्षर[16]दमरधुनीवीचिभिर्मौलिलोलः कंठ ....[17](।) ....।।(14।।) क्षिवम्य त्रिभुवनहविषा

16. (हन्तु हो)मस्तमो वः[18]।।(15।।) स्वल्पापोर्मानभाजः[19] क्षयसमय .... त्तागनांतः। शितदयंनदिकरी जिविध्यंड[20]पिण्डे चंडीभ-

17. (र्त्तुर्ब्बुभुक्षोः) कवलकवलन्यंतं[21] जिवाविलासाः।।(16।।) कृत्वा पालन .... पीडितानि। क्षसांडील .... भुरयं[22] मितरग्रा[23]सलिप्सा-

18. वि[24]लक्षो वैलक्ष्यं वः क्षिणोतु ....।।(17।।) ....।।(18।।) ....।।(19।।) कुमूच्युतभु[25]-

19. धि वसुधाघातसप्रीत .... निकरप्रांत्या[26]-

20. सदासूयिता:[27] पांतु त्वान्नवनीरदच्छविमुच(च:) .... श्रीकंठकंठांशव: दोर्दंड .... वलये हर्षनि-

21. ष्यंदिदृक्को भद्रचन्द्रार्द्धमौले: प्रगुणयतु परब्रह्मलग्न: समाधि: .... परिचयं यं विपा-

22. केन शून्यं निशिलष्यन्नीश्वराड्.केऽप्यु पनयतु स व: शाश्वतं मोदमीश: ....णेवधणायै चीतस्वरादी .... प्राणंति सर्व्वेसुरा:

23. : किं चामुं रजनीषु राहुरसुर: स्वैरं समाक्रामदि।। यस्यार्स्यु श्रीरदोक्षर: .... त्रढिष्वि:[28]शाकं शून्यपदे निरस्यति .... शकल्लनयपदेनिरस्यति .... यमुंत तिक्षिप्यत्यम्वु

24. धिसुक्तिसंपुटकुटीक्रोडे तथान्यं मुहु: देवस्यास्य मुखाम्वुज द्युतिलवप्रभुवि .... वांछया सरसिजश्रेणीभिरन्तर्ज्जलं तत्कंठावधिमग्नपीनतनुभिस्ती-

25. (व्रं) तपसूप्यहे।। काष्ठाकुंजरकुंभ सन्निधिमिलत्प्रौढ प्रतापानलं साक्षीद्यत्य[29]विराधिराज तद्धितम्। य: पीत्वामधुपक्कर्मुज्वल यश: प्रत्यर्थिपृथ्वीभुजां नि:प्रत्यूहमही करग्रहविधिं चक्रे नृपाणां वर:।। केचिद्व(द्र)-

26. (द्धा:) सहेलं निजभवनगत्य मोचिता: केऽपि केचिद्गेहाद्गेहान्तराणि क्षणमिव गमिता: केऽपि नीता: प्रमोदं। वा(बा)लापत्याश्च केचित् प्रतिपद दयया प्राणवप्राश्रयोद्गा: क्षौ(क्षो)णीनाथस्य यस्योन्नत भुजपरिघे नारय: सारयश्च।। चोद्री[30]वक्त्रं निचुम्वत्सपदि वि-

27. (कर्षन् कुं)तलं कुंतलीनामाधुन्वन्नंगनारीकुचकलसच्चारु चीरार्चलानि[31]। खेलत्कान्ताश्रमजल कणिका दूषयल्लीलयैव देव: क्रीडन्यवास्ते मलयमरुदिव श्रीदशार्ण्णाधिनाथ:।। मेदिन्यां विषमेषुरित्यनुदिनं शृङ्ग.रवीर व्र-

28. (ताचार्य्य: श्री) परमर्द्दिदेवनृपति: कैर्ण्णाम न स्तूयते। शय्यायां चरणांगणे च पतिता: सीदन्ति नित्यतमा कामिन्यश्च विरोधिनश्च शतसो येनामुन्ना खंडिता:।। आकाश प्रसर प्रसर्य्यत दिशस्त्वं पृथ्वि पृथ्वी भव प्रत्यक्षीकृतमादिराज यशसां युष्माभिरु-

29. (ज्जृंभितं। प्रेक्षध्वं प्र)मर्द्दिपार्थिव यशोराशेर्व्विकाशोदया द्वी(द्री)जोच्छ्रवास विदीर्ण्णदांडिममिव व्रह्मांडमारोहति।। चिंतामणिर्यदि शिला न किलाभविष्यन्मन्ये न चेत्पशुरसावपि कामधेनु:। वक्षो दलिष्यदुभयोरपि लज्जयास्मिन्वांच्छाधिकं वितरति द्र-

30. (विणं नरेशे।। नि)सर्ग्ग भक्त्या विदधे परमर्द्दिनरेश्वर: (।) सोऽयमेतां निरस्तारि: पुरारि चरणस्तुतितम्।। दाक्षिण्यतो मम गुणग्रहणं न कार्यमार्या: कदाचिदपि दोषपदे भवद्भि:। कृत्यन्तदेव पुनरत्र विचिंत्यकिंतु येनैव संभवति चेतसि व:

31. (प्रती:।। वीरश्री परमर्द्दि)पार्थिवपतेरस्य प्रसादैकभू: पौत्र: सल्हण शिल्पिनो ऽल्हण[32] सुत: पद्माभिधान: सुधी:। देऊकेन सहानुजेन तिलक: शिल्पक्रियाशालिनामालिख्य स्वयमुल्लिलेख गिरिजाभर्त्तु: प्रशस्तिं कृती।।

32. (अचरमचरमाद्रिव्याज वक्षो)ज लक्ष्मीमिलदुडुमयहारं धारयंत्यम्वरान्तम्। फणिपति फणशय्या- शायिनी यावदुर्व्वी कृतिरिह परमर्द्दि क्ष्मापतेस्तावदस्तु। संवत् 1258 कार्त्तिक सुदि 10 सोमे।। मङ्ग.लं महाश्री:।।

टिप्पणी:

1. चिन्ह द्वारा अभिव्यक्त।
2. त्रिवेदी ने *धृति* पढ़ा है।
3. मैसी एवं त्रिवेदी ने *श्रान्ता:* पढ़ा है।

4. मैसी ने *लोक* पढ़ा है।
5. मैसी एवं त्रिवेदी ने *कृ* पढ़ा है।
6. मैसी एवं त्रिवेदी ने *धृति त्स्व* पढ़ा है।
7. मैसी एवं त्रिवेदी ने *जया या* पढ़ा है।
8. मैसी ने *धृति तत्र* पढ़ा है।
9. मैसी ने *वेल* पढ़ा है।
10. त्रिवेदी ने *सत्य* पढ़ा है।
11. त्रिवेदी ने *ज्वालमालाक्षिवह्निप्लुष्ट* पढ़ा है।
12. मैसी ने *ग्राम्यद्वाडहरतु हरतु भवभयं* पढ़ा है।
13. मैसी ने अंत में *वपुर्वः प्रलयम महाभैरवं भैरवस्य* पढ़ा है।
14. मैसी ने *क्षेन्दवः स्लेष्याताण्डवलालसालिचलितावद्धासरि* पढ़ा है।
15. मैसी ने *क्षुभ्यान्नाम्बुस्वच्छं निनदः* पढ़ा है।
16. त्रिवेदी ने *स्रव* पढ़ा है।
17. त्रिवेदी ने *दत्तिदम्य* पढ़ा है।
18. मैसी ने *नः* पढ़ा है।
19. त्रिवेदी ने *भ्स्वल्पा(यो)* पढ़ा है।
20. त्रिवेदी ने *जविव्यण्ड* पढ़ा है।
21. त्रिवेदी ने *नापूर्व्व* पढ़ा है।
22. मैसी ने पूर्व *क्रमक्रीडितानि* पढ़ा है।
23. त्रिवेदी ने *व्या* पढ़ा है।
24. मैसी ने *लिप्तावि*, त्रिवेदी ने *वलक्षो* पढ़ा है।
25. त्रिवेदी ने अठारहवीं पंक्ति के बाद बिना पंक्ति संख्या के एक साथ पाठ दिया है।
26. त्रिवेदी ने *करजां* पढ़ा है।
27. त्रिवेदी ने *व्यसदाभूषिताः* पढ़ा है।
28. त्रिवेदी ने *पेस्यफिरदी* (?) पढ़ा है।
29. त्रिवेदी ने *द्यत्य* पढ़ा है।
30. त्रिवेदी ने *दाडी (राढी)* पढ़ा है।
31. त्रिवेदी ने *म्बराणि* पढ़ा है।
32. त्रिवेदी ने *सद्गुणशिल्पिनोनृण* पढ़ा है।
33. मैसी एवं त्रिवेदी ने संवत् 1298 पढ़ा है, जबकि त्रिवेदी ने विवरण में 1258 उल्लेख किया है।

अभिलेख अ.197. चित्र 66 अ-ब.

नीलकण्ठ मंदिर के संग्रह में दो पाषाण खण्डों पर अंकित खण्डित अभिलेख। इस अभिलेख का सम्पादन एफ०

मैसी (1848: 317-320), अलेक्जेण्डर कनिंघम (1885: 38-40), तथा हरिहर विट्ठल त्रिवेदी (1989: 507-510) ने किया है। किंतु उक्त विद्वानों ने केवल बाएं भाग के पाषाण खण्ड (पं.सं. 1204) पर अंकित अभिलेख का ही वाचन किया है, जबकि खण्डित दाहिने भाग का अभिलिखित पाषाण खण्ड (पं.सं. 534) भी मंदिर के संग्रह में संरक्षित है। बाएं भाग का अभिलेख अस्पष्ट होने के कारण अब उसके कुछ अक्षर ही पढ़ने योग्य है, इसलिए उस अंश के लिए पूर्व में किए गए पाठ को ही स्वीकार करते हुए, उसे दाएं भाग के प्रथम बार किए जा रहे पाठ के साथ दिया जा रहा है।

संस्कृत भाषा एवं नागरी लिपि में लिखित अभिलेख का आरम्भ शिव, कृष्ण एवं अन्य देवों की आराधना से हुआ है। उपलब्ध अंश में कुछ चन्देल शासकों की उपलब्धियों का विवरण है। तीसवीं पंक्ति में इसे प्रशस्ति लेख बतलाया गया है। अभिलेख के आठवें श्लोक में राहिल की उपलब्धियों की, तथा उन्नीसवें श्लोक में कीर्तिवर्मन द्वारा सम्भवत: कलचुरी कर्ण के विरुद्ध सफलता का उल्लेख है। उसी चन्देल शासक द्वारा मालवा के क्षेत्र में घुसने के विवरण से समकालिक परमार शासक उदयादित्य की सेना को पराजित करने का आभाष होता है। कीर्तिवर्मन का पुत्र जयवर्मन नारायण का भक्त था तथा गंगा की ओर उन्होने प्रस्थान किया था (श्लोक 25)। जयवर्मन के बाद उनका छोटा भायी पृथ्वीवर्मन शासक बना जिसके उपरांत मदनवर्मन चन्देल सिंहासन पर आसीन हुआ जिन्होने गुर्जर शासक को उसी प्रकार पराजित किया जिस प्रकार कृष्ण ने कंस को (श्लोक 29-33)। यह कथन उनकी चौलुक्य शासक जयसिंह सिद्धराज (1109-1143 ई०) पर विजय को इंगित करता है। गुजराती इतिवृत्ति के अनुसार उन्होने मालव पर अधिकार करने के बाद कालंजर पर आक्रमण किया था। आगे के विवरण (श्लोक 36) में मदनवर्मन् के छोटे भाई प्रतापवर्मन का उल्लेख है। वीरवर्मन के बहादुरी के विवरण प्रशंस्यात्मक है, जिन्होने न केवल मंदिर का निर्माण करवाया, बगीचे लगवाया, तालाब एवं कुएं खुदवाया बल्कि ध्वस्त मंदिरों तथा दुर्गों का पुनर्निर्माण भी करवाया *प्राकारशालापरिखाप्रतोली* (पंक्ति 26)। उन्होने ब्राह्मणों को तुलादान दिया, लिंग के रूप में नीलकण्ठ तथा कमला अर्थात् लक्ष्मी एवं काली की प्रतिमा की स्थापना मंदिर में करवायी तथा उपासना की। अभिलेख का अधिकांश भाग अस्पष्ट हो गया है। अभिलेख के दोनों भागों का पाठ निम्नवत् है:

1. ओं नम: शिवाय। अनुसरति सरोषे पारिजाताय तस्मिन् सपदि किल यथार्था रोदसी संबभूव। .... प्रसूहालाहलाद्धि: प्रकरशवलकण्ठ: पादुगे नीलकंठ:।।1।। हेलोद्य च्चरणत्र पातविनमद्वाह द्विचच्छन्वराक्रान्तिव्योत्तमुखार्द्दलिर्ग्गतसुर प्रत्यर्थि जीवाभुद्वदा कालीकश्वदकालन ....
2. कोऽपर: श्रीपर:।।2।। भूयेऽस्मिन्वद विघ्नराजविजितं किं तम्भितं (?) नो पराम् द्येभूयतवन्धुमा निववि। (?) .... वाष्ये इत्यन्यान्यपुरे। यिया सुवररणरप्व प्रतिष्ठानयोस्तत्त्वं तद्वरसौ विचार्य शिवयोरैन्यंहरत्पातुत:।।3।। कृष्णं खण्डितचण्डकदेत्र महागर्व्वग्रहद्र ग्रहंराधा- दक्ष्मललोदनाह कलनानि: रत्वमुद ....
3. भुजान्तरेऽपि यश्चिकीड किं तन्नृणाम्।।4।। अव्याप्ताहितदृष्टिपृष्ठ बिलसंत्सारदक्षक्रिया यो ....: सप्तास्वर्ग्गाग्रणी। तस्मादम्वुज जन्मनो त्रिरजनित्रद्माद यस्तेप्यमी निन्युर्यं गुणणोरदेण गुरुतां पुत्रत्वमेत्यात्मना:।।5।। त्तत्रकान रगेर्नियम कलुशश्चित्तस्यद्वश्येदकात्र श्रीर्वर्द्धदृशां ... हुर ....
4. वियदतिप्रसिद्धमहिमा भूमीधरे भूसुर:।।6।। नारायणो वृत्तवतां विहाय मोदाकुलाताव .... त्तोजनित- त्रप्तर्व्व लक्ष्म्याकिलैप स्थिरताश्रवव्रे।।7।। नयविनयाविवतनयौ प्रभुमिवतं नित्यनु: समभ्युदयमु दानावनार्थिलोकै राहिल पाहिल पद्वयक्षितौ।।8।। ...... द्विजां दधीजंदवलजष्वादिव्वच्च ......
5. क्तिर्द्वितीयस्य सुतो यशोग: भुवं भारात्म यशोभिरासीद्वेला धरोदक्षगत .... दतृवङ्ग. कल्पितारातितुङ्ग.: प्रवित तरणरङ्ग.: कामिनीनामनङ्ग.:। क्षितिपतिगणत्वङ्ग.: सज्जनाभीष्ट सङ्ग.: सुभमुणल सदङ्ग.: कायमोक्षाप्तत्पदम्।।11।। दण्ड: प्रचण्डभुजदण्डं विखण्डं ....

6. राभिरन्ययमदन्तमनोकरेणुः।।12।। तस्मिन्निन्दामनार्द्रस्थितिमनु वदति क्षोणिपाले .... राज निखिलनृपशिरोरत्ननीराजिताह्निः। गाङ्गे.यं डाहलेशंशयनतलसखं चित्तयन्मालवेन्द्रो यस्यश्री भोजराजोप्यगमदितर दिक्यद्दिकादश्चरतृन्।।13।। दकाशिराजद्यदि ....

7. जित अजनि विजयपालस्तत्सुतो भूमिपालः शिततरतरवालध्वस्तराजन्यमालः .... तृगत्व शश्यात्रिणहे विप्रभिसत्पितकर्ण्णात्यर्णं देशस्थितोयः।।15।। अमुष्मिन्दिग्यात्राद्यसनिनि नृपेभानुरभव- ज्जगद्यातुंनेशः सपदि पदिकाशृद्दिवरन्वेः अत्रंश्रत्तध्वात्तंरति ....

8. सूनुः कुम्भोद्भवाभो नमितावनीभृत् यो दक्षिणाशाभरणी कृतात्मा कर्णार्णवं तूर्णमपा .... नृपतिपुरन्द्रीत्रग्गे देवद्यदीक्षाद्रिवि गुरुरयमासीत्सर्व्वतः सूत्रकारः। मनुरिवनय सम्यक्पालिताशेष लोकोव्य वहरति जनोयं शिक्षयाद्यापि यस्य।।18।। ....

9. चकार।।19।। मालवाधिप कुरङ्ग.लोचनाम्बुनिवहेन सिक्तया मण्डपोन्नतशिर .... यस्य कीर्त्तिलतया विज्जमृतम्।।20।। अहं धरापतिः कोत्योधारापति रितीवयः। परमात्रा गुरुत्वेर्क्षा परोमरामदारयत्।।21।। यच्चेदिदाहोत्थित्वदूमभुमत्तनुद्वर ....

10. स्य सूनुर्जयवर्म्मदेवः प्रणीत नारायणपादसेवः सश्रीकपर्व्वस्वधिगम्य पूर्णान्यज्जाद(?) .... सतेस्यराजः।।23।। सड्.ख्यभ्रश्यदसड्.ख्यशात्रवशिरः कूटत्रिकूटो परिस्पष्टंराश्यदपत्तनं रिपुवधू- नेत्राम्वु संवेष्टितम्। येनस्मत्रियते विभीषणः रप ....

11. वर्म्मणि निधाय भारं भुवः परिश्रान्तः अवगाहितुं प्रपेदे स नृपस्त्रिदशापगानीरम्।।25।। .... नयनं सुखिनो वसन्तःपुरीसुदत्तासु नृपेणयेन। क्षत्त्रैः परामृष्ट भुवोचिरेणस्तुवन्विरामं द्विज पुङ्ग.वान।।26।। यशः सुभेदिदं यातेत तस्मिन्निंद्रदिदृक्षय ....

12. मुक्तजीवास्ते परस्मिल्लक्ष्यमाप्नुवन्।।28।। तदनु मदनवर्म्मा भूमिभारं बभार द्विपग .... च्छयायातियस्मिन्। संपदिविकलचित्ताः कम्यमानाखिलांगानिखिलनृपति वीरायोषिदोद्याश्च जाताः।।29।। शतक्रसौरेकगजं फलंयाश ....

13. गाढं मुखमभिवदनं प्राप्य दृष्टयुक्तनन्दीच्छन्दोपान्तेद्यपेदेंतरजय(?)मभिन्यस्य रक्तोभवन्यः ..... द्वैरिकायाद्दृदयमपजहारकतः कोष्टुकान्त्यर्दिव्यादश्त्रत्र कावित्सुरपुर युवतिः सड्.करप्राङ्ग.णेषु।।31।। तत्सुतो भूद्यशोवर्न्मा नारीनयनचन्द्रमाः ....

14. मुनाजीवत गुर्ज्जरेशः क्षणेन कृष्णेन पुरेव कंसः।।33।। नेता दिग्जयकौतुकव्यसि .... भवसामन्तसिन्दूरान्दित गजिपाददलितक्ष्मा भूतभूलीभरैः। व्याप्तं नित्यममन्यत क्षितिभृतांव्यूहः प्रतापावलीज्वालामिश्र यशः प्रवाहशद ....

15. शश्वत्खलु कीर्त्तिमालम्।।35।। भ्राता कनीयान् मदनस्य राज्ञः प्रतापवर्म्माभवदुत्प्रतापः .... नारिष्वङ्ग.समुन्नधोपि पराङ्.मुखी वैरिवमूदिदद्रौ।।36।। आशावर्म्मा सुतस्तस्य कुमारः ख्यात विक्रमः। अनादृत्यरणेशत्रूनाशा वर्म्मेव ....

16. सड्.कुच्य क्वापि लीनं विकलमतिकृशं नष्टगर्व्वादविष्टं रुग्णं सन्तापयुक्तं निर .... भाराद्रवं राज्यमेतत्। दृष्ट्वाथो सात्त्वयित्वा मृदुलकरतया पृच्छ्य वाञ्छांततश्च पश्यैर्योजीवयित्वा भिषगि च विपुलां संपदं संप्रपेदे।।39।। ....

17. नां श्रोतुं स यावद्विगुणास्य चक्षुः। प्रभुर्लसद्वीरगुणो नरेपो(शो?)न्यस्य दातातिविरञ्चिनायु .... लाडमः कामगतीसुमेरश्चिन्ताणि निश्चिंतत्रेष सद्भिः। शाखा प्रसारादतिपावनत्वात्समुन्नते- र्भूपशिरंस्थितेश्च।।42।। य ....

18. म्विनीनयनयोस्तापं द्विषन्मानसे जाड्यं तद्विमुखामाजिषु कमला वराङ्गागृ(?) .... विधिं द्विजा-विप्रमनवान्नत्वकाजिश्रितेत्यर्थतोर्थत्रातू च्छरोति समरे यस्येति कौक्षेयकः।।44।। सार्द्धंयोद्धमनेन वैरि सुभदा ....
19. संसर्गलीलायितम्।।45।। शूरोयं ननु किं कलानिधिरसौ प्रत्यक्षमुद्वीक्ष्य तेजातानन्दन .... पुदः सत्यशुरुः किंजदिः। कालोयं य दिव्यं तमोचत शिखीयो वैरिवीरैरितिण्णावेयुद्ध भुविग्रहाग्गि भवतोन्योन्यं मुहुर्त्त्यं ....
20. कलकस्तिगरल(?)।।47।। सकलपदवाहेयु गजरथदलनसमवन सरस कल .... वदन नयन पदकरतलजलज जयजय नरचरशरणदवरद।।48।। य इण्यमुच्चैः परिपन्थिभूपैर्वैतालिकैश्च प्रति ..
21. नगजं यस्य विश्वं विजेतुः समर विजयकीर्त्ति स्तम्भरूपोर्जुनोऽभून्निचि दुनिमह (?) .... कानाम विहः।।।। विच्छिन्न गात्रोयदसि प्रहारैः सर्व्वं धनं सञ्चितमुज्मतिस्म। श्रीराजराजः सतथापि चित्रंकुवैर ....
22. दिष्ट्या सकल सुमनसां मानसं व्यानशे यः कामं वामः स सर्वम्वशमयमनयद्वीरवर्म्मा .... नासिन्वोराशामवाची प्रतिनलकलितग्रा वसंष्कारमाराहुर्गं प्रभ्रश्य तेन प्रसभमथ कथंर्च्यथ्य तेस्सास्यरक्षः।।
23. तापाघनेविटपकुटीसड्.कटे सन्निकृष्टं जैत्रे यात्रासु यस्मिंश्चलति नवल जिह्नम (?) .... त्री।।54।। सेवावसरकृत्येषुन परंदोः समर्प्पणात्। येनभावा प्रदानाच्च भूपालाः करदीकृताः।।55।। ....
24. क्षोम्बरं नानापत्ररथान्विता कुलकलव्याहारहूताध्वगं कौमारं स्वपुरांव्य .... यं क्षीरणथोनिधि व्यामोहात्प्रतिरात्रि विम्बिवतनुर्नित्यं शशीसेवते।।57।। व्रह्माण्डमुख्यानिसकार ....
25. हा प्रस्तुतादेवालयोद्यान तडागवापीः स कारयामास च तत्र तन्त्र।।59।। सोवो(?) .... पित शड्.करादि दिविषत्सं पत्रुषारावलैरारामैर्चरणी तलातै तनुतासंवाधैताशामुखैः। चापि कृपश्वे ......
26. माधनुर्विदुपाश्रयोदमदितीय यः सवर्णतुलावितीर्णा सहस्रशो मेरुम ....।।61।। म्लेच्छावि राजेनचिरायभग्नं कालंजरंयः स्वकुलाधिवासम। प्राकारशालापरिखाप्रतोली ...
27. यो नीलकण्ठं कमलां च कालीं न्यवीविशत्सद्मसु शोभनेषु यज्ञे श्रौत नयने (?) भृगस्य .... निमीते।।64।। अनेनराजा वहुरत्नभङ्ग.ी परेस्कृतं शैलमिमंविहायायामु ....
28. सार्द्धं पृथुश्रीः यत्रैतानि स्फुरन्ति प्रसृमरपृथुल .... विशद्कांड्ग.न्तर जनिमुर्हुस्तारकाण्या वहंति।।66।। वेदाभ्यासविचार कर्म्मनियतासन
29. दुर्दाहन्मां श्रान्तापूर्व्वं तदनुपदमिलत्तारतम्य क्रमेण .... संस्थाप्यमार्ग्गं करस्य। पुष्टांरीतिं प्रचार्यस्वरमत्वि कलयन्सर्थतः शुद्धशाखं वेदंराद्यं वनित ....
30. सु स्वस्थाने यो नृपो .... शलै (?) प्रशस्तिर्वल्लकी वीरनामसत्यमुदे।।च्छ।। अभ्यस्ति नश्वरक सुश्रुतवा भटाद्यतत्त्रेषु गौडकुलजाभिषजो वभृतुः। ये ....
31. प्रदा ....।।72।। भास्वतो 5 मुपाख्याति यो गणपतिश्चोभौदस्राविं वभुवंगतौ।।73।। व्रह्मात्मजो वीरनृपप्रासदभूमिः सु ....

चित्र 66 अ. वीरवर्मन का खण्डित अभिलेख

चित्र 66 ब. वीरवर्मन का खण्डित अभिलेख

अभिलेख अ.198.

नीलकण्ठ मंदिर प्रांगण में एक पाषाण खण्ड पर पंद्रहवीं शताब्दी ई० की नागरी लिपि में लिखित खण्डित अभिलेख में सिद्ध कंथदिनाथ का उल्लेख है:

1. सकएथ गुणाली
2. महाजोगी दुषकया
3. सिधत्कंथदिनाथपात्र:

नीलकण्ठ मंदिर अभिलेख

अभिलेख अ.199.

नीलकण्ठ मंदिर के गर्भगृह के द्वार स्तम्भ पर अंकित अभिलेख। बारहवीं शताब्दी ई० की नागरी लिपि में लिखित खण्डित अभिलेख में रूपकार देहुल द्वारा अभिवादन का उल्लेख है:

1. .... ति ....
2. ... रजमक ....
3. .... त ....
4. .... लि ....
5. .... ध्रौर्म्मनि ....
6. ... सदा:।। ....
7. .... रुपका(र) .....
8. देहुलर ....
9. प्रणामात

अभिलेख अ.200.

नीलकण्ठ मंदिर के उसी द्वार स्तम्भ पर बारहवीं शताब्दी ई० की नागरी लिपि में लिखित खण्डित अभिलेख में परमभक्त देवपाल द्वारा नीलकण्ठ के अभिवादन का उल्लेख है:

1. श्री निलकण्ठदे(व)
2. .... ल नित्य
3. श्री नीलकण्ठदेव
4. देवपालंर्भटारिह
5. प्रणमं परंभक्तो

अभिलेख अ.201.

नीलकण्ठ मंदिर के गर्भगृह के एक पाषाण खण्ड पर सोलहवीं शताब्दी ई० की नागरी लिपि में लिखित खण्डित अभिलेख में तिथि संवत् 1595 (1538 ई०) पठनीय है:

1. काकेणह सं(व)-
2. त् 1595 वदि 3 ....
3. ....

अभिलेख अ.202.

नीलकण्ठ मंदिर के गर्भगृह के एक स्तम्भ पर पंद्रहवीं शताब्दी ई० की नागरी लिपि में लिखित खण्डित अभिलेख में केल्हि तथा ससि के अभिवादन का उल्लेख है:

1. श्री न ....
2. .. पुत्र केल्हिदि ...
3. ..... एठास ....
4. ससिवित (प्र)-
5. नमुति ....

अभिलेख अ.203.

नीलकण्ठ मंदिर के गर्भगृह के एक स्तम्भ पर आधुनिक नागरी लिपि में लिखित अभिलेख में बालकदाश का नाम लिखा है:

1. बालकदाश

अभिलेख अ.204.

नीलकण्ठ मंदिर के गर्भगृह के एक स्तम्भ पर पंद्रहवीं शताब्दी ई० की नागरी लिपि में लिखित अभिलेख में सिंधु के पुत्र राह तथा हृद एवं वोघल द्वारा परिवार के कल्याण हेतु नीलकण्ठ के अभिवादन का उल्लेख है:

1. ली(नी)लकंठकह प्रन-
2. मु नीत प्रती सींधु-

3. केरु सुतवे राह-
4. चह(चंद्र) हृदके-
5. थदगक प्रनमु
6. वोघल सुभकप
7. कुलहात
8. मतु ....

अभिलेख अ.205.

नीलकण्ठ मंदिर के गर्भगृह के एक पाषाण खण्ड पर रोमन लिपि में लिखित अभिलेख में बालकदास का नाम लिखा है:

1. सइ बालकदास्स

अभिलेख अ.206.

नीलकण्ठ मंदिर के गर्भगृह में आधुनिक नागरी लिपि में लिखित अभिलेख में बालकदाश तथा हृदयधर द्वारा अभिवादन का उल्लेख है:

1. बालकदाश
2. श्री बालकदाशक्य प्रनुम
3. हृदयधरक

अभिलेख अ.207. चित्र 67.

नीलकण्ठ मंदिर के गर्भगृह के एक स्तम्भ पर आधुनिक नागरी लिपि में लिखित अभिलेख में कालंजर निवासी वैश्य देबीदीन का उल्लेख है:

1. देबीदीन वैश्य
2. कालिंजर

चित्र 67. देबीदीन का नीलकण्ठ मंदिर लेख

अभिलेख अ.208. चित्र 68.

नीलकण्ठ मंदिर के गर्भगृह के एक पाषाण खण्ड पर ग्यारहवीं शताब्दी ई० की नागरी लिपि में लिखित अभिलेख में महण एवं सिमा द्वारा अभिवादन का उल्लेख है:

1. नठु महण नितं प्र-
2. णति
3. सिमा नितं प्रणमति

चित्र 68. महण एवं सिमा का नीलकण्ठ मंदिर लेख

अभिलेख अ.209. चित्र 69.

नीलकण्ठ मंदिर के गर्भगृह के एक पाषाण खण्ड पर ग्यारहवीं शताब्दी ई० की नागरी लिपि में लिखित अभिलेख में वाल्ह, पदेन, भइल तथा माणदेवि के अभिवादन का उल्लेख है:

1. वाल्ह नितं प्रमणमतिं
2. पदेन नीतं प्रणमतिं
3. भइल नितं प्रणमतिं
4. माणदेवि नितं प्रणमतिं

चित्र 69. नीलकण्ठ मंदिर का तीर्थयात्री लेख

अभिलेख अ.210. चित्र 70.

नीलकण्ठ मंदिर के गर्भगृह के एक पाषाण खण्ड पर ग्यारहवीं शताब्दी ई० की नागरी लिपि में लिखित अभिलेख में घोलु द्वारा नीलकण्ठ के अभिवादन का उल्लेख है:

1. श्री देव नीलकण्ठ
2. घोलु नित्यं प्र(ण)मति

चित्र 70. घोलु का नीलकण्ठ मंदिर लेख

अभिलेख अ.211.

नीलकण्ठ मंदिर के गर्भगृह के एक पाषाण खण्ड पर ग्यारहवीं शताब्दी ई० की नागरी लिपि में लिखित अभिलेख में राउत धर के अभिवादन का उल्लेख है:

1. राउत धर प्रण(मति)

अभिलेख अ.212.

नीलकण्ठ मंदिर के गर्भगृह में स्तम्भ पर ग्यारहवीं शताब्दी ई० की नागरी लिपि में लिखित अभिलेख में नीलकण्ठ के अभिवादन का उल्लेख है:

1. (नी)लव(कं)ठ श्री म ... र:।।

अभिलेख अ.213.

नीलकण्ठ मंदिर के गर्भगृह में मानव आकृति के नीचे के पाषाण खण्ड पर ग्यारहवीं शताब्दी ई० की नागरी लिपि में लिखित अस्पष्ट अभिलेख में पाल्हण द्वारा अभिवादन का उल्लेख है:

1. पाल्हण प्रणमती

अभिलेख अ.214. चित्र 71.

नीलकण्ठ मंदिर के गर्भगृह की दीवार पर निर्मित मानव आकृति के नीचे अंकित अभिलेख। *इण्डियन आर्किआलाजी 1971-72 - ए रिव्यू*: 60 में इसका उल्लेख है। ग्यारहवीं शताब्दी ई० की नागरी लिपि में लिखित अभिलेख में पण्डित भुवन का नाम लिखा है:

1. पंडित श्री भुवनस्य।।

चित्र 71. भुवन का नीलकण्ठ मंदिर लेख

अभिलेख अ.215. चित्र 72.

नीलकण्ठ मंदिर के गर्भगृह के पीछे शिवलिंग (केएफ 106) के नीचे अंकित अभिलेख। इस अभिलेख का उल्लेख राजेन्द्र यादव (2009–10: 74, प्लेट 12) द्वारा किया गया है। हन्स टी० बेकर (2014: 218) एवं विजय कुमार (2016: 224) ने *हरि(दे)व(: प्र)ण(मति) पलिते ..... करितं पुण्यध(र्म)यो:* पाठ किया है। पांचवीं शताब्दी ई० की ब्राह्मी लिपि में लिखित अभिलेख में हरिदेव के पुत्र पलित द्वारा पुण्यवृधि हेतु निर्माण कार्य करवाने का उल्लेख है:

1. हरिदेव पुत्रेण
2. पलितेठण
3. कारितं पुण्य वृ-
4. धयो:

चित्र 72. नीलकण्ठ मंदिर का शिवलिंग लेख

अभिलेख अ.216. चित्र 73.

नीलकण्ठ मंदिर के गर्भगृह में एक पाषाण खण्ड पर ग्यारहवीं शताब्दी ई० की नागरी लिपि में लिखित अभिलेख में विभांदक के निवासी एवं गोविल गोत्र के पापे के पुत्र माधव तथा गोकुलचंद्र, हरिचंद्र, देवचंद्र, रामचंद्र, द्वारा अभिवादन का विवरण है:

1. विभांदकपुरीयास्वय गोवि-
2. ल गोत्राया महुलीय नप्तृ
3. पापे सू(सु)त माधव भार्या(र्त्रा)सू
4. गोकूलचंद्र हरिचंद्र देव-
5. चंद्र रामचंद्र एतै सह महा-
6. भक्त्या साष्टागं नित्यं प्रण-
7. मती।।थ:।

चित्र 73. नीलकण्ठ मंदिर का तीर्थयात्री लेख

अभिलेख अ.217. चित्र 74.

नीलकण्ठ मंदिर के गर्भगृह में स्तम्भ (केएफ 74) के शिवलिंग आकृति के नीचे अंकित अभिलेख। इस अभिलेख का उल्लेख *इण्डियन आर्किआलाजी 1971-72- ए रिव्यू*: 60 में हुआ है। ग्यारहवीं शताब्दी ई० की नागरी लिपि में लिखित अभिलेख में महामहत्तक ठक्कुर वत्सराज का नाम लिखा है:

1. महामहत्तक ठक्कुर श्री वत्सराज

चित्र 74. वत्सराज का नीलकण्ठ मंदिर लेख

अभिलेख अ.218. चित्र 75.

नीलकण्ठ मंदिर के गर्भगृह की दीवार पर बनी मानव आकृति के नीचे के पाषाण खण्ड पर अंकित अभिलेख। इस अभिलेख का उल्लेख *इण्डियन आर्किआलाजी 1971-72- ए रिव्यू*: 60 में हुआ है, जहां अभिलेख में नाम कुल एवं निक वर्णित होना बतलाया गया है, जबकि ग्यारहवीं शताब्दी ई० की नागरी लिपि में लिखित इस अभिलेख में राजपुत्र कुल तथा राजपुत्र दिक का नाम लिखा है:

1. राजपत(पुत्र) श्री कुले राजपत(पुत्र) श्री दिको

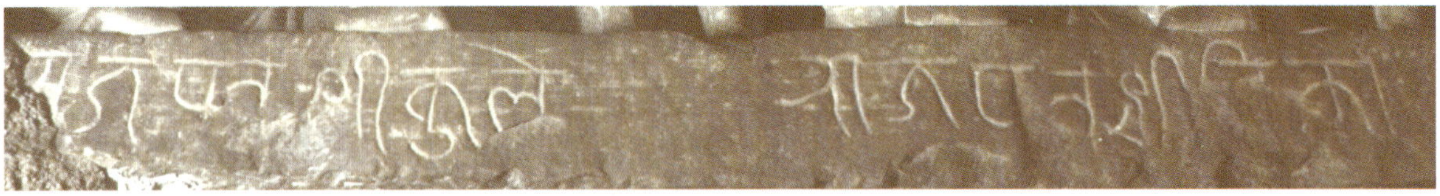

चित्र 75. कुल तथा दिक का नीलकण्ठ मंदिर लेख

अभिलेख अ.219. चित्र 76.

नीलकण्ठ मंदिर के गर्भगृह की मानव आकृति के नीचे के पाषाण खण्ड पर अंकित अभिलेख। इस अभिलेख का उल्लेख *इण्डियन आर्किआलाजी 1971-72- ए रिव्यू*: 60 में हुआ है। ग्यारहवीं शताब्दी ई० की नागरी लिपि में लिखित अभिलेख में ठक्कुर उधरण का नाम लिखा है, जिन्होने सम्भवतः सपरिवार देव आराधना की होगी:

1. ठक्कुर श्री उधरण परिवारैः सहः।।

चित्र 76. उधरण का नीलकण्ठ मंदिर लेख

अभिलेख अ.220. चित्र 77.

नीलकण्ठ मंदिर के गर्भगृह की दीवार पर बनी मानव आकृति के नीचे के पाषाण खण्ड पर अंकित अभिलेख। इस अभिलेख का उल्लेख *इण्डियन आर्किआलाजी 1971-72- ए रिव्यू:* 60 में हुआ है। ग्यारहवीं शताब्दी ई० की नागरी लिपि में लिखित अभिलेख में ठक्कुर ईश्वर का नाम लिखा है:

1. ठक्कुर श्री ईस्वर परिवारै सह:।।

चित्र 77. ईश्वर का नीलकण्ठ मंदिर लेख

अभिलेख अ.221. चित्र 78.

नीलकण्ठ मंदिर के गर्भगृह की दीवार पर बनी मानव आकृति के नीचे के पाषाण खण्ड पर अंकित अभिलेख। इस अभिलेख का उल्लेख *इण्डियन आर्किआलाजी 1971-72- ए रिव्यू:* 60 में हुआ है। ग्यारहवीं शताब्दी ई० की नागरी लिपि में लिखित अभिलेख में ठक्कुर श्री पाहुल का नाम लिखा है, जो सम्भवत: अपने परिवार के साथ कालंजर में देव आराधना में तल्लीन थे:

1. ठक्कुर श्री पाहुल:। परिवारै सह।।

चित्र 78. पाहुल का नीलकण्ठ मंदिर लेख

अभिलेख अ.222. चित्र 79.

नीलकण्ठ मंदिर के गर्भगृह की दीवार पर बनी मानव आकृति के नीचे के पाषाण खण्ड पर अंकित अभिलेख का उल्लेख *इण्डियन आर्किआलाजी 1971-72- ए रिव्यू:* 60 में उल्लेख हुआ है। ग्यारहवीं शताब्दी ई० की नागरी लिपि में लिखित अभिलेख में राउत श्री वछराज का नाम लिखा है, जो सम्भवत: सपरिवार देव आराधना में तल्लीन थे:

1. राउत श्री वछराज परिवारै सह:।।

चित्र 79. वछराज का नीलकण्ठ मंदिर लेख

अभिलेख अ.223. चित्र 80.

नीलकण्ठ मंदिर के गर्भगृह की दीवार पर बनी मानव आकृति के नीचे के पाषाण खण्ड पर अंकित अभिलेख। *इण्डियन आर्किआलाजी 1971-72- ए रिव्यू:* 60 में ठक्कुर श्री क(व)र के रूप में इस अभिलेख का उल्लेख है। ग्यारहवीं शताब्दी ई० की नागरी लिपि में लिखित अभिलेख में ठक्कुर श्री कुवर का नाम लिखा है, जिन्हे महाभक्त बतलाया गया है:

1. ठकुर श्री कुवर परिग्रह महा(भक्ता)

चित्र 80. कुवर का नीलकण्ठ मंदिर लेख

अभिलेख अ.224.

नीलकण्ठ मंदिर के गर्भगृह में एक पाषाण खण्ड पर ग्यारहवीं शताब्दी ई० की नागरी लिपि में श्रीः लिखा है:

1. श्रीः।।

अभिलेख अ.225. चित्र 81.

नीलकण्ठ मंदिर के गर्भगृह में ग्यारहवीं शताब्दी ई० की नागरी लिपि में लिखित एक अभिलेख में भट्ट के पौत्र तथा वपयरा के पुत्र हरि द्वारा पत्नी सहित नीलकण्ठ की प्रदक्षिणा एवं अभिवादन का उल्लेख है। यहां पर हरि को महाभक्त बतलाया गया है:

1. ओं देव श्री नीलकंठ भट्ट पुत्र वपयरा सुतु हरि महा-
2. भक्त्या प्रदक्षिणाय प्रणम्यति भार्ज्जा सह।।थ।।

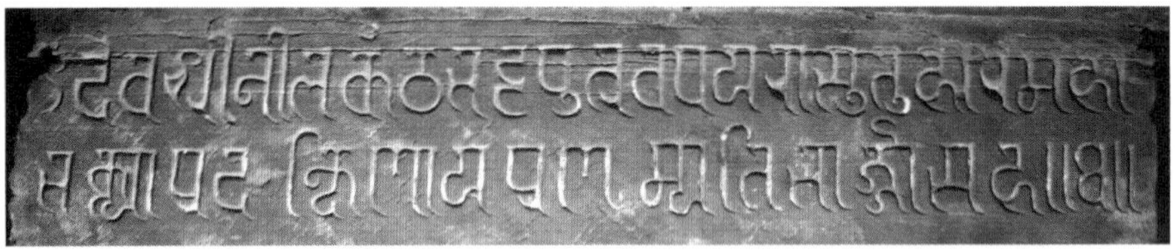

चित्र 81. हरि का नीलकण्ठ मंदिर लेख

अभिलेख अ.226.

नीलकण्ठ मंदिर के गर्भगृह के एक पाषाण खण्ड पर ग्यारहवीं शताब्दी ई० की नागरी लिपि में लिखित अभिलेख में लखना का नाम पढ़ा जा सका है:

1. तासागवत्यते-
2. लषना एतां

अभिलेख अ.227.

नीलकण्ठ मंदिर के गर्भगृह में ग्यारहवीं शताब्दी ई० की नागरी लिपि में लिखित अभिलेख में सेतगण के गोद्धर द्वारा देव आराधना का उल्लेख है:

1. सेतगणद्या
2. गोद्धरा: प्रनत्यां

अभिलेख अ.228. चित्र 82.

नीलकण्ठ मंदिर के गर्भगृह की दीवार के एक पाषाण खण्ड पर अंकित अभिलेख। इस अभिलेख का सम्पादन एन०पी० चक्रवर्ती (*एनुअल रिपोर्ट आफ द आर्किआलाजिकल सर्वे आफ इण्डिया फार 1935-36*: 93-94), सन्त लाल कटारे (1960: 163-166), एवं हरिहर विट्ठल त्रिवेदी (1989: 367-370) ने किया है। किंतु कुछ स्थलों पर पाठ भेद के कारण, मूल अभिलेख तथा छायाचित्र के आधार पर, इसका पुन: सम्पादन किया जा रहा है।

चित्र 82. कीर्त्तिवर्मन के समय का अभिलेख, संवत् 1147

अभिलेख की तिथि संवत् 1147 (1090 ई०) माघ सुदि 7 लिखी है, जो चन्देल शासक कीर्त्तिवर्मन के शासन काल से सम्बन्धित है। इसका आरम्भ शिव की आराधना तथा नीलकण्ठ के मंगल श्लोक के साथ हुआ है, जिन्हे संसार का आधार बताया गया है। तदनन्तर कीर्त्तिवर्मन के गुरु वासुदेव का उल्लेख है, जो त्रिनेत्र शिव की अनुकम्पा से साहित्य विद्या विसारद होने के साथ उच्च पद पर आसीन थे। अभिलेख के अनुसार कीर्त्तिवर्मन के गुरु ने नीलकण्ठ मंदिर से लगे एक सुन्दर मण्डप का निर्माण करवाया था। वह राजकीय श्रीकरण एवं पाशुपतों तथा वारिकों एवं अन्य शैवों का मुखिया बनना चाहते थे। कटारे ने गुरु का नाम श्रीमूर्ति बतलाया है। अभिलेख की रचना पपा के पुत्र कायस्थ ठक्कुर देवपाल ने की थी तथा मण्डप का निर्माण सूत्रधार राम द्वारा किया गया था। राम का उल्लेख कालंजर के संवत् 1188 के अभिलेख (अ.48.) में भी हुआ है, जिसके अनुसार राम के पुत्र रूपकार लाहड ने एक मूर्ति का निर्माण किया था। प्रस्तुत् अभिलेख के अनुसार ध्वजारोहण समारोह के समय दो हल जमीन दान में दी गयी थी। पंक्ति 17-20 की विवेचना विद्वानों द्वारा भिन्न रूप में की गयी है। कटारे का सुझाव है कि दानदाता या तो स्वयं सूत्रधार राम था या वासुदेव। *एपिग्राफिआ इण्डिका* के सम्बन्धित अंक के सम्पादक डी०सी० सरकार का मानना है कि *लब्धम्* के स्थान पर *दत्तम्* शब्द होना चाहिए तथा पंक्ति 17-20 का अर्थ उनके अनुसार है राम द्वारा निर्माण कार्य पूर्ण करने पर, स्थापना समारोह के अवसर पर, रख रखाव हेतु दो हल माप जमीन कायस्थ देवपाल द्वारा दान दी गयी। त्रिवेदी के अनुसार मण्डप के संदर्भ में पंक्ति 9 में उल्लिखित *अनुमन्यन्तां* तथा पंक्ति 20 के *पालनीय* जैसे सम्बोधन से यह असम्भव नहीं जान पड़ता कि मण्डप निर्माण के पारिश्रमिक स्वरूप राम को सम्भवत: वासुदेव से भूमि प्राप्त हुयी हो, जिन्होंने राजकीय अधीक्षक दान नियंत्रणकर्ता के रूप में राजकीय अनुमति प्राप्त कर इस दान को नियंत्रित किया होगा। ग्यारहवीं शताब्दी ई० की नागरी लिपि में लिखित अभिलेख का पाठ है:

1. ओं[1] नमः सि(शि)वाय। गङ्ग.ा यत्र पताका हैमवती सा(शा)लभंजिका यत्र-
2. ष[2]। प्रसूतिः[3] प्रस(श)स्तिर्म्मूलस्तम्भं नमामि जगतः।(।1।।) अस्ति त्रिनेत्रपद-
3. पद्मयुग प्रसाद प्राप्त प्रवो(बो)धमहिमा महती(नी)यकीर्त्तिः। श्रीमु(मू)र्त्ति-
4. रित्यखिलवाङ्.मय तत्व(त्त्व)सार साम्राज्य संपदि पदं विदधद्विधिज्ञः। थ।(।2।।)
5. कालंजरे पृथिव्याः शीर्षनिभे मुकुटसन्निभं येन्। मण्डपम(कारि)
6. रुचिरं देवश्री नीलकण्ठस्य।थ।(।3।।) उद्धारकेण कृतिना रिपुष(ड्वर्ग्गं)
7. विजित्य संचरता। श्री कीर्त्तिवर्म्मनृपतेग्गु(र्गु)रुणा तेनोच्यते सृ(शृ)(णुत)
8. ।थ।(।4।।) गडूकद्वयदानेन नीलकण्ठस्य यत्फलम्। तेन संयुज्यतां (श्री)-
9. मान् वासुदेवः सताम्र(म्म)तः।थ।(।5।।) तदेतदनुमन्थन्ता(न्तां) राज श्रीकरण(णा)-
10. स्छिवाः[4]। सै(शै)वाः पासु(शु)पताचार्यवारिक प्रमुखाश्च ये।थ।(।6।।) पा(प्रा)र्थ(ना वा)-
11. सुदेवस्य पालनीया महात्मभिः। स्रे(श्रे)यसां पालनाद्येन(देव) यूयं(य) (मप्यंश)-
12. भागिनः।थ।(।7।।) पृथ्वी(थ्वीं) मौक्तिकपूर्ण्णा(र्ण्णां) यद्दत्वा फलमवाप्यते। तत्यस्त[5]-
13. विं(बिं)दूमात्रेण सिद्धलिङ्गे.ष्विति स्मृतम्।थ।(।8।।) जलमम्भोनिधौ यावद्या-
14. वद्रियति[6] च(चं)द्रमाः। तावच श्री वासुदेवस्य प्रार्थना पूर्यतामियम्।
15. थ।(।9।।) व्याकरण नित(विन)य विद्यासत्कविपदेपद्मसेविना कविना। रचितं
16. .... त्रिविक्रमोण[7] (थ।।10।।) संवत् 1147 माघमासे सु(शु)क्लपक्षे स(प्तम्यां)
17. (रे)वतिनक्षत्र(त्रे)।। कायस्थ ठकुर श्री पपा[8] सुत श्री देवपालेन।
18. सूत्रधारा(र) रामेन(ण) मंडप(पे) घटापिते सत्ति(ति) द्व(ध्व)जा-
19. रोहणे प्रतिष्ठार्थेग्र प्रसादे भूमौ हलद्वयं।।
20. लव्धं(ब्धं) एतच(च्च) सर्व्वदा पालनीयं।।थ।।

टिप्पणीः

1. त्रिवेदी ने *ओं* के पहिले *हरिः* पाठ किया है।
2. त्रिवेदी ने *यत्र* पढ़ा है।
3. त्रिवेदी ने प्रथम अक्षर *त्र* छोड़ दिया है।
4. त्रिवेदी ने *(धि)पाः* पढ़ा है।
5. त्रिवेदी ने *तप्ययो* पढ़ा है।
6. त्रिवेदी ने *व(द्विभा)ति* पढ़ा है।
7. त्रिवेदी ने *त्रिविक्रमोण* पढ़ा है।
8. त्रिवेदी ने *पया* पढ़ा है।

अभिलेख अ.229. चित्र 83.

नीलकण्ठ मंदिर के गर्भगृह में ग्यारहवीं शताब्दी ई० की नागरी लिपि में लिखित अभिलेख में कीकी के भायी देवपाल द्वारा देव आराधना का उल्लेख है:

1. श्री कीकी भ्राता श्री देव-
2. पाले नित्यं प्रणमति।।

चित्र 83. देवपाल का नीलकण्ठ मंदिर लेख

अभिलेख अ.230. चित्र 84.

नीलकण्ठ मंदिर के गर्भगृह में ग्यारहवीं शताब्दी ई० की नागरी लिपि में लिखित अभिलेख में ठक्कुर सोढ के पुत्र गाग द्वारा देव आराधना का उल्लेख है:

1. ठकुर सोढ सुत गागे-
2. को नित्यं प्रणमति।।

चित्र 84. गाग का नीलकण्ठ मंदिर लेख

अभिलेख अ.231. चित्र 85.

नीलकण्ठ मंदिर के गर्भगृह में ग्यारहवीं शताब्दी ई० की नागरी लिपि में लिखित अभिलेख में सोउ के पुत्र कीकी तथा सोढ के पुत्र द्वारा देव आराधना की चर्चा है। सोढ के पुत्र का नाम इस अभिलेख में तो नहीं लिखा है, किंतु उपर्युक्त अभिलेख (अ.230) में उनका नाम गाग बतलाया गया है। अभिलेख का पाठ निम्नवत् है:

1. श्री सोउ पुत्र कीकी च सोढ सुत
2. प्रणमति

चित्र 85. सोढ का नीलकण्ठ मंदिर लेख

अभिलेख अ.232.

नीलकण्ठ मंदिर के गर्भगृह में ग्यारहवीं शताब्दी ई० की नागरी लिपि में लिखित अभिलेख में लक्ष्मीधर द्वारा आराधना का उल्लेख है:

1. लक्ष्मीधर
2. प्रणम-
3. ती।।

अभिलेख अ.233. चित्र 86.

नीलकण्ठ मंदिर के गर्भगृह में ग्यारहवीं शताब्दी ई० की नागरी लिपि में लिखित अभिलेख में ठकुर भोणपाल द्वारा नीलकण्ठ की आराधना का उल्लेख है:

1. श्री देव निलकंठ। ठकुर
2. श्री भोणपाल प्रणम-
3. ति नीत्यं सदा

चित्र 86. भोणपाल का नीलकण्ठ मंदिर लेख

अभिलेख अ.234. चित्र 87.

नीलकण्ठ मंदिर के गर्भगृह में ग्यारहवीं शताब्दी ई० की नागरी लिपि में लिखित अभिलेख में रूपकार वासुल एवं कूके का उल्लेख है, जो निर्माण कार्य के साथ देव आराधना में तल्लीन रहे होगें:

1. रुपकर श्री वासुल
2. नीलकंठं
3. कूके नित्य

चित्र 87. वासुल एवं कूके का नीलकण्ठ मंदिर लेख

अभिलेख अ.235. चित्र 88.

नीलकण्ठ मंदिर के गर्भगृह में ग्यारहवीं शताब्दी ई० की नागरी लिपि में लिखित अभिलेख में लवण, पद्म के पुत्र छित्त, तथा रा (राउत) दर एवं कूल द्वारा देव आराधना का उल्लेख है:

1. लवणइ त पद्मइ च सुत
2. छित्तं प्रणमति रा दर:।
3. तथा कूले प्रणमति

चित्र 88. नीलकण्ठ मंदिर का तीर्थयात्री लेख

अभिलेख अ.236.

नीलकण्ठ मंदिर के गर्भगृह में ग्यारहवीं शताब्दी ई० की नागरी लिपि में लिखित अभिलेख में पलध एवं उल्ह द्वारा नीलकण्ठ की आराधना का उल्लेख है:

1. श्री देव निलकंठ पलध उल्हे
2. नीत प्रनम्यति

अभिलेख अ.237. चित्र 89.

नीलकण्ठ मंदिर के गर्भगृह में ग्यारहवीं शताब्दी ई० की नागरी लिपि में लिखित अभिलेख में कायस्थ सोम के पुत्र वाणंद द्वारा देव आराधना का उल्लेख है:

1. कायस्थदेव सोम सुतारु वाणंदो नित्यं
2. प्रणमति।।

चित्र 89. वाणंद का नीलकण्ठ मंदिर लेख

अभिलेख अ.238. चित्र 90.

नीलकण्ठ मंदिर के गर्भगृह में ग्यारहवीं शताब्दी ई० की नागरी लिपि में लिखित अभिलेख में छात्र कुमरपाल द्वारा देव आराधना का उल्लेख है:

1. छात्र श्री कुमरपाल नित्यं प्रणमति।

चित्र 90. कुमरपाल का नीलकण्ठ मंदिर लेख

अभिलेख अ.239. चित्र 91.

नीलकण्ठ मंदिर के गर्भगृह में ग्यारहवीं शताब्दी ई० की नागरी लिपि में लिखित अभिलेख में छात्र कील्हण द्वारा देव आराधना का उल्लेख है:

1. छात्र श्री कील्हण प्रणमति

चित्र 91. कील्हण का नीलकण्ठ मंदिर लेख

अभिलेख अ.240. चित्र 92.

नीलकण्ठ मंदिर के गर्भगृह में ग्यारहवीं शताब्दी ई० की नागरी लिपि में लिखित अभिलेख में श्रीपती द्वारा देव आराधना का उल्लेख है:

1. श्रीपति नित्यं प्रणमति

चित्र 92. श्रीपती का नीलकण्ठ मंदिर लेख

अभिलेख अ.241. चित्र 93.

नीलकण्ठ मंदिर के गर्भगृह में ग्यारहवीं शताब्दी ई० की नागरी लिपि में लिखित अभिलेख में छात्र रजपाल द्वारा देव आराधना का उल्लेख है:

1. छात्र रजपाल नित्यं प्रणमति

चित्र 93. रजपाल का नीलकण्ठ मंदिर लेख

अभिलेख अ.242. चित्र 94.

नीलकण्ठ मंदिर के गर्भगृह में ग्यारहवीं शताब्दी ई० की नागरी लिपि में लिखित अभिलेख में नीतू के पुत्र छात्र जाल्हण द्वारा नीलकण्ठ की आराधना का उल्लेख है। इसमें जाल्हण को महाभक्त बतलाया गया है:

1. देव श्री नीलकंठ। नीतू सुत:
2. छात्र जाल्हणो महाभक्त्या नित्यं
3. प्रणमति।।

चित्र 94. जाल्हण का नीलकण्ठ मंदिर लेख

अभिलेख अ.243. चित्र 95.

नीलकण्ठ मंदिर के गर्भगृह में ग्यारहवीं शताब्दी ई० की नागरी लिपि में लिखित अभिलेख में सूत्रधार गंगु का उल्लेख है, जिन्होने संभवत: देव स्तुति के साथ-साथ निर्माण कार्य में भी सहयोग प्रदान किया था:

1. सुत्रधर गंगु

चित्र 95. गंगु का नीलकण्ठ मंदिर लेख

अभिलेख अ.244. चित्र 96.

नीलकण्ठ मंदिर के गर्भगृह में तेरहवीं शताब्दी ई० की नागरी लिपि में लिखित अभिलेख में मसुत सुतक (या सुतर अर्थात् बढ़ई) के पुत्र गगह सुतक द्वारा नीलकण्ठ की आराधना का उल्लेख है:

1. ली(नी)लकंठकह प्रनमुं नीत प्रती
2. वरासीर्च्चत्सकएदासकंत्यनार्थस्यो मसुत
3. सुतक पुत गगह सुतक प्र-
4. नमु सर्वदु व्रतन्हकह

चित्र 96. गगह सुतक का नीलकण्ठ मंदिर लेख

अभिलेख अ.245.

नीलकण्ठ मंदिर के गर्भगृह के द्वार स्तम्भ पर अंकित अभिलेख। तेरहवीं शताब्दी ई० की नागरी लिपि में लिखित खण्डित अभिलेख में साहु द्वारा नीलकण्ठ की आराधना का उल्लेख है:

1. श्री निलकंठ
2. ... दास साहु नि-

3. (त्य) प्रणंमति:।।
4. (नील)कंठदेवण-
5. प्प धर्म्म नित्य प्र-
6. (ति:)

अभिलेख अ.246.

नीलकण्ठ मंदिर के उसी स्तम्भ पर तेरहवीं शताब्दी ई० की नागरी लिपि में लिखित अभिलेख में नीलकण्ठ के अभिवादन का विवरण है:

1. देव श्री नीलक-
2. ण्ठ प्रणमति
3. नीत:।
4. श्री नीलकंठदेव

अभिलेख अ.247.

नीलकण्ठ मंदिर के उसी स्तम्भ पर तेरहवीं शताब्दी ई० की नागरी लिपि में लिखित अभिलेख में श्रीपाल द्वारा नीलकण्ठ के अभिवादन की चर्चा है:

1. नीलकंठ प्रमती ......
2. परमवर्णेकं भट्टार-
3. क श्री सुषमर्पेणि दे-
4. व श्री नीलकंठ प्र(ण)-
5. (म)ति श्रीपालकगु
6. प्रणोम

अभिलेख अ.248.

नीलकण्ठ मंदिर के उसी स्तम्भ पर तेरहवीं शताब्दी ई० की नागरी लिपि में लिखित खण्डित अभिलेख में पाशुपत भट्टारक तथा देव आराधना का उल्लेख है:

1. .... प्रौष्ठेक पाशुपता
2. .... भट्टारक श्रीएत्तम
3. ... संमुख नित्यं प्रणमति
4. .... ढधैककरे श्री
5. .... णेण नित्यए-
6. सां

अभिलेख अ.249.

नीलकण्ठ मंदिर के गर्भगृह के द्वार की एक मोल्डिंग पर अंकित अभिलेख। सोलहवीं शताब्दी ई० की नागरी लिपि में लिखित अभिलेख में तिथि संवत् 1580 (1523 ई०) तथा गनेश एवं दिवदर द्वारा नीलकण्ठ की आराधना का उल्लेख है:

1. गुषीतसै नीलकंठ प्रनमु गनेसक दिवद-
2. रेक नित्यं संवत् 1580

अभिलेख अ.250. चित्र 97.

नीलकण्ठ मंदिर परिसर में भैरव की मूर्ति (केएफ 14) के पास के प्रकोष्ठ की स्तम्भिका पर अंकित अभिलेख। सोलहवीं शताब्दी ई० की नागरी लिपि में लिखित खण्डित अभिलेख में तिथि संवत् 1619 (1562 ई०) तथा रामनदास, गुपीत एवं उनकी पत्नी पद्मकइ द्वारा नीलकण्ठ एवं वासुदेव की आराधना का उल्लेख है:

1. ली(नी)लकंठकह प्रनम
2. प रामनद(दा)स तपससो-
3. वतिक प्रनमु दीन प्रती
4. प्रमु गुपीत भार्य प-
5. द्मकइ ..... फलन-
6. य रायकह प्रन-
7. मु नीत प्रतीयत्प ...
8. स्येकह संवत् 1619
9. देव श्री वसुदेवकह
10. प्रनामु

चित्र 97. नीलकण्ठ मंदिर के बगल के प्रकोष्ठ का लेख, संवत् 1619

अभिलेख अ.251. चित्र 98.

नीलकण्ठ मंदिर परिसर में भैरव की मूर्ति (केएफ 14) के पास के प्रकोष्ठ के उसी स्तम्भिका पर अंकित अभिलेख। सोलहवीं शताब्दी ई० की नागरी लिपि में लिखित अभिलेख में तिथि संवत् 1619 (1562 ई०) वैशाष वदि 5 तथा रतन, रामदास और रामचंद्र द्वारा नीलकण्ठ एवं वासुदेव की आराधना के साथ लेखक रतनु और बढ़ई गंगु का उल्लेख है:

1. वसुदेवकहः प्रनमु नीत्य प्रती
2. .. (र)तनक।। ली(नी)लकंठकह प्रन-
3. मु नीत्य प्रती तथ गोपीतद्मैरोक दीन प्रती

चित्र 98. नीलकण्ठ मंदिर के बगल के प्रकोष्ठ का लेख, संवत् 1619

4. रतनक तथ रमदसक।। श्री रमचंद्र ..
5. करय। संवत् 1619 समयेनम वैसष
6. वदी पंचमी चतुर्थवसरे।। लीषीतं
7. रतनु वढइ गंगु।। मंगलमस्तु

भारतीय पुरातत्त्व सर्वेक्षण के सुरक्षा प्रहरी कक्ष के अभिलेख

अभिलेख अ.252. चित्र 99.

नीलकण्ठ मंदिर के पास स्थित भारतीय पुरातत्त्व सर्वेक्षण के सुरक्षा प्रहरी कक्ष के एक पाषाण खण्ड पर अंकित अभिलेख। सोलहवीं शताब्दी ई० की नागरी लिपि में लिखित अभिलेख में लक्ष्मीभान, उनकी पत्नी गोपी, खोनार तथा उसके भाई रींग द्वारा महादेव की आराधना का उल्लेख है:

1. मा(म)हादेवकहा प्रान(प्रना)-
2. मु तथा लछिमीभान-
3. कहा दरि दारा गोपी:
4. कार्पीर्ढ कमघलि
5. षोनार भ्रात्र रीङ्ग.हु

चित्र 99. सुरक्षा प्रहरी कक्ष का तीर्थयात्री लेख

अभिलेख अ.253. चित्र 100.

नीलकण्ठ मंदिर के पास स्थित भारतीय पुरातत्त्व सर्वेक्षण के सुरक्षा प्रहरी कक्ष के उसी पाषाण खण्ड पर सोलहवीं शताब्दी ई० की नागरी लिपि में लिखित अभिलेख में तिथि संवत् 1619 (1562 ई०) श्रावण सुदि 14 तथा अर्जुन एवं रतन द्वारा महेश एवं नीलकण्ठ की आराधना का उल्लेख है:

1. महेसकर्पती गंग-
2. कह

3. लीलीकी(नीलकं)ठकह प्र-
4. नमु।। अर्जुनक।।
5. तथ रतनक।। श्रीरए
6. सवन सुदी 14 संव-
7. त्।। 1619

चित्र 100. सुरक्षा प्रहरी कक्ष का तीर्थयात्री लेख, संवत् 1619

अभिलेख अ.254.

नीलकण्ठ मंदिर के पास स्थित भारतीय पुरातत्त्व सर्वेक्षण के सुरक्षा प्रहरी कक्ष के एक पाषाण खण्ड पर सोलहवीं शताब्दी ई॰ की नागरी लिपि में लिखित अभिलेख में समान द्वारा आराधना का उल्लेख है:

1. समानीया प्रनामु ....

अभिलेख अ.255. चित्र 101.

नीलकण्ठ मंदिर के पास स्थित भारतीय पुरातत्त्व सर्वेक्षण के सुरक्षा प्रहरी कक्ष के एक पाषाण खण्ड पर सोलहवीं शताब्दी ई॰ की नागरी लिपि में लिखित अभिलेख में तिथि संवत् 1593 (1536 ई॰) माघ सुदि 6 शनिवार तथा अपर द्वारा नीलकण्ठ की आराधना की चर्चा है:

1. निलकंठकह प्र(नमु)
2. ली(नी)लकंठकह प्रनुमे-
3. ण विसुधाताडरिक अ-
4. परेक युग युग प्रति संवत्
5. (1)593 समऐ मघा सुदी 6
6. सनौव सुभाम

चित्र 101. सुरक्षा प्रहरी कक्ष लेख, संवत् 1593

अभिलेख अ.256.

नीलकण्ठ मंदिर के पास स्थित भारतीय पुरातत्त्व सर्वेक्षण के सुरक्षा प्रहरी कक्ष के उसी पाषाण खण्ड पर सोलहवीं शताब्दी ई० की नागरी लिपि में लिखित अभिलेख में तिथि संवत् 1590 (1533 ई०) मार्ग वदि 5 तथा मानसिंघ द्वारा नीलकण्ठ की आराधना का उल्लेख है:

1. श्री नीलकंठकह प्रनीमु म(मा)नसि-
2. घं श्रगरेक मार्ग वदि 5 संवत् 1590
3. अर्चयनक

अभिलेख अ.257. चित्र 102.

नीलकण्ठ मंदिर के पास स्थित भारतीय पुरातत्त्व सर्वेक्षण के सुरक्षा प्रहरी कक्ष के एक स्तम्भिका पर सोलहवीं शताब्दी ई० की नागरी लिपि में लिखित अभिलेख में तिथि संवत् 1593 (1536 ई०) माघ वदि 8 गुरुवार तथा अजितमल द्वारा नीलकण्ठ की आराधना का उल्लेख है। लिपि में अंतर के आधार पर बालकदास का नाम बाद में लिखा हुआ प्रतीत् होता है:

1. श्री अजितमल
2. काऐय ब(बा)लकदास
3. श्री नीलम्तं(कं)ठकह प्रना-
4. मु दासऔयाहतक
5. दिन प्रति संवत् 1593
6. समऐ माघ वदि 8
7. गु सुभमस्तु

चित्र 102. सुरक्षा प्रहरी कक्ष लेख, संवत् 1593

अभिलेख अ.258. चित्र 103.

नीलकण्ठ मंदिर के पास स्थित भारतीय पुरातत्त्व सर्वेक्षण के सुरक्षा प्रहरी कक्ष के एक स्तम्भिका पर सोलहवीं शताब्दी ई० की नागरी लिपि में लिखित अभिलेख में तिथि संवत् 1619 (1562 ई०) श्रावण सुदि 13 तथा सीलउट तलरसेन द्वारा नीलकण्ठ की आराधना का उल्लेख है:

1. ली(नी)लकंठकह प्रनं-
2. मु।। दीन प्रती मेनक
3. मन सीलउटक
4. तलरसेनक।। सम-
5. जनम सवन सुदी
6. 13 संवत् 1619

चित्र 103. सुरक्षा प्रहरी कक्ष लेख, संवत् 1619

अभिलेख अ.259. चित्र 104.

नीलकण्ठ मंदिर के पास स्थित भारतीय पुरातत्त्व सर्वेक्षण के सुरक्षा प्रहरी कक्ष के एक स्तम्भिका पर सोलहवीं शताब्दी ई० की नागरी लिपि में लिखित अभिलेख में रतन द्वारा नीलकण्ठ की आराधना का विवरण है:

1. श्री नील्ह(ल)कंठकत(ह)प्र-
2. नमु रतनक पुजे-
3. रीकदयेसु ....

चित्र 104. रतन का सुरक्षा प्रहरी कक्ष लेख

अभिलेख अ.260.

नीलकण्ठ मंदिर के पास स्थित भारतीय पुरातत्त्व सर्वेक्षण के सुरक्षा प्रहरी कक्ष के एक स्तम्भिका पर सोलहवीं शताब्दी ई० की नागरी लिपि में लिखित खण्डित अभिलेख में तिथि संवत् 1593 (1536 ई०) माघ वदि 5 सोमवार तथा महरम, हर, हरी एवं अन्य द्वारा नीलकण्ठ की आराधना का उल्लेख है:

1. लु(नी)लकंठकह प्र(नम)
2. महरम श्री हरक श्री
3. सुहमुश्रत्यक
4. जीसुणातिजुकर-
5. सुषलगिण सुलवहा-
6. ङ्गु.रवाकसम-
7. सीवतितौ-
8. याय सं 1593 सम-
9. येतोर्माघा वदि 5
10. सौमेद्मत्वा महेसाक
11. प्रानोमु लीला(नील)कं-
12. ठह
13. प्रनमकहा हरी-
14. स्यन्यिसीकास-
15. करत
16. घीहारा प्रनांकः शुभ्रमि
17. पाघुंकवां वहिलिघो

चित्र 105. सुरक्षा प्रहरी कक्ष लेख, संवत् 1593

अभिलेख अ.261.

नीलकण्ठ मंदिर के पास स्थित भारतीय पुरातत्त्व सर्वेक्षण के सुरक्षा प्रहरी कक्ष के एक स्तम्भिका पर सोलहवीं शताब्दी ई० की नागरी लिपि में लिखित खण्डित अभिलेख में मघणोव द्वारा महेश की आराधना का उल्लेख है:

1. महेसकह प्रनामु मघ-
2. णोवर्चन्हकद्रिन्हा-
3. द संवत् 1 .....

अभिलेख अ.262. चित्र 105.

नीलकण्ठ मंदिर के पास स्थित भारतीय पुरातत्त्व सर्वेक्षण के सुरक्षा प्रहरी कक्ष के एक स्तम्भिका पर सोलहवीं शताब्दी ई० की नागरी लिपि में लिखित खण्डित अभिलेख में तिथि संवत् 1593 (1536 ई०) तथा करमचंद एवं अन्य द्वारा महेश की आराधना का उल्लेख है:

1. महेसकह प्रनामु मार-
2. चनु ...... मलुत्पद्मरथपि
3. एअ .... सडत्रै श्री
4. ..... प्रती संवत् 1593 स-

5. मए .... कोटि ....
6. जदिदर्पद्रक ....
7. तुरी कर्मचंद .... इ
8. .... तव .... अ
9. कराअ .... हा
10. ... लेअ हपरो ..... त:
11. ..... हम .... याक

अभिलेख अ.263.

नीलकण्ठ मंदिर के पास स्थित भारतीय पुरातत्त्व सर्वेक्षण के सुरक्षा प्रहरी कक्ष के एक स्तम्भिका पर सोलहवीं शताब्दी ई० की नागरी लिपि में लिखित खण्डित अभिलेख में सम्भवत: महेश के अभिवादन का उल्लेख है:

1. पजण
2. कग ...
3. महेसकह ...... तपहश्र (प्रण)-
4. मति

अभिलेख अ.264.

नीलकण्ठ मंदिर के पास स्थित भारतीय पुरातत्त्व सर्वेक्षण के सुरक्षा प्रहरी कक्ष के एक स्तम्भिका पर सोलहवीं शताब्दी ई० की नागरी लिपि में लिखित खण्डित अभिलेख से तिथि संवत् 1651 (1594 ई०) कार्त्तिक सुदि 4 तथा कजकदत द्वारा महेश की आराधना की जानकारी मिलती है:

1. महेसकह प्रणमुकरे नि-
2. त्य प्रति संवत् 1651
3. समये कतिक सु-
4. दि 4 वुध सकलड
5. नामु पुर्वाषीतं
6. कजकदतके
7. (प्र)नम

अभिलेख अ.265.

नीलकण्ठ मंदिर के पास स्थित भारतीय पुरातत्त्व सर्वेक्षण के सुरक्षा प्रहरी कक्ष के एक स्तम्भिका पर सोलहवीं शताब्दी ई० की नागरी लिपि में लिखित खण्डित अभिलेख में तिथि संवत् 1595 (1538 ई०) तथा सारा एवं उनके पुत्र गस्मुही द्वारा नीलकण्ठ की आराधना की चर्चा है:

1. संवत् 1595 समये
2. सुदि 11 गुरौ हते

3. निलकंठकह प्र-
4. णमु सारा पुत्रा ग-
5. स्मुहि नीत प्रा(प्र)त्ती शु-
6. भ्रहे

अभिलेख अ.266. चित्र 106.

नीलकण्ठ मंदिर के पास स्थित भारतीय पुरातत्त्व सर्वेक्षण के सुरक्षा प्रहरी कक्ष के एक स्तम्भिका पर सोलहवीं शताब्दी ई० की नागरी लिपि में लिखित अभिलेख में तिथि संवत् 1583 (1526 ई०) तथा लखन दुबे द्वारा नीलकण्ठ की आराधना का उल्लेख है:

1. श्री नीलकंठकह प्रनमु ल-
2. षनदुवेक दिन दिन प्रती सं-
3. वत् 1583 समए

चित्र 106. सुरक्षा प्रहरी कक्ष लेख, संवत् 1583

अभिलेख अ.267. चित्र 107.

नीलकण्ठ मंदिर के पास स्थित भारतीय पुरातत्त्व सर्वेक्षण के सुरक्षा प्रहरी कक्ष के एक पाषाण खण्ड पर सोलहवीं शताब्दी ई० की नागरी लिपि में लिखित अभिलेख में तिथि संवत् 1593 (1536 ई०) ज्येष्ट सुदि 11 तथा अमध द्वारा महेश एवं सिलउट वजुराम द्वारा नीलकण्ठ की आराधना का उल्लेख है:

1. महेसकह प्रनामु वरनहुवेकना
2. नीत्य प्रति अमधइदेवोरिश्रद घटमजी
3. नित्यं प्रति संवत् 1593 समये
4. ज्यैष्टे सुदि 11 सुभमस्तु श्रि वजु-
5. राम लि(नी)लकंठकह प्रनामुम मत्यन-
6. द सीलउट

चित्र 107. सुरक्षा प्रहरी कक्ष लेख, संवत् 1593

अभिलेख अ.268.

नीलकण्ठ मंदिर के पास स्थित भारतीय पुरातत्त्व सर्वेक्षण के सुरक्षा प्रहरी कक्ष के एक पाषाण खण्ड पर सोलहवीं शताब्दी ई० की नागरी लिपि में लिखित खण्डित अभिलेख में गणेश की आराधना का उल्लेख है:

1. गणेसकह .... ज
2. .... अप .... क
3. यसेउ

अभिलेख अ.269.

नीलकण्ठ मंदिर के पास स्थित भारतीय पुरातत्त्व सर्वेक्षण के सुरक्षा प्रहरी कक्ष के उसी पाषाण खण्ड पर सोलहवीं शताब्दी ई० की नागरी लिपि में लिखित अभिलेख में महेश की आराधना का उल्लेख है:

1. महेसकह प्रा(प्र)ना(मु)
2. महेसकह प्रनमु

अभिलेख अ.270. चित्र 108.

नीलकण्ठ मंदिर के पास स्थित भारतीय पुरातत्त्व सर्वेक्षण के सुरक्षा प्रहरी कक्ष के एक पाषाण खण्ड पर सोलहवीं शताब्दी की नागरी लिपि में लिखित खण्डित अभिलेख में तिथि संवत् 1593 (1536 ई०) माघ वदि 9 शुक्रवार तथा दास द्वारा कल्याणार्थ महेश की आराधना का विवरण है:

1. महेसकह प्रनमु
2. दास देवनी श्राक आचारतवी वरी-
3. क नित्य प्रति संवत् 1593 समऐ
4. माघ वदि 9 सुक्रे सुभमस्तु

चित्र 108. सुरक्षा प्रहरी कक्ष लेख, संवत् 1593

अभिलेख अ.271. चित्र 109.

नीलकण्ठ मंदिर के पास स्थित भारतीय पुरातत्त्व सर्वेक्षण के सुरक्षा प्रहरी कक्ष के एक पाषाण खण्ड पर सोलहवीं शताब्दी ई० की नागरी लिपि में लिखित अभिलेख में तिथि संवत् 1593 (1536 ई०) कार्त्तिक सुदि 9 तथा लिवाण द्वारा नीलकण्ठ की आराधना का उल्लेख है:

1. संवत् 1593 समे-
2. ऐ कतिग सुदि 9
3. लिवाणहुक लि(नी)ल-
4. कंठकाए प्रनमु दिन
5. प्रति

चित्र 109. सुरक्षा प्रहरी कक्ष लेख, संवत् 1593

अभिलेख अ.272.

नीलकण्ठ मंदिर के पास स्थित भारतीय पुरातत्त्व सर्वेक्षण के सुरक्षा प्रहरी कक्ष के एक पाषाण खण्ड पर सोलहवीं शताब्दी ई० की नागरी लिपि में लिखित अभिलेख में नीलकण्ठ की आराधना का उल्लेख है:

1. नीलकंठ-
2. कह प्रन-
3. मुक्य श्री
4. (नीत) प्र-
5. ति

अभिलेख अ.273. चित्र 110.

नीलकण्ठ मंदिर के पास स्थित भारतीय पुरातत्त्व सर्वेक्षण के सुरक्षा प्रहरी कक्ष के एक पाषाण खण्ड पर सोलहवीं शताब्दी ई० की नागरी लिपि में लिखित अभिलेख में विप्र वकट एवं राणे द्वारा प्रणाम निवेदन किये जाने का उल्लेख है:

1. विप्रेणं वकट प्रामुना(नामु) राणे-
2. क नीत प्रति

चित्र 110. वकट एवं राणे का सुरक्षा प्रहरी कक्ष लेख

अभिलेख अ.274.

नीलकण्ठ मंदिर के पास स्थित भारतीय पुरातत्त्व सर्वेक्षण के सुरक्षा प्रहरी कक्ष के एक पाषाण खण्ड पर प्रथम पंक्ति में बालकदास का नाम बाद में लिखा गया जान पड़ता है। सोलहवीं शताब्दी ई० की नागरी लिपि में लिखित अभिलेख में शिवराम द्वारा नीलकण्ठ की आराधना की चर्चा है:

1. सिवरामकह प्रणामुकएस्ये बालक(दास)-
2. एह सं
3. श्री नीलकंठकह प्रनामुस्यक
4. नीत्य प्रती

अभिलेख अ.275.

नीलकण्ठ मंदिर के पास स्थित भारतीय पुरातत्त्व सर्वेक्षण के सुरक्षा प्रहरी कक्ष के एक पाषाण खण्ड पर सोलहवीं शताब्दी ई० की नागरी लिपि में लिखित इस अभिलेख में देसुधर द्वारा आराधना का उल्लेख है:

1. देसुधर प्रनमु-
2. णिज

अभिलेख अ.276. चित्र 111.

नीलकण्ठ मंदिर के पास स्थित भारतीय पुरातत्त्व सर्वेक्षण के सुरक्षा प्रहरी कक्ष के एक पाषाण खण्ड पर सोलहवीं शताब्दी ई० की नागरी लिपि में लिखित अभिलेख में दासवाह द्वारा कल्याणार्थ महेश की आराधना का उल्लेख है:

1. महेसकह प्रनामु
2. दासवाहतक
3. नित्यं प्रति सुभमस्तु

चित्र 111. दासवाह का सुरक्षा प्रहरी कक्ष लेख

अभिलेख अ.277.

नीलकण्ठ मंदिर के पास स्थित भारतीय पुरातत्त्व सर्वेक्षण के सुरक्षा प्रहरी कक्ष के एक पाषाण खण्ड पर सोलहवीं शताब्दी ई० की नागरी लिपि में लिखित अभिलेख में तिथि संवत् 1334 (1277 ई०) तथा नीलकण्ठ की आराधना का उल्लेख है:

1. कर्यस्कं श्रीएत्यषं रस्मीए वरहि .... प्रनमति सं 1334
2. नीलकण्ठकह प्रणंतं

स्वर्गारोहण के अभिलेख

अभिलेख अ.278.

नीलकण्ठ मंदिर के ऊपर स्थित जल संग्रहण, जो स्वर्गारोहण नाम से प्रसिद्ध है, की शिला पर अंकित अभिलेख। आधुनिक नागरी लिपि में बाबा राधेस्याम का नाम लिखा है:

1. बाब(बा) र(रा)धेस्याम

अभिलेख अ.279.

स्वर्गारोहण की शिला पर आधुनिक नागरी लिपि में व्यक्तिगत नाम लिखा है:

1. बाबा मीकेकरि
2. सेशं

अभिलेख अ.280.

स्वर्गारोहण की शिला पर आधुनिक नागरी लिपि में लिखित अभिलेख में तिथि संवत् 1930 (1873 ई०) तथा लाला हुणद द्वारा अभिवादन का उल्लेख हैं:

1. सिधतीद लाला हुणदर्चय-
2. स्यकह चहलहादधवो ...

3. नीकधावधर रसरनोल्दावत्स प्र-
4. णंए संवत् 1930

अभिलेख अ.281.

स्वर्गारोहण की सीढ़ी के एक पत्थर पर आधुनिक नागरी लिपि में तिथि तथा मथुरा के वल्लाह का उल्लेख हैं:

1. वल्लाहक मथुरावाले
2. 2.3.77 सन्

अभिलेख अ.282.

स्वर्गारोहण की शिला पर आधुनिक नागरी लिपि में लिखित अभिलेख से विदित होता है कि सभी सिद्धों द्वारा प्रार्थना एवं साधकों के लिए जल का प्रावधान था:

1. सब सा(सी)द्ध योसे प्रार्थनास्यैके यत्र
2. साधका जलणं

अभिलेख अ.283.

स्वर्गारोहण की शिला पर आधुनिक नागरी लिपि में बालकदास का नाम लिखा है:

1. बालकदाश

अभिलेख अ.284.

स्वर्गारोहण की शिला पर पंद्रहवीं शताब्दी ई० की नागरी लिपि में लिखित अभिलेख में तिथि संवत् 1554 (1497 ई०) तथा महेश के अभिवादन का उल्लेख है:

1. महेसकह प्रनमु ...
2. मुअण .... गुरौ
3. दीनि सं 1554

अभिलेख अ.285.

स्वर्गारोहण की शिला पर सोलहवीं शताब्दी ई० की नागरी लिपि में लिखित अभिलेख में तिथि संवत् 1570 (1513 ई०) तथा महरप द्वारा महेश एवं नीलकण्ठ के अभिवादन का उल्लेख है:

1. महेसकह प्रनमुम
2. संवत् 1570 समये
3. लि(नी)लकंठकह प्रनमषोपद-
4. महरपव प्रन्यमा

अभिलेख अ.286.

स्वर्गारोहण की शिला पर आधुनिक नागरी लिपि में लिखित अभिलेख में शुद्ध जल को भगवान शंकर जी के लिए बताया गया है तथा उसमें स्नान के लिए मना किया गया है:

1. सु(शु)द्ध जल श्री शंकरजी के लिये
2. है
3. असनान करना
4. द्यौ वीधेना
5. मना है

अभिलेख अ.287.

स्वर्गारोहण की शिला पर अठारहवीं शताब्दी ई० की नागरी लिपि में लिखित अभिलेख में तिथि संवत् 1837 (1780 ई०) श्रावण वदि 1 तथा नीलकण्ठ के उर्ध्वशिखर वाले मंदिर एवं बेलाग्राम के नन्दराम द्वारा नीलकण्ठ के दरसन अर्थात् आराधना का उल्लेख है:

1. ओं एत निलीयक प्रशाद
2. उधरसीखेय नन्दराम
3. रहनै वेलेग्राम्यये दरसनु ली(नी)-
4. लकंकै दिने वै संव(त्) 1837 श्रया(श्रावण) वद(दि) 1

अभिलेख अ.288. चित्र 112.

स्वर्गारोहण के फर्श पर ग्यारहवीं शताब्दी ई० की नागरी लिपि में तिथि के केवल दो अंक सं 54 लिखा है, जो 1154 (1097 ई०) हो सकता है। अभिलेख में दुर्ग और ठक्कुर राहुल का उल्लेख है:

1. स्वस्ति।। दुर्ग्गेहस्त ठक्कुर श्री राहुल:।। सं 54

चित्र 112. स्वर्गारोहण जलाशय लेख, संवत् (11)54

अभिलेख अ.289.

स्वर्गारोहण के शैलोत्कीर्ण स्तम्भ पर नाग युगल आकृति (केएफ 13) के पास अंकित अभिलेख। पंद्रहवीं शताब्दी ई० की नागरी लिपि में लिखित अभिलेख में तिथि संवत् 1535 (1478 ई०) तथा त्रिलोकचंद्र, राद्दचंद्र, प्राणीचंद्र द्वारा नीलकण्ठ की आराधना का वर्णन है:

1. व्रह्मुन धरदसव दे-
2. वी चौलसागुदाउनका

3. .... हेलकदा
4. ली(नी)लकंठको प्रनामु
5. नीत प्रती को जले मेहरेक
6. तीलका त्रीलोकचंद्र राद्चंद्र
7. का प्रनामु संवत् 1535 नी-
8. ता प्रानीचंद्र प्रनमुत्रए:

अभिलेख अ.290.

स्वर्गारोहण के एक शैलोत्कीर्ण स्तम्भ पर पंद्रहवीं शताब्दी ई० की नागरी लिपि में लिखित अभिलेख में तिथि संवत् 1541 (1484 ई०) वैशाख सुदि 10 तथा रामिढ एवं णिमकम द्वारा आराधना का उल्लेख है:

1. संवत् 1541 समये वैसष सुदि
2. 10 वंदकह रामिढकहस्यदमाणीनय
3. सुभंकहस्वक कमलमतीकंमनि
4. विप्र: प्रधानक प्रनमु नित्य प्रति
5. णिमकमाक न त्यगस्वर ....

अभिलेख अ.291.

स्वर्गारोहण के एक शैलोत्कीर्ण स्तम्भ पर पंद्रहवीं शताब्दी ई० की नागरी लिपि में लिखित अभिलेख में तिथि संवत् 1541 (1484 ई०) तथा लाखनदेव और गखुह द्वारा नीलकंठ के अभिवादन एवं यशकुण्ड का उल्लेख है:

1. प्रनम लीला(नील)कंठक
2. यशकुंडवासीहरा
3. महाकमेह। श्री लाषनदेवक प्र-
4. णमु ली(नी)लकंठकह गषुहक प्रनामु
5. सं 1541

अभिलेख अ.292.

स्वर्गारोहण के एक शैलोत्कीर्ण स्तम्भ पर पंद्रहवीं शताब्दी ई० की नागरी लिपि में लिखित अभिलेख में तिथि संवत् 1541 (1484 ई०) तथा दिनकर द्वारा नीलकण्ठ के अभिवादन का उल्लेख है:

1. दिनकरेज्यो जलेत्वरीक प्रणीमे
2. ली(नी)लकंठकह संवत् 1541

अभिलेख अ.293.

स्वर्गारोहण के एक शैलोत्कीर्ण स्तम्भ पर पंद्रहवीं शताब्दी ई० की नागरी लिपि में लिखित अभिलेख में तिथि संवत् 1541 (1484 ई०) तथा सूत्रधार उदैचंद द्वारा नीलकण्ठ के अभिवादन का उल्लेख है:

1. संवत् 1541 कतिक होते
2. उदैचंद सुत्रधरक
3. प्रनमु लीला(नील)कंठकं
4. सदा कुटुंवासीहरा

अभिलेख अ.294.

स्वर्गारोहण के एक शैलोत्कीर्ण स्तम्भ पर पंद्रहवीं शताब्दी ई० की नागरी लिपि में लिखित खण्डित अभिलेख में तिथि संवत् 1541 (1484 ई०) तथा मुवर द्वारा अभिवादन का उल्लेख है:

1. नामाहेक प्रनमु नित्य प्रति मुवर-
2. म्मीक ....
3. संवत् (1541) मघ प्रनमुदे
4. देवःदेव वेदवु(वि)धीये सुन्हसु
5. मदीगसवकय सरगवसन
6. नाव ....

अभिलेख अ.295.

स्वर्गारोहण के एक शैलोत्कीर्ण स्तम्भ पर पंद्रहवीं शताब्दी ई० की नागरी लिपि में लिखित अभिलेख में तिथि संवत् 1521 (1464 ई०) तथा लौधवी द्वारा नीलकण्ठ एवं कोटितीर्थ के अभिवादन का उल्लेख है:

1. लौधवीत प्रनमु
2. ली(नी)लकंठकह प्रनामु देवतं
3. दकमनीकंलीदत्क कमलीक-
4. कोटीतीर्थकह रागप्तदेवत-
5. लक संवत् 1521 समऐ

अभिलेख अ.296.

स्वर्गारोहण के एक शैलोत्कीर्ण स्तम्भ पर पंद्रहवीं शताब्दी ई० की नागरी लिपि में लिखित अभिलेख में वलधर, कासर तथा गगद द्वारा नीलकण्ठ के अभिवादन का उल्लेख है:

1. निलकंठकह वलधरक-
2. रेणक प्रनमु सर्गद्महि
3. कासरद नमति
4. गगदक प्रनमु

अभिलेख अ.297.

स्वर्गारोहण के एक शैलोत्कीर्ण स्तम्भ पर पंद्रहवीं शताब्दी ई० की नागरी लिपि में लिखित अभिलेख में कोटितीर्थ, सरगधार (स्वर्गारोहण), नीलकण्ठ के अभिवादन का उल्लेख है:

1. कोटितीर्थक सरगधारेहा
2. तीर्थयानु नीलकंठकह प्रनामु
3. नित्य प्रति

अभिलेख अ.298.

स्वर्गारोहण के एक शैलोत्कीर्ण स्तम्भ पर पंद्रहवीं शताब्दी ई॰ की नागरी लिपि में लिखित अभिलेख में जोगी मालदेव का नाम लिखा है:

1. स्वस्ति श्री जोगी मालदेवा
2. टोडरु

अभिलेख अ.299.

स्वर्गारोहण के एक शैलोत्कीर्ण स्तम्भ पर विजय कुमार (2016: 297) ने *महेश कह प्रणामु* पाठ किया है। सोलहवीं शताब्दी ई॰ की नागरी लिपि में लिखित इस अभिलेख से मनू द्वारा महेश का अभिवादन किये जाने की जानकारी मिलती है:

1. महेसकह प्रणमु मनू
2. वीयौक

अभिलेख अ.300.

स्वर्गारोहण के एक शैलोत्कीर्ण स्तम्भ पर पंद्रहवीं शताब्दी ई॰ की नागरी लिपि में लिखित अभिलेख में तिथि संवत् 1541 (1484 ई॰) भाद्र सुदि 11 बुधवार तथा साहन द्वारा नीलकण्ठ एवं कोटितीर्थ के अभिवादन का उल्लेख है:

1. संवत् 1541 समये भादो
2. सुदि 11 भौमह गरिसविगरु
3. काल: कमा कर्मन्तय प्रनम-
4. त श्रदमनयस यासहधित
5. साहनका कोटितीर्थ-
6. कीदह तीलक
7. श्री नीलकंठ प्रणमु नित्य
8. प्रति

अभिलेख अ.301.

स्वर्गारोहण के एक शैलोत्कीर्ण स्तम्भ पर आधुनिक नागरी लिपि में बालकदास का नाम लिखा है:

1. बालकदाश

अभिलेख अ.302.

स्वर्गारोहण के एक शैलोत्कीर्ण स्तम्भ पर पंद्रहवीं शताब्दी ई० की नागरी लिपि में लिखित अभिलेख में तिथि संवत् 1541 (1484 ई०) तथा सभी देव, तीर्थ के अभिवादन एवं स्वर्ग तारणहार नीलकण्ठ के अभिवादन का उल्लेख है:

1. देव तीर्थवमातिनि समुत्रका प्र-
2. नीमु सर्गतारितानहनाम श्री नीलक-
3. ण्ठकह प्रणमु नित्य प्रति सं 1541

अभिलेख अ.303. चित्र 113.

स्वर्गारोहण के दूसरी पंक्ति के शैलोत्कीर्ण स्तम्भ पर अंकित अभिलेख। बारहवीं शताब्दी ई० की नागरी लिपि में लिखित अभिलेख में तिथि संवत् 1194 (1137 ई०) तथा ठकुर वलभद्र एवं सूत्रधार वाल्हण द्वारा नीलकण्ठ के अभिवादन का उल्लेख है:

1. स्वस्ति।। देव श्री निलकंठ-
2. स्य ठकुर श्री वलभद्र नित्यं
3. प्रणमति।। सं 1194
4. सुत्रधार वाल्हण नित्यं प्र-
5. णमति:।।

चित्र 113. स्वर्गारोहण जलाशय लेख, संवत् 1194

नीलकण्ठ मंदिर प्रांगण के अभिलेख

अभिलेख अ.304. चित्र 114.

नीलकण्ठ मंदिर के पीछे की शिला पर सती दृश्य के बगल में अंकित अभिलेख। सोलहवीं शताब्दी ई० की नागरी लिपि में लिखित अभिलेख में सम्भवत: देसगण के जार की मृत्यु के बाद उसकी पत्नी गातौ द्वारा सती होने का उल्लेख है, तथा अभिलेख का लेखन कार्य वसहु द्वारा किया गया था:

1. जो सिद्धिगो देसगण
2. जार सिद्धिजो सिद्धवसे-
3. मिसोसि गातौ त्यगयौ
4. राजा रुचिश्वेज लीषे-
5. वसहु

चित्र 114. सती स्मारक लेख

अभिलेख अ.305.

सोलहवीं शताब्दी ई० की नागरी लिपि में लिखित खण्डित शैलोत्कीर्ण अभिलेख में वासुदेव एवं नीलकण्ठ के अभिवादन का उल्लेख है:

1. वसुदेवण .... प्रणमु दिन प्रती
2. नीलकंठक प्रनमु

अभिलेख अ.306.

नीलकण्ठ मंदिर परिसर के एक पाषाण खण्ड पर अंकित अभिलेख। सोलहवीं शताब्दी ई० की नागरी लिपि में लिखित अभिलेख में विप्र सोउदसी तथा उसके पति विप्र हरह के नाम लिखे हैं:

1. विप्र सोउदसी सह पति विप्र हरह

अभिलेख अ.307.

नीलकण्ठ मंदिर परिसर के एक पाषाण खण्ड पर अंकित अभिलेख। पंद्रहवीं शताब्दी ई० की नागरी लिपि में लिखित अभिलेख में तिथि संवत् 1541 (1484 ई०) तथा महाकुमार हरि द्वारा नीलकण्ठ के अभिवादन का उल्लेख है:

1. नीलकंठकह प्रनमु ....
2. महाकुमार श्री हरिय तपोक-
3. दृथज प्रणंकरु संवत् 1541

अभिलेख अ.308.

नीलकण्ठ मंदिर परिसर के उसी पाषाण खण्ड पर आधुनिक नागरी लिपि में लिखित अभिलेख में धरम द्वारा नीलकण्ठ के अभिवादन का उल्लेख है:

1. धरमक प्रनमु
2. न(नी)लकंठकय

अभिलेख अ.309.

नीलकण्ठ मंदिर प्रांगण में काल भैरव (केएफ 2) के पास की शिला पर अंकित अभिलेख। पंद्रहवीं शताब्दी ई० की नागरी लिपि में लिखित अभिलेख में तिथि संवत् 1465 (1408 ई०) तथा सभी देवताओं एवं नीलकण्ठ के अभिवादन का उल्लेख है:

1. सवदेवकह प्रनमु .... तिर्वेद्धसह
2. छान .... वकह ..... (नील)कंठह ....
3. संवत् 1465 ज्येष्ठ वदि ....

अभिलेख अ.310.

नीलकण्ठ मंदिर प्रांगण में एक पाषाण खण्ड पर अंकित अभिलेख। बारहवीं शताब्दी ई० की नागरी लिपि में लिखित अभिलेख में सम्भवत: किसी छल-कपट करने वाले व्यक्ति का सम्बोधन है:

1. महकव्टी:

अभिलेख अ.311.

नीलकण्ठ मंदिर प्रांगण में एक स्तम्भ पर सोलहवीं शताब्दी ई० की नागरी लिपि में लिखित अभिलेख में तिथि 1600 (1543 ई०) तथा दलपद द्वारा नीलकण्ठ के अभिवादन का उल्लेख है:

1. (नी)लकंठदेवक
2. दलपदीकह
3. ... संवत् 1600

अभिलेख अ.312. चित्र 115.

काल भैरव की विशालकाय प्रतिमा (केएफ 2) के पास स्तम्भिका पर अंकित अभिलेख। सोलहवीं शताब्दी ई० की नागरी लिपि में लिखित अभिलेख में तिथि संवत् 1618 (1561 ई०) तथा वल्ह, रजोहर एवं हरदेव द्वारा वासुदेव, नीलकण्ठ एवं महेश के अभिवादन का उल्लेख है:

चित्र 115. कालभैरव प्रतिमा के पास का लेख, संवत् 1618

1. वसुदेवकह प्रनमु ली(नी)लकंठकह प्रनुमु
2. कर्मिकह प्रनमु महेसकह प्रनमु-
3. त्वुनेह वल्हक नीत्य प्रती रजोहर वढढकेरमरम
4. सकरमे संव(त्) 1618
5. (चै)त्रक सुक्रे रयरस्समरुच नीत्य प्रती प-
6. रमरम हरदेवसम .... मनमुत्रमुरुण

अभिलेख अ.313. चित्र 116.

काल भैरव (केएफ 2) के पास की उसी स्तम्भिका पर अंकित अभिलेख। सोलहवीं शताब्दी ई० की नागरी लिपि में लिखित अभिलेख में तिथि संवत् 1618 (1561 ई०), महाराजाधिराज रामचंद्र के शासनकाल, रतन द्वारा वासुदेव, तथा महेश एवं नीलकण्ठ के अभिवादन के साथ लेखक रतनु और बढ़ई गंगु का उल्लेख है:

चित्र 116. कालभैरव प्रतिमा के पास का लेख, संवत् 1618

1. वसुदेवकह प्रनमु नीत्य प्रती।। रतनके
2. महेसकह प्रनमु नीत्य प्रती।। ली(नी)लकंठकह प्रनमु
3. समयमम पौष सुदी।। सुक्रदीने।।6।। छवी।।
4. संवत्।।1618।। महरजधीरज श्री रमचं-
5. द्रेकरजु।। लीषीतं रतनु वढइ गंगु
6. सुभु।। जोपढेमकह रमनम रम।।

अभिलेख अ.314.

काल भैरव (केएफ 2) के पास की उसी स्तम्भिका पर अंकित अभिलेख। सोलहवीं शताब्दी ई० की नागरी लिपि में लिखित अभिलेख में पण्डित भगीरथ द्वारा वासुदेव के अभिवादन का उल्लेख है:

1. वसुदेवकह प्रनमु नीत प्रती पं भमीरथक
2. सथरह सीव्यम्हे ....

अभिलेख अ.315. चित्र 117.

काल भैरव (केएफ 2) के पास की उसी स्तम्भिका पर अंकित अभिलेख। सोलहवीं शताब्दी ई० की नागरी लिपि में लिखित अभिलेख में तिथि संवत् 1618 (1561 ई०) वैशाष सुदि 7 शनिवार तथा दामोदर, हरिहर, दसरथ, हरीदास, भगीरथ द्वारा महेश के अभिवादन के साथ लेखक रतनु एवं बढई गंगु का उल्लेख है:

1. महेसकह प्रनामु हरिहरक
2. महेसकह प्रनमु।। रउत दसरथ।। तथ
3. हरीदसक नीत्यं प्रती।। समजनम वीष
4. सुदी 7 सनीदीने।। संवत्।।1618।। भगी-
5. रथक प्रनमु।। लीषीतं रतनु वढइ गंगु
6. सुभु

चित्र 117. कालभैरव प्रतिमा के पास का लेख, संवत् 1618

अभिलेख अ.316. चित्र 118.

काल भैरव (केएफ 2) के पास की उसी स्तम्भिका पर अंकित अभिलेख। पंद्रहवीं शताब्दी ई० की नागरी लिपि में लिखित अभिलेख में तिथि संवत् 1541 (1484 ई०) तथा हेरू द्वारा नीलकण्ठ के अभिवादन का विवरण है:

1. संवत् 1541 समयत्व लि(नी)-
2. (लकं)ठदिवकउ प्रनम हेरूक

चित्र 118. कालभैरव प्रतिमा के पास का लेख, संवत् 1541

अभिलेख अ.317.

काल भैरव (केएफ 2) के पास की उसी स्तम्भिका पर अंकित अभिलेख। सोलहवीं शताब्दी ई० की नागरी लिपि में लिखित अभिलेख में तिथि संवत् 1618 (1561 ई०) पौष सुदि शनिवार तथा अकास एवं सूत्रधार लोरिक द्वारा महेश के अभिवादन का उल्लेख है:

1. संवत् 1618 समए नम पौष सुदि 7 सनिदिने केहम
2. महेसकह अकास सतिक प्रनामु सुत्रधार लोरिका नि-
3. त्य प्रति।

अभिलेख अ.318.

काल भैरव (केएफ 2) के पास की उसी स्तम्भिका पर अंकित अभिलेख। पंद्रहवीं शताब्दी ई० की नागरी लिपि में लिखित अभिलेख में सीहध द्वारा महेश के अभिवादन का उल्लेख है:

1. महेसकह सीह-
2. धअ सरधकह प्रमहहि
3. .... कंठमी

अभिलेख अ.319. चित्र 119.

काल भैरव के दक्षिण में स्थित सिद्ध की गुहा (गुहा 7) के सरदल पर अंकित अभिलेख। आधुनिक नागरी लिपि में राधेश्याम का नाम लिखा है:

1. श्री र(रा)धेश्याम

चित्र 119. सिद्ध की गुहा (गुहा 7) सरदल लेख

अभिलेख अ.320. चित्र 120.

सिद्ध की गुहा (गुहा 7) के उसी सरदल पर अंकित अभिलेख। पंद्रहवीं शताब्दी ई० की नागरी लिपि में लिखित अभिलेख में तिथि संवत् 1544 (1487 ई०) तथा दल्ह द्वारा जैन तीर्थंकर आदिनाथ के अभिवादन का उल्लेख है:

1. श्री अ(आ)दिनथा(नाथ)कं प्रार्नामु। देव इयं दल्ह नीत्यम् प्रती।
2. 1544

चित्र 120. गुहा 7 सरदल लेख, संवत् 1544

अभिलेख अ.321. चित्र 121.

सिद्ध की गुहा (गुहा 7) के उसी सरदल पर अंकित अभिलेख। पंद्रहवीं शताब्दी ई० की नागरी लिपि में लिखित अभिलेख में सूत्रधार उदैदेव द्वारा नीलकण्ठ के अभिवादन का उल्लेख है। इनका नाम दुर्ग के अन्य अभिलेखों में भी हुआ है। ध्यान देने वाली बात यह है कि उदै को कालंजर दुर्ग के स्थान पर नीलकण्ठ दुर्ग का सूत्रधार बतलाया गया है:

1. ममतणत्र
2. देवा श्री नीला(ल)कंठ दुरुगे सुत्रधर श्री उदइदेवा श्री नीलकंठ नीता(त्य) प्रा(प्र)णंमनी

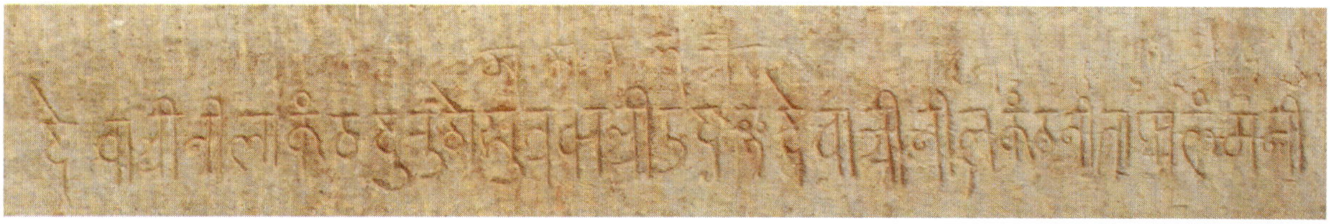

चित्र 121. उदैदेव का गुहा 7 सरदल लेख

अभिलेख अ.322. चित्र 122.

सिद्ध की गुहा (गुहा 7) के उसी द्वार पर अंकित अभिलेख। पंद्रहवीं शताब्दी ई० की नागरी लिपि में लिखित अभिलेख में नीलकण्ठ के अभिवादन का उल्लेख है:

1. देवा श्री नीलकंदु(ठ)

चित्र 122. गुहा 7 द्वार लेख

अभिलेख अ.323. चित्र 123.

सिद्ध की गुहा (गुहा 7) के उसी द्वार पर अंकित अभिलेख। पंद्रहवीं शताब्दी ई० की नागरी लिपि में लिखित अभिलेख में सूत्रधार विक्रम द्वारा नीलकण्ठ के अभिवादन का उल्लेख है:

1. स्वस्ति श्री देव निलकंठ सुत्रधर विक्रम
2. नित प्रणमति

चित्र 123. विक्रम का गुहा 7 द्वार लेख

अभिलेख अ.324. चित्र 124.

सिद्ध की गुहा (गुहा 7) के उसी द्वार पर अंकित अभिलेख। पंद्रहवीं शताब्दी ई० की नागरी लिपि में लिखित अभिलेख में नीलकण्ठ के महात्म्य का विवरण है, जो युग-युगों से पूजनीय हैं:

1. नीलकंठोमयादृष्टः गिरिकंठे स्वर्ग्गोपमे
2. नानाद्यण संयुक्तनाः।। युग्यैः प्रपूजितः।।

चित्र 124. गुहा 7 द्वार लेख

अभिलेख अ.325. चित्र 125.

सिद्ध की गुहा (गुहा 7) के एक पाषाण खण्ड पर अंकित अभिलेख। सोलहवीं शताब्दी ई० की नागरी लिपि में लिखित अभिलेख में तिथि संवत् 1593 (1536 ई०) मार्ग सुदि 3 गुरुवार तथा जयसिंह त्रिपाठी द्वारा गणेश एवं मघाई रतन द्वारा कल्याणार्थ नीलकण्ठ के अभिवादन का उल्लेख है:

1. त्रिपाटी जैसीघं प्रणम
2. ओं श्री गनेशाय नमः

3. देव श्री नीलकंठकह
4. प्रनो(ना)मु मघई रतनक नि-
5. त्यं प्रति सं 1593 मार्ग सुदि
6. 3 गुरौकह सुभमस्तु

चित्र 125. गुहा 7 लेख, संवत् 1593

अभिलेख अ.326. चित्र 126.

सिद्ध की गुहा (गुहा 7) के एक स्तम्भ पर अंकित अभिलेख। पंद्रहवीं शताब्दी ई० की नागरी लिपि में लिखित अभिलेख में तिथि की केवल दो आरम्भिक संख्या संवत् 15 अंकित है तथा इसमें घीरमचंद्र द्वारा नीलकण्ठ के अभिवादन का विवरण है:

1. देव श्री नीलकंठाया नमः धमदि-
2. थे घीरमचंद संव(त्) 15

चित्र 126.घीरमचंद्र का गुहा 7 स्तम्भ लेख

अभिलेख अ.327.

सिद्ध की गुहा (गुहा 7) के उसी स्तम्भ पर अंकित अभिलेख। पंद्रहवीं शताब्दी ई० की नागरी लिपि में लिखित अभिलेख में तिथि संवत् 1509 (1452 ई०) तथा गणेश के अभिवादन का उल्लेख है:

1. संवत् 1509 समये कर्तिक
2. .... दि 1 गुरौ गणेसयनम्

3. जोरोक जीगाणे तस जनेक
4. सतं तमो

अभिलेख अ.328.

नीलकण्ठ मंदिर के दूसरे द्वार के बाहर शिला पर अंकित अभिलेख। बारहवीं शताब्दी ई॰ की नागरी लिपि में लिखित अभिलेख में तिथि संवत् 1240 (1183 ई॰) तथा परमर्दिदेव एवं विग्रहराज का उल्लेख है:

1. संतं(संवत्) 1240 प्रंम्रदि(परमर्दि)देवश्वरुश्वर श्री विग्रहराज
2. (शु)भे

अभिलेख अ.329.

नीलकण्ठ मंदिर के दूसरे द्वार के बाहर शिला पर अंकित अभिलेख। छठी शताब्दी ई॰ की ब्राह्मी लिपि में लिखित अभिलेख में सम्भवत: लेण्य (गुहा) के अधिपति के रूप में शिध का उल्लेख है:

1. लेन्यधिप्तवैशिध

अभिलेख अ.330.

नीलकण्ठ मंदिर के दूसरे द्वार के बाहर शिला पर अंकित अभिलेख। तेरहवीं शताब्दी ई॰ की नागरी लिपि में लिखित अभिलेख में सम्भवत: दोदुगण से सम्बन्धित तीर्थयात्रियों का उल्लेख है:

1. गोसल लोदु। पहेदरवच्छ। केसव। लाहर। वोधी
2. जीवणे। दोदुगणयं

अभिलेख अ.331.

नीलकण्ठ मंदिर के दूसरे द्वार के बाहर शिला पर अंकित अभिलेख। तेरहवीं शताब्दी ई॰ की नागरी लिपि में लेख है:

1. पदुर्मेघांचरणे

अभिलेख अ.332. चित्र 127.

नीलकण्ठ मंदिर के दूसरे द्वार के बाहर शिला पर अंकित अभिलेख। तेरहवीं शताब्दी ई॰ की नागरी लिपि में लिखित अभिलेख में केशव एवं लक्ष्मण का उल्लेख है:

1. केसव लषमण

चित्र 127. केशव एवं लक्ष्मण का शिलालेख

अभिलेख अ.333. चित्र 128.

नीलकण्ठ मंदिर के दूसरे द्वार के बाहर शिला पर अंकित अभिलेख। विजय कुमार एवं अन्य (2016: 96) ने *श्री प्रणसशोधर* पाठ किया है, किन्तु तीसरे अक्षर के ऊपर *आ* की मात्रा लगी है, तथा बिना क्षैतिज रेखा के पांचवा अक्षर प्रथम अक्षर से भिन्न है, एवं छठे अक्षर के ऊपर शिरोचिन्ह है जिससे उक्त पाठ सही प्रतीत् नहीं होता। पांचवीं शताब्दी ई० की ब्राह्मी लिपि में लिखित इस अभिलेख में गोचर द्वारा अभिवादन का उल्लेख हुआ है:

1. श्री प्रणाम गोचर

चित्र 128. गोचर का शिलालेख

अभिलेख अ.334. चित्र 129.

नीलकण्ठ मंदिर के दूसरे द्वार के बाहर शिला पर अंकित अभिलेख। विजय कुमार एवं अन्य (2016: 96) ने *(षे)वाप प. वस गण गुहा* पाठ किया है। यह एवं उपर्युक्त अभिलेख (अ.333) एक साथ *इण्डियन आर्किआलाजी 1976-77 - ए रिव्यू*: 63 में *स्रि प्रमगोचर अनन्दपुरि नम गुह(हा)* के रूप में वर्णित है। पांचवीं शताब्दी ई० की ब्राह्मी लिपि में लिखित इस अभिलेख में अकयपुर के कमगण गुहा का उल्लेख है:

1. अकयपुरी कमगण गुह

चित्र 129. कमगण गुहा लेख

अभिलेख अ.335.

नीलकण्ठ मंदिर के दूसरे द्वार के बाहर शिला पर अंकित अभिलेख। आधुनिक नागरी लिपि में लिखित अभिलेख में राधेश्याम का नाम लिखा है:

1. राधेश्याम

अभिलेख अ.336.

नीलकण्ठ मंदिर के दूसरे द्वार के बाहर शिला पर गेरु रंग में ब्राह्मी एवं शंख लिपि में लिखा है, जिनमें शंख लिपि में लिखित अभिलेख अस्पष्ट हो गया है। विजय कुमार एवं अन्य (2016: 97) ने नौवीं शताब्दी ई० में अभिलेख को रखते हुए परससन पढ़ा है। किंतु पांचवीं शताब्दी ई० की ब्राह्मी लिपि में लिखित इस अभिलेख में पवरा के नगर शासन का उल्लेख हुआ है:

1. पवरा नगर शासन

अभिलेख अ.337. चित्र 130.

नीलकण्ठ मंदिर के दूसरे द्वार के बाहर शिला पर अंकित अभिलेख। विजय कुमार एवं अन्य (2016: 97) ने इस अभिलेख को पांचवी शताब्दी ई० में रखते हुए त्रुटिवश लिपि को ब्राह्मी के स्थान पर नागरी बतलायी है। उत्कीर्णक की त्रुटि के कारण तीसरे अक्षर पर त्रीकोणीय शिरो चिन्ह बना है एवं अक्षरों के आकार असमान हैं। पांचवीं शताब्दी की ब्राह्मी लिपि में लिखित अभिलेख में ब्रह्म गुहा का उल्लेख है:

1. व्रह्मज गुह

चित्र 130. व्रह्मज गुहा लेख

अभिलेख अ.338.

नीलकण्ठ मंदिर के दूसरे द्वार के बाहर शिला पर गेरु रंग से लिखित अभिलेख। विजय कुमार एवं अन्य (2016: 96) ने इसे नवीं-दसवीं शताब्दी में रखा है, किंतु लिपिशास्त्रीय आधार पर यह पांचवीं-छठी शताब्दी ई० की ब्राह्मी लिपि जान पड़ती है, जिसमें लिखित अभिलेख में गुहा के स्वामी रसव का उल्लेख है:

1. गुहकेदार श्री रसवकुद्य

अभिलेख अ.339.

नीलकण्ठ मंदिर के दूसरे द्वार के बाहर शिला पर गेरु रंग से लिखित अभिलेख। छठी शताब्दी ई० की ब्राह्मी लिपि में तीर्थयात्री गिरेजकदास द्वारा अर्चना का उल्लेख है:

1. गिरेजकदास
2. परज अरचरकाय्य

अभिलेख अ.340.

नीलकण्ठ मंदिर के दूसरे द्वार के बाहर शिला पर गेरु रंग से लिखित अस्पष्ट अभिलेख। छठी शताब्दी ई० की ब्राह्मी लिपि में श्री सदार्ज्जित्य का उल्लेख है:

1. द्यरनी श्री सदार्ज्जित्य
2. ……… सरणीदिका

अभिलेख अ.341. चित्र 131.

नीलकण्ठ मंदिर के दूसरे द्वार के बाहर शिला पर गेरु रंग से लिखे अभिलेख को विजय कुमार एवं अन्य (2016: 98) ने अभिलेख को नौवीं शताब्दी ई० में रखा है। किंतु इसकी लिपि पांचवीं शताब्दी ई० की ब्राह्मी जान पड़ती है, जिसमें करमछ गुहा का उल्लेख है:

1. श्रीहृद्या करमछ गुहा

चित्र 131. करमछ गुहा लेख

अभिलेख अ.342.

काल भैरव के बाहर की शिला पर अंकित अभिलेख। विजय कुमार एवं अन्य (2016: 98) ने केवल अंतिम दो अक्षर का पाठ किया है। पांचवीं शताब्दी ई॰ की ब्राह्मी लिपि में लिखित अभिलेख में ब्रह्म गुहा का उल्लेख है:

1. (ब्र)ह्मज गुहा

अभिलेख अ.343. चित्र 132.

नीलकण्ठ मंदिर के दूसरे द्वार के बाहर शिला पर अंकित अभिलेख का पाठ विजय कुमार एवं अन्य (2016: 92) ने *श्रीवासधाण गुहा* किया है, जबकि चतुर्थ एवं षष्टम् अक्षर समान हैं, तथा दूसरा अक्षर *वा* नहीं हो सकता क्योंकि *आ* की मात्रा *वा* में कभी भी नीचले भाग में नहीं लगायी जाती थी। उस समय शिरो चिन्ह के ऊपर मात्रा लगायी जाती थी। इसीप्रकार पांचवे अक्षर की दाहिनी लम्बवत रेखा पर त्रिकोणीय शिरोचिन्ह बना हुआ है। पांचवीं शताब्दी ई॰ की ब्राह्मी लिपि में लिखित अभिलेख में कमगण गुहा पढ़ा जासकता है:

1. श्री कमगल(ण) गुह

चित्र 132. कमगण गुहा लेख

अभिलेख अ.344.

नीलकण्ठ मंदिर के दूसरे द्वार के बाहर शिला पर काले एवं गेरु रंग में कुछ अभिलेख लिखे हुए हैं। काले रंग में लिखे एक अभिलेख के अंत में प्रणमि लिखा जान पड़ता है। पांचवीं शताब्दी ई॰ की ब्राह्मी लिपि में उत्कीर्ण अभिलेख में कमगण गुहा का उल्लेख है:

1. श्री कमगल(ण) गुहा

अभिलेख अ.345.

नीलकण्ठ मंदिर के दूसरे द्वार के बाहर शिला पर अंकित अभिलेख। पांचवीं शताब्दी ई० की ब्राह्मी लिपि में लिखित अभिलेख में कमगण गुहा का उल्लेख है:

1. श्री कमगल(ण) गुह

अभिलेख अ.346.

नीलकण्ठ मंदिर के दूसरे द्वार के बाहर शिला पर अंकित अभिलेख। पांचवीं शताब्दी ई० की ब्राह्मी लिपि में लिखित अभिलेख में कमगण गुहा का उल्लेख है:

1. श्री कमगल(ण) गुह

अभिलेख अ.347.

नीलकण्ठ मंदिर के दूसरे द्वार के बाहर शिला पर दो अभिलेख हैं, जिनमें से काले रंग में लिखित अभिलेख में जभुर पढ़ा जा सकता है, दूसरा लेख उसके नीचे उत्कीर्ण है। पांचवीं शताब्दी ई० की ब्राह्मी लिपि में अंकित अभिलेख में अमन गुहा का उल्लेख है:

1. श्रीद्यणामन गुहा

अभिलेख अ.348. चित्र 133.

नीलकण्ठ मंदिर के दूसरे द्वार के बाहर शिला पर अंकित अभिलेख का विजय कुमार एवं अन्य (2016: 91) ने *निरिशाल गण:* पाठ किया है, किन्तु प्रथम अक्षर *क* प्रतीत् होता है। दूसरे अक्षर में पढ़ा गया ह्रस्व *इ* की मात्रा नीचे की ओर प्रथम अक्षर की समान मात्रा के समान विस्तारित नहीं है, साथ ही अन्य वर्णों की तुलना में उसका दाया लम्बवत भाग नीचे की ओर अधिक बढ़ा है, जिसका प्रयोग सामान्यतया *उ* की मात्रा को दर्शाने के लिए किया जाता था। जहां तक चौथे अक्षर का प्रश्न है, उसका बाया वृत्ताकार भाग लम्बवत रेखा में थोड़ा ऊपरी भाग में जुडा है, जिसका ऊपरी हिस्सा लम्बवत रेखा के दाएं तक बढ़ा हुआ है, जैसाकि अक्षर *क* की बनावट में दिखता है। पांचवीं शताब्दी ई० की ब्राह्मी लिपि में लिखित इस अभिलेख में किधुशाक गण का उल्लेख हुआ है:

1. किधुशाक गण:

चित्र 133. किधुशाकगण लेख

अभिलेख अ.349.

नीलकण्ठ मंदिर के दूसरे द्वार के बाहर शिला पर गेरु रंग से पांचवीं शताब्दी ई० की ब्राह्मी लिपि में लिखित अभिलेख में सम्भवत: राव वीरसेण द्वारा उपासना का उल्लेख है:

1. राव वीरस(से)ण
2. ष .... दर्चत

अभिलेख अ.350. चित्र 134.

नीलकण्ठ मंदिर के दूसरे द्वार के बाहर शिला पर अंकित अभिलेख। पांचवीं शताब्दी ई० की ब्राह्मी लिपि में लिखित अभिलेख में ब्रह्म गुहा का उल्लेख है:

1. शि(श्री) व्रह्मज गुहा

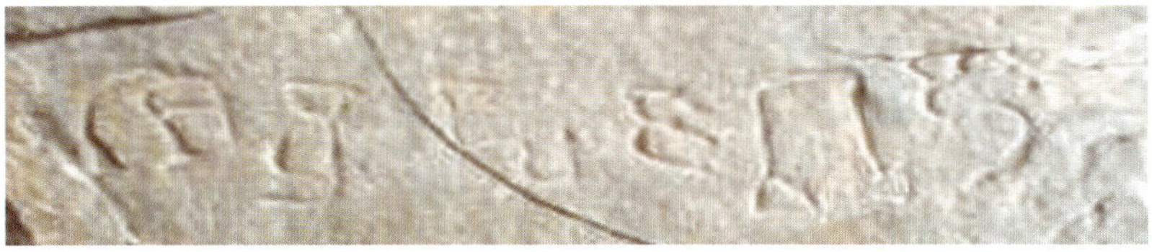

चित्र 134. व्रह्म गुहा लेख

अभिलेख अ.351.

नीलकण्ठ मंदिर के दूसरे द्वार के बाहर शिला पर गेरु रंग से लिखित अभिलेख। सातवीं शताब्दी ई० की ब्राह्मी लिपि के इस अभिलेख में कण्ठ, सम्भवत: नीलकण्ठ की अर्चना का विवरण है:

1. कण्ठत्यरच

अभिलेख अ.352.

नीलकण्ठ मंदिर के दूसरे द्वार के बाहर शिला पर गेरु रंग से चौथी-पांचवीं शताब्दी ई० की ब्राह्मी लिपि में वनु द्वारा वंदना करने का उल्लेख हुआ है:

1. वनुव(वं)दामय

अभिलेख अ.353.

नीलकण्ठ मंदिर के दूसरे द्वार के बाहर शिला पर गेरु रंग से पांचवीं शताब्दी ई० की ब्राह्मी लिपि में लिखे अभिलेख में संभवत: रत्य द्वारा अर्चना किये जाने का उल्लेख है:

1. रत्यजर्चम

अभिलेख अ.354.

लटकते शैलाश्रय की शिला पर गेरु रंग से पांचवीं शताब्दी ई० की शंख लिपि में लिखे अभिलेख में गुरु के वरण का उल्लेख है:

1. गुरतवरिं ....

अभिलेख अ.355.

शिला पर काले एवं गेरु रंग में अनेक अभिलेख लिखे है, किंतु काले रंग में लिखे कुछ अक्षर ही अब पढ़े जा सकते है। पांचवीं शताब्दी ई० की शंख लिपि में लिखित अभिलेख में केवल दो अक्षर पहचाने जा सके हैं:

1. .... वस

अभिलेख अ.356.

शिला पर दो पंक्तियों में दो अभिलेख लिखे हैं। सातवीं शताब्दी ई० की शंख लिपि में लिखित अभिलेख में परछही की गुहा का उल्लेख है:

1. परछहीश्री गुहे
2. ... ठतजवनठग

अभिलेख अ.357. चित्र 135.

गेरु रंग से शिला पर दो पंक्तियों में लिखित अभिलेख लिखे हैं। छठी शताब्दी ई० की शंख लिपि में लिखित अभिलेख स्पष्ट नहीं है। सम्भवत: इसमें देव नीलकण्ठ की श्रद्धा का उल्लेख है:

1. नीलकंठदेव:
2. देवात्रग शरधावशाश्यि

चित्र 135. शंख लिपि लेख

अभिलेख अ.358.

नीलकण्ठ मंदिर के दूसरे द्वार के बाहर शिला पर गेरु रंग में लिखा अभिलेख। छठी शताब्दी ई० की शंख लिपि में लिखित अभिलेख स्पष्ट नहीं है। इसके कुछ अक्षरों से देव गुहा की पहचान की जा सकती है:

1. .... देव गुहा

अभिलेख अ.359.

नीलकण्ठ मंदिर के दूसरे द्वार के बाहर शिला पर रोमन लिपि में अंकित अभिलेख:

1. आर पी डी
2. एस 1961

अभिलेख अ.360.

नीलकण्ठ मंदिर के दूसरे द्वार के बाहर शिला पर अंकित अभिलेख। आधुनिक नागरी लिपि में लिखित अभिलेख में तिथि तथा तीर्थयात्रियों का उल्लेख है:

1. सन्तराम
2. त्रिपाठी
3. सौंता
4. सं: 2023
5. बारेलाल + रामरतनसि:

अभिलेख अ.361.

नीलकण्ठ मंदिर के दूसरे द्वार के बाहर शिला पर शिवलिंग के दोनों ओर अंकित अभिलेख। ग्यारहवीं शताब्दी ई० की नागरी लिपि में लिखा है:

1. तिकंस्त्य तेवीद

अभिलेख अ.362. चित्र 136.

नीलकण्ठ मंदिर के दूसरे द्वार के बाहर शिला पर सोलहवीं शताब्दी ई० की नागरी लिपि में लिखित अभिलेख में तिथि संवत् 1593 (1536 ई०) मार्ग सुदि 11 गुरुवार तथा मघई रतन द्वारा नीलकण्ठ के अभिवादन का उल्लेख है:

1. स्वस्ति श्री नीलकंठकह प्रनामु
2. मघई रतनक नित्यं प्रति संवत्
3. 1593 समए मार्ग सुदि 11 गुरौवार

चित्र 136. संवत् 1593 का लेख

अभिलेख अ.363.

नीलकण्ठ मंदिर के दूसरे द्वार के बाहर शिला पर आधुनिक नागरी लिपि में लिखित अभिलेख में शंकर एवं विश्वेस्वर का उल्लेख है:

1. शंकरिद्यी वीस्वेसर

अभिलेख अ.364. चित्र 137.

नीलकण्ठ मंदिर के दूसरे द्वार के बाहर शिला पर पंद्रहवीं शताब्दी ई० की नागरी लिपि में लिखित अभिलेख में कुथि द्वारा महेश के अभिवादन का उल्लेख है:

1. महेसकह प्रनमुप्त
2. कुथिक नीप्रं(तं) प्रतीधी

चित्र 137. कुथि का शिलालेख

अभिलेख अ.365.

नीलकण्ठ मंदिर में शिवलिंग युक्त पाषाण खण्ड पर पंद्रहवीं शताब्दी ई० की नागरी लिपि में लिखित अस्पष्ट अभिलेख में देव के अभिवादन का विवरण है:

1. देवश्रीत्या प्रनमु
2. करिक प्रणमूतीप ....

अभिलेख अ.366.

नीलकण्ठ संग्रह की भूवराह प्रतिमा (पं.सं. 597) की पादपीठिका पर अंकित अभिलेख। पंद्रहवीं शताब्दी ई० की नागरी लिपि में लिखित अभिलेख में तिथि संवत् 1540 (1483 ई०) कार्त्तिक सुदि 15 तथा सूत्रधार उदैचंद, जरीध के पुत्र ककुट एवं वल्ह द्वारा अभिवादन का उल्लेख है:

1. तरि गनके प्रनमु सुत्रधर उदैचंद।
2. जरीधं सुत ककुट वल्हकतक प्रनमु
3. सं 1540 कर्तिक सुदि 15

अभिलेख अ.367.

नीलकण्ठ संग्रह की भूवराह प्रतिमा (पं.सं. 597) की पादपीठिका पर अंकित अभिलेख। पंद्रहवीं शताब्दी ई० की नागरी लिपि में लिखित खण्डित अभिलेख में तिथि संवत् 1540 (1483 ई०) तथा नीलकण्ठ के अभिवादन का उल्लेख है:

1. संवत् 1540 समये ....
2. लि(नी)लकंठक ....
3. प्रनमु

अभिलेख अ.368.

नीलकण्ठ संग्रह की भूवराह प्रतिमा (पं.सं. 597) की पादपीठिका पर अंकित अभिलेख। पंद्रहवीं शताब्दी ई० की नागरी लिपि में लिखित खण्डित अभिलेख:

1. .... कासक नहोलतुक्षिदही
2. .... कागहदग
3. प्रनमु नित्य प्रति
4. ..... कि। करि ...

अभिलेख अ.369. चित्र 138.

नीलकण्ठ संग्रह की भूवराह प्रतिमा (पं.सं. 597) के ऊपरी भाग पर अंकित अभिलेख। पंद्रहवीं शताब्दी ई० की नागरी लिपि में लिखित अभिलेख में तिथि संवत् 1540 (1483 ई०) तथा गनेश एवं दिवदर द्वारा नदि के अभिवादन का उल्लेख है:

1. नदिकह प्रनमु गनेस-
2. कं दिवदरेकसेस्थ संवत् (1540)

चित्र 138. भूवराह प्रतिमा लेख

अभिलेख अ.370.

नीलकण्ठ मंदिर के पास स्थित दीवार पर पंद्रहवीं शताब्दी ई० की नागरी लिपि में लिखा है:

1. जेआ

कटरा दरवाजा एवं अन्य अभिलेख

अभिलेख अ.371. चित्र 139.

कटरा दरवाजा की द्वारशाखा पर सम्भवत: श्रीमाल उत्कीर्णन के समय छूट गया था जिसे भूल सुधार के समय वकुड से आरम्भ पंक्ति के नीचे जोड़ा गया है। पंद्रहवीं शताब्दी ई० की नागरी लिपि में लिखित अभिलेख में तिथि संवत् 1551 (1494 ई०) भाद्र वदि 10 रविवार तथा मानिक की पत्नी एवं श्रीपाल्ह के पुत्र वकुड द्वारा नीलकण्ठ के अभिवादन का उल्लेख है:

चित्र 139. कटरा दरवाजा लेख, संवत् 1551

1. संवत् 1551 समये
2. भाद्र वदि 10 रवौ निल-
3. कंठकह प्रनामुका-
4. रस्य मानिकणति
5. भार्जेक युग युगस
6. श्रीमाल्हाय सुत
7. वकुडमसयित: प्रन-
8. मु नित्यं प्रति
9. ...... सिला-
10. क

अभिलेख अ.372. चित्र 140.

कटरा दरवाजा की द्वारशाखा पर पंद्रहवीं शताब्दी ई० की नागरी लिपि में लिखित अभिलेख में तिथि संवत् 1551 (1494 ई०) भाद्र वदि 10 रविवार उल्लिखित है। इसमें प्रधान के पुत्र काकुनी द्वारा नीलकण्ठ के अभिवादन का उल्लेख है:

चित्र 140. कटरा दरवाजा लेख, संवत् 1551

1. संवत् 1551 सम-
2. ये भाद्र वदि 10 रवौ निल-
3. कंठकह प्रनामु प्रधा-
4. नक सुतश्रतस्य काकु-
5. निक नित्यं प्रति स-
6. र्वदा युग युग

अभिलेख अ.373. चित्र 141.

कटरा दरवाजा की द्वारशाखा पर पंद्रहवीं शताब्दी ई० की नागरी लिपि में लिखित अभिलेख में तिथि संवत् 1514 (1457 ई०) तथा प्रभाकर, वरन एवं उसके पुत्र माधव द्वारा नीलकण्ठ के अभिवादन के साथ हरसिद्ध एवं सूत्रधार यक के प्रणाम निवेदन का उल्लेख है:

1. नीलकंठकह प्रनमु
2. नीत प्रती प्रभक ....
3. वरनक सुत मध-
4. वक प्रनमु सं 1514
5. नीलकंठकह प्रना-
6. मु प्रथत्र हरसिद्ध
7. मत सुत्रधर यक
8. नित्यं प्रति सर्वदा
9. युग युग

चित्र 141. कटरा दरवाजा लेख, संवत् 1514

अभिलेख अ.374.

कटरा दरवाजा की द्वारशाखा पर पंद्रहवीं शताब्दी ई० की नागरी लिपि में लिखित अभिलेख में मदोवरि एवं कलद द्वारा नीलकण्ठ के अभिवादन का उल्लेख है:

1. प्रनमु लि(नी)लकंठकं
2. मदोवरि च श्रि कलद

अभिलेख अ.375. चित्र 142.

कटरा दरवाजा की द्वारशाखा पर पंद्रहवीं शताब्दी ई० की नागरी लिपि में लिखित अभिलेख में तिथि संवत् 1529 (1472 ई०) भाद्र सुदि 5 बुधवार तथा उधव के पुत्र भगत द्वारा वासुदेव के अभिवादन का उल्लेख है:

1. संवत् 1529 समये भाद्र सु-
2. दि 5 वुधे वासुदेवकह प्रनामु
3. उधव पुत्र भगतक नित्य
4. प्रति
5. श्रीदान

चित्र 142. कटरा दरवाजा लेख, संवत् 1529

अभिलेख अ.376. चित्र 143.

कटरा दरवाजा की द्वारशाखा पर बारहवीं शताब्दी ई० की नागरी लिपि में लिखित अभिलेख में तिथि संवत् 1218 (1161 ई०) तथा श्रीधर द्विवेदी द्वारा नीलकण्ठ के अभिवादन का उल्लेख है:

1. देव श्री नीलकण्ठः।।
2. द्विवेदी श्री श्रीधरः।
3. प्रणमति।। सं 1218

चित्र 143. कटरा दरवाजा लेख, संवत् 1218

अभिलेख अ.377.

कटरा दरवाजा की द्वारशाखा पर पंद्रहवीं शताब्दी ई० की नागरी लिपि में लिखित अस्पष्ट अभिलेख में किक के पुत्र किल्हण द्वारा अभिवादन का उल्लेख है:

1. श्री प्रतली किकौ पुत्र श्री किल्हण प्रण-
2. मती

अभिलेख अ.378. चित्र 144.

कटरा दरवाजा की द्वारशाखा पर तेरहवीं शताब्दी ई० की नागरी लिपि में लिखित अभिलेख में तिथि संवत् 1334 (1277 ई०) तथा मधकहल के पुत्र सात द्वारा नीलकण्ठ के अभिवादन का उल्लेख है:

1. मधकहलौ पुत्र साते नीलकंठ
2. प्रणम्यं सं 1334

चित्र 144. कटरा दरवाजा लेख, संवत् 1334

अभिलेख अ.379. चित्र 145.

कटरा दरवाजा की द्वारशाखा पर सोलहवीं शताब्दी ई॰ की नागरी लिपि में लिखित अभिलेख में तिथि संवत् 1600 (1543 ई॰) तथा केशव के पुत्र गोपाल दुबे द्वारा महेश के अभिवादन का उल्लेख है:

1. महेसकह प्रनाम नित्य प्रती ष-
2. म्हकेननी केसव पुत्त गोपला(पाल)का-
3. दुवे सं 1600
4. कसीदेदेत्रिव-
5. क

चित्र 145. कटरा दरवाजा लेख, संवत् 1600

अभिलेख अ.380. चित्र 146.

कटरा दरवाजा की द्वारशाखा पर पंद्रहवीं शताब्दी ई॰ की नागरी लिपि में लिखित अभिलेख में विविध व्यक्तियों जैसे दुर्वेद, नरहरी, प्रभाकर, भीख, सीख, भुवन, सावग, एवं अन्य द्वारा नीलकण्ठ और कोटितीर्थ के अभिवादन का उल्लेख है:

1. नीलकंठकह कोटि प्रनाम
2. दुर्वेद नरहरि प्रभाकर भीष
3. सीष भुवनव सावगहादिसम-
4. स्तक प्रनामु नित्यं प्रति सर्व-
5. दा भैत्राव कोटितीर्थकह प्रना-
6. म कोटि सर्गा
7. किजइक प्रनामु

चित्र 146. कटरा दरवाजा तीर्थयात्री लेख

अभिलेख अ.381.

परमाल दरवाजा की ओर जाने वाले मार्ग के एक पाषाण खण्ड पर आधुनिक नागरी लिपि में लिखित अभिलेख में तिथि के केवल दो अंक ईस्वी सन् में एवं रामजीवन तथा कटरा के कस्यकार नंदवारा का उल्लेख है:

1. रामजीवन कटरा
2. कस्यकार नंदवारा
3. स. 82 ई.

अभिलेख अ.382.

परमाल दरवाजा की ओर जाने वाले मार्ग के एक शिला पर खड़ी लाइनों के रूप में बने शिल्पी चिन्ह के अंत में देव लिखा है:

1. ||||||||||||||||||||||||||||||||||||||| देव

अभिलेख अ.383.

परमाल दरवाजा के मार्ग में एक पाषाण खण्ड पर सोलहवीं शताब्दी ई० की नागरी लिपि में लिखित अभिलेख में तिथि संवत् 1642 (1585 ई०) के अंतिम दो अंक चिन्ह दूसरी पंक्ति में लिखे हैं तथा इसमें चिराग का उल्लेख है:

1. चिरागत: गेर-
2. ह सं 1642
3. (वै)सष

अभिलेख अ.384.

परमाल दरवाजा के मार्ग में पड़े एक पाषाण खण्ड पर चौदहवीं शताब्दी ई० की नागरी लिपि में लिखित खण्डित अभिलेख में नीलकण्ठ के अभिवादन का उल्लेख है:

1. श्री लि(नी)लकंठ प्रणमु

अभिलेख अ.385.

नीलकण्ठ मंदिर के समीप एक पाषाण खण्ड पर दसवीं शताब्दी ई० की नागरी लिपि में वजा लिखा है:

1. वजा

अभिलेख अ.386.

नीलकण्ठ मंदिर के समीप एक पाषाण खण्ड पर शिल्पी चिन्ह के आरम्भ में ग्यारहवीं शताब्दी ई० की नागरी लिपि में श्रीदेव लिखा है:

1. श्रीदेव।||||||||||||||||||||||||||||||||||||||||||||||||||||||

अभिलेख अ.387.

नीलकण्ठ मंदिर के मार्ग में एक पाषाण खण्ड पर पंद्रहवीं शताब्दी ई० की नागरी लिपि में लिखित खण्डित अभिलेख में तिथि संवत् 1555 (1498 ई०) तथा नीहर एवं देद का नाम लिखा:

1. .... कमलदसन्मुल्हील ......
2. .... दिन संवत् 1555

3. ... पवाणद कलुशितामस्तक सुभकं श्री
4. नीहरक अहणति दिनीर्समक
5. पदिवीधणसइगहात देदक

अभिलेख अ.388.

नीलकण्ठ मंदिर के प्रांगण में एक पाषाण खण्ड पर आधुनिक नागरी लिपि में लिखित अभिलेख में तिथि तथा मुन्न, भजनदाश, गिरधारी मिस्त्री, हजारीलाल बढ़ई का नाम लिखा है:

1. मुन्न कटम ता. 69 वर्ष
2. भजनदाश
3. गिरधारी मिस्त्री 2012
4. हजारीलाल वढई

अभिलेख अ.389.

नीलकण्ठ मंदिर की सीढ़ी पर पंद्रहवीं शताब्दी ई० की नागरी लिपि में लिखित खण्डित अभिलेख में तिथि संवत् 1551 (1494 ई०) भाद्र वदि रविवार तथा धरम द्वारा कोटितीर्थ की आराधना का उल्लेख है:

1. संवत् 1551 समये भाद्र वदि रवौ श्री-
2. मान्ये धरमअ कोटितिर्थकह प्रनामु
3. नित्यत्प्रति ..... ज ..... स्य .....
4. पाद

अभिलेख अ.390. चित्र 147.

नीलकण्ठ मंदिर के खण्डित स्तम्भ पर अंकित अभिलेख। अभिलेख का विवरण अलेक्जेण्डर कनिंघम (1885: 34 एवं प्लेट 10बी) और हरिहर विट्ठल त्रिवेदी (1989: 391-392) ने दिया है। हमें यात्रा के समय यह अभिलेख देखने में नहीं आया। त्रिवेदी (1989: 392) के अनुसार अभिलेख की विषयवस्तु खण्डित अभिलेख के शेष अंश में विद्यमान नहीं है, जो गलत पाठ पर आधारित है, जहां पर त्रिवेदी ने *सल्कं र्टि रातनश्री ...* पढ़ा है। इसमें तिथि संवत् 1187 (1130 ई०) एवं मदनवर्मदेव के राज्यकाल में विसल द्वारा उपासना, (सम्भवतः नीलकण्ठ की), का उल्लेख है:

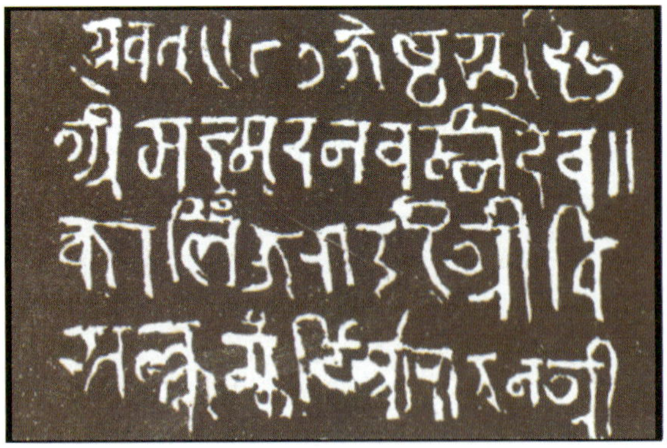

चित्र 147. नीलकण्ठ मंदिर खण्डित स्तम्भ लेख, संवत् 1187 (साभार, कनिंघम)

1. [1]स(सं)वत् 1187 जे(ज्ये)ष्ठ सु(शु)दि 9
2. श्रीमद(न्) मदनवर्म्मदेव(व:)।।
3. कालिंजराद्री(द्रि) श्री वि-
4. सल्कम्कंर्दि[2] आराधनश्री[3]

टिप्पणी:

1. कनिंघम ने *औम* पाठ किया है।
2. कनिंघम ने *त्रिसलक*र्दि* पाठ किया है।
3. कनिंघम ने *आरा*न स्रि* पाठ किया है।

नीलकण्ठ क्षेत्र से ज्ञात अभिलेखों में संख्या की दृष्टि से सर्वाधिक इक्कीस प्रतिशत अभिलेख पंद्रहवीं शताब्दी ई० के हैं, अट्ठारह प्रतिशत बारहवीं शताब्दी ई० के, सोलह प्रतिशत सोलहवीं शताब्दी ई० के, ग्यारह प्रतिशत ग्यारहवीं शताब्दी ई० के, सात प्रतिशत तेरहवीं शताब्दी ई० के, पांच प्रतिशत पांचवीं एवं सत्रहवीं शताब्दी ई० के, तथा शेष अन्य समय के हैं। कालंजर के अधिकांश अभिलेखों में शिव की आराधना का विवरण है, जिनमें सर्वाधिक उदाहरणों में नीलकण्ठ के रूप में उनका उल्लेख है, दश प्रतिशत उदाहरणों में महेश नाम से तथा अन्य उदाहरणों में महादेव, शिव एवं शंकर के रूप में इनका विवरण है। कुछ उदाहरणों में वासुदेव, विष्णु, राम, रामपद, सरस्वती, गणेश, पार्वती, लकुलीश, अष्टादित्य के साथ-साथ एक उदाहरण में आदिनाथ तथा पांच उदाहरणों में कोटितीर्थ का उल्लेख है। एक साथ अनेक देवों के अभिवादन की भी चर्चा है, जैसा कि एक अभिलेख (अ.16) में राम, महेश, गणेश, पार्वती एवं नीलकण्ठ के अभिवादन का उल्लेख हुआ है।

कालंजर में राजकीय अभिलेखों के साथ-साथ जनसामान्य से सम्बन्धित अभिलेख लिखवाये गये हैं। राजकीय अभिलेखों में चन्देल वंशीय शासक कीर्त्तिवर्मन, मदनवर्मन, परमर्दिदेव, वीरवर्मन के साथ बुन्देला शासक प्रतापरुद्र, तथा बघेल शासक रामचंद्र एवं अन्य शासकों तथा उनके परिवार जनों की उपलब्धियों तथा कालंजर दुर्ग पर करवाये गये उनके कार्यों का विवरण उपलब्ध है। प्रशासनिक अधिकारियों से सम्बन्धित जानकारी भी अनेक अभिलेखों में उल्लिखित है। जनसामान्य से सम्बन्धित अभिलेखों में सामान्यतया तीर्थयात्रियों के विवरण दिये हुए हैं।

नीलकण्ठ क्षेत्र के आरम्भिक अभिलेख पांचवी शताब्दी ई० के हैं, जिनमें से अधिकांश मंदिर के दूसरे द्वार के बाहर की शिला एवं शैलाश्रयों में लिखे हुए हैं। एक अभिलेख मंदिर के अन्दर निर्मित शिवलिंगो के पास उत्कीर्ण है, जिसमें हरिदेव के पुत्र पलित द्वारा निर्माण कार्य करवाये जाने का उल्लेख है। शिला एवं शैलाश्रय के अधिकांश लेखों में गुहा का नाम लिखा हुआ है, जैसे व्रह्मज गुहा, रसव गुहा, करमछ गुहा, कमगण गुहा, अमन गुहा। इनमें कमगण गुहा का नाम अनेक बार लिखा हुआ है, जिससे इस गुहा स्वामी गण के महत्व, लोकप्रियता, प्रभुत्व एवं अधिकार क्षेत्र का आभाष होता है। अन्य अभिलेखों में राव वीरसेण, वनु, रत्यज, गोचर जैसे व्यक्तिगत नामों के साथ किधुशाक गण, आदि की चर्चा है। इसप्रकार के साक्ष्य कालंजर में पांचवी शताब्दी ई० में अनेक गणों (धार्मिक गणों) की विद्यमानता और उनके धार्मिक महत्व को प्रमाणित करते हैं। विविध गणों से सम्बन्धित साधु-संत उस समय शैलाश्रयों एवं गुहाओं में निवास करते हुये धार्मिक क्रिया कलापों में संलग्न रहने के साथ तीर्थयात्रियों एवं श्रद्धालुओं की धार्मिक जिज्ञासाओं को संतुष्ट करने का भी कार्य करते रहे होगें।

छठी से दशवीं शताब्दी ई० के कुछ ही अभिलेख प्रकाश में आये हैं। इनमें आरम्भिक दो शताब्दियों के लेखों से कुछ अन्य गुहाओं की जानकारी मिलती है, जैसे देव गुहा, परछही गुहा। साथ ही गिरेजकदास एवं लस जैसे कुछ व्यक्ति भी धार्मिक क्रिया-कलापों में तल्लीन जान पड़ते हैं। नौवीं शताब्दी ई० के लेख के सम्भावित पाठ से पवरा के नगर शासन की जानकारी मिलती है। इसके अतिरिक्त असगरी एवं सिद्धरसि की भी जानकारी है। दसवीं-ग्यारहवीं शताब्दी ई० के एक लेख में सूत्रधार छिछा के पुत्र देस का उल्लेख ऐतिहासिक दृष्टि से महत्वपूर्ण जान पड़ता है। सूत्रधार छिछा की पहचान खजुराहो के लक्ष्मण मंदिर तथा विश्वनाथ मंदिर के लेखों से ज्ञात समान नामधारी व्यक्ति से करते हुए कालंजर के चन्देल कालीन धार्मिक निर्माण कार्यों में उनकी तथा उनके पुत्र की महत्वपूर्ण भूमिका स्वीकार की जा सकती है।

ग्यारहवीं शताब्दी ई० में पूजा-अर्चना हेतु आने वाले यात्रियों की संख्या में वृद्धि दिखलायी पड़ती है, जिनका मंदिर-मूर्ति निर्माण एवं संधारण कार्य में भी योगदान रहा होगा। तीर्थयात्रियों में कुछ के विवरण परिवार जनों के

साथ मिलते हैं। इसी प्रकार कुछ उदाहरणों में जाति, गोत्र, धारित पद-उपाधि आदि भी वर्णित है। ग्यारहवीं शताब्दी के तीर्थयात्रियों में उल्लेखनीय हैं देल्हण, गांगु, नायक श्री पत्वण, वम, सेवराज एवं उनकी भार्या राजदेवी से उत्पन्न पुत्री वरेघ, कील्हण, द्रोलरद, मल, महण, सिमा, वाल्ह, पदेन, भइल, माणदेवि, घोलु, राउत धर, पाल्हण, पण्डित भुवन, विभांदक वासी एवं गोविल गोत्र के पापे के पुत्र माधव, रामचंद्र, देवचंद्र, हरिचंद्र, गोकुलचंद्र, महामहत्तक ठक्कुर वत्सराज, राजपुत्र कुल, राजपुत्र दिक, ठकुर उधरण, ठकुर ईश्वर, ठक्कुर पाहुल, राउत वछराज, ठक्कुर कवर, भट्ट वयपरा, हरि एवं उनकी भार्या, लखना, सेतगण के गोद्धर, कीकी के भाई देवपाल, ठक्कुर सोढ के पुत्र गाग, सोउ के पुत्र कीकी, लक्ष्मीधर, ठकुर भोणपाल, रूपकार वासुल, कूके, लवण, पद्म के पुत्र छित्त, राउत दर, कूल, पलध, उल्ह, कायस्थ सोम के पुत्र वाणंद, छात्र कुमारपाल, छात्र कील्हण, श्रीपति, छात्र रजपाल, नीतू के पुत्र छात्र जाल्हण, सूत्रधार गंगु, ठक्कुर राहुल, श्रीदेव, एवं अन्य।

बारहवीं शताब्दी ई० के लेखों में चापगण, मतिवल, गल्ह, वल्ह, जिनसेन, गरुडी, वासुदेवि, राल्हण के पुत्र नरसिंह, दिउव, राउत राल्ह के पुत्र जाल्ह, महाउत, महाराज सोल्हण के पुत्र वछराज, कवि अच्छोड, उदन, सूत्रधार राम के पुत्र लाहड एवं उनके भाई रूपकार लक्ष्मीधर, दीक्षित पृथ्वीधर के पौत्र ठक्कुर राल्हण के पुत्र ठक्कुर नृसिंह, मणि, विर्ही, जेत्रण, गल्हदेव, मल्ह, तिल्हकदेव, महाप्रतिहार संग्राम सिंह, महानर्तकी पद्मावती, मनी दुबे, साहिल्ल, खुरल, देण, राम के पुत्र जसपाल, लषणा, अबेल, सूत्रधार शलव के पुत्र कुलधर, छोटे के पुत्र धामण, जिणदास, कविराज, नील, ठकुर छीहण, आल्हेन, शणधू, रमण, क्षत्रिय लक्ष्मण के पुत्र वासुदेव, पमेण के पुत्र वसु, हरदेव के पुत्र वासाभ, वीद, हरीदास, शंभु, वालप, राजद्र, परेसण, अलिमल, सीलवट, अगनेज, रई, जील्हण के पुत्र तीकन, ठकुर गाग, कुमार, साभठ, ताल्ह, नारायण, पाल्हण, रामुनाद के पुत्र वेली, रोहा, देउ, पृथध, सिलावट दगत, सिलावट उधस, पिथान, सूत्रधार होणपाल के पुत्र रतन, मादा, सेवहरा, महसुर के पुत्र होलपाल, राही के पुत्र आस, कुलधर, सुचिवर्म, वछराज, वलिपु, सिव, वनश्रय, राउत गागे, जणदइ, अल्हण, सल्हण, पद्म, देऊक, रूपकार देहुल, ठक्कुर वलभद्र, सूत्रधार वाल्हण, विग्रहराज, श्रीधर द्विवेदी, विसल, एवं अन्य के धार्मिक क्रियाकलापों का विवरण है। इनमें शिल्प से सम्बन्धित ब्यवसायियों, जैसे सूत्रधार, रूपकार, सिलावट, आदि का योगदान कालंजर के विभिन्न निर्माण कार्यों में भी रहा होगा।

तेरहवीं-चौदहवीं शताब्दी ई० के अभिलेखों से जिन महत्वपूर्ण तीर्थयात्रियों का विवरण उपलब्ध है उनमें प्रमुख हैं देवद्धर, विल्हण के पुत्र वाजसु, हलुड, सक, लक्ष्मण, मीत्र, जसपाल, साधु वोहिथ के पुत्र छित्तम, भूले, वासुकी, सोम, केसव, मसुत सुतक के पुत्र गगह सुतक, साहु, श्रीपाल, पाशुपत भट्टारक, दासवह, दोदुगण, लक्ष्मण, सात, कुकुहा, गौड़ एवं कौत्स गोत्र के ब्राह्मण गेम के प्रपौत्र दाह के पौत्र धौल के पुत्र राजनाथ, जिन्होने कालंजर में देव की आराधना की थी।

पंद्रहवीं शताब्दी ई० के जिन तीर्थयात्रियों की जानकारी उपलब्ध है उनमें प्रमुख हैं, दसध, मुरौ, खागुदासी, गगईणि, लजेट, कैरुवि, दुनपदी, पुघीरा, कवि एवं लेखक भीमक, खेस्या, गयासल, सुत्वल, अमद्य, उदभाग, दौम, वाम्हट, दीमन, मल्हदेव, दरघो, कुहदार, नाथ के पुत्र वनस, सरथ, सहणि, कदुसा, उदैचंद, सद, मनकुअरी, पतिव, भइदेव, रैचंद, पैगदास, हमारदेइ, भीखमल, गुदिमज, दौवाह, उतरमू, सुलाखर वासी धर्म सिंह, निदाप, चीर, त्रिलोक, ज्ञान, तील्हक दुबे, गनेश, दिवदर, सत्री, वेद, दाशरेम, वाश, धन, जादुअ, तिकराम, कदुआ, रघपद, भउ, रणेप, धर्म, कंथदिनाथ, सिंधु के पुत्र राह, हृद, वोघल, त्रिलोकचंद्र, राद्दचंद्र, पाणीचंद्र, रामिढ, निमकम, गखुह, दिनकर, सूत्रधार उदैचंद, मुवर, लौधवी, वलधर, कासर, गगद, जोगी मालदेव, साहन, महाकुमार हरि, हेरु, सिहध, दल्ह, सूत्रधार उदैदेव, सूत्रधार विक्रम, घीरमचंद, कुथि, जरीध के पुत्र ककुट, वल्ह, जेआ, मानिक एवं उनकी भार्या, श्रीपाल्ह के पुत्र वकुड, प्रधान के पुत्र काकुनी, प्रभाकर, वरन के पुत्र माधव, हरिसिद्ध, मदोवरि, कलद, उधव के पुत्र भगत, किक के पुत्र किल्हण, केशव के पुत्र गोपाल दुबे, दुर्वेद, नरहरी, भीख, सीख, भुवन, सावग, नीहर, दवे, एवं धरम। इनमें से अधिकांश व्यक्तियों द्वारा देवाधिदेव नीलकण्ठ के अभिवादन की चर्चा है।

अभिलेखों से सोलहवीं शताब्दी ई० के जिन व्यक्तियों द्वारा देव उपासना के संदर्भ में जानकारी प्राप्त होती है उनमें प्रमुख हैं, महलीपु, उमतल, रमज, उकख एवं उनके पुत्र भगत, देईस, आचार्य मनप्रीत, रीषी, पनवकुल, किसुनदास, ईरत, गेनी, सकधर, रतन, प्रभाकर, दामोक के पुत्र प्राणनाथ एवं मानसिंघ, मदनसिंघ, हरी, प्रभु, हरिहर, भूरी, महक, गोसाईदास, त्रिलोकदेई, गुग, वल, सिलाउट असद एवं उनके पुत्र हरकमल, अपुश, देवपाल, कोल्हि, ससि, रामनदास, गुपीत एवं उनकी भार्या पद्मकइ, रतन, रामदास, रामचंद्र, लेखक रतनु, बढई गंगु, लक्ष्मी, गोपी, खोनार एवं उनके भाई रींग, अजुन, रतन, अपर, मानसिंघ, अजितमल, सीलउट तलरसेन, महरम, हर, हरी, मघणोव, करमचंद, कजकदत, सारा के पुत्र गस्मुही, लखन दुबे, अमध, सिलावट वजुराम, दास, श्रिवाण, विप्र वकट, शिवराम, देसुधर, महरप, मनू, विप्र हरह एवं उनकी भार्या विप्र सोउदसी, दलपद, वल्ह, रजोहर, हरदेव, रतन, पण्डित भगीरथ, दामोदर, हरिहर, रउत दसरथ, अकास, सूत्रधार लोरिक, जयसिंह त्रिपाठी, मघई रतन, एवं चिराग।

इसीप्रकार सत्रहवीं शताब्दी ई० में गनेस, दिवदर, हरिद्वार के कवल, सुराप एवं उनकी भार्या, शंकर, रुख, जगतिरपाल, कवीगण, गुषाइ शिवम, राढ, तिजली, पण्डित सीघनि, भैद, देइ, मीसुव, गांग के पुत्र हलोहर, पण्डित सीवू, हरिहर, दुखुराम, सुरु, अयमनाथ, गोपीनाथ, आदीनाथ, विक, उरीअ, उद, एवं जख द्वारा देव अभिवादन का विवरण है। बाद में भी सीमित संख्या में तीर्थयात्रियों द्वारा लेख लिखवाये जाते रहे, जिनसे लालजी, प्रमोद मिश्र, रामबाबू, बिहारी, बालकदास, बाबा राधेश्याम, रामेसुर, सेवधर या सेवाधर, शंकर, भईयालाल, कायस्थ कामता सिंह, पिटवा, पोर्वमघ, हृदयधर, देवीदीन, बाबा मीके, चोणीहणा, लाहड, मथुरा के वल्लाह, बेलग्राम के नन्दराम, धरम, संतराम त्रिपाठी, सौतो, बारेलाल, रामरतनसि, शंकर, विश्वेश्वर, कटस के कस्यकार चंदवारा रामजीवन, मन्नू, भजगदास, गिरधारी मिस्त्री, हजारीलाल बढई, एवं अन्य द्वारा देव आराधना किया जाना विदित है। यह सभी व्यक्ति धार्मिक क्रियाकलापों में संलग्न थे। कुछ व्यक्तियों द्वारा जहां पर नित्य-प्रति एवं सर्वदा देव आराधना किया जाना बताया गया है वहीं अनेक उपासकों को महाभक्त के रूप में उल्लिखि किया गया है। इसप्रकार नीलकण्ठ क्षेत्र में सर्वाधिक अभिलेखों के लिखवाये जाने तथा उनके विवरण से स्पष्ट है कि देवाधिदेव नीलकण्ठ न केवल कालंजर के बल्कि सम्पूर्ण क्षेत्र के सर्वाधिक लोकप्रिय देव के रूप में प्रतिष्ठित रहे हैं, जिनकी पूजा-अर्चना में अनेकानेक आचार्य-उपासक जहां ब्यस्त रहे वहीं विभिन्न स्थलों से लोगों का आवागमन निरंतर जारी रहा।

पूजा-अर्चना के उद्देश्य का भी विवरण कुछ अभिलेखों में दिया हुआ है। मोक्ष की कामना के साथ, क्षमा याचना, पापहरण, कल्याणार्थ, शुभ हेतु, परम भाग्य हेतु, पुण्यवृद्धि हेतु, स्वयं की कीर्ति हेतु, परिवार के कल्याणार्थ जैसे मनोकामना पूर्ण होने की आकांक्षा से लोग देव के सम्मुख नतमस्तक होकर अभिवादन, पूजा-अर्चना में मग्न थे। आज भी श्रद्धालुओं द्वारा मंदिर में उपासना जारी है। कुछ अभिलेखों में राजकीय वंशावली, मंदिर-मूर्ति निर्माण, मंदिर संरक्षण, मूर्ति स्थापना, मण्डप निर्माण, ध्वजारोहण के समय भूमिदान, आदि विषयक विवरण भी दिये हुए हैं।

अभिलेख में कुछ ब्यवसायियों का उल्लेख है। उनके द्वारा पूजा-अर्चना तो की ही जाती थी साथ ही उनका योगदान कालंजर दुर्ग में हुये विविध निर्माण एवं अन्य कार्यों में भी रहा होगा। ब्यवसायियों में उल्लेखनीय हैं कवि भीमक, मल्ह, पपा के पुत्र कायस्थ ठक्कुर देवपाल; लेखक मुरौ, रतनु, सद, दिन; सूत्रधार विल्हण, छिछा, राम, शलव, होणपाल, सुलहस, उदैचंद, उदैदेव, विक्रम, यक; रूपकार लाहड, लक्ष्मीधर, देहुल, वासुल; कस्यकार चंदवारा रामजीवन; उत्कीर्णक लाखु, औजि, पद्म; बढ़ई मसुत उनके पुत्र गगह, गंगु, हज़ारीलाल; सिलाउट असद, तलरसेन, दगत, उधस; गिरधारी मिस्त्री; महाकामगार यसिग, एवं अन्य।

अभिलेख से आचार्यों (शैवाचार्यों) के विषय में भी जानकारी प्राप्त होती है, जिनमें से कुछ का रूपायन मूर्त्तिशिल्प में भी देखा जा सकता है। 1090 ई० के एक लेख (अ.228) से विदित है कि कीर्त्तिवर्मन के गुरु वासुदेव श्रीकरण, पाशुपत वारिक एवं अन्य शैवों का मुखिया बनना चाहते थे।

अरविन्द कुमार सिंह

3

मध्य क्षेत्र के अभिलेख एवं धार्मिक महत्व

दुर्ग के मध्य क्षेत्र के अन्तर्गत कोटितीर्थ एवं पत्थर महल मस्जिद के साथ-साथ विभिन्न स्थलों से एकत्रित कर अमान सिंह महल में रखे हुये अभिलेखों को भी सम्मिलित किया गया है। गुप्त काल से लेकर सत्रहवीं शताब्दी ई० तक के अभिलेखों से उस समय की धार्मिक गतिविधियों की जानकारी उपलब्ध है।

आ. कोटितीर्थ एवं राम-जानकी मंदिर के अभिलेख

कालंजर दुर्ग में अमान सिंह महल के पास स्थित आयताकार कोटितीर्थ नामक तालाब की संरचना पहाड़ी की शिला को गहरायी में काटकर तथा उसके किनारों को शिला खण्डों की दीवारों से सुदृढ़ कर संगृहीत जल तक पहुंचने के लिए चारो ओर सीढ़ियां बनायी गयी है। सम्भव है यहां से नीकले पत्थरों का उपयोग मंदिर एवं अन्य निर्माण कार्यों में किया गया होगा। इस तालाब की सीढ़ियों, दीवारों, तथा धरातल पर अनेक तीर्थयात्री लेख अंकित है, जिससे दुर्ग के सभी तालाबों में इसके सर्वाधिक पवित्र एवं महत्वपूर्ण होने की पुष्टि होती है। यहां के अभिलेखों से विदित होता है कि सामान्यतया चौथी शताब्दी ई० से सत्रहवीं शताब्दी ई० तक तीर्थयात्रियों का आवागमन अधिक संख्या में रहा। यद्यपि उसके बाद भी यात्रियों का आवागमन जारी रहा, किंतु उस समय तक यात्रा विवरण सम्बन्धी अभिलेख लिखवाने की परम्परा शिथिल हो गयी थी, जिस कारण से सत्रहवीं शताब्दी ई० के बाद के लेख सीमित संख्या में ही कालंजर दुर्ग से ज्ञात है। कुछ अभिलेख में केवल एक अक्षर या व्यक्तिगत नाम लिखे हैं तो अन्य में तिथि, देव एवं उपासक के नाम के साथ उनकी वंशावली आदि की भी चर्चा है। शिल्पी चिन्ह के उदाहरण भी यहां देखे जा सकते हैं। कोटितीर्थ में समय-समय पर संधारण का कार्य करवाया जाता रहा है जिस कारण अनेक अभिलेख या तो दब गये या खण्डित हो गये। कुछ अभिलेख अमान सिंह महल के संग्रह में स्थान्तरित कर दिए गए हैं, जिनका विवरण उस वर्ग के अभिलेखों के साथ दिया गया है। कोटितीर्थ के अभिलेखों का विवरण दक्षिण पूर्व दिशा में स्थित सीढ़ी से आरम्भ कर दक्षिणावर्त क्रम में दिया गया है।

अभिलेख आ.1. चित्र 148.

मंदिर खण्डहर के पास कोटितीर्थ की नीचली सीढ़ी की बगल की दीवार पर अंकित अभिलेख। सातवीं शताब्दी ई० की सिद्धमात्रिका लिपि में लिखित अभिलेख में निलकण्ठ एवं वसन्त का उल्लेख है:

1. नीलकंठात्खज्ञुस:। सदा वसन्त:।।

चित्र 148. वसन्त का कोटितीर्थ लेख

अभिलेख आ.2.

कोटितीर्थ की सीढ़ी के पास की दीवार पर अंकित अभिलेख। चौथी शताब्दी ई० की ब्राह्मी लिपि में तीन अक्षर लिखे हैं, जो तीर्थयात्री का नाम प्रतीत् होता है:

1. घिरेला

अभिलेख आ.3.

कोटितीर्थ की दीवार के नीचले पाषण पर अंकित अभिलेख। सातवीं शताब्दी ई० की सिद्धमात्रिका लिपि में लिखित अभिलेख में सम्भवत: नामानिश्री द्वारा हाथी की आकृति बनाने का उल्लेख है:

1. गजीमढश्य नामानिश्री

अभिलेख आ.4.

कोटितीर्थ की दीवार के एक पाषाण खण्ड पर सोलहवीं शताब्दी ई० की नागरी लिपि में लिखित अक्षर अब प्राय: अस्पष्ट हो गए हैं, जिसके सम्भावित पाठ से तिथि संवत् 1573 (1516 ई०) तथा देव उपासना की जानकारी मिलती है:

1. .... हेद .... प्रनमु श्रदं
2. .... प्रणमु सदा संवत् 1573
3. माल्ये ....

अभिलेख आ.5. चित्र 149.

कोटितीर्थ की दीवार के एक पाषाण खण्ड पर सातवीं शताब्दी ई० की सिद्धमात्रिका लिपि में लिखित अभिलेख में भरमु की पत्नी मक द्वारा सम्भवत: देव अर्चना किए जाने का उल्लेख है:

1. श्री भरमु: स्त्री मक अर्च:।।

चित्र 149. भरमु एवं मक का कोटितीर्थ लेख

अभिलेख आ.6.

कोटितीर्थ की दीवार में बाहर नीकले पत्थर के नीचे के पाषाण खण्ड पर शंख लिपि में लिखित अभिलेख के अक्षर अस्पष्ट हो जाने के कारण उनका वाचन नहीं किया जा सका है।

अभिलेख आ.7. चित्र 150.

कोटितीर्थ की दीवार के एक पाषाण खण्ड पर अंकित अभिलेख। छठी शताब्दी ई० की शंख लिपि में लिखित अभिलेख में सम्भवत: नीलकण्ठ का उल्लेख है:

1. नीलकंठकह

चित्र 150. शंख लिपि लेख

अभिलेख आ.8. चित्र 151.

कोटितीर्थ की दीवार के एक पाषाण खण्ड पर मूर्ति के ऊपर तेरहवीं शताब्दी ई० की नागरी लिपि में लिखित खण्डित अभिलेख में सुख प्राप्ति हेतु देव अर्चना का उल्लेख है:

1. सुषित्यस्यर्चकु .... ज
2. सदा नित्यप्रत्यन्देवत्यो।।

चित्र 151. मूर्ति के ऊपर लेख

अभिलेख आ.9. चित्र 152.

कोटितीर्थ की दीवार के एक पाषाण खण्ड पर सत्रहवीं शताब्दी ई० की नागरी लिपि में लिखित अभिलेख में तिथि संवत् 1660 (1603 ई०) श्रावण वदि 10 गुरुवार तथा भवन द्वारा वासुदेव एवं रछिम के पुत्र, जिनका नाम अस्पष्ट है, द्वारा कोटितीर्थ के अभिवादन का उल्लेख है:

1. संवत् 1660
2. स्रवन वदी
3. 10 गुरौ
4. वसुदेवौ प्रनमु नीत
5. प्रती भवनक कोटीतीर्थक-
6. ह प्रनमु रछिम पुत्र ......
7. .... मी ....

चित्र 152. कोटितीर्थ लेख, संवत् 1660

अभिलेख आ.10.

कोटितीर्थ की दीवार के एक पाषाण खण्ड पर सोलहवीं शताब्दी ई० की नागरी लिपि में लिखित अभिलेख में नखन का उल्लेख है। सम्भवत: कोटितीर्थ के संधारण अथवा खनन कार्य में उनकी भागीदारी रही होगी:

1. नषनेषनिकैवि
2. त्वपोदी

अभिलेख आ.11. चित्र 153.

कोटितीर्थ की दीवार के एक पाषाण खण्ड पर अंकित अभिलेख। पंद्रहवीं शताब्दी ई० की नागरी लिपि में लिखित खण्डित अभिलेख में तिथि संवत् 1551 (1494 ई०) तथा नीलकण्ठ एवं कोटितीर्थ का उल्लेख है:

1. संवत् 1551 समये
2. वदि 8 सुक्रे लि(नी)लकंठक-
3. हअ कोटितिर्थकह
4. .... लुवधेनाउ पुत्रथक
5. .... दिना

चित्र 153. कोटितीर्थ लेख, संवत् 1551

अभिलेख आ.12. चित्र 154.

कोटितीर्थ की दीवार के एक पाषाण खण्ड पर पंद्रहवीं शताब्दी ई० की नागरी लिपि में लिखित अभिलेख में तिथि संवत् 1545 (1488 ई०) कार्तिक वदि 15 सोमवार तथा देल्ह, पल्हदे, लक्ष्मी एवं पण्डित अकहाषी द्वारा कोटितीर्थ के अभिवादन के साथ ही योग से श्रेष्ठ फल प्राप्ति का उल्लेख है:

1. संवत् 1545 समये कार्ति-
2. क वदि 15 स(सो)मौ योगाश्रेयत्तस
3. फला कोटीतीर्थकह प्रनम
4. राजयोगू वछीढिन्देल्हेयो पल्हदे-
5. अनू लषीमीके कोटीतीर्थकह प्रणमु पं
6. अकाहषिक तथद्यात्फलां ....
7. .... व्वतिस यस जयि ....

चित्र 154. कोटितीर्थ लेख, संवत् 1545

अभिलेख आ.13.

कोटितीर्थ की दीवार के एक पाषाण खण्ड पर सत्रहवीं शताब्दी ई० की नागरी लिपि में लिखित खण्डित अभिलेख में गोविन्द के पुत्र प्रेमदास द्वारा कोटितीर्थ और नीलकण्ठ के अभिवादन का उल्लेख है:

1. गोविन्दोलंह पुत्रसुअ प्रेमदास
2. ... ढत्रिके यत सकल कोटीतीर्थक ...
3. .... ली(नी)लकंठकह प्रनममु

अभिलेख आ.14.

कोटितीर्थ की दीवार के एक पाषाण खण्ड पर पंद्रहवीं शताब्दी ई० की नागरी लिपि में लिखित खण्डित अभिलेख में गोपाल द्वारा महेश के अभिवादन का उल्लेख है:

1. संवत् .... समये .... पद
2. महेसकह प्रनामु नित्य प्रत गोपल

अभिलेख आ.15.

कोटितीर्थ की दीवार के एक पाषाण खण्ड पर पंद्रहवीं शताब्दी ई० की नागरी लिपि में लिखित खण्डित अभिलेख में अभिवादन का विवरण जान पड़ता है:

1. संवत् .... प्रनमु

अभिलेख आ.16. चित्र 155.

कोटितीर्थ की दीवार के एक पाषाण खण्ड पर पंद्रहवीं शताब्दी ई० की नागरी लिपि में राउत होला तथा गोपी दुबे का नाम लिखा है:

1. राउत होलाद्योंगकैयात्र सकला
2. औनिश्रज्ञ गोपी दूवे वछीढानिको

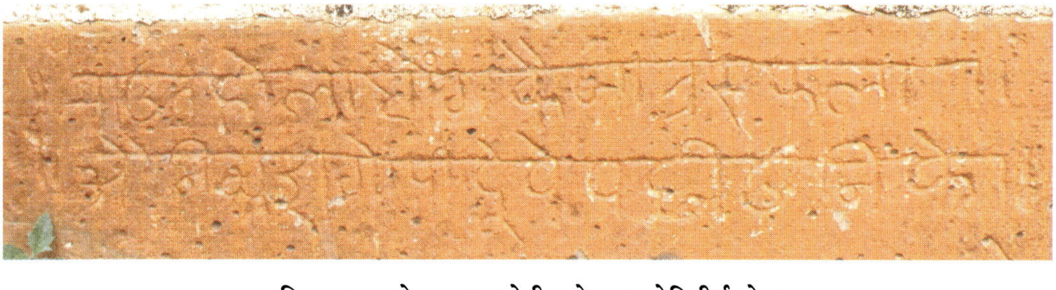

चित्र 155. होला तथा गोपी दुबे का कोटितीर्थ लेख

अभिलेख आ.17. चित्र 156.

कोटितीर्थ की दीवार के एक पाषाण खण्ड पर पंद्रहवीं शताब्दी ई० की नागरी लिपि में लिखित अभिलेख में तिथि संवत् 1551 (1494 ई०) तथा मनू द्वारा महेश के अभिवादन का उल्लेख है:

1. महेसकह प्रनमुमी श्र(श्री) मनूवीविश्रवियौक नित्य प्र(नमत्)
2. संवत् 1551 सम(ये)

चित्र 156. कोटितीर्थ लेख, संवत् 1551

अभिलेख आ.18.

कोटितीर्थ की दीवार के एक पाषाण खण्ड पर अंकित खण्डित अभिलेख। पंद्रहवीं शताब्दी ई० की नागरी लिपि में लिखित अभिलेख में वेणुव के पुत्र सुगह द्वारा महेश एवं होल द्वारा कोटितीर्थ के अभिवादन का उल्लेख है:

1. महेसकह .. वेणुव पुत्र सुगह ...
2. होलदयैलक प्रनमु कोटीतीर्थकह

अभिलेख आ.19.

कोटितीर्थ की दीवार के एक पाषाण खण्ड पर पंद्रहवीं शताब्दी ई० की नागरी लिपि में लिखित अभिलेख में सकणेल द्वारा महेश के अभिवादन की चर्चा है:

1. महेसकह प्रनमु
2. सकणेल

अभिलेख आ.20.

कोटितीर्थ की दीवार के एक पाषाण खण्ड पर अंकित सत्रहवीं शताब्दी ई० की नागरी लिपि में लिखित खण्डित अभिलेख में तिथि संवत् 1725 (1668 ई०) तथा पहन के पुत्र सना द्वारा कोटितीर्थ के अभिवादन का उल्लेख है:

1. .... तीर्थकह
2. .... यम्मंगले:
3. 1725 समये
4. पहन पुत सना प्रणमी
5. तीथुवय ....
6. ततगने सकल
7. कोटीतीर्थकह ल-
8. तगन शुभुहो

अभिलेख आ.21. चित्र 157.

कोटितीर्थ की दीवार के एक पाषाण खण्ड पर सत्रहवीं शताब्दी ई० की नागरी लिपि में लिखित अभिलेख में तिथि संवत् 1673 (1616 ई०) कार्तिक वदि 5 शनिवार तथा लसीलारपुर के वलधर द्वारा कोटितीर्थ, महेश एवं वासुदेव के अभिवादन का उल्लेख है:

1. कोटीतीरथको
2. प्रनम दिनप्रतिक व-
3. लधरत्र वगीअका
4. महेसक प्रनमु वा-
5. सुदेवक प्रनामुहि-
6. ना प्रातका: लसीलार
7. पुरके संवत् 1673 कती-
8. गु वदि 5 सनोत्य नित्प्रणमति
9. .... वयल ....

चित्र 157. कोटितीर्थ लेख, संवत् 1673

अभिलेख आ.22.

कोटितीर्थ की दीवार के एक पाषाण खण्ड पर सोलहवीं शताब्दी ई० की नागरी लिपि में लिखित अभिलेख में नरायण के द्वारा महेश के अभिवादन का उल्लेख है:

1. महेसकह प्रनमु नरायन-
2. क दीन प्रती

अभिलेख आ.23.

कोटितीर्थ की दीवार के एक पाषाण खण्ड पर सोलहवीं शताब्दी ई० की नागरी लिपि में लिखित अभिलेख में तिथि संवत् 1564 (1507 ई०) चैत्र वदि 6 बुधवार तथा नायक ममरथ द्वारा देव के अभिवादन का उल्लेख है:

1. संवत् 1564 चैत्र वदि 6 वुधेम
2. नायक ममरथनु प्रनामु
3. देवकदनिन्यषायग षामरेन्यनक प्रनमित्य:
4. अयन दवसरातर

अभिलेख आ.24.

कोटितीर्थ की दीवार के एक पाषाण खण्ड पर सोलहवीं शताब्दी ई० की नागरी लिपि में लिखित खण्डित अभिलेख में तिथि 1636 (1579 ई०) तथा गांग, वल्हीसी एवं अपैद द्वारा कोटितीर्थ के अभिवादन का उल्लेख है:

1. ....
2. .... प्रनमत .... प्रनम .....

3. ... वुदु .... प्रनमतरेती सदुवरा
4. कोटीतीर्थकं प्रनमु गांगदन्हेक नीत
5. वल्हीसीदुसुसुर संवत् 1636 समअऐग
6. भुमययुदु श्री अपैदअस ....

अभिलेख आ.25.

कोटितीर्थ की दीवार के एक पाषाण खण्ड पर पंद्रहवीं शताब्दी ई० की नागरी लिपि में लिखित खण्डित अभिलेख में अभिवादन का उल्लेख है:

1. .... प्रनमु .... ल्हण
2. .... परवतीक पसरग .....
3. कादी श्रीयकदव ....

अभिलेख आ.26.

कोटितीर्थ की दीवार के एक पाषाण खण्ड पर सत्रहवीं शताब्दी ई० की नागरी लिपि में लिखित खण्डित अभिलेख में कोटतीर्थ का उल्लेख है:

1. श्रीणतं कोटतीर्थकह ....

अभिलेख आ.27. चित्र 158.

कोटितीर्थ की दीवार के एक पाषाण खण्ड पर सत्रहवीं शताब्दी ई० की नागरी लिपि में लिखित अभिलेख में तिथि संवत् 1706 (1649 ई०) तथा कीर्ति सिंघ द्वारा स्नान किए जाने के विवरण के साथ ठाकुर कीर्ति सिंह, उनके पुत्र सिंहदेउ, वगिसरी एवं अन्य, और धरस का उल्लेख है:

1. ओं सिद्धि:।। संवत् 1706 समए चैत्र वदि .... स्त राजाराज्देरेता सकनाती
2. ठाकुर श्री कीर्तिसिंघ के वेटा सिंघदेउ वगिसरिद्या। धरस व महारिके ठाकुर आए इहा
3. सुर्न्व पुजना नदीके पठएर्राजा कीर्तिसिंघ के राजविहती आइ अस्नानुकीन्हेक

चित्र 158. कोटितीर्थ लेख, संवत् 1706

अभिलेख आ.28.

कोटितीर्थ की दीवार के एक पाषाण खण्ड पर सत्रहवीं शताब्दी ई० की नागरी लिपि में लिखित अस्पष्ट अभिलेख में नीलकण्ठ के अभिवादन, दनिचंद की छत्री, तथा भुवनाथ का उल्लेख है:

1. निलकंठस .... ल व्रम्ह .... त्यकह ..... नम ...
2. सिद्धै कशन तसि भूधरीद .... प्रनमु
3. दनिचंद छत्री सुभुथान पौदाय .... ठा भुवनथ

अभिलेख आ.29.

कोटितीर्थ के पश्चिम तट पर स्थित राम-जानकी मंदिर के एक पाषाण खण्ड पर पंद्रहवीं शताब्दी ई० की नागरी लिपि में लिखित अभिलेख में गोगपति के अभिवादन का उल्लेख है:

1. गोगपति-
2. य गीरीणं कमहो-
3. टे तीरन प्रनमु

अभिलेख आ.30. चित्र 159.

राम-जानकी मंदिर के एक पाषाण खण्ड पर सत्रहवीं शताब्दी ई० की नागरी लिपि में लिखित अभिलेख में तिथि संवत् 1727 (1670 ई०) भाद्र वदि 3 शनिवार तथा मौनी गोसाई द्वारा महेश और कोटितीर्थ के अभिवादन का उल्लेख, एवं सम्भवत: श्रेष्ठ कामगार महमद के पुत्र द्वारा लेखन कार्य किये जाने का विवरण है। राधेश्याम का नाम बाद में लिखा हुआ प्रतीत् होता है:

चित्र 159. कोटितीर्थ लेख, संवत् 1727

1. मौनी गोसइ महेस
2. श्रीए प्रनम्वा
3. दीन प्रती कोट
4. त्तीर्थक प्रनम-
5. दीन प्रती संवत
6. 1727 समऐ ना-
7. म भदौ वा(व)दी त्र-
8. यमीकहारात्पद-
9. शनौत्वां तठीडामा-
10. द्ये स्रेष्ठ महमद
11. कमौगां सु-
12. त लीष
13. श्री राधेश्याम

अभिलेख आ.31.

राम-जानकी मंदिर के एक पाषाण खण्ड पर आधुनिक नागरी लिपि में लिखित अभिलेख में सम्भवत: कारीगर के भुगतान का उल्लेख है:

1. 20002 नीकारे
2. मिस्त्री श्री केशनक दतक
3. कुशवाहा

अभिलेख आ.32.

राम-जानकी मंदिर के एक स्तम्भ पर आधुनिक नागरी लिपि में लिखित अभिलेख में सम्भवतः देव भोलेनाथ (शिव) का उल्लेख है:

1. भोलनथं गोतर

अभिलेख आ.33. चित्र 160.

राम-जानकी मंदिर के एक पाषाण खण्ड पर सत्रहवीं शताब्दी ई० की नागरी लिपि में लिखित अभिलेख में उत्यवदास एवं मीसीवर द्वारा लक्ष्मी के अभिवादन का उल्लेख है:

1. लछीमीन तपेनकह
2. प्रनमु उत्यवदस-
3. क दीन प्रतीक
4. लछीमीन तपेनक-
5. ह प्रनमु तषी मीसी
6. वरित्यक दीन प्रती

चित्र 160. राम-जानकी मंदिर लेख

अभिलेख आ.34.

राम-जानकी मंदिर के एक पाषाण खण्ड पर सत्रहवीं शताब्दी ई० की नागरी लिपि में लिखित अस्पष्ट अभिलेख में तिथि मालव संवत् 1696 (1639 ई०) तथा गोपी द्वारा महेश, गोपाल एवं कोटितीर्थ के अभिवादन का उल्लेख है:

1. महेसकहे प्रनमु
2. सि गोपालकह ......
3. या: कपिरिसेनतो ....
4. स्तक प्रनमु ....
5. विसकऔ कोटीतीर्थ-
6. कह गोपी पदु मलव
7. संवत 1696 समए

अभिलेख आ.35. चित्र 161.

राम-जानकी मंदिर के द्वार शाखा पर सोलहवीं शताब्दी ई० की नागरी लिपि में लिखित अभिलेख में संवत् 1623 (1566 ई०) चैत्र वदि 2 तथा तिवारी परमानंद एवं नवनिदास द्वारा कृष्ण के अभिवादन का उल्लेख है:

1. स्री क्रीस्नकह प्रनमु
2. तिवारि परमनंदकेव नवनि-
3. दसक नित प्रति संवत् 1623 चैत्र
4. वदी 2

चित्र 161. राम-जानकी मंदिर लेख, संवत् 1623

अभिलेख आ.36. चित्र 162.

राम-जानकी मंदिर के द्वार शाखा पर सोलहवीं शताब्दी ई० की नागरी लिपि में लिखित अभिलेख में तिथि संवत् 1625 (1568 ई०) कार्तिक सुदि 2 शुक्रवार तथा वासुदेव एवं लक्ष्मी-नारायण का अभिवादन लेखक वसहु द्वारा किये जाने का उल्लेख है:

1. वसुदेवकह प्रनमु दीन प्रती
2. सुदिमक संवत 1625 सम-

3. ऐ नम कतीक सुदी 2 सुक्रे कह
4. लछीमी-नरऐनक प्रंड लीषमत्य
5. वसहु

चित्र 162. राम-जानकी मंदिर लेख, संवत् 1625

अभिलेख आ.37. चित्र 163.

राम-जानकी मंदिर के द्वार शाखा पर सोलहवीं शताब्दी ई० की नागरी लिपि में लिखित अभिलेख में तिथि संवत् 1625 (1568 ई०) कार्तिक सुदि 2 शुक्रवार तथा वसहु एवं मेदद द्वारा वासुदेव के अभिवादन का उल्लेख है:

1. वसुदेवकह प्रनमु दीन प्रतीम
2. च वसहुक संवत् 1625 समऐ नम
3. कतीक सुदी 2 सुक्रेकह मेद-
4. द सुत

चित्र 163. राम-जानकी मंदिर लेख, संवत् 1625

अभिलेख आ.38.

राम-जानकी मंदिर के एक पाषाण खण्ड पर सोलहवीं शताब्दी ई० की नागरी लिपि में लिखित अभिलेख में छत्री तथा नीलकण्ठ के सम्मुख नमन एवं पूजा का उल्लेख है:

1. जगंनथदुनी वंदसुतु छत्री सुभाकरदस्र श्री भुवे भुव सोवह
2. कालेपीतकह मरोठ रताशे। नीलकंठग सुशांनमनव-
3. मकरी पुजाकरह

अभिलेख आ.39. चित्र 164.

राम-जानकी मंदिर के द्वार शाखा पर सोलहवीं शताब्दी ई० की नागरी लिपि में लिखित अभिलेख में मणेखगण के केवलदास द्वारा वासुदेव के अभिवादन का उल्लेख है:

1. वसुदेवकह प्रनमु दीन प्रती केवल-
2. दसक।। नमणेषेठीगे
3. वासुदेव

चित्र 164. केवलदास का राम-जानकी मंदिर लेख

अभिलेख आ.40. चित्र 165.

राम-जानकी मंदिर के द्वार शाखा पर सोलहवीं शताब्दी ई० की नागरी लिपि में लिखित अभिलेख में तिथि संवत् 1619 (1562 ई०) तथा गनेस द्वारा वसुदेव के अभिवादन का उल्लेख है। गनेस को रतन का पुत्र, अहरीन का पौत्र, वीसनजनी का प्रपौत्र बतलाया गया है। लेखक रतनु तथा बढ़ई गंग(गु) की भी चर्चा है:

1. वसुदेवकह प्रनमु दीन प्रती।। वीस्नजनी-
2. क।। तथद्मै अहरीन रजणक।। तथ रतन
3. क।। तथ गनेसक।। समधानम पौष सुदी
4. 13 वुधवसरो। लीषीतं रतनु वढइ गंग
5. सुतु(भ)।। संवत्।। 1619

चित्र 165. राम-जानकी मंदिर लेख, संवत् 1619

अभिलेख आ.41.

राम-जानकी मंदिर के द्वार शाखा पर सोलहवीं शताब्दी ई० की नागरी लिपि में लिखित अभिलेख में संगमनाथ एवं छत्री का उल्लेख है:

1. संगंनाथुहुगिसऐकत्त छत्रीस्य

अभिलेख आ.42. चित्र 166.

राम-जानकी मंदिर के एक पाषाण खण्ड पर सोलहवीं शताब्दी ई० की नागरी लिपि में लिखित अभिलेख में तिथि संवत् 1627 (1570 ई०) वैशाख सुदि 15 तथा खेमदास एवं लालीभ और पयगद द्वारा वासुदेव के अभिवादन के साथ ही अकवर द्वारा करवाये गये कुछ कार्य का उल्लेख है, जिनकी पहचान मुगल शासक अकबर के रूप में की जा सकती है:

1. वसुदेवकह प्रनामु दीन प्रती।। षेमदस-
2. क।। वमगन परासन ... नाम वैसाष सुदि
3. 15 पुनीहु।। लालीभ षेमदस पयगद
4. सहुत।। संवत् 1627 (क)रापु अकवर
5. कग

चित्र 166. राम-जानकी मंदिर लेख, संवत् 1627

अभिलेख आ.43.

राम-जानकी मंदिर के एक पाषाण खण्ड पर सत्रहवीं शताब्दी ई० की नागरी लिपि में लिखित अभिलेख में तिथि संवत् 1664 (1607 ई०) माघ सुदि 10 तथा सम्भवत: दुर्ग की सुरक्षा के लिए करवाये गये कार्य का उल्लेख है:

1. संवत् 1664 मघ
2. रष सुदी 10
3. मेकहलडीलवोक
4. रक्षस्त धिवारीकांरुदनं न केवेत्य

अभिलेख आ.44.

कोटितीर्थ की दीवार के एक पाषाण खण्ड पर सोलहवीं शताब्दी ई० की नागरी लिपि में लिखित अभिलेख में लाम द्वारा कोटितीर्थ के अभिवादन का उल्लेख है:

1. कोटीतीर्थकह प्रनमु निति प्रती
2. लामकव

अभिलेख आ.45.

कोटितीर्थ की दीवार के एक पाषाण खण्ड पर बारहवीं शताब्दी ई० की नागरी लिपि में लिखित अभिलेख में सम्भवत: जंवख के रक्षार्थ किए गए धार्मिक कार्य की चर्चा है:

1. रछुज जंवख

अभिलेख आ.46.

कोटितीर्थ की दीवार के एक पाषाण खण्ड पर पंद्रहवीं शताब्दी ई० की नागरी लिपि में लिखित अभिलेख में विक्रम संवत् में तिथि अंकित है:

1. वि संवत् 1545

अभिलेख आ.47.

कोटितीर्थ की दीवार के एक पाषाण खण्ड पर सातवीं शताब्दी ई० की सिद्धमातृका लिपि में लिखित अभिलेख में सम्भवत: कोटितीर्थ में स्नान करने से नरक से मुक्ति प्राप्त होने की चर्चा है:

1. प्रच्छेतुसयति नरकं ध्रव:।

अभिलेख आ.48. चित्र 167.

कोटितीर्थ की दीवार के एक पाषाण खण्ड पर सोलहवीं शताब्दी ई० की नागरी लिपि में लिखित अभिलेख में तिथि संवत् 1600 (1543 ई०) तथा भवानन्द द्वारा महेश के अभिवादन का उल्लेख है:

1. महेसकह प्रनामु
2. भवानन्दक नित प्र-
3. ति संवत् 1600

चित्र 167. कोटितीर्थ लेख, संवत् 1600

अभिलेख आ.49.

कोटितीर्थ की दीवार के एक पाषाण खण्ड पर सोलहवीं शताब्दी ई० की नागरी लिपि में लिखित अभिलेख में तिथि संवत् 1595 (1538 ई०) कार्तिक सुदि 4 बुधवार तथा भीखू के पौत्र एवं मुधइ के पुत्र भानु द्वारा महेश के अभिवादन का उल्लेख है:

1. महेसकह प्रनामु भीषू पूत्र मुधइक तथेउ भनुका नितनय-
2. ति संवत् 1595 समऐ कतिक सूदि 4 वुधेवार

अभिलेख आ.50.

कोटितीर्थ की शिला पर सोलहवीं शताब्दी ई० की नागरी लिपि में लिखित अभिलेख में तिथि संवत् 1667 (1610 ई०) वैशाख सुदि 6 बुधवार तथा नीलकेश द्वारा गणेश, नारायण, नीलकण्ठ, कोटितीर्थ के अभिवादन का उल्लेख है:

1. गनेस नारायन ली(नी)लकंठ कोटिती-
2. र्थ प्रनामु सविता कोटप्रमक नि-
3. लकेसउ सर्वदा संवत् 1667
4. वेसष सुदि 6 भौमे

अभिलेख आ.51. चित्र 168.

कोटितीर्थ की दीवार के एक पाषाण खण्ड पर पंद्रहवीं शताब्दी ई० की नागरी लिपि में लिखित अभिलेख में तिथि संवत् 1511 (1454 ई०) वैशाख सुदि 1 बुधवार तथा पदाण के पुत्र देरड एवं वित्रेन द्वारा कोटितीर्थ और नीलकण्ठ के अभिवादन का उल्लेख है:

1. ओं सिधिः।। पदाणैवाक तसु देरडे च वि-

2. त्रेन कोटितीर्थ नीलकंठकह
3. नित्य प्रति अणेत्तरसजे
4. प्रनामु संवत् 1511 समये
5. वैसस सुदि 1 भौमे।

चित्र 168. कोटितीर्थ लेख, संवत् 1511

अभिलेख आ.52.

कोटितीर्थ की दीवार के एक पाषाण खण्ड पर सोलहवीं शताब्दी ई० की नागरी लिपि में लिखित अभिलेख में तिथि संवत् 1560 (1503 ई०) तथा हरम द्वारा कोटितीर्थ एवं नीलकण्ठ के अभिवादन का उल्लेख है:

1. ओं सिधि:।। कोटितीर्थक-
2. ह लि(नी)लकंठकह हरम-
3. क प्रनामु संवत् 1560 स-
4. मयो पलनक धरमु-
5. मैदक प्रनमुहे नरक
6. वलयक प्रनमुह

अभिलेख आ.53.

कोटितीर्थ की दीवार के एक पाषाण खण्ड पर अंकित सोलहवीं शताब्दी ई० की नागरी लिपि में लिखित अभिलेख में तिथि संवत् 1591 (1534 ई०) तथा महेश के अभिवादन का उल्लेख है:

1. (महे)सकह प्रनमु-
2. (क)ह करी लोकत्रीतीनेम
3. (15)91

अभिलेख आ.54. चित्र 169.

कोटितीर्थ की दीवार के एक पाषाण खण्ड पर बारहवीं शताब्दी ई० की नागरी लिपि में लिखित अभिलेख में श्रीकण्ठ ब्राह्मण परिवार का उल्लेख है, जो जाह्नवी अर्थात् गंगा तट के मूल निवासी थे और कालंजर में धार्मिक कार्य हेतु पधारे थे। इस परिवार की तीन पीढ़ियों में सिद्धरस, उनके पुत्र अव्दु एवं पौत्र त्रिलोखी के साथ अन्य विप्रों का भी उल्लेख है:

1. जाह्नवीतीरवास्तव्य श्रीकंठोद्विज-
2. तडु .. सिद्धरस्तत्सूनु अव्दु ..
3. सुत त्रिलोषिह सहकारी वीप्रा
4. .... दरसकुरवेर

चित्र 169. त्रिलोखी का कोटितीर्थ लेख

अभिलेख आ.55. चित्र 170.

कोटितीर्थ की दीवार के एक पाषाण खण्ड पर सोलहवीं शताब्दी ई० की नागरी लिपि में लिखित अभिलेख में तिथि संवत् 1599 (1542 ई०) तथा नगत द्वारा महेश, राम, एवं कोटितीर्थ के अभिवादन का उल्लेख है:

1. महेसकह प्रनामु रामनामसवतावदसक सं 1599
2. नगतक प्रनामु कोटतीथ(र्थ)कह प्रनमु नीत्ती प्रती

चित्र 170. कोटितीर्थ लेख, संवत् 1599

अभिलेख आ.56.

कोटितीर्थ की दीवार के एक पाषाण खण्ड पर अंकित सोलहवीं शताब्दी ई॰ की नागरी लिपि में लिखे अभिलेख में कोटितीर्थ के अभिवादन का उल्लेख है:

1. कोटितीर्थकह प्रनमु नितनम

अभिलेख आ.57. चित्र 171.

कोटितीर्थ की दीवार के एक पाषाण खण्ड पर अंकित अभिलेख। सोलहवीं शताब्दी ई॰ की नागरी लिपि में लिखित अभिलेख में तिथि संवत् 1562 (1505 ई॰) तथा मनू द्वारा कोटितीर्थ के अभिवादन का उल्लेख है:

1. महेसकह: प्रनामु मनूवीयौकहना
2. सं 1562 कतिक वदि 5

चित्र 171. कोटितीर्थ लेख, संवत् 1562

अभिलेख आ.58. चित्र 172.

कोटितीर्थ की दीवार के एक पाषाण खण्ड पर छठी शताब्दी ई॰ की शंख लिपि में लिखित अभिलेख में कोटितीर्थ का उल्लेख है:

1. (को)टितीर्थ

चित्र 172. शंख लिपि लेख

अभिलेख आ.59. चित्र 173.

कोटितीर्थ की दीवार के एक पाषाण खण्ड पर छठी शताब्दी ई॰ की शंख लिपि में लिखित अभिलेख में नीलकण्ठ के अभिवादन का उल्लेख है:

1. (नील)कंठक प्रना(मु)

चित्र 173. शंख लिपि लेख

अभिलेख आ.60. चित्र 174.

कोटितीर्थ की दीवार के एक पाषाण खण्ड पर छठी शताब्दी ई० की शंख लिपि में लिखित अभिलेख में नीलकण्ठ के अभिवादन का उल्लेख है:

1. (नील)कंठक प्रनामु

चित्र 174. शंख लिपि लेख

अभिलेख आ.61. चित्र 175.

कोटितीर्थ की दीवार के एक पाषाण खण्ड पर छठी शताब्दी ई० की सिद्धमातृका लिपि में लिखित खण्डित अभिलेख में जय तथा उनकी भार्या रमा का उल्लेख है:

1. जयद्भर्य्य रमा

चित्र 175. जय तथा रमा का कोटितीर्थ लेख

अभिलेख आ.62.

कोटितीर्थ की दीवार के एक पाषाण खण्ड पर सोलहवीं शताब्दी ई० की नागरी लिपि में लिखित अभिलेख में तिथि संवत् 1566 (1509 ई०) तथा विजय द्वारा महेश के अभिवादन का उल्लेख है:

1. महेसकह: प्रनमु नीसमन वीरी-
2. ति 13 विजयक नितं सं 1566

अभिलेख आ.63.

कोटितीर्थ की दीवार के एक पाषाण खण्ड पर सोलहवीं शताब्दी ई० की नागरी लिपि में लिखित खण्डित अभिलेख में वल द्वारा महेश के अभिवादन का उल्लेख है:

1. महेसकह
2. ... ये प्रण-
3. मु वलसि नित प्रती

अभिलेख आ.64. चित्र 176.

कोटितीर्थ की दीवार के एक पाषाण खण्ड पर छठी शताब्दी ई० की शंख लिपि में लिखित अभिलेख में अभिवादन का उल्लेख है:

1. प्रनुमि

चित्र 176. खण्डित शंख लिपि लेख

अभिलेख आ.65. चित्र 177.

कोटितीर्थ की दीवार के एक पाषाण खण्ड पर छठी शताब्दी ई० की शंख लिपि में कंठ अर्थात् नीलकण्ठ के अभिवादन का उल्लेख है:

1. कंठतापौ प्रण-
2. म

चित्र 177. शंख लिपि लेख

अभिलेख आ.66. चित्र 178.

कोटितीर्थ की दीवार के एक पाषाण खण्ड पर तेरहवीं शताब्दी ई० की नागरी लिपि में लिखित अभिलेख में माहिल द्वारा चक्रस्वामी के अभिवादन का उल्लेख है:

1. देवश्री चक्रस्वामि माहिल नित्यं प्रणमति:।

चित्र 178. माहिल का कोटितीर्थ लेख

अभिलेख आ.67.

कोटितीर्थ की दीवार के एक पाषाण खण्ड पर अंकित खण्डित अभिलेख। सत्रहवीं शताब्दी ई० की नागरी लिपि में लिखित अस्पष्ट अभिलेख में तिथि संवत् 1663 (1606 ई०) तथा देव अभिवादन एवं पूजा का उल्लेख है:

1. राम
2. संवत् 1663 वैसष नम वदि
3. .... प्रनमुअके पुजा
4. ... वी ... सलाकह रमवस
5. .... कलंजर ....

अभिलेख आ.68.

कोटितीर्थ की दीवार के एक पाषाण खण्ड पर सोलहवीं शताब्दी ई० की नागरी लिपि में लिखित अभिलेख में तिथि संवत् 1562 (1505 ई०) तथा मनू द्वारा महेश के अभिवादन का उल्लेख है:

1. महेसकह प्रममु मनूवीयौ
2. सं 1562

अभिलेख आ.69.

कोटितीर्थ की दीवार के एक पाषाण खण्ड पर छठी शताब्दी ई॰ की शंख लिपि में सम्भवत: नीलकण्ठ का उल्लेख है:

1. (नील)कंठक

अभिलेख आ.70.

कोटितीर्थ की दीवार के एक पाषाण खण्ड पर सोलहवीं शताब्दी ई॰ की नागरी लिपि में लिखित अभिलेख में तिथि संवत् 1562 (1505 ई॰) तथा मनू द्वारा महेश के अभिवादन का उल्लेख है:

1. महेसकह प्रनम मनूवीयौक नित
2. सं 1562

अभिलेख आ.71.

कोटितीर्थ के उत्तरी तट पर स्थित बारादरी के एक स्तम्भ पर अंकित अभिलेख। सत्रहवीं शताब्दी ई॰ की नागरी लिपि में लिखित अभिलेख में मघरदास का नाम लिखा है:

1. तारमघण्वणु
2. मघरदास शव-
3. ण
4. मत्तवषनजादमुहसक

अभिलेख आ.72.

कोटितीर्थ के उत्तरी तट पर स्थित बारादरी के एक स्तम्भ पर ग्यारहवीं शताब्दी ई॰ की नागरी लिपि में लिखित खण्डित अभिलेख में संभवत: सोढ द्वारा देव के अभिवादन का उल्लेख है:

1. .... प्रनम सोढ ..... दु ...... म। निवइ
2. .... कदेवश्री

अभिलेख आ.73. चित्र 179.

कोटितीर्थ की दीवार के एक पाषाण खण्ड पर पंद्रहवीं शताब्दी ई॰ की नागरी लिपि में लिखित अभिलेख में महेश के अभिवादन का उल्लेख है:

1. सविजौवित्री
2. महेसकह नित्य प्रति

चित्र 179. कोटितीर्थ लेख

अभिलेख आ.74.

राम-जानकी मंदिर के पास कोटितीर्थ की दीवार के एक पाषाण खण्ड पर तेरहवीं शताब्दी ई० की नागरी लिपि में व्यक्तिगत नाम लिखा है:

1. गढइ

अभिलेख आ.75.

कोटितीर्थ की दीवार के एक पाषाण खण्ड पर तेरहवीं शताब्दी ई० की नागरी लिपि में धान लिखा है:

1. धान

अभिलेख आ.76.

कोटितीर्थ की दीवार के एक पाषाण खण्ड पर तेरहवीं शताब्दी ई० की नागरी लिपि में व्यक्तिगत नाम उल्लिखित है:

1. किन्दे

अभिलेख आ.77.

कोटितीर्थ की दीवार के एक पाषाण खण्ड पर तेरहवीं शताब्दी ई० की नागरी लिपि में व्यक्तिगत नाम लिखा है:

1. मल्हो

अभिलेख आ.78.

कोटितीर्थ की दीवार के एक पाषाण खण्ड पर तेरहवीं शताब्दी ई० की नागरी लिपि में व्यक्तिगत नाम लिखा है:

1. धाम

अभिलेख आ.79.

कोटितीर्थ की दीवार के एक पाषाण खण्ड पर तेरहवीं शताब्दी ई० की नागरी लिपि में व्यक्तिगत नाम लिखा है:

1. वछ

अभिलेख आ.80.

कोटितीर्थ की दीवार के एक पाषाण खण्ड पर तेरहवीं शताब्दी ई० की नागरी लिपि में व्यक्तिगत नाम लिखा है:

1. केर

अभिलेख आ.81.

कोटितीर्थ की दीवार के एक पाषाण खण्ड पर तेरहवीं शताब्दी ई० की नागरी लिपि में व्यक्तिगत नाम लिखा है:

1. कोगां

इ. पत्थर महल मस्जिद के अभिलेख

कोटितीर्थ के उत्तर दिशा में स्थित पत्थर महल मस्जिद का निर्माण सूर वंशीय शासक शेरशाह के पुत्र इस्लामशाह के द्वारा 1545 ई० में कालंजर विजय के उपलक्ष में करवाया गया था। इस मस्जिद का निर्माण कोटितीर्थ तथा उसके आस-पास स्थित प्राचीन मंदिरों के अवशेषों से करवाया गया है, जो गुप्त, प्रतिहार, चन्देल तथा उसके बाद के काल से सम्बन्धित हैं। मस्जिद निर्माण में लगे प्राचीन अवशेषों में अधिकांश पर नागरी लिपि में अभिलेख लिखे हुए हैं। केवल एक अभिलेख पर्सियन लिपि में अंकित है। नागरी लिपि एवं संस्कृत भाषा में लिखित अभिलेखों में विक्रम संवत् 1543 (1486 ई०) का बुन्देला शासक प्रतापरुद्रदेव का अभिलेख सबसे बड़ा है। अधिकांश छोटे अभिलेखों में तीर्थयात्रियों के नाम तथा तिथि का विवरण है, जो कालंजर दुर्ग पर देव उपासना एवं प्रणाम निवेदन हेतु समय-समय पर पधारे थे।

अभिलेख इ.1.

पत्थर महल मस्जिद के एक पाषाण खण्ड पर अंकित अभिलेख। सोलहवीं शताब्दी ई० की नागरी लिपि में लिखित अभिलेख में तीपती द्वारा महेश तथा कोटितीर्थ के अभिवादन का उल्लेख है:

1. महेसकह प्रनमुक-
2. ह जीवेत्यी तीपतीक्कोटि-
3. तीर्थ्यकह नीत प्रती

अभिलेख इ.2.

पत्थर महल मस्जिद के एक पाषाण खण्ड पर सोलहवीं शताब्दी ई० की नागरी लिपि में लिखित अभिलेख में तिथि संवत् 1597 (1540 ई०) और रमइ एवं उघर द्वारा नीलकण्ठ तथा कोटितीर्थ के अभिवादन का उल्लेख है:

1. संवत् 1597 समये .... ना
2. ली(नी)लकंठकह प्रनामु कोटितीर्थकह ....
3. मुररिरतवे। रमइक नीत्य प्रति द्यो श्री उघरे

अभिलेख इ.3.

पत्थर महल मस्जिद के एक पाषाण खण्ड पर सोलहवीं शताब्दी ई० की नागरी लिपि में लिखित अभिलेख में बढ़ई गनेश द्वारा महेश के अभिवादन की चर्चा है:

1. महेसकह: प्रनमु गनेस वढकइक

अभिलेख इ.4.

पत्थर महल मस्जिद के एक पाषाण खण्ड पर सोलहवीं शताब्दी ई० की नागरी लिपि में लिखित खण्डित अभिलेख में मव द्वारा महेश के अभिवादन का उल्लेख है:

1. महेसकह प्र–
2. नमु।। मव ... ध

अभिलेख इ.5.

पत्थर महल मस्जिद के एक पाषाण खण्ड पर पंद्रहवीं शताब्दी ई० की नागरी लिपि में लिखित अभिलेख में तिथि संवत् 1556 (1499 ई०) लिखी है:

1. सं 1556 वरसे

अभिलेख इ.6. चित्र 180.

पत्थर महल मस्जिद के एक पाषाण खण्ड पर सोलहवीं शताब्दी ई० की नागरी लिपि में लिखित अभिलेख में तिथि संवत् 1562 (1505 ई०) और मनू द्वारा महेश के अभिवादन का उल्लेख है:

1. महेसकाह प्रनमु मनूवीयौकदिण
2. दिन सं 1562 कतिक वदि 5

चित्र 180. पत्थर महल मस्जिद लेख, संवत् 1562

अभिलेख इ.7.

पत्थर महल मस्जिद के एक पाषाण खण्ड पर सोलहवीं शताब्दी ई० की नागरी लिपि में लिखित अभिलेख में तिथि संवत् 1585 (1528 ई०) ज्येष्ट शुदि 5 शनिवार और ततुम, तील्ह, एवं देवदत द्वारा महेश के अभिवादन का उल्लेख है:

1. महेसकह प्रनांमु दष्टिथि चंथूत मसुढ ....
2. दिन प्रति संवत् 1585 जैष्ठ शुदि 5 शनौ देखवदे ततुमक
3. तील्हकदे देवदतक व अकिकिसेनु उलार्थ
4. कविजपकोलैकौ ....

अभिलेख इ.8.

पत्थर महल मस्जिद के एक पाषाण खण्ड पर सत्रहवीं शताब्दी ई० की नागरी लिपि में लिखित खण्डित अभिलेख में तिथि संवत् 1677 (1620 ई०) और डीची द्वारा महेश के अभिवादन का उल्लेख है:

1. महेसकह प्रनमु ....
2. पुत्र डीचीक संवत् 1677

अभिलेख इ.9.

पत्थर महल मस्जिद के एक पाषाण खण्ड पर पंद्रहवीं शताब्दी ई० की नागरी लिपि में लिखित खण्डित अभिलेख में तिथि के केवल दो अंक ही लिखे हैं:

1. .... नामा सं 53 कातिक वदि ....

अभिलेख इ.10.

पत्थर महल मस्जिद के एक पाषाण खण्ड पर छठी शताब्दी ई० की शंख लिपि में लिखित खण्डित अभिलेख:

1. ..... देर्जायदा तरनमं ....

अभिलेख इ.11. चित्र 181.

पत्थर महल मस्जिद के एक पाषाण खण्ड पर चौदहवीं शताब्दी ई० की नागरी लिपि में लिखित अभिलेख में तिथि संवत् 1421 (1364 ई०), तलराज तथा व्रह्म छत्री का उल्लेख है:

1. (1)421 समये
2. सुदि 10 देशहपा
3. तलराजपु
4. (व्र)ह्म छत्री

चित्र 181. पत्थर महल मस्जिद लेख, संवत् 1421

अभिलेख इ.12.

पत्थर महल मस्जिद के एक पाषाण खण्ड पर सोलहवीं शताब्दी ई० की नागरी लिपि में लिखित अभिलेख में लिर एवं पदाह द्वारा महेश के अभिवादन का उल्लेख है:

1. महेसकैत्रयत
2. ग लि(नी)लकंठ-
3. कह प्रनमु लि-
4. रक तथा पदा-
5. हक सीलुप्ठोदे

अभिलेख इ.13. चित्र 182.

पत्थर महल मस्जिद के एक पाषाण खण्ड पर सोलहवीं शताब्दी ई० की नागरी लिपि में लिखित खण्डित अभिलेख में तिथि संवत् 1566 (1509 ई०) और मनू का नाम लिखा है:

1. (प्रन)मुमी श्र मनू(वी) ......
2. यक सं 1566

चित्र 182. पत्थर महल मस्जिद लेख, संवत् 1566

अभिलेख इ.14.

पत्थर महल मस्जिद के एक पाषाण खण्ड पर सोलहवीं शताब्दी ई० की नागरी लिपि में लिखित खण्डित अभिलेख में अरबा के अभिवादन का उल्लेख है:

1. .... धत्रे अरबा-
2. .... स दिने
3. दक प्रनामु
4. .... कह नित्यं

अभिलेख इ.15.

पत्थर महल मस्जिद के एक पाषाण खण्ड पर सोलहवीं शताब्दी ई॰ की नागरी लिपि में लिखित अभिलेख का बायां भाग बगल की दीवार में दबा हुआ है, जिस कारण दिखायी पड़ने वाले अंश का पाठ ही सम्भव हो सका है:

1. (नील)कंठकौ
2. .... र्यकौ
3. .... रायन
4. .... विक्रं
5. .... डर
6. .... कपू
7. .... कानि
8. ....

अभिलेख इ.16. चित्र 183.

पत्थर महल मस्जिद के एक पाषाण खण्ड पर सोलहवीं शताब्दी ई॰ की नागरी लिपि में लिखित अभिलेख का दाहिना भाग बगल की दीवार में दबा है। पठनीय अंश में लक्ष्मण, राज, एवं खत्री के अभिवादन का उल्लेख है:

1. लष्माणष राजकेह प्रन(मु) ....
2. स षत्रीकां नीत्यं प्रति संव ....

चित्र 183. पत्थर महल मस्जिद का तीर्थयात्री लेख

अभिलेख इ.17.

पत्थर महल मस्जिद के एक पाषाण खण्ड पर सोलहवीं शताब्दी ई॰ की नागरी लिपि में लिखे दो अक्षर का पाठ है:

1. वृध्यां

अभिलेख इ.18.

पत्थर महल मस्जिद के एक पाषाण खण्ड पर सत्रहवीं शताब्दी ई॰ की नागरी लिपि में लिखित अभिलेख में तुरुक अगि का नाम लिखा है:

1. पलयिसगत्रस
2. तुरुकिअष अगिक

अभिलेख इ.19.

पत्थर महल मस्जिद के एक पाषाण खण्ड पर सत्रहवीं शताब्दी ई० की नागरी लिपि में लिखित खण्डित अभिलेख में करणिक (लेखक) अगीमह का उल्लेख है:

1. करनुक अगीमहम ....

अभिलेख इ.20. चित्र 184.

पत्थर महल मस्जिद में मिहराब के पास दो प्रकोष्ठों को जोड़ने वाले द्वार में लगे एक पाषाण खण्ड पर अंकित अभिलेख। मूल अभिलेख के अतिरिक्त पंद्रहवीं शताब्दी ई० के तीर्थयात्रियों द्वारा बाद में पत्थर के ऊपरी किनारे पर नागरी लिपि में दो अभिलेख लिखवा गया है, जिनमें एक अभिलेख वर्ष 1557 (1500 ई०) का है तथा दूसरा 1570 (1513 ई०) का। इनका पाठ है क्रमशः *1557 रामकह प्रनमुदव तनरक ...... (प्रन)मसकरा,* एवं *महेसकह प्रनमु मनुवीयौक सं 1570*।

चित्र 184. प्रतापरुद्रदेव का प्रशस्ति लेख, संवत् 1543 (साभार, कृष्ण कुमार)

मूल अभिलेख का उल्लेख *इण्डियन आर्कियालाजी 1976-77 - ए रिव्यूः* 63 में हुआ है तथा कृष्ण कुमार (1999: 151-162) ने इसका सम्पादन किया है। मूल अभिलेख एक प्रशस्ति लेख है, जिसकी तिथि है 1543 (1486 ई०) गुरुवार आग्रहायण वदि 5 है। अभिलेख का आरम्भ लक्ष्मी-नारायण के अभिवादन के साथ हुआ है, जिसके उपरान्त विष्णु की अराधना है। तदनन्तर राजवंश के शासकों, क्षत्र, नानंग, द्रोणपाल, सुबन्धु, महाराज भोज, पृथ्वीचन्द्र, पुरुषोत्तम, अर्जुनदेव, एवं प्रतापरुद्रदेव की उपलब्धियों की चर्चा है। ऐसा प्रतीत् होता है कि ये सभी बुन्देला राज परिवार से सम्बन्धित थे। इस राजवंश के क्षत्रपाल, नूनिकदेव, सोहनपाल या सिंहपाल, सुहुजैन्द्र या सहजेन्द्र, पृथ्वीराज या पुथु, अर्जुनदेव, मलखानसिंह और रुद्रप्रताप के नाम अन्य साक्ष्यों से विदित है। प्रस्तुत् अभिलेख के विवरणानुसार महाराजाधिराज श्री प्रतापरुद्रदेव ने माता त्रिलोकदेवी के कहने पर, दुर्ग के अन्दर कोटितीर्थ के पास निर्मित नवीन भवन में श्री लक्ष्मी-नारायण की एक प्रतिमा प्रतिष्ठापित करवायी तथा देव की पूजा-आराधना के लिए दो हल

भूमि दान स्वरूप ब्राह्मण प्रभाकर को दिया। अभिलेख के अंत में प्रशस्ति के रचनाकर कवि, उत्कीर्णक, लोहार तथा मूर्ति के निर्माता मूर्तिकार का उल्लेख है। प्रशस्ति की रचना प्रतापरुद्र के आदेश पर ज्ञानदास के पुत्र कवि दुर्गादास ने की थी। पत्थर पर लेख का उत्कीर्णन शिल्पी दामू एवं अन्य ने किया था। अन्य सहायक कर्मियों में, महोबा के निवासी भमराज, लोहार सातन, कान्हा तथा कोटवार के अन्य कामगार सम्मिलित थे। लक्ष्मी-नारायण प्रतिमा के निर्माता शिल्पी नारायण का भी नाम लिखा हुआ है। मंदिर का निर्माण शिल्पी कामदेव ने किया था। अभिलेख का दाहिना भाग अभी भी दबा हुआ है, जिस कारण कुछ अंश का पाठ सम्भव नहीं हो सका है। ऐसा प्रतीत् होता है कि अभिलेख लेखन के समय कुछ अक्षर छूट गये थे, जिन्हे बाद में पंक्ति के ऊपर पुन: अंकित किया गया है। अभिलिखित पत्थर के सामने पर्याप्त स्थान के अभाव में उसका छायांकन सरल नहीं है, फिरभी मूल अभिलेख, कृष्ण कुमार द्वारा प्रस्तुत् छायांकन एवं हमलोगों द्वारा लिए गए छायाचित्र के आधार पर पंद्रहवीं शताब्दी ई० की नागरी लिपि में लिखित इस अभिलेख के पुनर्सम्पादन का प्रयास किया गया है:

1. श्रीलक्ष्मीनारायण प्रनम:[1]।।।। जयति रुचिर वर्ण स्वर्ण लेखायमान प्रचलद चिर दीप्त्युद्भासिताम्भोधराभ:। नव कुवलयदाम श्याम लक्ष्मीकवक्ष स्थल विलुलितपक्ष्म्यालिङ्गि.ताङ्ग.ो मुरारि:।।1।। क्षिराम्भोधिशरन्न नश्शशिकला[2] त्रैलोक्य रम्या तुय (।) प्रोन्मीलन्मणिदाम ....
2. श्री गोविन्द सुरद्रुकल्पलतिका पद्मालया पातुव:।।2।। मन्थोत्थ(था) सममन्थरेवं गमिता वृन्दारकेष्विन्दिरास्येन्दौ चञ्चललोचनासु दनुज श्रेणीषुरोषारुणा। क्षिरोदे सदया सकाम कमला लावण्य लक्ष्मीरसे निर्म्मग्नीपि पिपासितैव मुरजिद्दृष्टिर्भवत्विष्टदा।।3।। दुस्थाम्भो धौपितरिनित(सं) ....
3. त्रिजगतिरता मातृत्वद्व:[3] कृषीष्टाऽभीष्टं दृष्टिर्युगपदुइम् द्भूरिभावाप्त्रि[4] पुत्रया:।।4।। यं जानन्ति जनाघनाञ्जनसमं नीरञ्जनं योगिनो वालं वल्लववालका युव[5] तरं वृन्दावने गोपिका:। एकं केचनकिअ[6] योगिन ममिरामां समालिङ्गि.तं प्रत्यक्षेण वयं पुन: स ....
4. नि प्रध्वस्ताखिल कल्मषं मखमुखस्वाहेद्ध धूमध्वजम्। तत्राद्य: पुरुष: पुराणपुरुषध्यानैक धीमान भूदत्रि: सोम पवित्रिता धरपुट: क्षत्रयाहव्यो भूत्तत:।।6।। तस्मादशेषागम लक्षणज्ञ:[7] सलक्षणो लक्षण उद्बभूव। वेदत्रयी वक्षसि य(स्य) ....
5. नानागुणगणैश्चक्रे सोमं सोमं समं समम्।।8।। मातृशर्म्मा महाशर्म्मा धर्म्मकर्म्मा तदात्मज:(जा:)। न्ययायवेदान्तमीमान्सा मान्सल प्रतिभोपमौ।।9।। ततो वेदेषु मानङ्ग.ो नानङ्ग.: सङ्ग.राङ्ग.ने। किंना[8] ऽनङ्ग.ोऽङ्ग.ना सङ्गे. नानङ्ग.ो ऽभूद्भुवस्तले।।10।। तत: सु(त) ....
6. न्स द्रोणपालो नरपाल रत्नम्।।11।। क्षमं ब्राह्मण रक्षायांक्ष्मायां क्षोत्रं मन्हन्म:। इतीव क्षोणि लोभाद्व्रायेन ब्राह्मण्यमुज्झितम्।।12।। कुजत्कोदण्ड दण्ड प्रगुण गुण लतोन्मुक्त[9] नाराचजातोज्जात व्याघातघूर्णत्कटक प(टल) ....
7. धि राजा वाजा वाजा नुराज द्रुब्धिरसरितियश्चारु संचार धीर:।।13।। अधि-कालञ्जरं यस्य द्रोण देवालयोदयम्। श्री खण्डेतु नवं नित्यं द्रोण सागरजं यश:।।14।। अनन्तरं राजदनन्त कीर्त्तिरीश स्वरूपोपि रतीश रूप:। आसीत्पदामी[10] ....
8. पाथोनिधि पृथु मन्थन मन्दरस्य विष्णो:। सुरुचिर चरणारविन्दभृङ्ग.ो ऽभवद वनेर वन्यथ गर्ज्जनेन्द्र:।।16।। तस्यासीद्रणसीमभीम सदृशो दृश्ये सुवन्धुर्द्दृशो रादर्शोखिल धर्म्मकर्म्मणि सुतश्चेतोर्थ चिन्तामणि:। यस्याद्यापिचको ....
9. ।।17।। यथादुग्धाम्भोधेर जनिरजनि प्राणदयितो यथा श्री रामोभूद्दशरथ नरेन्द्रान्निरुपम:। तथातस्माद्- भूमीवलय तिलकात्प्रापदुदयं महाराजो भोज: स्वभुजविजयेनोर्ज्जित यशा:।।18।। राज्ञस्तस्यात्म- जन्मा समभवदवनी वल्लभो ....

10. र्ण कृष्टैर्ज्जरठकमठिका पृष्ठपीठी कठोरैश्चञ्चच्चापैरपाप: स जवन यवनान्प्रापयामासनाशम्।।19।। पृथ्वीचन्द्रो नरेन्द्रस्तदलु[11] समभव्द्भूरि सौभाग्य भाग्यो नाना संकल्प कल्पद्रुम इतिनितरां यत्र सत्या प्रसिद्धि:। ....

11. सितलसत्खड्गवल्ली विभाति।।20।। प्रत्यर्थीश्वर लोक कोक युगलं विश्लेष यन्योषयन्नित्यं भृत्य चकोर कान्प्रमद्वयन्स्वैरं सुहृत्कैरवम्। धन्यो दैन्य तमोहरन्नरि वधूवक्त्राम्बुजं म्लापयन्पृथ्वीचन्द्र इति प्रसिद्धि मगय(म)द्यः पार्थिव(वो)(र्थानुग:) ....

12. द्रजोभि: समजनि रजनी संधम: कोपितादृक्। यस्मिन्पीयूषपूर्णोप्परिहरिणदृशां नोदयं वक्त्र[12] चन्द्रश्चक्रे वक्षो[13]जचक्रार्भक युगमगमन्नापि विश्लेषदु:खम्।।(22।।) पृथ्वीचन्द्रोदयं योरुचिरम रचयद्धर्म्म वन्धुर्निव ....

13. निज भुजावीर्य गाम्भीर्य शौर्यैर्न्नित्ये स्वगाति दुर्ग्गं जगति जयपुरं येन संदेश्य वश्यम्।।23।। सेनापती न्र(र)णवरा न्र(र)णमल्ल मुख्यानादिश्य येन पृथिवीवर वल्लभेन। किञ्चान्य दाप्य मितसेन हुसेन सेनाक्रान्तं पुनर्ज्जयपुरं जगृहे (सुखेन) ....

14. त्पु नर वनिभुजा पूर्व्ववत्सार्व्वभौम:। धन्यादन्य स्य[14]पुण्यादविरत चकितेनार्थितो जिष्णुनाचेद्विष्णुस्तं वीरजिष्णुं वरमयमनयन्नैव[15] वैकुण्ठलोकम्।।25।। पद्माङ्.कपाणे: पुरुषोत्तमस्य त्रैलोक्य देवीनौ यस्य[16] लक्ष्मी। ....

15. राप्य कूपार पारेप्य समसमर कीर्त्तिर्यत्पदाव्ज प्रसादात्। तममरवर वन्द्यं[17] राममासेवमान: परमपर कुमारो होलदेवो यदीय:।।27।। शुभमस्तु।।27।। तेनानेन मही महेश ....

16. ज्यमानविभवे कालञ्जरेस्मिन्गिरावेतन्मन्दिर मिन्दिराप्रणायिन: प्रारभ्यमाणं वभौ।।28।। तस्मात्प्रतापरुद्रोमही महेन्द्रो रणे रुद्र:। परिरक्षति[18] क्षितितलं धवली कृत्योल्ल सतकीर्त्या।।29।। कुण्डालेर्ज्जुनदेव रक्षण ....

17. काल भुजगोऽवाचा प्रतीच्यक्षमानाथोन्माथ पृथु प्रथो विजयतेयद्वाहुदण्डो नीशं।।30।। वैदर्भ्याय: प्रगुणगुणय चुम्वयन्वक्त्रचन्द्रं पाञ्चाल्या च प्रतिरस कथं श्लेषयत्कण्ठपीठम्। सालङ्.कारं सपदि रचयत्किञ्च गौणीय ....

18. त्तर स्यामपि कुण्डलीश्च। देशानवाच्यामपि वारमत्या: प्राच्याम सिर्यस्पददाति दृष्टिम।।32।। काञ्चिद्वक्र[19] विलोकनैरमयते रामांसुधा मुग्धयावाचा कामपिकाम सुन्दरतनु: काञ्चिद्रसालिङ्ग.नै:। इत्या नन्दितनन्द नन्दन इव ....

19. त्य शाला सुविशाल नेत्रोल्लसन्मुखी पाणिपदप्रचारै:। आनीयते चन्द्रगखञ्जरीट विराजि राजीववनस्य शोभा।।34।। कोशं मुञ्चत्य सम समरे नि:कृपेयत्कृपाणे दूराद्दूरादपि रिपु नृपास्त्यक्त कोशाभवन्तित्संदृष्वेत[20] ....

20. ष्ठं प्रति कोटितीर्थ लहरी सोपान वीथी पथे प्रस्थानं दृधत: पितु:[21] सफलयन्नाज्ञां हरेर्भक्ति:। प्रासादे ऽत्र सुवर्ण वृष्टि विधिना श्रीवल्लभं स्थापयत्सोऽयं रुद्रमही महेन्द्रतिलक: पायात्सदा मेदिनीम्।।36।। भुक्ति मुक्ति पुरुषार्थक ....

21. यं।।37।। श्री गोरक्षपुरस्य पश्चिमदिशि श्रीमङ्ग.लाख्यं[22]पुरं तस्मिन्माधव सेवकोऽस्ति करण: श्री ज्ञानदासो वुध:। दुर्ग्गादास कविस्तदीय तनय: क्षोणीन्द्र रुद्राज्ञया निर्दोषांकुरुते प्रशस्ति ममुनाराज्ञा (सदा सत्कृत:) ... .

22. ल्पी। तसूनुनाऽनून[23] गुणेन[24] कामदेवेन देवालय एषचक्रे।।39।। देवता शासन भूमिं देवार्च्चायां प्रभाकरो विप्र:। मात्रा(तृ) त्रिलोकदेव्या राज्ञा रुद्रेण चाज्ञप्त:।।40।। वह्निवेद शरचन्द्रवोधिते विक्रमार्क्क नरनाथ वत्सरे। ....

23. संवत् 1543 अग्रहण वदि 5 गुरु पुष्ये(ष्ये)। महाराजाधिराज श्री प्रतापरुद्रदेवेन मात्रा(तृ) त्रिलोक[25] देव्या कृताशीर्व्वदिन कृतं लक्ष्मीनारायण स्थापनमत्र प्रासादे।।।। हरिहृदिरमते सा या वदम्भोधि जेयं विहरति चहरार्द्धेयावदद्रीश (कन्या) ....

24. जूडे दामू प्रभृति शिल्पिभिरुत्कीर्ण वर्णेयं प्रशस्ति:।। महोवीय भमराज नामा निजवर्ग्गेण सह कर्म्मण्यत्रासीत।। सातननामा लौहकारश्च।। कान्होऽत्र कर्म्मणि कोटवार:। नारायननामशिल्पिना लक्ष्मीनारायण मूर्त्तिनिर्माण कृतम्।। महा ....

टिप्पणी:

1. कुमार ने *नम:* पाठ किया है।
2. कुमार ने *भश्शशिकला* पाठ किया है।
3. कुमार ने *मात्मसद्व:* पाठ किया है।
4. कुमार ने *भावाब्धि* पाठ किया है।
5. कुमार ने *युद* पाठ किया है।
6. कुमार ने *अ* छोड़ दिया है।
7. कुमार ने *ज्ञ:* छोड़ दिया है।
8. कुमार ने *किंवा* पाठ किया है।
9. कुमार ने *लतोन्मुत्क* पाठ किया है।
10. कुमार ने *आसीत्स* पाठ किया है।
11. कुमार ने *दनु* पाठ किया है।
12. कुमार ने *वक्र* पाठ किया है।
13. कुमार ने *वन्जो* पाठ किया है।
14. कुमार ने *रया* पाठ किया है।
15. कुमार ने *न्नेव* पाठ किया है।
16. कुमार ने *बुधस्य* पाठ किया है।
17. कुमार ने *वन्दमं* पाठ किया है।
18. कुमार ने *परिरक्षित* पाठ किया है।
19. कुमार ने *काञ्चिवद्वक्र* पाठ किया है।
20. कुमार ने *सहर्ष* पाठ किया है।
21. कुमार ने *विभु:* पाठ किया है।
22. कुमार ने *रव्य* पाठ किया है।
23. कुमार ने *ऽन्यून* पाठ किया है।
24. कुमार ने तीसरा शब्द छोड़ दिया है।
25. कुमार ने *त्रिलोक्य* पाठ किया है।

अभिलेख इ.21.

पत्थर महल मस्जिद के एक पाषाण खण्ड पर सोलहवीं शताब्दी ई० की नागरी लिपि में लिखित अभिलेख से तिथि फाल्गुन सुदि 11 ज्ञात है किंतु वर्ष की जानकारी नहीं है। इसमें वलिजय द्वारा लक्ष्मी-नारायण, कोटितीर्थ एवं नीलकण्ठ के अभिवादन का उल्लेख है:

1. लक्ष्मीनरायनकह प्रनमु .....
2. कोटितीर्थ ली(नी)लकंठकह
3. वलिजयक प्रनामु संव .....
4. फाल्गुन सुदि 11

अभिलेख इ.22.

पत्थर महल मस्जिद के एक पाषाण खण्ड पर पंद्रहवीं शताब्दी ई० की नागरी लिपि में लिखित खण्डित अभिलेख में तिथि 1556 संवत् (1499 ई०) तथा नेहल द्वारा अभिवादन का उल्लेख है:

1. .... प्रनमुग
2. नेहलदयेकं दिन्ह प्र-
3. ती संवत् 1556

अभिलेख इ.23.

पत्थर महल मस्जिद के एक पाषाण खण्ड पर सोलहवीं शताब्दी ई० की नागरी लिपि में लिखित खण्डित अभिलेख में सेहुद एवं उरुदत द्वारा अभिवादन का उल्लेख है:

1. .... तह ....
2. .... सुत ....
3. .... कह ....
4. .... ति प्रनमु ....
5. .... गुमस्त परीदसनौ ....
6. वदि 11 दिने सेहुदहु उरुदत प्रनजु(मु)

अभिलेख इ.24.

पत्थर महल मस्जिद के एक पाषाण खण्ड पर सोलहवीं शताब्दी ई० की नागरी लिपि में लिखित अभिलेख में तिथि संवत् 1564 (1507 ई०) तथा रतन द्वारा अभिवादन का उल्लेख है:

1. रतनमिसद्यै प्रनमुस्यहा-
2. वंदकह दिन प्रती
3. संवत् 1564

अभिलेख इ.25.

पत्थर महल मस्जिद के एक स्तम्भ पर सोलहवीं शताब्दी ई॰ की नागरी लिपि में लिखित अभिलेख में महेश, हरिहर एवं नारायण के अभिवादन का उल्लेख है:

1. महेसकह प्रन-
2. मु हरिहर नरायन

अभिलेख इ.26. चित्र 185.

पत्थर महल मस्जिद के एक स्तम्भ पर ग्यारहवीं शताब्दी ई॰ की नागरी लिपि में लिखित अभिलेख में ठक्कुर ईश्वर द्वारा अभिवादन का उल्लेख है:

1. ठक्कुर श्री ईस्वर प्रणे-
2. मति:इ

चित्र 185. ईश्वर का पत्थर महल मस्जिद लेख

अभिलेख इ.27.

पत्थर महल मस्जिद के एक स्तम्भ पर चौदहवीं शताब्दी ई॰ की नागरी लिपि में लिखित अभिलेख में थुल्ह एवं माल्ह द्वारा अभिवादन का उल्लेख है:

1. भक्ताकरे थुल्ह
2. माल्हापैत्य

अभिलेख इ.28. चित्र 186.

पत्थर महल मस्जिद के एक स्तम्भ पर चौदहवीं शताब्दी ई॰ की नागरी लिपि में लिखित अभिलेख में तिथि संवत् 1437 (1380 ई॰) एवं शुभंकर द्वारा चक्रस्वामी के अभिवादन का उल्लेख है:

1. चक्रस्वामिदेवता
2. शुभंकर नित्यं प्र-
3. णमति सं 1437

चित्र 186. पत्थर महल मस्जिद लेख, संवत् 1437

अभिलेख इ.29.

पत्थर महल मस्जिद के एक स्तम्भ पर ग्यारहवीं शताब्दी ई० की नागरी लिपि में लिखित अभिलेख में सइण द्वारा देव के अभिवादन का उल्लेख है:

1. देवश्री सइणे प्रणमिए

अभिलेख इ.30.

पत्थर महल मस्जिद के एक स्तम्भ पर बारहवीं शताब्दी ई० की नागरी लिपि में लिखित अभिलेख में नीलकण्ठ के अभिवादन का उल्लेख है:

1. सिधि श्री ली(नी)ल(कंठक)-
2. ह प्रणमति

अभिलेख इ.31.

पत्थर महल मस्जिद के एक स्तम्भ पर पंद्रहवीं शताब्दी ई० की नागरी लिपि में लिखित अभिलेख में महेश के अभिवादन का उल्लेख है:

1. (म)हेसकह प्रनमु

अभिलेख इ.32. चित्र 187.

पत्थर महल मस्जिद के एक स्तम्भ पर नागरी लिपि में तिथि संवत् 1154 (1097 ई०) तथा ठक्कुर तिकम के पुत्र संकलि द्वारा अभिवादन का विवरण दिया हुआ है:

1. ठकुर श्री तिकम्व सुते
2. संकलिआ वीम्हद नि-
3. त्यं प्रमति संवत् 1154

चित्र 187. पत्थर महल मस्जिद लेख, संवत् 1154

अभिलेख इ.33.

पत्थर महल मस्जिद के एक स्तम्भ पर तेरहवीं शताब्दी ई० की नागरी लिपि में लिखित अभिलेख में महापण्डित गीधा द्वारा उपासना का उल्लेख है:

1. महापंडित गीधात्सोस्तए नित्यं प्रणमति

अभिलेख इ.34. चित्र 188.

पत्थर महल मस्जिद के एक स्तम्भ पर तेरहवीं शताब्दी की नागरी लिपि में लिखित अभिलेख में कुल्हण द्वारा चक्रस्वामी के अभिवादन का उल्लेख है:

1. देवश्री चकम्रा(स्वा)मिनं
2. श्री क्व(कु)ल्हलो(णो) नित्यं व्र(प्र)णमती:।

चित्र 188. कुल्हण का पत्थर महल मस्जिद लेख

अभिलेख इ.35. चित्र 189.

पत्थर महल मस्जिद के एक स्तम्भ पर अंकित अभिलेख। इस अभिलेख का विवरण *एनुअल रिपोर्ट आफ इण्डियन एपिग्राफी 1969-70* (73, सी 2971) में दिया हुआ है। बारहवीं शताब्दी ई० की नागरी लिपि में लिखित अभिलेख में तिथि 1219 (1162) तथा संगलू द्वारा अभिवादन का उल्लेख है:

1. संगलू प्रणमति
2. सं 1219

चित्र 189. पत्थर महल मस्जिद लेख, संवत् 1219

अभिलेख इ.36. चित्र 190.

पत्थर महल मस्जिद के एक स्तम्भ पर बारहवीं शताब्दी ई० की नागरी लिपि में लिखित अभिलेख में ठकुर घांघ द्वारा अभिवादन का उल्लेख है:

1. ठकुर श्री घांघे प्रण-
2. मति नित्यं।।

चित्र 190. घांघ का पत्थर महल मस्जिद लेख

अभिलेख इ.37.

पत्थर महल मस्जिद के एक स्तम्भ पर बारहवीं शताब्दी ई० की नागरी लिपि में लिखित अभिलेख में ठकुर श्रांद्ध के पुत्र रणपाल द्वारा अभिवादन का उल्लेख है:

1. ठकुर श्री श्रांद्धे सुत रणपाल प्रणमति।।

अभिलेख इ.38.

पत्थर महल मस्जिद के एक स्तम्भ पर पंद्रहवीं शताब्दी ई० की नागरी लिपि में लिखित अभिलेख में नीकम द्वारा अभिवादन का उल्लेख है:

1. नीकम
2. श्री प्रणमित

अभिलेख इ.39. चित्र 191.

पत्थर महल मस्जिद के एक स्तम्भ पर सोलहवीं शताब्दी ई० की नागरी लिपि में लिखित अभिलेख में तिथि 1576 (1519 ई०) तथा रसी द्वारा कोटितीर्थ एवं नीलकण्ठ के अभिवादन का उल्लेख है:

1. कोटीतीर्थ
2. ली(नी)लकंठकह
3. रसी नीत
4. प्रनमु
5. सं 1576

चित्र 191. पत्थर महल मस्जिद लेख, संवत् 1576

अभिलेख इ.40. चित्र 192.

पत्थर महल मस्जिद के एक स्तम्भ पर सोलहवीं शताब्दी ई० की नागरी लिपि में लिखित अभिलेख में पण्डित नरायण द्वारा देव के अभिवादन का उल्लेख है:

1. पंडित नरा-
2. यणो नित्यं
3. देव प्रणमतै

चित्र 192. नरायण का पत्थर महल मस्जिद लेख

अभिलेख इ.41.

पत्थर महल मस्जिद के एक स्तम्भ पर पंद्रहवीं शताब्दी ई० की नागरी लिपि में लिखित अभिलेख में देव के अभिवादन का उल्लेख है:

1. देवतह नितं प्रण-
2. मति

अभिलेख इ.42. चित्र 193.

पत्थर महल मस्जिद के एक स्तम्भ पर ग्यारहवीं शताब्दी ई० की नागरी लिपि में तिथि संवत् 1155 (1098 ई०) तथा भट्ट के पौत्र, साल्हण के पुत्र नैणपाल द्वारा चक्रस्वामी के अभिवादन का उल्लेख है:

1. द्विवेदी श्रीदेव ....
2. नित्यं प्रणमति ....
3. चक्रस्वामिदेव्या।
4. भट्ट पुत्र श्री साल्हण
5. सुत नैणपाल नित्यं
6. प्रणमति।। संवत् 1155

चित्र 193. पत्थर महल मस्जिद लेख, संवत् 1155

अभिलेख इ.43.

पत्थर महल मस्जिद के एक स्तम्भ पर बारहवीं शताब्दी ई० की नागरी लिपि में लिखित अभिलेख में ठकुर भालण के पुत्र मामे द्वारा अभिवादन का उल्लेख है:

1. ठकुर श्री
2. भालण सु-
3. त मामे
4. प्रणमति

अभिलेख इ.44.

पत्थर महल मस्जिद के एक स्तम्भ पर बारहवीं शताब्दी ई० की नागरी लिपि में लिखित अभिलेख में गोधन एवं सेन द्वारा अभिवादन का उल्लेख है:

1. गोधन्न नित्य प्रणंमति
2. सेनं प्रणममि नित्यं।।

अभिलेख इ.45.

पत्थर महल मस्जिद के एक स्तम्भ पर सोलहवीं शताब्दी ई० की नागरी लिपि में लिखित अभिलेख में सुमिह द्वारा देव आराधना का उल्लेख है:

1. देवंत्यार्चद्या
2. सुमिहाक
3. वटितहा
4. प्रणमति

अभिलेख इ.46.

पत्थर महल मस्जिद के एक स्तम्भ पर सोलहवीं शताब्दी ई० की नागरी लिपि में लिखित अभिलेख में विद्याधर तथा विल्हण द्वारा चक्रस्वामी के अभिवादन का उल्लेख है:

1. दे(व)श्री च(क्र)-
2. स्वामि विद्या-
3. धरि विल्हणि
4. प्रणमति।।

अभिलेख इ.47.

पत्थर महल मस्जिद के एक स्तम्भ पर सोलहवीं शताब्दी ई० की नागरी लिपि में तिथि संवत् 1578 (1521 ई०) तथा मनू द्वारा अभिवादन का विवरण लिखा हुआ है:

1. मवारु प्र-
2. णमु मनू-
3. वीयौक
4. सं 1578

अभिलेख इ.48.

पत्थर महल मस्जिद के एक स्तम्भ पर पंद्रहवीं शताब्दी ई० की नागरी लिपि में लिखित अभिलेख में वीरी, तरन एवं कुंधेर द्वारा राम और नीलकण्ठ के अभिवादन का उल्लेख है:

1. रामकह च्र(प्र)नामु-
2. कारि वीरी देव लि(नी)लकं-
3. ठक प्रनमु तरन-
4. क कुंधेरक

अभिलेख इ.49.

पत्थर महल मस्जिद के एक स्तम्भ पर तेरहवीं शताब्दी ई० की नागरी लिपि में तिथि संवत् 1315 (1258 ई०) एवं रसाभल द्वारा राम के अभिवादन का विवरण दिया हुआ है:

1. श्रीरामक-
2. ह प्रणम
3. रसाभलक
4. सं 1315

अभिलेख इ.50.

पत्थर महल मस्जिद के एक स्तम्भ पर तेरहवीं शताब्दी ई० की नागरी लिपि में लिखित खण्डित अभिलेख में कुछ अक्षर ही पढ़े जा सके हैं, जिनसे चक्रस्वामी एवं महेश के अभिवादन सम्बन्धी विवरण होने की जानकारी मिलती है:

1. ....
2. ....
3. ....
4. ....
5. ....
6. .... त्वलेन
7. .... दमुतल सुषाऐ
8. स्वस्ति श्री ... चक्रस्वामी: ज्यय ...
9. महेसकह (प्र)नमु
10. नरा ...... सुयस ......

अभिलेख इ.51.

पत्थर महल मस्जिद के एक स्तम्भ पर ग्यारहवीं शताब्दी ई० की नागरी लिपि में तिथि संवत् 1152 (1095 ई०) तथा छिहुल के पुत्र दोगा द्वारा चक्रस्वामी के अभिवादन एवं श्रीवास्तव परिवार के जाहुल के पौत्र एवं गोपाल के पुत्र सल्हण द्वारा प्रणाम निवेदन का उल्लेख है:

1. देवश्री चक्र-
2. स्वामि गतासाम
3. छिहुला सुताह
4. दोगांराच्छमतौ
5. श्रीवास्तव्यकुले श्री जाहुल
6. तनयोवुधोस्ति गोपाल:
7. तस्य सुत: श्री सल्हणनामा

8. प्रणमति सजामिरपि।।
9. संवत् 1152

अभिलेख इ.52.

पत्थर महल मस्जिद के एक स्तम्भ पर सोलहवीं शताब्दी ई० की नागरी लिपि में तिथि संवत् 1589 (1532 ई०) तथा लुणष द्वारा गणेश के अभिवादन का उल्लेख है:

1. लुणष प्रणमत नि(त्य)
2. गनेसयेजीक
3. प्रनमुमहे सदे
4. संवत् 1589

अभिलेख इ.53.

पत्थर महल मस्जिद के एक स्तम्भ पर आधुनिक नागरी लिपि में राम पांच पंक्तियों में लिखा है:

1. राम
2. राम
3. राम
4. राम
5. राम

अभिलेख इ.54.

पत्थर महल मस्जिद के एक स्तम्भ पर सोलहवीं शताब्दी ई० की नागरी लिपि में लिखित अभिलेख में मदन द्वारा महेश के अभिवादन का उल्लेख है:

1. महेसक-
2. ह प्रणमु-
3. मदनेण
4. संवत् ....

अभिलेख इ.55.

पत्थर महल मस्जिद के एक स्तम्भ पर सोलहवीं शताब्दी ई० की नागरी लिपि में लिखित अभिलेख में नोतिण के अभिवादन का उल्लेख है:

1. प्रनमुकएथ
2. नोतिण
3. न्नजक

अभिलेख इ.56. चित्र 194.

पत्थर महल मस्जिद के एक स्तम्भ पर ग्यारहवीं शताब्दी ई० की नागरी लिपि में तिथि संवत् 1125 (1068 ई०) तथा गोद के पुत्र गोल द्वारा अभिवादन का विवरण है:

1. संव(त्) 1125 श्री गोदे सुत गोल
2. नित प्रणमती

चित्र 194. पत्थर महल मस्जिद लेख, संवत् 1125

अभिलेख इ.57.

पत्थर महल मस्जिद के एक स्तम्भ पर ग्यारहवीं शताब्दी ई० की नागरी लिपि में लिखित अभिलेख में महर वीजु की भार्या द्वारा अभिवादन का उल्लेख है। महर उपाधि महत्तर के लिए प्रयुक्त जान पड़ती है, जिसका अर्थ 'ग्रामप्रधान' या 'ग्राम पंचायत का सदस्य' है (सरकार 1966: 184)। अभिलेख का पाठ है:

1. महर वीजु भार्ज्जा प्रणमति।

अभिलेख इ.58.

पत्थर महल मस्जिद के एक स्तम्भ पर पंद्रहवीं शताब्दी ई० की नागरी लिपि में लिखित अभिलेख में गल द्वारा महेश के अभिवादन का उल्लेख है:

1. महेसकह प्र-
2. नमुह गलक

अभिलेख इ.59.

पत्थर महल मस्जिद के एक स्तम्भ पर पंद्रहवीं शताब्दी ई० की नागरी लिपि में लिखित अभिलेख में भम द्वारा महेश के अभिवादन का विवरण है:

1. सीधणक
2. महेसकह
3. प्रनमु भ-
4. मक नीत प्र-
5. ती:।।

अभिलेख इ.60. चित्र 195.

पत्थर महल मस्जिद के एक स्तम्भ पर सत्रहवीं शताब्दी ई० की नागरी लिपि में लिखित अभिलेख में तिथि संवत् 1723 (1666 ई०) तथा जागरु द्वारा नीलकण्ठ के अभिवादन, और सम्भवत: जागरु के आदेश पर सूत्रधार उरो द्वारा धार्मिक निर्माण करवाने का उल्लेख है:

1. ली(नी)लकंठकह प्रनमु-
2. जागरुकहमादेस सुत-
3. धर उरोके संवत् 1723

चित्र 195. पत्थर महल मस्जिद लेख, संवत् 1723

अभिलेख इ.61.

पत्थर महल मस्जिद के एक स्तम्भ पर बारहवीं शताब्दी ई० की नागरी लिपि में लिखित अभिलेख में महर पौरी तथा उसकी भार्या द्वारा अभिवादन का उल्लेख है:

1. महर पौरि स भार्ज्जा प्रण-
2. मति नित्य:।।

अभिलेख इ.62.

पत्थर महल मस्जिद के एक आधुनिक स्तम्भ पर धने का नाम लिखा है:

1. धने

अभिलेख इ.63.

पत्थर महल मस्जिद की बाहरी दीवार के एक पाषाण खण्ड पर सोलहवीं शताब्दी ई० की नागरी लिपि में लिखित अभिलेख में सम्भवत: श्रद्धालु, पण्डित एवं राम के दास शिलाकर्मी शिवराज द्वारा राम के अभिवादन का विवरण है, जिनका योगदान निर्माण कार्य में भी रहा होगा:

1. राम राम राम राम राम
2. सुरिजनु पंडितु रामकादासु
3. शिवराजी सिलाउट

अभिलेख इ.64.

पत्थर महल मस्जिद की बाहरी दीवार के एक पाषाण खण्ड पर पंद्रहवीं शताब्दी ई० की नागरी लिपि में लिखित अभिलेख में तिथि संवत् 1505 (1448 ई०) तथा सपरन द्वारा नीलकण्ठ के अभिवादन का उल्लेख है:

1. काग नित्य पती-
2. क निलकंठकह
3. प्रममुक ....
4. सपरनक
5. प्रनमु संव-
6. त् 1505

अभिलेख इ.65. चित्र 196.

चित्र 196. भीम का खण्डित पत्थर महल मस्जिद लेख

पत्थर महल मस्जिद के दक्षिण दिशा की बाहरी दीवार के एक पाषाण खण्ड पर अंकित खण्डित अभिलेख। सातवीं शताब्दी ई० की सिद्धमातृका लिपि में लिखित अभिलेख एक बड़े अभिलेख का भाग जान पड़ता है। सुरक्षित अंश में तिथि एवं अभिलेख लेखन के मुख्य उद्देश्य का विवरण उपलब्ध नहीं है, फिर भी यह अभिलेख ऐतिहासिक दृष्टि से अत्यंत महत्वपूर्ण है। इसमें शासक की उपलब्धियों की तुलना महाभारत के नायकों जैसे अर्जुन एवं भीम से की गयी है। अभिलेख में दुर्गराज भीमट की उपलब्धियों का विवरण है, जिनके पराक्रम की तुलना महाभारत के भीम से की गयी है। इससे कालंजर पर कलचुरियों के एक राजवंश के शासन की पुष्टि होती है। कालंजर के कलचुरि राजवंश के चार शासकों की चर्चा मुद्रा, साहित्यिक विवरण, तथा अन्य स्थलों से ज्ञात कुछ अभिलेखों के आधार पर की गयी है, जिनके नाम है कृष्णराज, लक्ष्मणराज, वामराज, एवं भीमट। इन्होने राजधानी कालंजर से छठी-सातवीं शताब्दी ई० के मध्य शासन किया था (सुल्लेरे 1998: 39-43)। यद्यपि प्रस्तुत् अभिलेख में राजवंश तथा भीमट के पूर्ववर्ती शासकों का विवरण नहीं है, फिर भी प्राप्ति स्थल, विवरण एवं तिथि की समानता के आधार पर इनकी पहचान कालंजर के कलचुरि भीमट से समीचीन जान पड़ती है। भीमट की साहित्यिक उपलब्धियों की चर्चा जल्हण के *सूक्तिमुक्तावलि* में वर्णित है, जिसके अनुसार *कालंजरप्रतिश्चक्रे भीमटः पच्चनाटकीम्। प्राप प्रबन्धराजत्वं तेषु स्वप्नदशाननम्।।* जिससे स्पष्ट है कि भीमट ने पांच नाटकों की रचना की थी, जिसमें स्वप्नदशाना श्रेष्ठ कृति है। इससे कलचुरि शासक की बहुमुखी प्रतिभा का ज्ञान होता है। अभिलेख का पाठ है:

1. .... भ्रमरो मुरारः।। उद्भागकस्तु
2. ....।। इच्छानुरूप फलदोजलदोपरोध
3. .... स्या भवज्जगतिगीतगुणस्य राज्ञः प्राज्ञ
4. .... ल कृपाणफणिराजोरड्.कजख चठीकृत

5. ... दुर्ग्गराज इति रञ्जित .... जो लोकः। पुण्यै
6. .... सेसोपनीतः। श्री भीमटेन आचिरात्म
7. .... पकारेः। पार्थादिपार्थिव यशौनिचया
8. .... मंद्रिवरकन्दर सुन्दर श्री श्रेयोर्थिनाभ ...
9. ... रि त सार्द्धं तवत्यद्यं भवतु भीमपराक्रमस ...

अभिलेख इ.66. चित्र 197.

पत्थर महल मस्जिद की बाहरी दीवार के एक पाषाण खण्ड पर सोलहवीं शताब्दी ई॰ की नागरी लिपि में तिथि संवत् 1588 (1531 ई॰) तथा धन द्वारा महेश के अभिवादन एवं लेखक भवनाथ का नाम उल्लिखित है:

1. महेसकह प्रनमुम-
2. वथु धनक नीत्य प्रती
3. संवत् 1588 सम(ए) लीतं(षं) भवनथ

चित्र 197. पत्थर महल मस्जिद लेख, संवत् 1588

अभिलेख इ.67.

पत्थर महल मस्जिद की बाहरी दीवार के एक पाषाण खण्ड पर सोलहवीं शताब्दी ई॰ की नागरी लिपि में तिथि संवत् 1587 (1530 ई॰) तथा जमन द्वारा कोटितीर्थ एवं नीलकण्ठ के अभिवादन का विवरण लिखा हुआ है:

1. संवत् 1587 समऐ जमन-
2. क प्रनमु कोटीतीरीथकह
3. नीलकंठकह दीन प्रती ...

अभिलेख इ.68.

पत्थर महल मस्जिद की बाहरी दीवार के एक पाषाण खण्ड पर सत्रहवीं शताब्दी ई॰ की नागरी लिपि में तिथि संवत् 1750 (1693 ई॰) तथा वसपन द्वारा महेश के अभिवादन का विवरण लिखा हुआ है:

1. महेसकह प्रनमु वसपनक
2. नीत प्रती संवत् 1750

अभिलेख इ.69.

पत्थर महल मस्जिद की बाहरी दीवार के एक पाषाण खण्ड पर सोलहवीं शताब्दी ई० की नागरी लिपि में लिखित अभिलेख में ककोर द्वारा महेश के अभिवादन का उल्लेख है:

1. महेसकह (प्रनमु) वराकण पवैत्रां
2. ककोरीतीयक कतकरुवज्वे

अभिलेख इ.70.

पत्थर महल मस्जिद की बाहरी दीवार के एक पाषाण खण्ड पर सोलहवीं शताब्दी ई० की नागरी लिपि में लिखित अभिलेख में खटिक परिवार के भीम द्वारा महेश के अभिवादन का उल्लेख है:

1. भीम षटिक प्रनमु महेस

अभिलेख इ.71.

पत्थर महल मस्जिद की बाहरी दीवार के एक पाषाण खण्ड पर सोलहवीं शताब्दी ई० की नागरी लिपि में तिथि संवत् 1577 (1520 ई०) तथा मनू द्वारा महेश के अभिवादन का उल्लेख है:

1. महेसकहः प्रन्ह(ना)मु मनूवियौक
2. सं 1577

अभिलेख इ.72.

पत्थर महल मस्जिद की बाहरी दीवार के एक पाषाण खण्ड पर सोलहवीं शताब्दी ई० की नागरी लिपि में लिखित अभिलेख में कल्याणार्थ त्रिदेव (ब्रह्मा, विष्णु, महेश), महेश एवं कोटितीर्थ के अभिवादन का उल्लेख है:

1. त्रीदेव वृधौक प्रनामु महेसक प्रनमुकर्जदवे
2. कोटितिर्थ सुवकरवस

अभिलेख इ.73. चित्र 198.

पत्थर महल मस्जिद की बाहरी दीवार के एक पाषाण खण्ड पर सोलहवीं शताब्दी ई० की नागरी लिपि में तिथि संवत् 1586 (1529 ई०) जेष्ठ वदि 2 शनिवार तथा अखरगण के शिलाकर्मी परिवार के रमदन के पुत्र कन्हे द्वारा कोटितीर्थ एवं महेश के अभिवादन का उल्लेख है:

1. संवत् 1586 समय जेष्ठ वदि 2 सनौ
2. कोटितिर्थक सुवकरवा अषरगणयत्यैत-
3. उ तथ रमदन तथ सुत कन्हेकस महेसकह
4. प्रनामु दिन प्रति सिलउटकाक शुभणदातृमु

चित्र 198. पत्थर महल मस्जिद लेख, संवत् 1586

अभिलेख इ.74. चित्र 199.

पत्थर महल मस्जिद की दीवार के एक पाषाण खण्ड पर सोलहवीं शताब्दी ई॰ की नागरी लिपि में तिथि संवत् 1577 (1520 ई॰) तथा इरउ एवं नरी द्वारा महेश के अभिवादन का उल्लेख है:

1. महेसकहः प्रनमुकह इरउ व नरीक
2. संवत् 1577

चित्र 199. पत्थर महल मस्जिद लेख, संवत् 1577

अभिलेख इ.75.

पत्थर महल मस्जिद की दीवार के एक पाषाण खण्ड पर अंकित खण्डित अभिलेख। सोलहवीं शताब्दी ई॰ की नागरी लिपि में लिखित अभिलेख में तिथि संवत् 1591 (1534 ई॰) तथा तीर्थयात्रियों द्वारा कोटितीर्थ एवं नीलकण्ठ के अभिवादन का उल्लेख है:

1. .... नोपत्रेनकुले .... वो पुतणत्रसि ....
2. के प्रभुनीभुवलीषैय ....
3. ..... लि(नी)लकंठ कोटितीर्थकह .... नित प्रति ....
4. ... मरिदुनदान .... अलदिमनर्चवन ....
5. संवत् 1591 समये चैत्र वदि 5 सुक्रे...................................
6. वासुदैवक प्रनामु श्री हुशाउ .... न ....
7. भजकेक तथा भोजोजोगरी .... प्रनमि-
8. तया कोटि नित्य प्रती ....

अभिलेख इ.76.

पत्थर महल मस्जिद की दीवार के उसी पाषाण खण्ड पर पंद्रहवीं शताब्दी ई० की नागरी लिपि में लिखित अभिलेख में तिथि संवत् 1533 (1476 ई०) तथा ठकसाह एवं वल द्वारा महेश के अभिवादन का उल्लेख है:

1. महेसकह प्रनामु ठकसाह-
2. पुकौउ नीत प्रतीकै च
3. वल संवत् 1533
4. वदि ....

ई. अमान सिंह महल में संगृहीत अभिलेख

दुर्ग के विविध पुरास्थलों से सरलता पूर्वक स्थानान्तरित किये जा सकने वाले कुछ अभिलिखित पत्थरों एवं मूर्तियों को एकत्रित कर अमान सिंह महल में संरक्षित किया गया है। इन अभिलेखों में दो प्रशस्ति लेख हैं, जिनमें से एक चन्देल वंशीय शासक परमर्द्दिदेव के समय का तथा दूसरा बुन्देला शासक विंबणदेव के समय का है। अन्य अभिलेख पांचवीं से चौदहवीं शताब्दी ई० के मध्य के हैं, जिनमें से छोटे लेख सामान्यतया तीर्थयात्रियों के विवरण से सम्बन्धित हैं।

अभिलेख ई.1. चित्र 200.

कोटितीर्थ की सीढ़ी से प्राप्त तथा अमान सिंह महल में संगृहीत पाषाण अभिलेख (पं.सं. 1208)। यह अभिलेख एक प्रशस्ति लेख है, जैसा कि पंक्ति 19-20 के विवरण से स्पष्ट है। इसकी तिथि आश्विन सुदि 1 सोमवार संवत् 1258 (1201 ई०) वर्णित है। इस अभिलेख का सम्पादन डी०पी० दुबे एवं आशिष के० दुबे (2014: 70-77) द्वारा किया गया है। अभिलेख पुष्प अलंकरण के माध्यम से दो भागों में विभक्त जान पड़ता है। प्रथम भाग का आरम्भ सिद्धम् चिन्ह से हुआ है, जिसके उपरांत शिव आराधना तथा गणेश, शिव एवं चन्द्र से आशीर्वाद प्राप्ति की कामना की गयी है। श्लोक 4 से 9 तक चन्देल वंशीय शासक परमर्दिदेव तक की वंशावली एवं शासकों की उपलब्धियों का विवरण है। दूसरे भाग में चन्देल शासक कीर्त्तिवर्मा के मंत्री, क्षत्रीय परिवार से सम्बन्धित, राजपाल का विवरण है। कालंजर दुर्ग के अन्दर राजपाल के घर में अग्नि वेदी में निरन्तर आहुति डाले जाने का उल्लेख अभिलेख में हुआ है। राजपाल के पुत्र सल्लक्षण शास्त्र में प्रवीण थे। सल्लक्षण के पुत्र तेजपाल तथा उनके पुत्र अनिरुद्ध थे। अनिरुद्ध के पुत्र शुभंकर शिव के परम भक्त थे। उनके पुत्र सोमराज, तथा सोमराज के पुत्र वीरसिंह ने अपने पिता के स्मरण में कालंजर की पहाड़ी के ऊपर कोटितीर्थ के तट पर एक पंचायतन मंदिर का निर्माण करवाया था। मंदिर में स्थापित देव का नाम उल्लिखित नहीं है, किंतु मंदिर सोमराज के स्मृति में निर्मित हुआ था, जो शिव के भक्त थे (पंक्ति 13-15) तथा कालंजर प्रमुख शैव स्थल था, जिससे प्रतीत् होता है कि मंदिर में शिव की स्थापना हुयी रही होगी। श्लोक 15 से विदित होता है कि पुनर्निर्माण कार्य में यात्रियों ने श्रमदान किया था। प्रशस्ति का लेखन कार्य गौड़ परिवार में उत्पन्न कीर्त्तिपाल के पुत्र महीधर ने किया था। अभिलेख का उत्कीर्णन साढल के पुत्र महागण ने किया था, जो शिलाकर्मी गण से सम्बन्धित थे। प्रशस्ति के लेखक महीधर एवं उत्कीर्णक महागण की जानकारी किसी अन्य ज्ञात चन्देल अभिलेख से अभी तक नहीं है। अभिलेख की एक अन्य विशेषता यह है कि इससे जयवर्मदेव, जो मालव राज को अधीनस्थ करने वाले अपने पिता सल्लक्षणवर्मा की युवा अवस्था में मृत्यु हो जाने के कारण, के अल्पायु में राजा बनने की जानकारी मिलती है। यद्यपि कुछ समय बाद ही जयवर्मा की धोखे से हत्या करके उसके चाचा पृथ्वीवर्मन चन्देल सिंहासन पर आसीन हो गये थे। तेरहवीं शताब्दी ई० की नागरी लिपि में लिखित अभिलेख का पाठ है:

1. सिद्धम्[1] ओं नमः शिवाय।। जयन्ति कुंजरास्यस्य करशीकरविंदवः वहूकृतमिलत्तारा वनितानंदिविंवतः[2]।।(1) स्वस्सिंधोरिव[3] पुण्डरीकपटली व्राह्मीकपालावलिः। पर्यन्तस्थित- शीतदीधिति महस्संदोह[4] सं-
2. कोचिनी। यूदा[5]वेष्टित भोगिभोगवलय प्रोत्तालनाल श्रियं बिभ्राणाभरणं विभोर्भगवतः श्रेयांसि पुष्णातु वः।।(2।।) उत्क्षिप्तं जलधेस्तरंगतति भिरभूयादभीष्टाय ते लक्ष्मीकल्पितचा रुचि-
3. त्र फलकं शीतद्युतेर्मण्डलम्। यत्रोन्मीलति लांच्छनच्छलतया देवस्य दैत्यद्रुहो मूर्त्तिः सांजनवाष्प- विंदुविरलं कालुष्यमापादिता।।(3।।) अथास्य पीयूषमयस्य वंसे(शे) श्री कीर्त्तिवर्म्म-
4. क्षितिपो वभूव। प्रत्यर्थि पृथ्वीपति पुण्डरीकैर्न्निमीलितं यस्य किलोदयेन।।(4।।) तदनु कला[6] कुलवासः सल्लक्षणवर्म्म भूपतिर्भूतः। मालव वंशो विदधे येन सरंध्रः करप्रणयी।।(5।।) तारुण्यदर्प्पो-
5. ष्मभृति प्रयाते कल्पद्रुमच्छायममुत्र भूपे। तस्यात्मजः श्री जयवर्म्मदेवो जगाम भूमंडल मंडनत्वम्।।(6।।) दधौ मृदुकरे पृथ्वीं पृथ्वीवर्म्मनृपस्ततः। तत्पितृव्यः मिर्देदंष्ट्रा[7]संघट्टव्रणितामिव।।(7।।) द्य-
6. न्न्यस्त तुषाराद्रिमृडा(णा)लवलया हृदि। प्रपेदे तद्वियुक्तेयं मदनं मदनं मही।।(8।।) अथास्य नप्ता परमर्दिदेवो बिभर्त्ति भूमिवलयं भुजेन। अङ्ग.ीकृत क्षत्रकुटुंवकांता कदंवलीलावलय-

चित्र 200. परमर्दिदेव का अमान सिंह महल प्रशस्ति लेख, संवत् 1258

7. व्ययेन।।(9।।) अमुष्य क्ष्माभर्त्तुः पुरि निवसति क्षत्रियकुलं स्फुर्द्वार्त्तावृत्तं विपुलपुलवी(मुर्वी)वास सु(शु)भगम्। सवोषायङ्गे.हे[8] कुलयुवतिकल्पैव कमला सदा लज्जा सज्जा गुरुजनमनः
8. संमदयति।।(10।।) समजनि रजपालः कोपि तस्यादिरुच्चैः प्रतिहसकलि[9]कालस्त्यागवल्ली प्रवालः। अकलितपरिणाहैः कास्य(श्य)पीं यो गुणोद्यैः प्रलयजलधिवीवी विष्णथांगी[10] बभार।।(11।।) कीर्ति-
9. वर्म्मक्ष्माभर्त्तुः साचिव्यपदभूषणम्। सेल्ण[11](सल्लक्षण)स्तत्तनूज्जोभूदथं शास्त्रविचक्षणः।।(12।।) आलंव्य यष्टिमटतो मखयूपरूपां वृद्धस्य यस्य यशसो विधुविंव वंधोः। दिक्पालदन्त वलभीषु[12] कुलाचलेषु वेला-
10. तटेषु न खलु स्खलितं बभूव।।(13।।) तेजपालोभवत्तस्मात्पारिजात इवांवुधेः। सुरभीकृत- दिक्चक्रो यशोभिः कुसुमैरिव।।(14।।) हरेरिव ततो जातः[13] प्रद्युम्नो नंदनः श्रियः। अनिरुद्धगुणग्राम प्रभवो पूर्व्वविग्र-

11. हः।।(15।।) शास्त्रप्रसंगे किल कामधेनु कल्पद्रुमद्वंद्वगता वदन्ती। येन श्रिये यत्र भवेत्प्रतिष्ठा चिन्तामणेर्देवकुलं यदि स्यात्।।(16।।) सा गौरीव गिरीशस्य जाह्नवीव सरित्पतेः। बभूव वल्लभा तस्य ललिता कलि-
12. तागुणैः।।(17।।) अस्यां ततोजायत जातरूपगिरींद्र सौंदर्य गुणाभिरामः। कलिद्रुमोन्मूलन केलिशक्तः सु(शु)भंकरः शंकरपादभक्तः।।(18।।) कर्प्पूरकाश्मीरकुरुं(रं)गनाभीजाती- फलैला(लेना) गुरुगंध वंधुः। य-
13. द्भाण्डशाला पवनः प्रयाति प्रत्यासमुत्कण्ठित विप्रयुक्तः।।(19।।) नेत्रानंदिमनोभवेन नित्यतं सौंदर्यमुन्मीलितं दृष्ट्वा यं च्छलितं विलोचनपुटं तस्यापि सां(शां)तात्मनः। एतं[14] विक्ष्य पुनः प्रमोदश(स)लि-
14. ल श्रेणीभिरेणी दृशां संतापं शमयन्ति सांद्रमुरसा नेत्राणि तप्तात्मनाम्।।(20।।) त्रिसंध्यं न्यस्तकर्पूरपूरितब्यं[15]वकेंदुना। अस्ति श्री सोमराजेन यस्य प्रेमनिरव्ययम्।।(21।।) मुक्तालंकृति पुष्पितः कि-
15. श(स)लया लंवी च चूडामिलन्माणिक्यप्रभया न कस्य विदितः कल्पद्रुमोयम भुवि। यस्मिन्सांद्र सुवर्ण्णदाननिरते सा कामधेनुः परंकण्वेकं[16]वलमादधाति स गिरिः पृष्ठे च कालंजरः।।(22।।) यस्य विद्व-
16. द्गृहे लक्ष्मीगिरोः सख्यं वितन्वत्तः। व्रह्मामडं भामंडशाला स्रे(श्रे)यशो राशिभृता चिरम्।।(23।।) एतस्य प्रमदा पतिव्रतरताधीता विनीता गुणैः कैर्नस्तोत्रमुपैति चंद्रधवलैः श्री वीरसिंहप्रभूः। यल्लाव-
17. ण्य कलाविलास विगलद्दुर्प्योष्मभिः संप्रति स्वीचक्रे कदलीसरोजशशिभिर्निर्व्याजशीतं वपुः।।(24।।) एतदायतन पंचकं पितुः कीर्त्तिराशिर मुनात्र कारितम्। कोदि(टि)तीर्थजलवीचिमारुत ध्व-
18. स्त यात्रिकजन श्रमोदयम्।।(25।।) एतद्गौडकुलोत्तंसः कीर्त्तिपालात्म संभवः। वंसा(शा)नुकीर्त्तनं चक्रे कविवंधुर्महीधरः।।(26।।) साहित्यपारदृष्वा सहृदयहृदयाह्लादक गुणाद्या(णधा)म। अलिखत्प्र-
19. सस्तिमेवां (शस्तिमिमां) भूपतिरथ लिपिविधानज्ञः।।(27।।) टंकशाला नियुक्तस्य साढलस्यात्म संभवः। महागणः समुच्चक्रे शिल्पिनामग्रि(ग्र)णीरिमाम्।।(28।।) सरसिरुह परागैः पीत- यज्ञोपवीता(ती) स्फु-
20. रति भुवनशिल्पी यावदंभोजसद्मा। इह हि महति तीर्थे भारतीवातिवृद्धा विहितवश(स)तिरेषा तावदस्तु प्रस(श)स्तिः।।।। संवत् 1258 आश्विन सु(शु)दि 1 शुक्रे।। मङ्ग.लं महाश्रीः।।छ।।

टिप्पणीः

1. चिन्ह द्वारा व्यक्त।
2. दुबे ने *विं(बिन्)दवः* पाठ किया है।
3. दुबे ने सृष्टिं *धोरिव* (*सृष्ट्यन्धेरिव*) पाठ किया है।
4. दुबे ने *महन्तं(स्सं)दाह* पाठ किया है।
5. दुबे ने *चूडा* पाठ किया है।
6. दुबे ने *महन्तं(स्स)*दाह पाठ किया है।
7. दुबे ने कहा है कि पाठ स्पष्ट नहीं है तथा *किरोडाट्य* पढ़ने का सुझाव दिया है जिसका अर्थ धोखा देना है।
8. दुबे ने *सवौषायङ्.हे* पाठ करते हुए *सवनुषट्गेहे* पढ़ने का सुझाव दिया है, जिसका तात्पर्य है घर में होतृ द्वारा बलि के अंत में विस्मयादिबोधक मंत्रोचार को सुनकर अध्वर्यु पुरोहित द्वारा यज्ञवेदि की अग्नि में आहुति डालना।
9. दुबे ने *प्रतिहतकेलि* पाठ किया है।
10. दुबे ने *विम्लन् टांगीं* पाठ किया है।

11. दुबे ने *सल्लक्षण* पाठ किया है।
12. दुबे ने *चलती(ते)षु* पाठ किया है।
13. दुबे ने *जातो* पाठ किया है।
14. दुबे ने *एवं* पाठ किया है।
15. दुबे ने *तत्रयं* पाठ किया है।
16. दुबे ने *परमण्वेकं* पाठ किया है।

अभिलेख ई.2. चित्र 201.

अमान सिंह महल में संगृहीत दो टुकड़ों में खण्डित पाषाण अभिलेख (प्र.सं. 1121)। पत्थर के ऊपरी एवं बाएं किनारे पर बाद के तीर्थयात्रियों द्वारा कुछ लेख अंकित करवाये गये हैं। ऊपर बायीं ओर *संवत् ...... णी।। महेसकह प्रणमु मनूवीययक नित्य प्रति सं 1566* तथा दायीं ओर *सी ...... राम ... पान्हमू सं 1557 ठ प्रनमुदेवु वनकराजशतद प्रनमुमक पश्रीकु प्रनम मधराकस* लिखा हुआ है। बाएं किनारे का लेख अधिक स्पष्ट नहीं है, जिसका सम्भावित पाठ है *वलतपादयु .... हणलास्त ..... (म)हेसकह प्रनमु नीत्य प्रति वढतजेह*।

मूल अभिलेख एक प्रशस्ति लेख है, जैसा कि श्लोक 77 एवं अभिलेख के अंत में उल्लिखित है। अभिलेख की तिथि आषाढ सुदि 11 शुक्रवार संवत् 1420 (1363 ई०) वर्णित है, जिसका आरम्भ शुभ चिन्ह सिद्धम् एवं ओं से हुआ है। तदनन्तर शिव की आराधना तथा महेश की महामहिमा के कारण स्थान के महत्व की चर्चा है। अभिलेख के अन्तिम पंक्ति में शासनरत शासक विंबणदेव का उल्लेख है। बुन्देला वंश के अन्य शासकों में नानङ्ग. (श्लोक 9) एवं द्रोणपाल (श्लोक 10) की उपलब्धियों का विवरण है। इनमें द्रोणपाल के राजनैतिक एवं धार्मिक क्रियाकलापों की विस्तृत चर्चा है, जैसे उनके द्वारा करवाये गये नवीन मंदिर का निर्माण, पुराने भग्न मंदिरों का पुनर्निर्माण, तालाब आदि का निर्माण। इसप्रकार का विवरण उनके लिए प्रतापरुद्रदेव के पत्थर महल मस्जिद अभिलेख (इ.20.) में भी उपलब्ध है। अन्य व्यक्ति जिनका उल्लेख अभिलेख में हुआ है वे हैं नलदुर्ग के राजा (श्लोक 72), उनके पुत्र अभयपाल (श्लोक 73), बुन्देला अधिकारी यशोविक्रम (श्लोक 76), प्रशस्ति के रचनाकार धनेश्वर (श्लोक 75), लेखक कर्ण (श्लोक 76), उत्कीर्णक सूत्रधार हरि सिंह। कालंजर दुर्ग का अभिलेख में उल्लेख *तीर्थ महीमण्डन* के रूप में हुआ है (श्लोक 60)। नीलकण्ठ एवं कोटितीर्थ के अतिरिक्त अन्य अनेक प्राचीन भग्न मंदिरों की भी चर्चा अभिलेख में है, जिनका जिर्णोद्धार करवाया गया था। प्रतापरुद्रदेव के संवत् 1543 के पत्थर महल अभिलेख से यह अभिलेख सौ वर्ष से अधिक प्राचीन है तथा यह क्षेत्रीय बुन्देला शासकों के आरम्भिक इतिहास की जानकारी की दृष्टि से अत्यन्त महत्वपूर्ण है। मूल अभिलेख के बाएं भाग में कुछ स्थलों पर लिखावट अब स्पष्ट नहीं है। चौदहवीं शताब्दी ई० की नागरी लिपि में लिखित अभिलेख का संभावित पाठ है:

1. सिद्धम् ओं नमः शिवाय।। यः स्थाणुरित्यबिजः। त्रस्तापहन्तायो भीम इत्यपिभवाब्धि भयाधिहर्त्ता। यस्तूग्र इत्यपि परंक्षणसेवितः स्वर्दत्ते सवो ऽवतु महामहिमा महेशः।।1।। यः सम्भाव्य मनोभवं त्रिजगतां भूत्यैस्रधां कामुकः क्रीडाकोपवंती समीक्ष्य सकलंमूर्त्तिनिजां कौस्तुभे। य न्नित्यं हृदयेष्ठि तसि कुटिले काव्याऽत्र संशोभते संलापैरितिस श्रियामनुनयश्मेरोहरिः पातुवः।।2।। जयत्येकमजंदेहम व्यक्तंव्यक्त दम्पति। देदयोश्चित्रनेपथ्यं भिन्नाकार विभूषणम्।।3।। दृष्ट्वा
2. प्रेमपरस्परं दयितयोः श्रीशैलजाभ्यां दृढंकस्तूरीघन सारसञ्चय भवं नेपथ्यमाप्याप्लुतम्। तद्येगोदिवसत्सरस्वति दधे वर्ण्णत्रयं यत्स्फुटंतत्तीर्थं भवतः पुनातु सततं त्रैलोक्य पुण्याकरः।।4।। जये शारस्वती शक्तिः कवीनां सा भवोदधौ। भूभृतांया यशोभार धारणात्तरणीयते।।5।। यच्छुथा त्रिदशैः सुधाम्यु किरणानैवादृताः सम्मदाद्यश्श्रान्तः शिथिलो–

3. द्यमास्थ मनुच्छाः कान्ताधरः स्वादने। यदृष्ट्वा नयनश्रवोभिरभितस्तार्क्ष्येण वैरंद्राहे त्रैलोक्येऽग्त्य सुधारसो विजयतां तद्भूपतीनां यशः।।6।। विश्वोत्पत्तेः प्रवृत्ते जगति भगवति स्रष्टरिशिलष्टशिल्पे शश्वक्षात्रैकपात्रं सुभटकुलम भूद्विक्रमाक्रान्तलोकम। तस्मिन्नासीत्पुरस्तादुपचितमति सल्लक्षणो लक्षणास्यो गोत्रं यस्मात्प्रबृद्धं सकलम कलुषं भातिभाव्वद्भवस्यं।।7

4. तस्मात्यायन्तर्नामास्म भवति भुविद्यं पौरुषोत्वर्गुहर्ष पर्षद्वर्षन्नमुधैरन महिपु भूयैरुत्कटानां भटानाम्। यत्कौक्षेयः स्वकुक्षिम्भरि विषमपदं प्राप्यसैन्यं सदैन्यं चक्रे चक्रीव कृष्णः स्फुटकुलगरोलोति द्विपांदुर्निरीक्षः।।8।। नानङ्ग. इत्यथसुतोऽस्य बभूव धन्वी नानङ्ग. एष इति वीक्ष्यवपुः प्रकर्षम्। यष्ठौददौ भगवती जयमस्त्रविद्या शम्भोरन्य ग्रहगुणाप्त सुतोत्तमाय।।9।। द्रोणपाल इति त–

5. स्यसुतो ऽभूद्विक्रमक्रमण सड्.क्रमितश्रीः। यस्य बर्णनतिधातुत्ति तस्यात्पूर्बभूप यशसां पुनरुक्तिः।।10।। यः स प्रश्रयमञ्जलीकृतकर क्षोणीपति प्रस्तुतां नूनं प्रत्यशृणोन्न राजवचनं लब्ध्वेति राज्यश्रियम्। चन्द्रेणाश्रितमेतदड्. कमलिनेनो पेयुषा क्षीणतां सद्गुर्बादर वर्जितेन च तथा भूपैरपी दृग्विधैः।।11।। यो मण्डलं द्वादशराजकाख्यं लघ्वाजयेना प्र–

6. तिमामुभावः। साम्ताज्य शब्दोपमितं भ्ररिभ्रंसन्मन्तयुक्ता ऽनुबभूव वीरः।।12।। प्रताप चापौ न कदापि यस्य निर्वाणतामापतुर त्रलोके। द्विधार्थमासाद्य धनञ्जयत्वं धनंजयं चाप्तुमरीञ्जित्गीषोः।।13।। मूकत्वंनितरां परापवदने बाधिर्यमघ्वश्रुतौ पङ्गु.त्वंविपथे कुणित्वमपि विद्राणे धिपौ सङ्ग.रात्। लोभं श्रेयसितृष्णि कांचयशसिक्रोधं सदादुर्नयेभीरुत्वं नवकामिनी प्रकु–

7. पिते भज्यर्यदीयाजनाः।।14।। मूर्च्छक्कल्लोललालज्जलजद्दलगलद्वारि बिन्दु प्रचार कृडद्वात प्रपूर प्रमुदित मधुलिद्यक्ष झाड्.कार रम्यः। कासारोऽकारि येनद्रुम फलनिकरैः श्रान्तपांथार्त्तिनाशा मोघाङ्ग.ीकार वर्यः खगकुलनि नदप्रीत सिद्धाङ्ग.नोऽलम्।।15।। प्रयुक्त शक्तिवर्गस्य यस्य सर्वं सहाहिसा। चिरं महासरोव्याजादादर्शं वहती वभूः।।16।। अनुसृत महमुण्णे प–

8. द्महंसैरितीदं कलितकलुषभावंभाति वर्षासुयुक्तम्। विरहित्त परिवारः सत्सुमान्पूर्बमित्रेष्वनुत पतिहि सम्पत्पूरमासाद्य सद्यः।।17।। अगस्त्यभीतेर्वडवाग्नितोवा समुद्रशब्दादतृषोप शान्तेः। रूपान्तरं प्राप्त इवाष्विरेष स्तुत्योजनैः श्रान्तिहरस्तडागः।।18।। किं वर्ण्यं विलसदथाङ्ग. गभितश्चक्राङ्ग.मालामलं प्रोद्गच्छद्गुरु पुण्डरीक मनिशं शृत्यत्वः बध्वं सरः। कल्लोलैर्जयिनोरणाङ्ग.णमिव श्री

9. द्रोणपुण्य यक्षत्तृष्णाश्रमदाह मोहहरणात्पापौघ विध्वन्सिनः।।19।। अभिन्दन्प्रकृतिं पूर्बां साध्यं प्रग्ययमानयन्। अलोपयन्य आदेशं वैयाकरणतां ययौ।।20।। हस्ते सिद्धिंय आरोप्यस ततोदित मङ्ग.लः। कलितक्षणदिष्टो ऽग्राच्चित्रां मौहूर्त्तिकींकलाम्।।21।। सन्मभ्रं प्रतिपाद्य बृद्धिमनुभूयाधाय मेदस्वितां राज्ये वीक्ष्यपुरं सनागर सुखं निर्विश्यधात्री फलं।

10. शारीरंपरिचित्तयंश्च करणं वाञ्चन्मति श्रयंसीयो धन्वन्तरि तामताब्य शरदां पूर्ण्णं शतंशि श्रिये।।22।। कि चित्रं यदितादृशंनुचरितं सद्वर्ण्णमस्या च कात्सुष्दु प्राक्तत कर्मणांकिमिवनो सिध्यन्ति सम्पत्तयः। आश्चर्यं तदिदं भुवन्हरिम सौरेण्यां प्रयागस्य यद्वात्यन्नव्युत सम्पद दिविषदातिथ्यंत्व वाजीगणत्।।23।। तस्या सीत्तनयोनयो पभ्रितधीर्धीरो धरित्रीभृतां मान्योगण्य बदा–

11. न्य धन्य पुरुषावतराजुरेण कृतां। रोढनोहणौहिणेय समतामेता दृशींतादृशांकीर्त्तः पूर्त्तिरियं च्छमातिमतिमद्वा चासु लीलावती।।24 यन्निर्मिता राम विहारमाप्या चैत्रेरयं मन्मथएव युञ्जन। अनेकरम्भोपकृति प्रभावाज्जगुपत्तते चैत्ररथं विचित्रम्।।25।। प्रबध्वत्वत्तक्षण लक्षणैः क्षणैः क्षणंनयत्सार्थकतां विचक्षणैः। गुणैर्जनेष्वाहृतनाक भक्षणेर्दरिद्रजं लक्षणम क्षणिष्टयः

12. ।।26।। तद्देग्राया पुण्यगुणराजा कुस्माग्निर्वेण्यगेवसि तृराजासौख्यम्। इतीव भूलोकगतान्य आप्तात्भोगाल्लघूकृत्यदितिव्यहार्षीत्।।27।। तस्मिन्नन्दनव्वन इव सुरतरवोजगतिनन्दना: पञ्च। समजनिधत हरिबन्दत सद्‌गुणसम्पन्न सन्ताना:।।28।। तत्र गर्ज्जण इति श्रुताशिव: स्वान्ववाय पदमाय वंदधत्। भाग्य सम्पदमवाप्य सद्विधौशिक्षित: क्षितितलेध्यराजत।।29।। विघणस्तु कुलकीर्त्ति वृंहणो विद्विषा कृत-

13. नि बर्हणोयुधा। बीरव्यतासस‍गि कर्षणोभू सुरेसुर्विधि कल्पितार्हण:।।30।। नागणोपिहरिपत्परायणो बाहबाहनविधौ विवक्षण:। क्षीणतांगमित शत्रुसञ्चयो मार्गणैर्विहिततुष्टमार्गण:।।31।। कन्हड: कलितकाम कौतुक: कान्तकीर्त्ति कमनोर्थिकामद:। कर्मकृत्त कलिकालकल्मष: कल्पवृक्ष कृतकेलि कल्पन:।।32।। यो वलाल इति सिद्ध विश्रुति: पात्रपूजन विशेष सम्मति:। पुण्यक-

14. र्मसुतरां विशारद: शारदेम्दु शुभ्रतक्षणैगुणै:।।33।। धिन्वन्ति सृष्टा प्रतिर्थीस्तु यस्य पुत्रा विशुद्धाइव सरकारै:। अद्‌भिस्तडाग: प्रसभैर्द्भुमाश्च सुभ्वाययोद्यानमृतु प्रभावात्।।34।। यद्‌गर्जणं वैष्णव भागयुक्तं बदन्तिरात्र: किलसन्यमेतत्। यस्मिन्प्रजान्यस्यपिता .... हेन चक्रे प्रयागे ऽपिनिजाङ्ग.याग:।।35।। अष्टापदं श्रीषुविलासहेतुं संरक्ष्यताश्चञ्चलयत्ति केचित्। अतोविभिद्य द्विजपुङ्ग.वेभ्यो वितीर्यये-

15. न स्थिरतांत्वनीता:।।36।। मुद्रिकाकृडायद परिष्कार्य द्विजोत्तमान्। स्वर्ण्णप्याग्नि विशुद्धथ विहितात बलीयता।।37।। यशसाविशदैर्यथ गुणैर्तोप्त्रं प्रकाशितम्। गीर्वाणानां समस्तांशतष्करष्य महीतले।।38 भारत्याबल श्रिया च सदनं गोबिन्दभक्त्यामनो धर्मेण श्रवणं परैस्तु चरणं शौर्येण बाहुद्वयम्। दानेनापिकरं समीक्ष्य सहितं यस्याज्ञया भूतलं-

16. नो युक्तास ... वसितिमंग ... स्तेस्थितम्।।39 यस्याजानेय वाहा: कलितगतिकलावल्गु वल्गां दधाना: संस्पृष्टप्रौथजानु क्रमणशफम(ल)नाग्दर्शितन्या मदिह्ना:। आवर्त्तै: सन्निगाला: प्लवन पटुतराव्वलधिश्चौक्षिपन्तो ऽभ्यस्यन्ती दष्ठ्रुवंतेजगति तरलतां शत्रुलक्ष्मीं विनेभुम्।।40।। कर्कमश्वमधिरुह्य वक्रगोलोहदानम वधूयमित्रयुक्।

17. भाति भूतिहरणात्प्रादज्ञयादत्ययात्तिगुषु यशनैश्वर:।।41।। परिपन्थि यशोमधपा नमति प्रगुणीकृतवन्य विलासगति:। अवनीष्टशिलीमुख पक्षवला भ्रमरीयति यस्य कृपाणलता।।42।। भुक्त्वा भोगानभीष्टान्गुणि-जननिचयानेव सन्तोष्यदु: स्थाल्लोकान्सम्मात्य सर्वान्किनक वितरणैरात्मसात्क्षोणि चक्रम्। जाह्नव्यां य: पवित्र: बिन्दद्विषदृणाश्वं व निर्मोव्य-

18. रेजेक्तृप्तप्ताया खेवरास्तदनुचदनुजां प्रतिमाप्तुं प्रयागे।।43।। सश्ताव विधिनाशश्व ब्रह्मज्ञान परायणान्। मुनीन्विस्मापदपमास पश्यतोगतिमुत्तमाम्।।44।। मृगाक्कर्युजि शक्रस्य प्रयागेत्यक्त वर्ष्मणा। वैष्णवं पदमारोढुमा विध्यं येनतत्यजे।।45।। तस्यानुजौ विंघण नागणाख्यौ शोकाकुलावग्रज भज्ति(क्ति)भा-

19. जौ। राज्योपभागषुविरक्त चित्तावुत्साह्यमानौ प्रकृति प्रधानै:।।46 प्रादान्महेणेगहर्ती विभूतिंयतो ममास्त्येकतर: कुमार:।।47।। व्याप्ता महीयं यवनै: समत्तान्निर्वास्य भूभृद्विषयान्यदन्यात्। अनेकनी वृज्जनता: शरण्य सौराज्यमेतद्‌भवदीयमापु:।।

20. ।।48।। अध्यास्यमञ्चान्परितुष्ट चित्ताश्छायासुविश्रम्यपदै: कृतात्। क्षेत्रोपकण्वेषु कृषीवलानां गायन्ति वाला: खलुवो ऽवदानम्।।49।। नानादिगन्तो चितवस्तुरन्याहृत्यपुर्यां वणिजोविशन्ति। रत्नाकरस्याम्बु धिताद्रिभर्तुर्हिमालयत्वं विहितं ययापि।।50।। युष्मास्विमांगां परिपालयत्षु गोपालकानां च निराकु-

21. लानाम्। सन्दोहनार्थं कलनं च गोष्ठस्वैरं वरन्ताभुवनेर्जनेवा।।51।। बेदादिविद्याध्ययनत्रपशुकृताव ताराक्षर रूपमूर्त्ति:। सरस्वती सादरमाप्य कण्ठं यथा सुखंखेलति वालकानाम्।।52।। तयादि तीर्थोपकृति प्रभावान्नानासुरस्थानम वापितानाम्। परस्परं लोकसुखं प्रवक्तुं गोष्ठींपितृणां रचयन्ति पुत्रा:।।53।। इष्टं

22. चप्तर्त्तं च विधाय कर्मधर्मेदयीश्रद्दत: सदैव। सन्तर्थविप्रक्रतु भूक्पिपतृंश्च सौहित्यभाजोन भवन्भि सन्त:।।54।। एकान्तरौ दाशरथीकिलोर्वीमरक्षतामग्रज शोकतप्तौ। स्वपौरुषोत्कर्षसुपेत्य पुंसानो पेक्षणीयंहियश: प्रणश्यत्।।55।। प्रायेण पुत्राममनैव योग्या: पाल्यंहिसौ राज्यमिदभवद्भ्याम्। सत्येवधुर्येचरित प्रपञ्चे वोढुधुरनार्ह-

23. तितर्ण्णकोहि।।56।। यज्ज्यायसावामु पदिष्टमेरद्विशेषतो ऽङ्ग.ीकरणीयमेव। प्रबोधितौ बृद्धवभोभिरित्यं राज्यंत्वधी चक्रतुरात्म शक्त्या।।57।। एकान्प्रतोली प्रघण प्रदेशमधिष्ठितान्वीक्ष्य नृपांस्थ कैश्चित्। भूमिश्वरैः साप्तपदी नमाप्ययोः स्वविश्रामसुखं प्रपेदे।।58।। सग्यां गर्ज्जणपादुतां च दधतौ राज्ये बहन्तौधुरंद्यांते ते भुवि-

24. तौ परन्तप विधीभाग्यादुभौ भ्रातरौ। भीतस्यातय दानदक्षिणं विधौ श्रीविघणौ दक्षिणोवामः कार्मुकधारणे रिपुषुवामो ऽनिशंनागण:।।59।। कर्तुं द्रोणपितामहेव सदनं श्रीर्चन्द्रचूडामणेरादि(नं) तत एव गर्जण महीनाथस्तदारधवान्। निर्नीयक्षितिमण्डले ऽमरबरस्थानं जगत्पावनं श्रीकालञ्जरमेव दुर्गमचलं तीर्थ महीमण्डनम्।।

25. ।।60।। इशोयत्रमहाविपनि जगतहेहालाहलं प्रज्वलत्तत्रयजनतापिकिल्विप विषग्रस्तिं न किंनत्यजेत्। स्नानातर्पणहोमदान विधिभि: सम्पूज्य च श्रद्धयाश्रेय: कर्मकृतां फलप्रतिभुवं श्रीनीलकण्ठं विभुम्।।61।। एक तीर्थ श्रिताकीर्त्ति: श्लाघ्याभवतिकस्यचित्। कोटितीर्थश्रितानित्या द्रोणपालस्य गर्जति।।62।। भातीदं शिवमन्दिर नव-

26. शिल्पषद्भूं क्रमादुच्छ्वयन्निर्मूध तथा तथा कलिमलं दूरात्समुत्सारयत्। येना सौ सुतरां महीधरबर: प्राप(ण)प्रतिष्ठां परांधर्म: किंश्विदयंहि शृङ्गि. वपुषालोकैरिति प्रेक्षित:।।63।। नानाभग्नपुराणमन्दिर बरावासैः समुद्वेजितो नव्यं शुभ्रशिलातलै रचयितुं प्रोत्साह्यतद्गर्जणम्। आस्तेयत्र यथा सुखंदयितया सानन्दमालिं-

27. गित: शैलोद्गारतुषारशीतलं बपु: श्रीनीलकण्ठोविभु:।।64।। यस्मिन्विभान्ति प्रतिमा गणानांत्तर्ण्णं यथाचेष्टमुपागतानाम्। श्रुत्वेदनव्यं सदनंहिलोकेब्य पूर्बदृष्टं रमणीयमेव।।65।। यस्मिन्वृषोबाहन विध्यभावात्सर्वाङ्ग. लावण्य सुपुष्टकाय:। निषेदितं भक्तजनै: सुभक्तमासीत एवात्ति यथाकु पुत्र:।।66।। नि:पादिते वेण्मनि

28. विंघणेनस्वैरं शिव:क्रीडति धर्मपत्न्या। उपालभध्वं कवय: कथंमांसमीहते वक्तुमितीव भद्र:।।67।। यभ्यासौ वैजयन्ती गुरुशिखर शिखाबद्ध वंशाग्रजाग्रद्व्वान्राग्राग्रस्त दिक्कापवन सहचरी वेदमा वेदयन्ती। च्छासौकाल:च्छ पापंच्छवत कलियुगं दुर्गति: च्छास्तशोका लोकांस्तद्ब्रूतशङ्.का विरहित मनसो ऽस्मासुसंरोपितासु।।68।। वंशष्व जौत्रिंघण-

29. नागणीतारेते छिच्छर: शेखररोपणेन। न केवलं सद्म च वैजयन्त्याकुलंत्वलञ्चक्रचुरत्र कीर्त्त्या।।69।। अथाग्रवंशोपि शिवप्रसादात्प्रबर्द्धतां यत्र भवन्तु भूपा:। येषां यशोविक्रम वर्णनेन कवीश्वरा: स्वंभुवि कीर्त्तयन्तु।।70 यावद्ब्रह्मा प्रकृतिपुरुषज्ञान निर्नीतवृत्तिर्या वद्रुद्रो भ्रममुपनयेल्लोकमेकस्तनेन। यावल्लक्ष्म्या: कुवकलशयोर्व्यग्रह-

30. स्तो हरि:स्यात्तावत्कीर्त्तिर्विहरत्तु भुविश्रोत्रपेया नृपाणाम्।।71।।।। चन्द्रात्त्रिवंश्य क्षितिपालमान्या अमात्यतामाप्य भुविप्रसिद्धा:। गौडान्व वाया: करणाय आसन्पात्रंशिय: सत्सदनं कलानाम्।।72 तत्रा भवद्देवपति: सविद्वानासाद्य पूजां नलदुर्गराजाम्। तस्माद्बभूवाभयपाल नामा विख्यातकीर्त्तिर्भुवि सत्त्रकारै:।।73 तदौरसो भाजन-

31. मेक रूपं नानाकलानांभरतादिकानाम्। गोत्र द्वयं काश्यपवात्सञ्ज्ञं (संज्ञं) पितुश्चमातु: स्वगुणै: पुनान:।।74 महीश्वराणां च महाकवीनां कृतादर: सूक्तिसुधैकवर्षी। प्रशस्तिमेतां विदधेद धानां धनेश्वर: श्रोतृमन: प्रमोदम्।।75 सकलकलागमसेवी लिपिकरगण संस्तुतोपि लिपिवञ्चु:। तपरं विदधा वेतामुत्तमकर करणतौप्य लिखत्।।76 व्योसयुग्कानिगमे-

32. न्दु लक्षिते विक्रमाक्र्करचिताङ्.कवत्सरे। शुक्लपक्ष हरिवासरे शुवे: सत्प्रशस्तिरगमत्प्रसिद्धिताम्।।77 संवत् 1420 आषाढ सुदि 11 शुक्रे।। हरसिंह इतिख्यात: सूत्रधारोत्र शास्त्रवित्। चित्रशिल्प परिज्ञानान्निर्ममा विममालयम्।।78 अपरोप्यमर: शिल्पी तत्र कर्मसुनिष्ठित:। उच्चकारलिपिं प्राज्ञो यथास्थानाक्षरावलीम्।।79।।।। श्री विंबणदेवराज्य प्रशस्ति:।।।। शुभं भवत्।।।

चित्र 201. विंबणदेव का अमान सिंह महल प्रशस्ति लेख, संवत् 1420

अभिलेख ई.3. चित्र 202.

तीन खण्डित पाषाण खण्डो पर अंकित अभिलेख (पं.सं. 904 ए-सी)। इस अभिलेख का सम्पादन एफ़० मैसी (1848: 320-321) द्वारा किया गया है। पत्थर के चारो ओर से टूटे होने के कारण अभिलेख का अधिकांश भाग नष्ट हो गया है। संरक्षित अंश में तिथि, इसके लिखवाये जाने का उद्देश्य, शासनरत राजवंश आदि की जानकारी नहीं है। इसका आरम्भ शिव आराधना से हुआ है तथा एक शासक (जिनका नाम सुरक्षित नहीं है) के पुत्र की उपलब्धियों का विवरण है। पंक्ति सात में पुत्र का नाम जटिलधि पढ़ा जा सकता है, जो भगवान शंकर के परम भक्त थे। जटिलधि की पहचान मैसी ने शासक के रूप में की है। सातवीं शताब्दी ई० की सिद्धमातृका लिपि में लिखित अभिलेख का पाठ है:

1. .... (दोलद्दोर्दण्डचण्डा)हति चलनमिलद्दीप्तनक्षत्रजालं मुक्ताहृधास्यकारं ....
2. ..... (वहुवितत)जटेताण्डवेचण्डवेगे[1] सर्व्वेज्य:[2] सोस्तु नित्यं भुजगपरिकर: (शंकर: शंकृत) ....
3. ..... पी न भुता समस्तभुवनैरुद्‌भासिता सर्व्वत:। प्रेम्णास्थद्‌छृदन्यद:[3] ....
4. ..... श्री:।। आसीस्रूति: श्रूतीनां नयविनय निधिर्द्धाम धैयायतायार:[4] ....
5. ..... (रा)जसदृश: सर्व्वशास्त्रार्थवेदी प्राप्तो यो योगाशस्यल[5] ....
6. ....(व्रह्मविज्ञान)वक्ता सद्वृत्तोपि प्रतापी रविरिव सुजनाम्भोज (संघ) प्र(मोदी) ....
7. .... (दानी दीर्घानुकम्पी य: प्र)माणं जनस्य।। तस्य पुत्रो जटिलधीर्व्व शड्.कर महा .....
8. .... : विभूर्निकामोपि विरुद्यमोसो संसारसीतोपि नद्यत[6] ....
9. ...... (सच)न्द्रमण्डितजटामुकुटांवरेण्यां अपिचात्त्रात्ति (पतत्रिण:) ....
10. .... (विभान्ति)मप्रैै[7] सुरसुन्दरीणसंगीतै[8] स्तृलोचन[9] नमस्कृति ज[10] ....

11. .....[11] कुरुते धीरधीम्नोन्चकारे:[12]। धारायत्त्रान्नविधैर्द्धयिभि[13] ....
12. ..... न[14]विमुखोखिलवेद्यवेदी प्राज्याज्य होमविनध[15] ....
13. .... (पु)ण्य शक्र: प्रथयति तपस:[16] शद्किर्तग्त्य परसपादतव्वान्तल:[17] ....
14. .... गत्र[18] गुणैकखण्डं शक्तोभृगुयदि[19] ....
15. ....[20] ज्ञानमेतत्क्रमिव भवरुपं ....
16. .... पषल: परिद ....
17. .... सदो ....

चित्र 202. जटिलधि का खण्डित अमान सिंह महल लेख

टिप्पणी:

1. मैसी ने *चण्डवैरी* पाठ किया है।
2. मैसी ने *सर्वेभ्य:* पाठ किया है।
3. मैसी ने इस पंक्ति को छोड़ दिया है।
4. मैसी ने *वै यो द्युतीनां* पाठ किया है।
5. मैसी ने *योगसिद्धिं फल* पाठ किया है।
6. मैसी ने इस पंक्ति का पाठ छोड़ दिया है तथा *गुण: दोषा करोनवा क्लेदीवा* पाठ किया है, जो सुरक्षित अंश में उपलब्ध नहीं है।
7. मैसी ने *विभान्ति चित्राजपपरे* पाठ किया है।

8. मैसी ने *सुरसुन्दरीणां गीतै* पाठ किया है।
9. मैसी ने *लोचत* पाठ किया है।
10. मैसी ने *नमस्कृतितो न भग्न:* पाठ किया है।
11. मैसी ने *रीव वराभिरामा* पाठ खण्डित अंश में किया है।
12. मैसी ने *वीरधाम्नोर्थकारै:* पाठ किया है।
13. मैसी ने *वीरयत्रानुविद्धैर्ध्वनिभि* तथा उसके बाद *अगणितभयं श्वराणां* पाठ किया है, किंतु वह अंश अब उपलब्ध नहीं है।
14. मैसी ने *स्वभोग* पाठ किया है।
15. मैसी ने *होमविध यो भाति हद्यभुजि* पाठ किया है।
16. मैसी ने *न यम:* पाठ किया है।
17. मैसी ने *शंकितो ऽस्य प्रभावैर्विख्यातो विश्वमध्ये* पाठ किया है।
18. मैसी ने *पुण्यार्थोवार्थनाय क्षात्र* पाठ किया है।
19. मैसी ने खण्डित अंश में *भू च विख्याति सङ्.ख्याम् मोजविषेतत्खचितभयभयं* पाठ किया है।
20. मैसी ने *ते ब्राह्मणेभ्यो गुरुभ्यो ययाति: सर्वशोनिश्चितं वा* पाठ किया है।

अभिलेख ई.4. चित्र 203.

उमा-महेश्वर प्रतिमा (पं.सं. 587) के ऊपरी भाग पर अंकित अभिलेख का आरम्भ देव आराधना से हुआ है। तदनन्तर गुर्जर-प्रतिहार मण्डलान्तर्गत मंगलानक से आये हुये नेनाक अन्वय के जेणु के पुत्र देद्द द्वारा भगवान हेतु मण्डपिका निर्माण एवं उनकी पत्नी लक्ष्मी द्वारा उमा-महेश्वर पट्ट स्थापित किए जाने का उल्लेख है। अलेक्जेण्डर कनिंघम (1885: 40, प्लेट 9के) ने महेश्वर के चिन्ह के स्थापना की बात कही है। सत्य प्रकाश श्रीवास्तव (1995-96: 78-83) ने मंगलानक की पहचान राजस्थान के डीडवाना से की है तथा लिपि एवं शैलीगत विशेषता के आधार पर इसे नौवीं शताब्दी ई० में रखा है। किंतु इसकी लिपि सातवीं-आठवीं शताब्दी ई० की सिद्ध मातृका जान पड़ती है, जिसमें लिखित अभिलेख का पाठ है:

1. .... वनकारणं[1] स्वयं भुर्ज्जयति पुरन्दरनन्दनो मुरारिर्ज्जयति गिरिसुतानिरुद्ध[2] देहो
2. ...... त भक्त्यापहरो[3] हरश्चदेव:।। श्रीमद्गुर्ज्जरत्रा मण्डलान्त: पाति मंगलानक विनिर्ग्गत-
3. नेनाकीन्वय[4] जेणुक[5] सुत देद्दकेन[6] भगवत्या:[7] कारित मण्डपिका प्रसंगेन तद्भार्यया लक्ष्म्या प्र-
4. तिष्टापितोयमुमामहेश्वर[8]पट्ट:।।

चित्र 203. उमा-महेश्वर प्रतिमा लेख

टिप्पणी:

1. श्रीवास्तव ने *जयति भुजन-कारणं* पाठ किया है।
2. श्रीवास्तव ने *निरुछे* पाठ किया है।
3. श्रीवास्तव ने (द्रु)*रित-बय-आप हरो* पाठ किया है।
4. श्रीवास्तव ने *म्कान्वय* पाठ किया है।
5. श्रीवास्तव ने *जेन्दुक* पाठ किया है।
6. श्रीवास्तव ने *देहुकेन* पाठ किया है।
7. श्रीवास्तव ने *भगत्याः* पाठ किया है।
8. श्रीवास्तव ने *तिष्ठापितोअयं उमामाहेश्वर* पाठ किया है।

अभिलेख ई.5. चित्र 204.

अभिलेखयुक्त पत्थर (प.सं. 1108) का कुछ भाग टूटा हुआ है तथा शेष अंश का लेख भी अस्पष्ट हो चुका है, जिस कारण यह भी ज्ञात नहीं हो सका है कि अभिलेख में कुल कितनी पंक्तियां रही होगीं। अवशिष्ट एवं पठनीय अंश का सम्भावित पाठ प्रस्तावित है। पंक्ति 15 में जयताचार्य एवं गुर्जर का विवरण है, जिससे प्रतीत् होता है कि अभिलेख का विवरण गुर्जर-प्रतिहारों से सम्बन्धित है, किंतु अभिलेख के खण्डित होने के कारण उनकी उपलब्धियों की विशेष जानकारी नहीं मिल पाती। आठवीं शताब्दी ई॰ की सिद्धमातृका लिपि में लिखित अभिलेख का पाठ है:

चित्र 204. अमान सिंह महल खण्डित प्रस्तर लेख

1. ....
2. ....
3. ....

1. सिद्धिः मर्द्धद्यंनध्वंर्च्चनावर्णावते। उभत्रोरषिमत्तथम्तहंश-
2. गुश्तंदा सिद्धिपदिपद्मणेनस्तत गहणे। उभयोरसिमत्तश्रे

अभिलेख ई.9.

खण्डित प्रस्तर अभिलेख (पं.सं. 1117)। सोलहवीं शताब्दी ई० की नागरी लिपि में लिखित अभिलेख अब स्पष्ट नहीं है, जिसके संभावित पाठ में वासुदेव, महेश एवं कोटितीर्थ के अभिवादन तथा बढ़ई गंग का उल्लेख हुआ जान पड़ता है:

1. वासुदेवकहः प्रनमु नीत्य प्रती
2. ..... मक।। महेसकह प्रनमु नीत्य
3. प्रती .... जपाहमक।। कोटीतीर्थकह प्रन-
4. मु नित्य प्रती।। समक नमसर्व्ववदी
5. .... रत्रवषोषीव प्रनमु वढइ गंगं व्रतद्य .....

अभिलेख ई.10. चित्र 207.

बड़े अभिलेख का खण्डित भाग (पं.सं. 580) ही वर्तमान में उपलब्ध है। बारहवीं शताब्दी ई० की नागरी लिपि में लिखित अभिलेख में चन्देल शासक परमर्दिदेव का उल्लेख है:

1. ताषयेः श्री दे ....
2. ज्जृंभितं। प्रेक्षध्वं परम ....
3. धिपें नरेशे।।।। ....
4. प्रतीतिः।।।। वीरश्री परम(र्द्दिदेव) ...
5. ।।।। अचरमचरमाद्रि व्याज ....

चित्र 207. परमर्दिदेव का अमान सिंह महल खण्डित प्रस्तर लेख

अभिलेख ई.11. चित्र 208.

लकुलीश प्रतिमा की पादपीठिका पर अंकित खण्डित अभिलेख (पं.सं. 1086)। छठी शताब्दी ई॰ की ब्राह्मी लिपि में लिखित इस अभिलेख में सम्भवतः आचार्य तथा देव प्रतिमा का उल्लेख है। इस अभिलेख का उल्लेख राजेन्द्र यादव (2009-10: 75, प्लेट 13) ने किया है। हन्स टी॰ बेकर (2014: 199) के अनुसार यह एक दानपरक लेख है, जिसमें 'शुद्धिदेवक द्वारा भद्र हेतु दान देने का विवरण है', तथा उन्होने लेख का पाठ (1) *भद्रस्य प्रसन्न* (2) *सु(शु)द्धिदेवकस्य* किया है। इस आधार पर बेकर ने भद्र को देव का नाम मानते हुए दुर्ग पर भद्रेश्वर का मंदिर होना स्वीकार किया है। किंतु उनके पाठ के समीक्षा की आवश्यकता है। प्रथम अक्षर में दायीं ओर एक लम्बवत रेखा है जो नीचे बाएं को घुमी हुयी है। इस प्रकार की संरचना स्वर चिन्ह *आ* के लिए की जाती है। दूसरा चिन्ह संयुक्ताक्षर नहीं है तथा *आ* की मात्रा शिरोचिन्ह के ऊपर लगी है। तीसरा अक्षर संयुक्ताक्षर है, जिसमें *य्य* के ऊपर *रेफ* का चिन्ह बना हुआ है। तीसरा एवं चौथा अक्षर खण्डित है, जिनमें तीसरे अक्षर का ऊपरी भाग शिरो चिन्ह के साथ घुमावदार बना है एवं उसपर क्षैतिज रूप में *ओ* की मात्रा जुड़ी है। चौथा अक्षर सम्भवतः *थ* है। दूसरी पंक्ति का प्रथम अक्षर *स* नहीं बल्कि *म* है जिसमें *ऊ* की मात्रा लगी हुयी है। दूसरा चिन्ह संयुक्ताक्षर है किन्तु *द्धि* नहीं हो सकता क्योंकि दाहिनी लम्बवत रेखा में कोई अंतराल नहीं है जैसा कि अक्षर द में होता है। अंतिम अक्षर *स्यं* प्रतीत् होता है। अभिलेख का सम्भावित पाठ है:

1. आचार्य्यतोथन्न
2. मूर्त्ती देवकस्यं

चित्र 208. लकुलीश प्रतिमा लेख

अभिलेख ई.12. चित्र 209.

पाषाण खण्ड पर मानव आकृति के नीचे अंकित अभिलेख (पं.सं. 518), जो मूलतः नीलकण्ठ मंदिर के गर्भगृह में लगा रहा होगा। इस अभिलेख का विवरण *इण्डियन आर्किआलाजी 1971-72 - ए रिव्यूः* 60 में दिया हुआ है। ग्यारहवीं शताब्दी ई॰ की नागरी लिपि में लिखित अभिलेख में ठक्कुर संकरगण का उल्लेख है:

1. ठक्कुर श्री संकरगणस्य।।

चित्र 209. संकरगण का अमान सिंह महल लेख

अभिलेख ई.13. चित्र 210.

प्रतिमा की पादपीठिका पर अंकित अभिलेख (पं.सं. 594)। विजय कुमार (2019: 626, चित्र 486) ने *ठकुर स्रि जो ... पत्नि सह प्रनम* पाठ किया है। ग्यारहवीं शताब्दी ई० की नागरी लिपि में लिखित इस अभिलेख में ठकुर जोगे द्वारा पत्नी के साथ प्रणाम निवेदन का उल्लेख है:

1. ठकुर श्री जोगे पतनि सह प्रणम(ति)

चित्र 210. जोगे का अमान सिंह महल लेख

अभिलेख ई.14. चित्र 211.

प्रतिमा के बगल में लिखा खण्डित अभिलेख (पं.सं. 1251)। ग्यारहवीं शताब्दी ई० की नागरी लिपि में लिखित अभिलेख में महिपालदेव तथा सूत्रधार मेगसि का उल्लेख है:

1. श्री महिपालदेव।। पदोत्तत्मग. वा सुत्र(धर) मेगसि

चित्र 211. महिपालदेव का अमान सिंह महल लेख

अभिलेख ई.15. चित्र 212.

प्रतिमा की पादपीठिका पर अंकित अभिलेख (पं.सं. 3)। ग्यारहवीं शताब्दी ई० की नागरी लिपि में लिखित अभिलेख में महारीसि का उल्लेख है:

1. श्री महारीसि:।।

चित्र 212. महारीसि का अमान सिंह महल लेख

अभिलेख ई.16.

प्रतिमा की पादपीठिका पर अंकित अभिलेख (पं.सं. 694)। ग्यारहवीं शताब्दी ई० की नागरी लिपि में लिखित अभिलेख में गोपति एवं परली का उल्लेख है:

1. गोपतिः। श्रा(श्री) परलीद

अभिलेख ई.17.

प्रतिमा की पादपीठिका पर अंकित खण्डित अभिलेख। ग्यारहवीं शताब्दी ई० की नागरी लिपि में लिखित अभिलेख में तिथि संवत् 1137 (1080 ई०) तथा राउत धर के पुत्र राउत सुंदर, एवं अमात्य जतु द्वारा नीलकण्ठ के अभिवादन का उल्लेख है:

1. सिद्धम् स्वस्ति राजावलीत्य अमात्य जतु प्रणमु। राउत धरो सुत राउत
2. सुदरेक प्रणमु .... परं वलनिदभ श्री निल-
3. कंठकह प्रनम्यभि संवत् 1137 .... वदि 5 शुक्रे

अभिलेख ई.18.

प्रतिमा की पादपीठिका पर चौदहवीं शताब्दी ई० की नागरी लिपि में लिखित अस्पष्ट अभिलेख में तिथि संवत् 1413 (1356 ई०) तथा जैन आचार्य, मुनी एवं श्रावकों का उल्लेख है:

1. संवत् 1413 वर्षे जेष्ट सुदि 6 शुक्रे श्री मूलसंघे वलात्कारगणे सरस्वतीगछे कुंदकुंदाचार्जन्वय श्री दसद्गत्तत्पट्टे
2. कालंजरया श्री प्रभाचन्द्रदेवाः।।2 स्तत्पट्टे वराअ तसु पट्टः अचार्य गोलणी श्री सीतगः .... समुद
3. म साधु थौश्री प्रणमुम्यार्थ अदीरसुरम्यद्य युगोष्म करापिता दह वतुलकदिअधरदोः तस्य ....

अभिलेख ई.19.

प्रतिमा की पादपीठ पर अंकित खण्डित अभिलेख (पं.सं. 327)। चौदहवीं शताब्दी ई० की नागरी लिपि में लिखित अभिलेख में शुभ अर्थात् कल्याणार्थ अंग द्वारा अभिवादन किये जाने की सम्भावना जान पड़ती है:

1. जगश्री अचे-
2. रित्ये प्रणमु-
3. श्वेराकाङ्ग.-
4. स्यक सुभ्रम्

अभिलेख ई.20.

प्रतिमा के पादपीठ पर अंकित खण्डित अभिलेख (पं.सं. 542)। बारहवीं शताब्दी ई॰ की नागरी लिपि में लिखित अभिलेख में देसल द्वारा वासुदेव के अभिवादन का उल्लेख है:

1. .... विसा वासुदेव प्रनमु
2. ... क देसलाकजत्य ....

अभिलेख ई.21.

प्रतिमा के बगल में अंकित खण्डित अभिलेख (पं.सं. 303)। तेरहवीं शताब्दी ई॰ की नागरी लिपि में लिखित अभिलेख में दिपक का उल्लेख है:

1. द(दि)-
2. पक

अभिलेख ई.22.

स्तम्भ पर मानव आकृति के ऊपर अंकित अभिलेख (केएफ 251-252)। इस अभिलेख का उल्लेख राजेन्द्र यादव (2009-10: 69, प्लेट 4) ने किया है। छठी शताब्दी ई॰ की ब्राह्मी लिपि में लिखित अभिलेख में हूलु का उल्लेख है, जिसने यश के लिए सम्भवत: कुछ धार्मिक कार्य किया था:

1. हूलुजस्य कीर्त्ति:

अभिलेख ई.23.

प्रतिमा की पादपीठ पर अंकित अभिलेख (प.सं. 1026)। बारहवीं शताब्दी ई॰ की नागरी लिपि में लिखित अभिलेख में रूपकार रतन द्वारा अभिवादन का उल्लेख है:

1. रुपकरु रतनक (प्रणमु)
2. नित प्रति

अभिलेख ई.24.

विष्णु की खण्डित प्रतिमा की पादपीठ पर अंकित अभिलेख (पं.सं. 443)। बारहवीं शताब्दी ई॰ की नागरी लिपि में विष्णु लिखा है:

1. विस्णु

अभिलेख ई.25.

प्रतिमा के ऊपरी भाग में अंकित खण्डित अभिलेख (पं.सं. 1088) में तेरहवीं शताब्दी ई॰ की नागरी लिपि में स्यामल का नाम लिखा है:

1. स्यामल आयद्यग ....

अभिलेख ई.26.

अमान सिंह महल के पास स्थित एक पाषाण खण्ड पर बारहवीं शताब्दी ई० की नागरी लिपि में लिखित अभिलेख में माग एवं वच्छ द्वारा नीलकण्ठ के अभिवादन का उल्लेख है:

1. श्री नी(ल)कंठहत्य माग प्रणमति
2. वच्छट्ठ प्रणमति।।

अभिलेख ई.27.

अमान सिंह महल के पास स्थित एक पाषाण खण्ड पर चौदहवीं शताब्दी ई० की नागरी लिपि में लिखित अभिलेख में तिथि संवत् 1422 (1365 ई०) तथा रत्नाधर के पुत्र पद्मधर द्वारा प्रणाम निवेदन किये जाने का उल्लेख है:

1. ओं संवत् 1422 कार्त्तिक सुदि पूर्णिमा
2. रत्नाधर पुत्र पद्मधर कोटितीर्थ प्रणमति।।

अभिलेख ई.28.

अमान सिंह महल के पास स्थित एक पाषाण खण्ड पर बारहवीं शताब्दी ई० की नागरी लिपि में लिखित अभिलेख में तिथि संवत् 1422 (1365 ई०) आस्वनि वदी 1 शनिवार तथा पारगनी द्वारा नीलकण्ठ एवं कोटितीर्थ के अभिवादन का उल्लेख है:

1. ओं संवत् 1422 समये आस्वनि वदी 1 सनौ
2. ली(नी)लकंठ कोटितीर्थकाह पारगनिक प्रणमु नित प्रती।।

अभिलेखों की अधिक संख्या एवं कोटितीर्थ के अभिवादन सम्बन्धी विवरण से विदित होता है कि कालंजर के सभी जल स्रोतों में सर्वाधिक महत्वपूर्ण पवित्र स्थान कोटितीर्थ को प्राप्त था। इस तालाब में समय के साथ परिवर्तन भी हुये एवं यहां की कुछ कलाकृतियां एवं अभिलेख अमान सिंह महल में स्थानान्तरित कर दी गयी हैं। जिर्णोद्धार के समय कुछ अभिलेख या उनके कुछ भाग दीवार में या नीचे दब गये। ज्ञात अभिलेखों में प्राचीनतम चौथी शताब्दी ई० का है, जबकि बाद के सत्रहवीं शताब्दी के हैं। चौथी शताब्दी ई० के अभिलेख में घिरेला का नाम लिखा है। छठी शताब्दी ई० की ब्राह्मी एवं शंख लिपि में लिखे अभिलेखों में नीलकण्ठ, कोटितीर्थ आदि का उल्लेख हुआ है। सातवीं-आठवीं शताब्दी ई० के अभिलेखों से नामानिश्री द्वारा हाथी की प्रतिमा बनवाना, भरमु एवं उनकी भार्या मह द्वारा अभिवादन करना, वसन्त द्वारा नीलकण्ठ के अभिवादन करने की जानकारी उपलब्ध है। स्नान करने पर नरक से मुक्ति का उल्लेख सातवीं शताब्दी ई० के एक लेख (आ.47) में हुआ है। बारहवीं शताब्दी ई० के एक अभिलेख में गंगा तट वासी श्रीकंठ ब्राह्मण परिवार के त्रिलोखी के पौत्र सिद्धरस के पुत्र अव्दु का अन्य विप्रों के साथ कालंजर सम्भवतः पूजा-अर्चना हेतु पधारने का विवरण है। तेरहवीं शताब्दी ई० के एक लेख में सुख प्राप्ति हेतु देव अर्चना का उल्लेख है। इसी काल के अन्य लेखों में माहिल द्वारा चक्रस्वामी के अभिवादन तथा धान, गढइ, किन्दे, मल्हो, धाम, वछ, केर, कोगा आदि का उल्लेख है। पंद्रहवीं शताब्दी ई० के एक लेख में देल्ह, पल्हदे, लक्ष्मी एवं पण्डित अकाहषी, होलद द्वारा कोटितीर्थ के अभिवादन की चर्चा है। अन्य लेखों में गोगपति द्वारा अभिवादन; गोपाल, राउत होला, गोपी दुबे, मनू, वेणुव के पुत्र सुगह, सकणेल का महेश के अभिवादन में लीन होना बताया गया है। पदाण के पुत्र देरड एवं वित्रेन द्वारा कोटितीर्थ तथा नीलकण्ठ के अभिवादन का उल्लेख है। सोलहवीं शताब्दी ई० का एक लेख सम्भवतः नखन द्वारा कोटितीर्थ का खनन अथवा

सफायी करवाये जाने का उल्लेख करता है। अन्य लेखों में देव आराधना सम्बन्धी विवरण है जिसके अनुसार नरायन, भवानन्द, भीखू के पौत्र मुधै के पुत्र भानु, मनू, वियय, वल द्वारा महेश; नायक ममरथ, गांग, वल्हीसी, अपदै, लाम द्वारा कोटितीर्थ; हरम द्वारा कोटितीर्थ एवं नीलकण्ठ के अभिवादन; तिवारी परमानंद द्वारा कृष्ण; लेखक वसहु द्वारा वासुदेव एवं लक्ष्मी-नारायण; सुश द्वारा नीलकण्ठ; मेदद एवं उनके पुत्र, केवलदास, वीसजनी, अहरीन, रजण, रतन, एवं गनेस द्वारा वासुदेव, नगत द्वारा महेश, राम, कोटितीर्थ की आराधना की गयी थी। लेखक रतनु और बढ़ई गंगु का उल्लेख भी कुछ लेखों में हुआ है। 1570 ई० के एक लेख से ललीभ, पयग, खेमदास द्वारा वासुदेव के अभिवाद के साथ-साथ अकबर (मुगल बादशाह) द्वारा करवाये गये निर्माण कार्य की जानकारी मिलती है। सत्रहवीं शताब्दी ई० के लेख भवन द्वारा वासुदेव तथा रछिम कम के पुत्र, पहन के पुत्र सना द्वारा कोटितीर्थ के अभिवादन की जानकारी प्रदान करते हैं। एक लेख के अनुसार गोविन्द के पुत्र प्रेमदास द्वारा कोटितीर्थ तथा नीलकण्ठ का अभिवादन किया गया था, जबकि लसीलपुर वासी वलधर ने कोटितीर्थ के साथ वासुदेव एवं महेश के प्रति भी प्रणाम निवेदन किया था। 1607 ई० के लेख में सुरक्षा की दृष्टि से मेखला आदि के निर्माण की जानकारी मिलती है। 1649 ई० के लेख में राजा कीर्तिसिंह द्वारा स्नान करने के साथ उनके पुत्रों सिंहदेउ, वगिसरी एवं धरस का धार्मिक प्रयोजन हेतु आने का विवरण है। मौनी गोसाइ द्वारा कोटितीर्थ के अभिवादन एवं श्रेष्ठ कामगार महमद के पुत्र द्वारा लेखन कार्य करने; उत्यदास, मीसीवर द्वारा लक्ष्मी के अभिवादन; गोपी द्वारा महेश, कोटितीर्थ एवं गोपाल के अभिवादन का विवरण है। नीलकेश द्वारा गणेश, नारायण, नीलकण्ठ, कोटितीर्थ के अभिवादन की चर्चा है। इसप्रकार कोटितीर्थ क्षेत्र के अभिलेखों में मनोकामना पूर्ति हेतु एवं कल्याणार्थ कोटितीर्थ के साथ नीलकण्ठ, महेश, गणेश, वासुदेव, लक्ष्मी, नारायण, गोपाल, राम, कृष्ण, चक्रस्वामी, आदि के अभिवादन के लिए पधारे तीर्थयात्रियों का विवरण हैं, जिनमें से कुछ ने कोटितीर्थ में स्नान किया था। कुछ अभिलेख छत्री, खनन या तालाब सफायी, तथा अन्य निर्माण कार्य आदि की भी चर्चा करते हैं।

पत्थर महल मस्जिद का निर्माण प्राचीन मंदिर अवशेषों से हुआ है, जिसमें कुछ पर तत्कालीन लेख अंकित है। इनमें सातवीं शताब्दी ई० के एक लेख से कलचुरि शासक भीमट के धार्मिक क्रिया कलापों की जानकारी मिलती है। ग्यारहवीं शताब्दी ई० के लेखों से भट्ट के पौत्र साल्हण के पुत्र नैणपाल, छिहुल के पुत्र दोगा एवं श्रीवास्तव परिवार के जाहुल के पौत्र गोपाल के पुत्र सल्हण द्वारा चक्रस्वामी का अभिवादन किये जाने की जानकारी उपलब्ध है। तेरहवीं शताब्दी ई० में कुल्हण द्वारा चक्रस्वामी के तथा रसाभल द्वारा राम के प्रणाम निवेदन सम्बन्धी जानकारी अंकित करवायी गयी है। चौदहवीं शताब्दी ई० में भी चक्रस्वामी के प्रणाम निवेदन हेतु तीर्थयात्रियों का आना जारी रहा। उदाहरणार्थ, शुभंकर द्वारा चक्रस्वामी के अभिवादन का विवरण उपलब्ध है। इस समय की छत्री का भी उल्लेख हुआ है। पंद्रहवीं शताब्दी ई० के एक अभिलेख से विदित है कि बुन्देला शासक प्रतापरुद्र ने लक्ष्मी-नारायण की प्रतिमा कोटितीर्थ के पास नव निर्मित मंदिर में स्थापित करवाने के साथ देव आराधना आदि कार्य हेतु ब्राह्मण प्रभाकर को भूमि दानस्वरूप प्रदान की थी। ज्ञानदास के पुत्र दुर्गादास द्वारा लेख की रचना एवं दामू एवं अन्य शिल्पियों द्वारा उसका उत्कीर्णन किया गया था। मंदिर-मूर्ति निर्माण से सम्बन्धित शिल्पियों की भी चर्चा है, जैसे महोबा के भमराज एवं अन्य कर्मी, लोहार सातन, कान्हा तथा कोटवार के अन्य कर्मी, लक्ष्मी-नारायण मूर्ति के निर्माता शिल्पी नारायण तथा मंदिर निर्माता कामदेव शिल्पी। इनके अतिरिक्त वलिजय द्वारा लक्ष्मी-नारायण एवं कोटितीर्थ; वीरी तथा तरन द्वारा राम एवं नीलकण्ठ; गल, भम, ठकसाह तथा वल द्वारा महेश; सपरन द्वारा नीलकण्ठ के अभिवादन की जानकारी उपलब्ध है। सोलहवीं शताब्दी ई० के अभिलेखों से गनेश बढ़ई, मव, मनू, ततुम, तील्ह, देवदत, इरौ, नरी, सिलाउट शिवराज द्वारा राम; धन, ककोर, खटिक भीम, मनू द्वारा महेश; तीपती द्वारा महेश एवं कोटितीर्थ; रमइ, उधर, लिर, रसी, जमन द्वारा कोटितीर्थ एवं नीलकण्ठ; पदाह द्वारा नीलकण्ठ; असरगण सिलउट परिवार में रमदन के पुत्र कन्हे द्वारा कोटितीर्थ एवं महेश; विद्याधर, विल्हण द्वारा चक्रस्वामी; लुणष द्वारा गणेश के अभिवादन तथा लेखक भवनाथ का ज्ञान होता है। सत्रहवीं शताब्दी ई० में डीची, वसपन, मनू, अरवा,

खत्री, तुरुक अगि, करणिक अगीमह, नेहल, सेहुद, उरुदत, रतन, ठकुर इश्वर, थुल्ह, माल्ह, सैण, ठकुर तिकम के पुत्र संकलि, महा पण्डित गीधा, संगलू, ठकुर घांघ, ठकुर श्राद्ध के पुत्र रणपाल, नीकम, पण्डित नारायण, ठकुर भालण के पुत्र मामे, गोधन, सेन, सुभिह, नोतिण, गोद के पुत्र गोल, महर वीजु एवं उनकी भार्या, महर पौरी एवं उनकी भार्या, धन, तथा अन्य व्यक्तियों का विवरण प्राप्त है जो निश्चिततः कालंजर दुर्ग की धार्मिक गतिविधियों में संलग्न थे। नीलकण्ठ एवं महेश के रूप में शिव के अतिरिक्त गणेश, हरिहर, नारायण, लक्ष्मी-नारायण, चक्रस्वामी, राम, त्रिदेव, कोटितीर्थ के अभिवादन के उद्देश्य से तीर्थयात्रियों के आगमन से धार्मिक सहिषुणता एवं सामंजस्य की स्थिति का ज्ञान होता है। जागरु के आदेश पर सूत्रधार उरो द्वारा सम्भवतः कुछ निर्माण कार्य करवाया गया था। सूत्रधार, लोहार, शिल्पी, सिलाउट जैसे ब्यवसायी देव उपासना के साथ निर्माण कार्यों में भी संलग्न रहे होगें।

दुर्ग के विभिन्न स्थलों से संगृहीत एवं अमान सिंह महल में रखे दो प्रशस्ति लेखों में एक चन्देल शासक परमर्दिदेव का है तथा दूसरा बुन्देला शासक विंमणदेव का। इनमें प्रथम में पंचायतन मंदिर निर्माण के साथ धार्मिक क्रिया कलापों का भी विवरण है। धार्मिक दृष्टि से राजपाल के घर के अन्दर स्थित वेदि में निरन्तर आहुति डालने का विवरण विशेष रूप से उल्लेखनीय है। राजपाल के उत्तराधिकारी भी शास्त्र में प्रवीण एवं शिव के परम भक्त थे। दूसरे लेख से भी नवीन मंदिर के निर्माण, भग्न मंदिरों के संरक्षण के साथ महेश की महामहिमा के कारण कालंजर की प्रसिद्धि की चर्चा है। छठी शताब्दी ई॰ के लेख में आचार्य एवं देव प्रतिमा का उल्लेख है। सातवीं-आठवीं शताब्दी ई॰ के शिवभक्त शासक जटिलाधि के अतिरिक्त गुर्जर-प्रतिहार मंडलांतर्गत मंगलानक से आये नेनाक अन्वय के जेणु के पुत्र देद्द द्वारा मण्डपिका निर्माण तथा उनकी भार्या लक्ष्मी द्वारा उमा-महेश्वर पट्ट स्थापित करवाये जाने का विवरण है। ग्यारहवीं शताब्दी ई॰ के लेखों से ठक्कुर संकरगण, ठकुर जोगे एवं उनकी भार्या, महिपालदेव, सूत्रधार मेगसि, महारीसि, गोपति, एवं परली के साथ राउत धर के पुत्र राउत सुंदर तथा अमात्य जतु द्वारा नीलकण्ठ के प्रणाम निवेदन की जानकारी मिलती है। बारहवीं शताब्दी ई॰ के एक लेख से जयताचार्य एवं गुर्जर (सम्भवतः गुर्जर-प्रतिहार) की जानकारी मिलती है, तथा अन्य लेखों से देसल, दिपक, हूलु, रूपकार रतन, स्यामल, माग, वच्छ आदि द्वारा देव के अभिवान की जानकारी है। चौदहवीं शताब्दी ई॰ के लेखों में रत्नाधर के पुत्र पद्मधर द्वारा कोटितीर्थ तथा पारगनी द्वारा नीलकण्ठ एवं कोटितीर्थ के अभिवादन की चर्चा है। 1356 ई॰ के लेख से ज्ञात है कि मूल संघ - वलात्कार गण - सरस्वती गच्छ - कुंदकुंदाचार्य अन्वय एवं दसगत्त पट्ट के कालंजर के श्री प्रभाचन्द्रदेव के पट्टासीन वराअ, उनके पट्ट के आचार्य गोलणी के निर्देशन में साधु थौश्री द्वारा सम्भवतः आदिनाथ की प्रतिमा का निर्माण एवं प्रतिष्ठा करवायी गयी थी। जैन मूर्तियों की प्राप्ति एवं लेखों से बुन्देलों के समय में कालंजर दुर्ग पर जैन धर्म का प्रचार-प्रसार हुआ जान पड़ता है।

अरविन्द कुमार सिंह

4

उत्तर क्षेत्र के अभिलेख एवं धार्मिक महत्व

दुर्ग के उत्तर क्षेत्र के अनेक पवित्र स्थलों में खंभोरन भैरव, चण्डी दरवाजा, बड़ा दरवाजा, सीता सेज, सीता कुण्ड, पाताल गंगा, एवं पाण्डु कुण्ड क्षेत्र से अनेक अभिलेख प्रकाश में आये हैं, जिनका क्षेत्रवार विवरण प्रस्तुत् है।

उ. खम्भोरन भैरव के अभिलेख

लाल दरवाजा के पास शिला को काटकर खम्भोरन तालाब की रचना की गयी है, जिसके उत्तरी तटबन्ध से सीढियों की ब्यवस्था है तथा एक ओर शिला है। इस शिला में पांच वर्गाकार स्तम्भ तथा पांच स्तम्भिकाओं को काटकर प्रकोष्ठ निर्मित है। खम्भोरन भैरव की विशाल प्रतिमा शिला खिसकने के कारण नीचे पानी में गिर चुकी है। इस क्षेत्र में सीमित संख्या में अभिलेख लिखे हैं। आरम्भिक अभिलेख सातवीं-आठवीं शताब्दी ई० का वसन्त का है, बाद का अभिलेख सोलहवीं शताब्दी ई० का कुण्ड की सीढियों पर लिखा है, जिनमें देव के अभिवादन तथा कुछ सिलाउटों का विवरण है।

अभिलेख उ.1. चित्र 213.

खम्भोरन भैरव के पास स्थित वाहक के ऊपरी भाग में अंकित खण्डित अभिलेख (केएफ 319) का सम्पादन एफ० मैसी (1848: 323) द्वारा किया गया है, किंतु उन्होने केवल पांचवी पंक्ति तक का पाठ दिया है तथा उसमें भी सुधार की आवश्यकता है। मैसी के अनुसार अभिलेख में 'कालिंजर की घाटी में पितम्बर (विष्णु), गनपति, पन्दरेक (विष्णु), जो ब्यघ्नेश्वर के नाम से विख्यात थे, एवं सहस्रलिंग (इन्द्र) की प्रतिमाओं का उल्लेख है। उनके अनुसार यह भी उल्लेख है कि वह जिन्होने नास्तिकों पर विजय पा रखी थी, मुक्ति के लिए शिव के मंदिरों का निर्माण पत्थर से करवाया था। इसके अतिरिक्त वसन्तधर के पुत्र के नृत्य के लिए उन्होने सभी भग्न मंदिरों का जीर्णोद्धार नवीन निर्मित मंदिर के रूप में करवाया' (मैसी 1848: 323)।

अभिलेख का बाएं का भाग अस्पष्ट हो गया है। इस अभिलेख का उद्देश्य शैलमय शैवगृह अर्थात् शिव मंदिर के निर्माण का विवरण प्रस्तुत् करना है। सम्भवत: यह निर्माण वसन्त द्वारा करवाया गया था, जिन्होने पुराने मंदिरों का जीर्णोद्धार भी करवाया था। उनके द्वारा वापी तथा मूर्ति का निर्माण एवं उसकी प्रतिष्ठापना करवाया जाना भी प्रतीत् होता है। गुहा का नाम चसणमारु उल्लिखित है। वसन्त का नाम अन्य अभिलेखों, विशेषकर वाहक के साथ के अभिलेखों, से भी विदित है। सातवीं-आठवीं शताब्दी ई० की सिद्धमात्रिका लिपि में लिखित अभिलेख का पाठ है:

1. ओं नम:[1]। प्रीतीश्वरे[2] गणपतवेपिनि:ज्वरेशे:[3]। कालंजरे
2. चसणमारु गुहेतु वृद्धे[4]।। व्याघ्रेश्वरे प्रथितनाम्नि च पु-
3. ण्डरीको धर्मेश्वरे च भिट[5]भोगि सहस्रलिंग्ये। येनास्तिकेन शि-
4. वदास च[6] भावितेन। एतग्रा[7] शैलमया शैवगृहाणि मुक्त्यै।।

5. .... शुणिकपि च कृतानि[8] पुनर्ण्णवानि। सोयं वसन्तहर-
6. ....[9] यस्यहीते नामुवोध्करञ्च गुरुणां स्वप्नोपमा
7. .... सद्यिद्वंभुजुग्वहु गृहंङ्ग.ंगाःद्खमण्डां भंग्त्रो
8. .... (प्रणमति) प्रतिदिनं धर्म्मः परं चिन्त्यतां।
9. .... प्रतिमाद्मुत्कारयन्तिष्ठति।।

चित्र 213. वसन्त का खम्भोरन भैरव लेख

टिप्पणीः

1. मैसी ने इसे छोड़ दिया है।
2. मैसी ने *पीतान्वरे* पाठ किया है।
3. मैसी ने *गणपताषपिनिष्करांशे* पाठ किया है।
4. मैसी ने *वसन्तुमद्यगुहेतुगुप्ते* पाठ किया है।
5. मैसी ने *स्वभिध* पाठ किया है।
6. मैसी ने *दलितसायन* पाठ किया है।
7. मैसी ने *तेद्धाधाधातैष* पाठ किया है।
8. मैसी ने *विध्वंसितानि* पाठ किया है।
9. मैसी ने *हरनन्दनताण्डवाय* पाठ किया है।

अभिलेख उ.2. चित्र 214.

खम्भोरन भैरव के एक पाषण खण्ड पर सोलहवीं शताब्दी ई० की नागरी लिपि में लिखित अभिलेख का आरम्भ राम से हुआ है। सुगति हेतु महेश के अभिवादन के पूर्व उपासक लखन ने कुण्ड में स्नान किया था। अभिलेख में उल्लिखित उपासकों के नाम है लखन, उनकी भार्या उड; तथा गोपाल के पुत्र जसुधरः

1. राम
2. महा(हे)सकह प्रनमुतेरय्य लषनक औत श्नानाकरक-
3. नीलप(कं)ठ। ल(ष)नुभार्याक उड भदरवकह प्रनमु गोपा-
4. (ल)पुत्र जसुधरतैत्र महाजलपग सुगतागी

चित्र 214.खम्भोरन भैरव तीर्थयात्री लेख

अभिलेख उ.3. चित्र 215.

खम्भोरन कुण्ड के एक पाषण खण्ड पर सोलहवीं शताब्दी ई० की नागरी लिपि में लिखित अभिलेख में उपासकों का उपासना हेतु आगमन तथा गोपाल द्वारा अभिवादन का उल्लेख है। अंतिम पंक्ति में सिलाउट वन्हप की चर्चा है, जिन्होने सम्भ्वत: पत्थरों को गढ़ने का कार्य किया होगा।

1. वहुतएरावकह प्रनमु
2. गोपल जपमुक नीत्य प्रती
3. महनइ सीलउतस्त वन्हपदी

चित्र 215. गोपाल का खम्भोरन भैरव लेख

अभिलेख उ.4.

खम्भोरन भैरव कुण्ड के एक पाषण खण्ड पर सोलहवीं शताब्दी ई० की नागरी लिपि में लिखित अभिलेख में संजू के पुत्र साजु का उल्लेख है, जिन्होने शिला गढ़ने का कार्य किया था:

1. संजू पुतस साजु गढसीलान

अभिलेख उ.5.

खम्भोरन भैरव कुण्ड के एक पाषण खण्ड पर सोलहवीं शताब्दी ई० की नागरी लिपि में लिखित अभिलेख में तिथि संवत् 1593 (1536 ई०) तथा रूपजइत द्वारा महेश के अभिवादन का अल्लेख है:

1. महेसकह प्रनमुप रूपजइतक
2. नीत प्रती संवत् 1593 समऐ स्रवन सुदि 8 वदुनह

अभिलेख उ.6.

खम्भोरन भैरव कुण्ड के एक पाषण खण्ड पर सोलहवीं शताब्दी ई० की नागरी लिपि में सम्भवतः व्यक्तिगत नाम लिखा है:

1. होतर

ऊ. चण्डी दरवाजा के अभिलेख

तीसरे एवं सातवें दरवाजे के मध्य स्थित, चण्डी दरवाजा के नाम से प्रसिद्ध, दरवाजे पर कुछ लेख लिखे हुए हैं, जिनमें प्राचीनतम लेख एक प्रशस्ति है, जिसमें पाण्डव वंशीय उदयन की उपलब्धियों की चर्चा है। अर्वाचीन अभिलेख संवत् 1600 (1543 ई०) का तीर्थयात्री लेख है।

अभिलेख ऊ.1. चित्र 216.

चण्डी दरवाजा के एक पाषण खण्ड पर सोलहवीं शताब्दी ई० की नागरी लिपि में लिखित अभिलेख में तिथि विक्रम संवत् 1580 (1523 ई०) तथा गनेश एवं दिवधर द्वारा महेश के अभिवादन का उल्लेख है:

1. महेसकह प्रनम
2. गनेसक दिवदरेक दिन सं-
3. वत् 1580

चित्र 216. चण्डी दरवाजा लेख, संवत् 1580

अभिलेख ऊ.2. चित्र 217.

चण्डी दरवाजा के उसी पाषण खण्ड पर अंकित अभिलेख की तिथि अल्वायस अन्टोन फुहरर (1891: 151) ने 1199 बतलाया है। सोलहवीं शताब्दी ई० की नागरी लिपि में लिखित अभिलेख में तिथि विक्रम संवत् 1599

(1542 ई॰) तथा भवानंद एवं भगीरथ द्वारा महेश के अभिवादन का उल्लेख है:

1. महेसकह प्रनामु भवानंदक ब(भ)गिर-
2. थक दिन प्रति संवत् 1599

चित्र 217. चण्डी दरवाजा लेख, संवत् 1599 एवं 1600

अभिलेख ऊ.3.

चण्डी दरवाजा के उसी पाषण खण्ड पर अंकित अभिलेख में अल्वायस अन्टोन फुहरर (1891: 151) ने शेरशाह द्वारा दुर्ग पर अधिकार का विवरण माना है। किंतु सोलहवीं शताब्दी ई॰ की नागरी लिपि में लिखित अभिलेख में तिथि विक्रम संवत् 1600 (1543 ई॰) तथा गोपाल दुबे द्वारा वासुदेव के अभिवादन का उल्लेख है:

1. वसुदेवकह प्रनम गोप(पाल)दुवेक
2. नित्य प्रती
3. सं 1600

अभिलेख ऊ.4. चित्र 218.

चण्डी दरवाजा के एक पाषण खण्ड पर सोलहवीं शताब्दी ई॰ की नागरी लिपि में लिखित अभिलेख में तिथि विक्रम संवत् 1572 (1515 ई॰) तथा मनू द्वारा महेश के अभिवादन का उल्लेख है:

1. महेसकह प्रनामु
2. मनूवीयौक प्रममु
3. सं 1572

चित्र 218. चण्डी दरवाजा लेख, संवत् 1572

अभिलेख ऊ.5. चित्र 219.

चण्डी दरवाजा में लगे मंदिर के एक स्तम्भिका पर अंकित अभिलेख। अभिलेख का संक्षिप्त विवरण एफ० मैसी (1848) एवं अलेक्जेण्डर कनिंघम (1885: 40, प्लेट 9एल) द्वारा दिया गया है, यद्यपि इन दोनों ने अभिलेख का पाठ प्रस्तुत् नहीं किया है। केवल प्रथम श्लोक का पाठ एफ० किलहार्न (1905: 621) ने अपने लेख 'भवदेव रनकेसरिन के नागपुर बुद्धिस्ट अभिलेख' में दिया है। किलहार्न ने लिपिशास्त्रीय आधार पर अभिलेख की तिथि नौवीं शताब्दी ई० बतलायी है, जिसमें कालंजर में भद्रेश्वर (शिव) के मंदिर का निर्माण पूर्व काल में होना बताया गया है। इसी श्लोक का उल्लेख बाद के विवरणों में हुआ है, मुख्यत: सिरपुर के पाण्डुवंशी राजवंश के उद्भव के सन्दर्भ में। अजय मित्र शास्त्री (1995: 158) ने किलहार्न की तिथि स्वीकार की है, तथा उन्होने कोसल के पाण्डुवंश के प्रथम शासक उदयन और कालंजर अभिलेख के पाण्डव शासक को एक ही व्यक्ति माना है। शास्त्री (1995: 158) का विचार है कि उदयन ने कालंजर के समीपवर्ती क्षेत्रों पर शासन किया तथा आगे उन्होने कहा है कि अभिलेख को त्रुटिपुर्ण रूप में उदयन के अभिलेख के रूप में उल्लिखित किया गया है जबकि उदयन का पूर्वकालिक शासक होने का विवरण इस तथ्य को नकारता है। किन्तु अभिलेख में पूर्व्वं का उल्लेख मंदिर के निर्माण के सन्दर्भ में हुआ है न कि राजा के लिए। सम्भवत: इसप्रकार की परिकल्पना उदयन को कोसल के पाण्डुवंशी राजवंश के रूप में पहचान तथा समय के अन्तराल को कम करने की दृष्टि से किया गया है, क्योंकि उन्होने इसे नौवीं शताब्दी ई० में रखा है। अभिलेख का प्रस्तावित पाठ इस समस्या के समाधन में सहायक होगा। भद्रेश्वर का पूर्वकालिक मंदिर ईटों से निर्मित था, जबकि बाद का निर्माण पत्थर से होने की बात अभिलेख के श्लोक 11 में *दृढविपुलशिला* के रूप में की गयी है, उसी समय मंदिर के प्रस्तर निर्मित स्तम्भिका पर यह लेख लिखा गया होगा। यह निर्धारित करने के लिए कि उदयन सिरपुर का पाण्डुवंशी शासक था, अथवा कालंज़र का स्थानीय शासक था, और अधिक साक्ष्य की आवश्यकता है।

कुछ वर्ष पूर्व पीटर सी० बिशप (2013: 286) ने इस अभिलेख को पढ़ने का प्रयास किया साथ ही यह भी स्पष्ट रूप में स्वीकार किया कि इस अभिलेख का पाठ करना सरल नहीं है फिरभी 'मेरे द्वारा प्रस्तुत् पाठ कई संदर्भो में सम्भावित है'। अभिलेख का आरम्भ सिद्धम् चिन्ह से हुआ है, जिसके उपरान्त पाण्डव कुल में उत्पन्न उदयन की उपलब्धियों का विवरण है। उन्होने ईटों से निर्मित पूर्वकालिक भद्रेश्वर के मंदिर का भव्य निर्माण करवाया था, जिसकी ध्वजा हवा में लहराती रहती थी। अंतिम पंक्ति में लेखक के रूप में सूत्रधार उन्दक का उल्लेख है। पूर्व के प्रकाशनों में इस उदयन की पहचान पाण्डुवंशी राज्य के संस्थापक के रूप में की गयी है, जबकि बिशप (2013: 288) के अनुसार अधिक सम्भव है कि वह पौराणिक पाण्डवराज उदयन हो, जिसका उल्लेख *बृहत्कथा* में हुआ है। *बृहत्कथा* के विवरणानुसार उदयन ने वृषध्वज की उपासना के बाद अपनी दो पत्नियों तथा मंत्री के साथ कालंजर की पहाड़ी से कुदकर अपने प्राण त्याग दिए थे और ऐसा उन्होने जीवन के नश्वरता के सार को समझने के बाद किया था (बिशप 2013: 288)। किंतु इस मान्यता को स्वीकार नहीं किया जासकता क्योंकि यह कोई स्मारक लेख नहीं है। अभिलेख की अंतिम पंक्ति में स्पष्टत: इसे प्रशस्ति लेख कहा गया है, जिसमें शासनरत शासक की उपलब्धियों तथा धार्मिक क्रियाकलापों का विवरण है।

अभिलेख की तिथि को लेकर भी विद्वानों में मतभेद है। परवर्ती गुप्तों के समय से लेकर नौवीं शताब्दी ई० तक की अनेक तिथियों का सुझाव दिया गया है। किंतु लिपिशास्त्रीय विशेषताओं को देखते हुए सातवीं-आठवीं शताब्दी ई० की तिथि इस अभिलेख के लिए अधिक समीचीन जान पड़ती है। अभिलेख का प्रस्तावित पाठ निम्नवत् है:

1. सिद्धम्[1] उदयन इति राजा य: कुलो[2] पाण्डवानां सकलभुवन-
2. नाथस्यास्य भद्रेश्वरस्य। पवनलुलितचिह्नं रम्यकान्तीष्टका-
3. हीष्टका[3] भिर्गृहवरमतिभक्त्या कारितृं[4] तेन पूर्व्वं।। येन प्राप्य

4. परं मदो न विधृह:[5] श्राध्यं[6] न मित्रे कृतं। नाक्षात्तिर्न्नजितोदया-
5. न विहज[7]नार्थी वृथा प्ररित:[8] (।।) सित्यं[9]नोंपहतं न सुद्धिजतनस[10]-
6. वाश्रमो[11] भावितो। न क्रूरेपिरिपौविपा[12]त्प्रणयिनि प्राप्तेक्षतं वि[13]-
7. ध्रियं[14]।। यस्याभूद्णय सड्.घसो[15] न तु रणाधर्म्मेथ मैत्री सदा
8. उस्राभुदिद्रंसहुराष्य[16] भूभ्रध्या[17] सद्यघरण[18]त्तल्पथ[19] नित्यंलम्प-
9. टता गुणेषु न परस्त्रीष(षु) प्रवुत्त क्वच्चिंत्तस्यास्यांत्र[20] विनोदना
10. न संभवद्भास्वरां[21] न भूत्तेवो[22]सा।। द्वि.पदरको[23] स्वभवनगमना
11. रोहणाकारसुच्चै स्थाणोप्य:शत्त[24] प्रकीर्ण्णं दृढविपुलशिला-
12. ... रं श्रीच्छटान[25]।। कल्पादृप्रम्दव[26] प्रचण्ड पवनप्रेण्णद्विंम[27]ईक्षमं
13. .... पिष्ठ:पुद्यार्थं तदत्र जग्रश: सन्निभंषुदुद्रकू[28]।। मुत्वेदि जीवितं
14. .... काय वुद्वुद अन्शिभं[29]। विभूतिं चपलांवीक्ष्य स्रद्धर्व्वरं शरोपमा[30]
15. .... र्चकोनुधिष्टितेय लिखितोरयं सूत्रधर उन्दकेन[31]

चित्र 219. पाण्डव उदयन का चण्डी दरवाजा लेख

टिप्पणी:

1. चिन्ह द्वारा व्यक्त।
2. बिशप ने *कुले* पाठ किया है।
3. बिशप ने (*न्तीष्टका*) पाठ किया है।
4. बिशप ने *कारितं* पाठ किया है।

5. बिशप ने *विधृतः* पाठ किया है।
6. बिशप ने *शाठ्यं* पाठ किया है।
7. बिशप ने *विह(ता)* पाठ किया है।
8. बिशप ने *प्रेक्षितः* पाठ किया है।
9. बिशप ने *(स)त्यं* पाठ किया है।
10. बिशप ने *स(द्द्वि)जज(नाभा)* पाठ किया है।
11. बिशप ने *वात् श्रमो* पाठ किया है।
12. बिशप ने *क्रूरेपि रिपौ कृपा* पाठ किया है।
13. बिशप ने *कृतं वि* पाठ किया है।
14. बिशप ने *प्रियं* पाठ किया है।
15. बिशप ने *भूद्भयम् अङ्.घसो* पाठ किया है।
16. बिशप ने *उस्रो भूद् इ(ह) स(ज्जन)स्य* पाठ किया है।
17. बिशप ने *भजने* पाठ किया है।
18. बिशप ने *स(द्वये) घ(कृ)* पाठ किया है।
19. बिशप ने *(त्तं सदा)* पाठ किया है।
20. बिशप ने *स्यात्र* पाठ किया है।
21. बिशप ने *सभवद्गाद्ध्री* पाठ किया है।
22. बिशप ने *र्भू(त्ते)* पाठ किया है।
23. बिशप ने इस शब्द को छोड़ दिया है।
24. बिशप ने *(यों) फणाकारम उच्चै(:) स्ता(णो ... तु)* पाठ किया है।
25. बिशप ने *च्छटा(भम)* पाठ किया है।
26. बिशप ने *कल्पादृ प्र(स्रवण)* पाठ किया है।
27. बिशप ने *प्रेङ्.खद्विम* पाठ किया है।
28. बिशप ने *... (कृतिः प्रक)* पाठ किया है।
29. बिशप ने *बुद्बुदस(न्निभं)* पाठ किया है।
30. बिशप ने *चपलां (विक्ष्य) ... (न्व)र्द्धनशरो(जमां)* पाठ किया है।
31. बिशप ने *(.. आ .. ओ)धि(ष्ठि)ते(र्या) लि(खिता इ)यं स्र(न्धब) उ(म्भ)केन* पाठ किया है।

ए. बड़ा दरवाजा के अभिलेख

विद्यमान बड़े दरवाजे का पुनर्निर्माण कालान्तर में करवाया गया है, जो उस समय अंकित करवाए गए संवत् 1629 (1572 ई०) के अभिलेख से भी प्रमाणित है। इस दरवाजे पर तथा इसके समीपवर्ती क्षेत्र में कुछ अभिलेख अंकित है, जो बारहवीं से सत्रहवीं शताब्दी ई० के मध्य के हैं।

अभिलेख ए.1.

बड़ा दरवाजा के स्तम्भ पर सोलहवीं शताब्दी ई० की नागरी लिपि में लिखित अभिलेख में भुक द्वारा अभिवादन का उल्लेख है:

1. प्रमनमत्ये भुकै

अभिलेख ए.2. चित्र 220.

बड़ा दरवाजा के स्तम्भ पर अंकित अभिलेख। सोलहवीं शताब्दी ई० की नागरी लिपि में लिखित अभिलेख में तिथि संवत् 1629 (1572 ई०) तथा वघेलों के राज्यकाल में समदेवु के पुत्र हर द्वारा महेश के अभिवादन का उल्लेख है। अभिलेख का लेखन रामभक्त उदौ ने किया था। अलेक्जेण्डर कनिंघम (1885: 30) तथा अल्वायस अन्टोन फुहरर (1891: 151) ने अभिलेख की तिथि संवत् 1691 बतायी है। इसका सम्भावित पाठ निम्नवत् है:

1. महेसकह प्रनमुती परीपतनु फलीत प्रतापरतहा-
2. त संवत् 1629 समए वसष सनी सुदी 15 रासइती
3. रयनमकुं वघेलेकैश राजसुषव जसभ बुलार-
4. षिकरिपरीतक नमुसुत्य समदेवु तत सुत हरक प्रम-
5. मव देवकंडुं प्रनमुकरमद्युत हरक नीत प्रती
6. संवत् 1629 लेष्यते उदउषदउर्चित्य
7. राम

चित्र 220. बड़ा दरवाजा स्तम्भ लेख, संवत् 1629

अभिलेख ए.3.

बड़ा दरवाजा के स्तम्भ पर सोलहवीं शताब्दी ई० की नागरी लिपि में लिखित अभिलेख में शिवप्रसाद द्वारा अभिवादन का उल्लेख है:

1. दा शिवप्रसादे प्रणामु:

अभिलेख ए.4.

बड़ा दरवाजा के पास दुर्ग की दीवार में लगे एक पाषण खण्ड पर तेरहवीं शताब्दी ई० की नागरी लिपि में लिखा है:

1. ओं म .....

अभिलेख ए.5.

बड़ा दरवाजा के पास दुर्ग की दीवार में लगे एक पाषण खण्ड पर तेरहवीं शताब्दी ई० की नागरी लिपि में लिखा है:

1. ग श्री

अभिलेख ए.6.

बड़ा दरवाजा के पास दुर्ग की दीवार में लगे एक पाषण खण्ड पर पंद्रहवीं शताब्दी ई० की नागरी लिपि में लिखा है:

1. यक .....

अभिलेख ए.7.

बड़ा दरवाजा के पास दुर्ग की दीवार में लगे एक पाषण खण्ड पर सत्रहवीं शताब्दी ई० की नागरी लिपि में लिखित अस्पष्ट अभिलेख में सम्भवत: कुलवृद्धि हेतु खमदेइ के पुत्र गोगुरज एवं हलील द्वारा अभिवादन का उल्लेख है:

1. वरयुमक प्रनमु-
2. तीस्म के ....
3. र्म देवकह प्रनम
4. कुलुवर्द्धननु
5. पनीघरती-
6. दुरगे पभुक नी-
7. त्य प्रती वनजपवी-
8. कम्तु वलठतू
9. षमदेइ पुत्र गो-
10. गुरजंस्त हलीलन-
11. मा परुच्छुसेह सस-
12. जेषं फलक नीत प्रती

अभिलेख ए.8. चित्र 221.

बड़ा दरवाजा के पास दुर्ग की दीवार में लगे एक पाषण खण्ड पर सोलहवीं शताब्दी ई० की नागरी लिपि में लिखित अभिलेख में तिथि संवत् 1587 (1530 ई०) वर्णित है। इसमें मनू द्वारा महेश के अभिवादन का उल्लेख है:

1. महेसकह: प्रनमु मनूवीयौक
2. सं 1587

चित्र 221. बड़ा दरवाजा स्तम्भ लेख, संवत् 1587

अभिलेख ए.9.

बड़ा दरवाजा के पास दुर्ग की दीवार में लगे एक पाषण खण्ड पर अंकित अभिलेख। सोलहवीं शताब्दी ई० की नागरी लिपि में लिखित अभिलेख में तिथि संवत् 1587 (1530 ई०) कार्तिक सुदि 5 बुधवार तथा नानक द्वारा महेश एवं नीलकण्ठ के अभिवादन का उल्लेख है:

1. संवत् 1587
2. महेसकह प्रनमु (नील)-
3. कंहन(ठक)ह नानक नीत्य प्रती समऐ
4. कतीक सुदी 5 वुधे

अभिलेख ए.10.

बड़ा दरवाजा के पास दुर्ग की दीवार में लगे एक पाषण खण्ड पर बारहवीं शताब्दी ई० की नागरी लिपि में लिखित अभिलेख में लाला द्वारा अभिवादन का उल्लेख है:

1. केसवागाएण लालाजार्चि

अभिलेख ए.11.

बड़ा दरवाजा के पास दुर्ग की दीवार में लगे एक पाषण खण्ड पर अंकित अभिलेख। बारहवीं शताब्दी ई० की नागरी लिपि में लिखित खण्डित अभिलेख एक बड़े अभिलेख का भाग जान पड़ता है। अनेक स्थलों पर यह अब अपठनीय हो चुका है। सुरक्षित अंश में, अभिलेख का आरम्भ शिव के अभिवादन से हुआ है, कालंजर तथा वीग्रहपाल का विवरण है, प्राचीन भग्न मंदिरों का जिर्णोद्धार करवाये जाने की जानकारी है, दान विवरण है, तथा देव व्याघ्रेश्वर एवं अन्य का उल्लेख है:

1. ओं नम: शिवाय।। आ .... भूवरत्थं च
2. .... क्रित: प्रणिमातीषयताद्र: प्रेक्ष्य कालञ्जरं भुवमलयी
3. .... करंवीद्य स्रधायकंठे। पार्यये व्रह्मभावे पदनष च कलालवि
4. .... संघौकारित्तुंरम्य कालंजरेद्रौपम .... हये ली(नी)लकंठ:।।
5. .... जेंद्याभींहद .... वघेल .... सहस्र .... द्रवमदेद्दरेक च

6. ...... तयोन .... रीतदि .... भगवद भयभूभृयश
7. ..... जन्यैद्ध पुजीद्यम। नतितवीध्वन्स(मन्दिरं) .... दतयः माषु इवैं स
8. ... च दानेन्य प्रतिमेमरात्यं महिमार्जेक्षनक .... धरद्ये धन्वेह सुकरनाम हितेमूर्तिः प्रेरकोनकी
9. .... तर्चिकत्यैः ख्यातो विग्रहपालैत्प्रसिद्ध .... लोकस ...... निय शिलेउषमे रयेश्री
10. ...... काः दिक्षित्यैवंद्यत्रे .... रद्द .... दकम पुत्रक गे-
11. .... कर्चाम ....
12. .... जोवलियोगवु .... य ....
13. .... ध श्रिमद .... खभिलदु .... जय ......
14. .... निधिमत्य प्रसर जगरदयाम असुनिअ जि ....
15. .... स्तद्य व्यघ्रेश्वर्देवमेनिह। दतये जि ....
16. .... लीषापी ....

अभिलेख ए.12.

बड़ा दरवाजा के मार्ग में एक पाषण खण्ड पर सोलहवीं शताब्दी ई० की नागरी लिपि में लिखित अभिलेख में गोपाल एवं कलु द्वारा त्रिदेव के अभिवादन का उल्लेख है:

1. गोपालस्त
2. प्रणमुः त्रिदेव
3. कलु प्रणमतिः।।

अभिलेख ए.13.

बड़ा दरवाजा के मार्ग में एक पाषण खण्ड पर सोलहवीं शताब्दी ई० की नागरी लिपि में लिखित अभिलेख में कल्याणर्थ भवानंद द्वारा राम के अभिवादन का उल्लेख है:

1. राम
2. देवकह प्रनामु भवानंदक नित्य प्रति
3. सुभकह

अभिलेख ए.14.

बड़ा दरवाजा के मार्ग में एक पाषण खण्ड पर सोलहवीं शताब्दी ई० की नागरी लिपि में लिखित अभिलेख में तिथि संवत् 1565 (1508 ई०) तथा मनु द्वारा महेश के अभिवादन का उल्लेख है:

1. महेसकह प्रनमुमीश्व-
2. मनुकविरीति 1 त्रवियौकं
3. नितं सं 1565

अभिलेख ए.15.

बड़ा दरवाजा के मार्ग में एक पाषण खण्ड पर सोलहवीं शताब्दी ई० की नागरी लिपि में लिखित अभिलेख में तिथि संवत् 1567 (1510 ई०) तथा दीसद द्वारा महेश के अभिवादन का उल्लेख है:

1. महेस्य(श)कह प्र-
2. नामुकं दीसदुक
3. नित्य प्रती सं 1567

अभिलेख ए.16.

बड़ा दरवाजा के मार्ग में एक पाषण खण्ड पर पंद्रहवीं शताब्दी ई० की नागरी लिपि में लिखा है:

1. करण्य

अभिलेख ए.17.

बड़ा दरवाजा के मार्ग में दुर्ग के दीवार में लगे एक पाषण खण्ड पर पंद्रहवीं शताब्दी ई० की नागरी लिपि में लिखा है:

1. कामिछ्यीक ....

अभिलेख ए.18.

बड़ा दरवाजा के मार्ग में शिला पर सोलहवीं शताब्दी ई० की नागरी लिपि में लिखित अभिलेख में मणि द्वारा अभिवादन का उल्लेख है:

1. मणिरती अहणुरव प्रनमु

अभिलेख ए.19.

बड़ा दरवाजा के मार्ग में एक पाषण खण्ड पर सोलहवीं शताब्दी ई० की नागरी लिपि में लिखित अभिलेख में तिथि संवत् 1580 (1523 ई०) तथा गनेश एवं दिवदर द्वारा महेश के अभिवादन का उल्लेख है:

1. राम
2. महेसकह प्रनमु
3. गनेसकं दिवदरेक
4. नित्यं संवत् 1580

अभिलेख ए.20.

बड़ा दरवाजा के मार्ग में उसी पाषण खण्ड पर सोलहवीं शताब्दी ई० की नागरी लिपि में लिखित अभिलेख में अर्जुन द्वारा नीलकण्ठ के अभिवादन का उल्लेख है:

1. निलकंठकह प्रनामुर्जुन
2. जिनिसुअकह अघीरक

अभिलेख ए.21.

बड़ा दरवाजा के मार्ग में उसी पाषण खण्ड पर अंकित अभिलेख। सोलहवीं शताब्दी ई० की नागरी लिपि में लिखित अभिलेख में नारायन द्वारा गणेश, तथा सभी कोटदार द्वारा नीलकण्ठ के अभिवादन का उल्लेख है:

1. गनेसकह प्रनमुन्न
2. नारायन नीलकंठक-
3. हं सविष कोटदारका

अभिलेख ए.22.

बड़ा दरवाजा के मार्ग में दुर्ग के दीवार में एक पाषण खण्ड पर पंद्रहवीं शताब्दी ई० की नागरी लिपि में वलदेव का नाम लिखा है:

1. वलदेवक

अभिलेख ए.23. चित्र 222.

बड़ा दरवाजा के मार्ग में एक पाषण खण्ड पर सोलहवीं शताब्दी ई० की नागरी लिपि में लिखित अभिलेख में तिथि संवत् 1560 (1503 ई०) तथा मनू द्वारा महेश के अभिवादन का उल्लेख है:

1. महेसकह प्रनमुमीश्व
2. मनूकविरीत्रि 1। वियौ-
3. कं नितं प्रति सं 1560

चित्र 222. बड़ा दरवाजा स्तम्भ लेख, संवत् 1560

अभिलेख ए.24.

बड़ा दरवाजा के मार्ग में एक पाषण खण्ड पर तेरहवीं शताब्दी ई० की नागरी लिपि में लिखा है:

1. लवे

ऐ. सीता सेज एवं सीता कुण्ड के अभिलेख

एक छोटी गुहा में पाषाण का विस्तर तथा तकिया बना हुआ है, जो सीता सेज के नाम से प्रसिद्ध है। इसका उपयोग सम्भवतः साधुओं द्वारा किया जाता रहा होगा। यहां पर कुछ अभिलेख शिला पर, ललाट बिम्ब पर, एवं पत्थर के विस्तर पर अंकित है, जिनका समय सातवीं शताब्दी से सत्रहवीं शताब्दी ई० के मध्य का है।

अभिलेख ऐ.1. चित्र 223.

सीता सेज की शिला पर सोलहवीं शताब्दी ई० की नागरी लिपि में लिखित अभिलेख में दयानाथ द्वारा अभिवादन का उल्लेख है:

1. दयानाथुसद्यसी
2. प्रनमु दिन प्रतीः

चित्र 223. दयानाथ का सीता सेज लेख

अभिलेख ऐ.2.

सीता सेज की शिला पर सोलहवीं शताब्दी ई० की नागरी लिपि में लिखित अभिलेख में तिथि वैशाख सुदि 10 संवत् 1600 (1543 ई०) तथा वसु द्वारा महेस के अभिवादन का उल्लेख है:

1. महेसकह प्रनमु वसु:क स्रधनीक नीते प्र-
2. त्री(ती) वइष सुदी 10 संवत् 1600

अभिलेख ऐ.3.

सीता सेज की शिला पर सोलहवीं शताब्दी ई० की नागरी लिपि में लिखित अभिलेख में तिथि संवत् 1565 (1508 ई०) तथा दोन्दु द्वारा महेस एवं गणेश के अभिवादन का उल्लेख है:

1. महेसकह प्रनमु गनेसकह रक्षद दोन्दुहे देउव प्रती संवत् 1565

अभिलेख ऐ.4.

सीता सेज की शिला पर सोलहवीं शताब्दी ई० की नागरी लिपि में लिखित अपूर्ण अभिलेख में प्रपा द्वारा महेस के अभिवादन का उल्लेख है:

1. (महेस)कह प्रनम्व
2. प्रपाक

अभिलेख ऐ.5.

सीता सेज की शिला पर पंद्रहवीं शताब्दी ई० की नागरी लिपि में लिखित अभिलेख में तिथि संवत् 1509 (1452 ई०) तथा होलु द्वारा कालंजर दुर्ग में शिव के अभिवादन का उल्लेख है:

1. सुरनरवंदन सिधानंद
2. मुंडफनी भूषनं सिरचंद्रं-
3. थिति कालिंजरदुर्गनियेत्ये
4. नित्यं प्रणमति द्दरइ होलु। संवत् 1509

अभिलेख ऐ.6.

सीता सेज की शिला पर पंद्रहवीं शताब्दी ई० की नागरी लिपि में लिखित अभिलेख में रज द्वारा सीता के अभिवादन का उल्लेख है:

1. सिएर्च रज

अभिलेख ऐ.7.

सीता सेज की शिला पर पंद्रहवीं शताब्दी ई० की नागरी लिपि में लिखित अभिलेख में सूत्रधार कल्ह द्वारा अभिवादन का उल्लेख है:

1. क जप्वत्वा सूत्रधार कल्हौ

अभिलेख ऐ.8. चित्र 224.

सीता सेज की शिला पर ग्यारहवीं शताब्दी ई० की नागरी लिपि में लिखित अभिलेख में तिथि कार्तिक शुदि 5 सोमवार संवत् 1112 (1055 ई०) लिखी है। इसके विवरणानुसार महाराणक वहुल के पुत्र लखण द्वारा सेज का आधुनिकीकरण करवाया गया तथा कालंजर दुर्ग की ऊपरी प्राचीर बनवायी गयी थी:

1. समत् 1112 कार्त्तीक शु 5 सोमदिने
2. महाराणक श्रीजन्नः।। वहुल सुत्त
3. लखणस्त संसेज अधुनक्यैकी करपी-
4. तं अपर कलंजरमोहिवेष्टीत्वा
5. दुइजेनकेह वढीत्थां

चित्र 224. सीता सेज लेख, संवत् 1112

अभिलेख ऐ.9.

सीता सेज की शिला पर ग्यारहवीं शताब्दी ई० की नागरी लिपि में लिखित अभिलेख में सूत्रधार लखन द्वारा वासुदेव के अभिवादन का उल्लेख है:

1. श्री सुत्रधरे लषनसुर्चा वसुदेवः।।
2. वसुदेवाह

अभिलेख ऐ.10. चित्र 225.

सीता सेज के प्रवेशद्वार के ऊपर अंकित अभिलेख में सूत्रधार पछ द्वारा देव उपासना का उल्लेख है, जिसका पाठ है सुत्रधर पछत्यजार्चः।

प्रवेश द्वार के ललाटबिंब पर लिखित अभिलेख का उल्लेख *एनुअल रिपोर्ट आफ इण्डियन एपिग्राफी 1969-70* (73, सी 2973) में हुआ है। सातवीं-आठवीं शताब्दी ई० की सिद्धमातृका लिपि में लिखित अभिलेख में राजा के आदेश पर पहाड़ी पर शिव मंदिर बनवाने, तथा जल्हण, रेउत एवं रतन से सम्बन्धित विवरण है:

1. ओं कीर्त्तिः कृतागिरिपतावतिदुः कराया सेवाहरस्य नृपतेश्व महापकारः।
2. आज्ञाधुना त्रिविधकार्यपतेः शिवस्य तस्माद्गताह मनिवर्त्तक शास्त्राचार।।
3. जल्हणष्ये रेउत्कं रतनः।

चित्र 225. सीता सेज ललाटबिंब लेख

अभिलेख ऐ.11.

सीता सेज की शिला पर आधुनिक नागरी लिपि में लिखित अभिलेख में बालकदास का उल्लेख तिथि के साथ हुआ है:

1. बालकदाश 1973

अभिलेख ऐ.12.

सीता सेज की शिला पर बारहवीं शताब्दी ई० की नागरी लिपि में लिखित अभिलेख में राजपुत्र देसल एवं लेखक अर्हणु का उल्लेख है:

1. राजपुत्र श्री देसलु अर्हणु
2. लिषितं

अभिलेख ऐ.13.

सीता सेज की शिला पर बारहवीं शताब्दी ई० की नागरी लिपि में लिखित अभिलेख में सिलावट देउपाल, जसपाल एवं कुलधर का उल्लेख है:

1. देउपला जसपला कुलधरा सिलावट
2. ....

अभिलेख ऐ.14.

सीता सेज की शिला पर सातवीं शताब्दी ई० की सिद्धमातृका लिपि में लिखित खण्डित अभिलेख में लिखा है:

1. श्री भूयगुर्वरक ....

अभिलेख ऐ.15. चित्र 226.

सीता सेज की शिला पर अंकित अभिलेख। ग्यारहवीं शताब्दी ई० की नागरी लिपि में लिखित अभिलेख में तिथि संवत् 1150 (1093 ई०) तथा सूत्रधार जगधर एवं उनके पुत्र सेउधर, और सवधर, गोद्ग, सुनरज, देजारल एवं देसलि का उल्लेख है:

1. समत् 1150 वैसाष वदि 4 सुक्रि सुत्रधर
2. जगधरसुत सेउधर सवधरः त्याज्ञ
3. गोद्ग सुनरजउष्क देजारल
4. देसलि

चित्र 226. सीता सेज लेख, संवत् 1150

अभिलेख ऐ.16.

सीता सेज की शिला पर ग्यारहवीं शताब्दी ई० की नागरी लिपि में लिखित अभिलेख में मंगल द्वारा उपासना का उल्लेख है:

1. मंगले अर्चहे

अभिलेख ऐ.17.

सीता सेज की शिला पर ग्यारहवीं शताब्दी ई० की नागरी लिपि में लिखित अभिलेख में सिलावट सि:द्र एवं उनके मित्र विहलसिह का उल्लेख है:

1. वैसाष वदि 2 वुधे सिलावट सि:द्रस्ती मित्रसुद्य विहलसिहलह

अभिलेख ऐ.18.

सीता सेज पर सोलहवीं शताब्दी ई० की नागरी लिपि में लिखित अभिलेख में तिथि संवत् 1567 (1510 ई०) तथा सूत्रधारों, देवजि, भवयोग, प्रपान, रुश्रीत, कुलधर, रतन, श्रीपत, छिहील, जट, एवं लेखक रेउअ द्वारा महेश के अभिवादन का उल्लेख है:

1. महेशकह प्रनमु कंदीवदरेक सं 1567
2. वुधा गगा
3. सूत्रधरत्रे श्रीदेवजिस्स श्रीभवयोग:। श्री प्रपानौ श्री रुश्रीतकरयण श्री कुलधर। मंगल्या श्री रतन वारद ... .. श्रीपतमाहस पुत्रमीमायतीं भस्ति गुष्ठति योगक्रीडाह श्री छिहील सुत्रधर:। सुत जट:। रेउआ लिषत्या।
4. बसंतदास

अभिलेख ऐ.19. चित्र 227.

सीता सेज पर सोलहवीं शताब्दी ई० की नागरी लिपि में लिखित अभिलेख में मनू द्वारा नीलकण्ठ के अभिवादन का उल्लेख है:

1. रामकह प्रनमु मनूवीयौक
2. लीली (नील) कंठकह प्रनाम गोपे पीतर
3. पवनकसीक नीत।।

चित्र 227. मनू का सीता सेज लेख

अभिलेख ऐ.20. चित्र 228.

सीता सेज पर सोलहवीं शताब्दी ई० की नागरी लिपि में लिखित अभिलेख में तिथि संवत् 1600 (1543 ई०) तथा रामाइ पटक के केशव द्वारा राम के अभिवादन का उल्लेख है:

1. रामकह प्रनमु नीत प्रती

2. केसव रामाइ पटक नीत
3. प्रती 1600

चित्र 228. सीता सेज लेख, संवत् 1600

अभिलेख ऐ.21. चित्र 229.

सीता सेज पर सोलहवीं शताब्दी ई० की नागरी लिपि में लिखित अभिलेख में तिथि संवत् 1600 (1543 ई०) तथा गोपाल दुबे द्वारा वासुदेव के अभिवादन का उल्लेख है:

1. वसुदेवकह प्रनम गोपलदुवेक सं 1600

चित्र 229. सीता सेज लेख, संवत् 1600

अभिलेख ऐ.22.

सीता सेज पर सोलहवीं शताब्दी ई० की नागरी लिपि में लिखित अभिलेख में तिथि संवत् 1567 (1510 ई०) तथा दलीप द्वारा महादेव के अभिवादन का उल्लेख है:

1. महदेवेकह प्रनमु दीना प्रती वेदै हरीअहरी हलुगदैमीतुरकेर्चदेवे-
2. तकेवे ऐक प्रनमु दलीपक संवत् 1567

अभिलेख ऐ.23.

सीता सेज पर सोलहवीं शताब्दी ई० की नागरी लिपि में लिखित अभिलेख में तिथि 1600 (1543 ई०) तथा कस द्वारा महेश के अभिवादन का उल्लेख है:

1. महेस(कह प्रन)मु
2. कसं नीत प्रती-
3. क
4. संवत् 1600

अभिलेख ऐ.24. चित्र 230.

इस अभिलेख का उल्लेख एफ० मैसी (1848: 323) तथा एडविन टी० एट्किन्सन (1874: 462) ने किया है। सोलहवीं शताब्दी ई० की नागरी लिपि में लिखित अभिलेख में तिथि संवत् 1600 (1543 ई०) तथा वावुव द्वारा मलिकार्जुन के अभिवादन का उल्लेख है:

1. मलिकार्जुनकह[1] प्रनामु अभरननागरकनाथ वावुवक
2. करमक नित्प्रति सं 1600

टिप्पणी:

1. मैसी ने *कहुं* पाठ किया है।

चित्र 230. सीता सेज लेख, संवत् 1600

अभिलेख ऐ.25. चित्र 231.

सीता सेज पर अंकित अभिलेख। एफ० मैसी (1848: 322-323) तथा एडविन टी० एट्किन्सन (1874: 462) ने इस अभिलेख में महेश का अभिवादन नरायनक तथा दोमनक द्वारा करने के साथ लेखक द्विज का विवरण होना बताया है। किंतु सोलहवीं शताब्दी ई० की नागरी लिपि में लिखित इस अभिलेख में तिथि संवत् 1597 (1540 ई०) अषाढ़ सुदि 2 तथा नारायण एवं दमन द्वारा महेश का अभिवादन करने और लेखक कह का उल्लेख है:

1. महेसकह[1] प्रनमु दीन प्रती[2]
2. नरयनक[3] दमनक उभइ[4]-
3. क नीत प्रती चं(सं)वत् 1597 समए
4. अषढ चु(सु)दी दुइज कह[5] लिष्यते

चित्र 231. सीता सेज लेख, संवत् 1597

टिप्पणी:

1. मैसी ने *महेअसकहुं* पाठ किया है।
2. मैसी ने *प्रनामुदिन प्रति* पाठ किया है।
3. मैसी ने *नारायणक* पाठ किया है।
4. मैसी ने *उभयक* पाठ किया है।
5. मैसी ने *कहुं* पाठ किया है।

अभिलेख ऐ.26. चित्र 232.

सीता सेज पर अंकित सोलहवीं शताब्दी ई० की नागरी लिपि में तिथि संवत् 1600 (1543 ई०) तथा परमइ पटक के केरा द्वारा महेश के अभिवादन का उल्लेख है:

1. महेसकह प्रनमु नीत प्रती
2. केरा परमइ पटक नीत प्रती
3. संवत् 1600

चित्र 232. सीता सेज लेख, संवत् 1600

अभिलेख ऐ.27. चित्र 233.

सीता सेज पर सोलहवीं शताब्दी ई० की नागरी लिपि में लिखित अभिलेख में तिथि संवत् 1581 (1524 ई०) वैशाख सुदि 5 बुधवार तथा होरीलदेव द्वारा महेश के अभिवादन का उल्लेख है:

1. चंदवरीघ अनटअक संवत् 1581 वैसष सुदि 5 वुधैक
2. न(नि)त्य प्रती
3. महेसकहे प्रनमूपीरभनू हमीरदेव होरीलदेव देवी दसक

चित्र 233. सीता सेज लेख, संवत् 1581

अभिलेख ऐ.28. चित्र 234.

सीता कुण्ड में मत्स्येन्द्रनाथ की आकृति (केएफ 307) के पीछे शिला पर अंकित अभिलेख। तेरहवीं शताब्दी ई० की नागरी लिपि में लिखित अभिलेख में तिथि संवत् 1340 (1283 ई०) तथा मूर्ति निर्माता द्वारा जोगी गोरक्ष की अर्चना का उल्लेख है:

1. ओं।। अर्च्चत्रिषु जोगीह
2. गोरक्ष मुर्त्तिके क्र-
3. ता चैत्र शुदि 3 वुधे
4. सं 1340

टिप्पणी: प्रतिमाशास्त्रीय विशेषताओं के आधार पर यह गुरु मत्स्येन्द्रनाथ की मूर्ति जान पड़ती है (यादव 2009-10: 36), जबकि अभिलेख में इनका नाम जोगी गोरक्ष लिखा हुआ है। गोरक्ष या गोरखनाथ की चर्चा पाताल गंगा के एक लेख (ओ.1) में भी है।

चित्र 234. सीता कुण्ड लेख, संवत् 1340

ओ. पाताल गंगा के अभिलेख

दुर्ग के पुर्वोत्तर भाग में स्थित पाताल गंगा शिला को काटकर बनाया गया एक गहरा जलस्रोत है, जिसमें नीचे तक जाने के लिये शैलोत्कीर्ण सीढ़ियों का प्रावधान है। यहां पर कुछ लेख लिखे हुए हैं। अलेक्जेण्डर कनिंघम (1885: 31) तथा अल्वाइस अन्टोन फुहरर (1891: 152) ने यहां पर संवत् 1339, 1500, 1540 एवं 1640 के अभिलेख होने की बात कही है। सम्भवत: आरम्भिक अभिलेख की तिथि 1339 त्रुटिवश 1337 या 1338 के अभिलेख के लिए उल्लिखित हो गयी होगी। इसीप्रकार संवत् 1500, 1540 तथा 1640 की तिथियां भी या तो गलत रूप में पढ़ी गयी हैं या वे अभिलेख हमलोगों की नजर में नहीं आए।

अभिलेख ओ.1. चित्र 235.

पाताल गंगा में गोरखनाथ की आकृति (केएफ 306) के नीचे अंकित अभिलेख। तेरहवीं शताब्दी ई० की नागरी लिपि में लिखित अभिलेख में तिथि संवत् 1338 (1281 ई०) तथा श्रद्धेय गोरखनाथ की मूर्ति बनवाने का विवरण

है। रोचक रूप में यहां पर कालंजर को योगेत्र पर्वत कहा गया है। गोरक्ष या गोरखनाथ का उल्लेख सीता कुण्ड लेख (ऐ.28) में भी हुआ है:

1. सं 1338 जेष्ट शुदि
2. 15 शनौ योगेत्र पर्व्वती
3. पादेनस्व श्रेयसे श्री गो-
4. रक्ष मूर्त्ति कारितह

चित्र 235. पाताल गंगा लेख, संवत् 1338

अभिलेख ओ.2. चित्र 236.

पाताल गंगा की शिला पर तेरहवीं शताब्दी ई० की नागरी लिपि में लिखित अभिलेख में तिथि संवत् 1337 (1280 ई०) तथा उत्तरवाहिनी गंगा के महात्म्य और पुण्यार्थ कुछ निर्माण करवाये जाने का विवरण है:

1. ओं संवत् 1337 जेष्ट
2. सुदि 10 गुरौ।। उत्तरवाहि-
3. मी(नी) गंगा पर्व्वतीपायोगैं येहैक-
4. र्थाथ्म्ये कृता।। पद्म ....
5. पुणेतरी सुभ ....

चित्र 236. पाताल गंगा लेख, संवत् 1337

अभिलेख ओ.3.

पाताल गंगा की शिला पर पंद्रहवीं शताब्दी ई० की नागरी लिपि में लिखित अभिलेख में तिथि संवत् 1545 (1488 ई०) तथा तीर्थयात्रा की सफलता की चर्चा हुयी है:

1. महाधम यशोया त्रिगदेवकैदेवम
2. संवत् 1545 कै यात्रे सफलं

अभिलेख ओ.4.

पाताल गंगा की शिला पर पंद्रहवीं शताब्दी ई० की नागरी लिपि में लिखित अभिलेख में खीरक एवं चरीग के पुत्र सकल का उल्लेख है:

1. .... त्मोति षीरके
2. चरीगकी पुत्र सकल

अभिलेख ओ.5.

पाताल गंगा की शिला पर ग्यारहवीं शताब्दी ई० की नागरी लिपि में लिखित अभिलेख में तिथि संवत् 1116 (1059 ई०) वैशाख वदि 14 शुक्रवार, मृग्धारा, गंगाद्वार तथा राणे के पुत्र चाडन का उल्लेख है:

1. ओं नमो मर्गधार परगयो राणे पुत्र चाडनयी गंगाद्वर
2. सं 1116 वैसाष वदि 14 शुक्रे:।।

औ. पाण्डु कुण्ड के अभिलेख

दुर्ग के उत्तरी भाग में स्थित कम गहरा तथा वृत्ताकार जल स्रोत पाण्डु कुण्ड नाम से प्रसिद्ध है। इस कुण्ड के प्राचीन होने की पुष्टि समीपवर्ती ब्राह्मी अभिलेख से होती है, जिसमें मनोरथ का नाम लिखा है और लिपिशास्त्रीय आधार पर इसे चौथी शताब्दी ई० का स्वीकार किया जा सकता है। इसके अतिरिक्त विविध कालों के अन्य लेख भी लिखे हुए हैं।

अभिलेख औ.1.

पाण्डु कुण्ड के पास की शिला पर आधुनिक नागरी लिपि में बालकदास का नाम लिखा हुआ है:

1. बला(बाल)कदाश

अभिलेख औ.2.

पाण्डु कुण्ड के पास की शिला पर मानव आकृति के नीचे अंकित अभिलेख। सोलहवीं शताब्दी ई० की नागरी लिपि में लिखित खण्डित अभिलेख में अभिवादन की चर्चा है:

1. .... न संवत् ....
2. .... धुमदण ....
3. .... प्रणमु ....

अभिलेख औ.3.

पाण्डु कुण्ड के पास की शिला पर ग्यारहवीं शताब्दी ई० की नागरी लिपि में लिखित अभिलेख में मन के पुत्र धण ठकुर द्वारा अभिवादन का उल्लेख है:

1. धरत्यं भद्रस्वली
2. मने सुत धणे ठकुरा प्रणमाती

अभिलेख औ.4.

पाण्डु कुण्ड के पास की शिला पर पंद्रहवीं शताब्दी ई० की नागरी लिपि में लिखित अभिलेख में मौघधन द्वारा अभिवादन का उल्लेख है:

1. गोकरनः मरथौ सदा नमम मौघधन

अभिलेख औ.5.

पाण्डु कुण्ड के पास की शिला पर पंद्रहवीं शताब्दी ई० की नागरी लिपि में लिखित अभिलेख में लेल के पुत्र घरम द्वारा अभिवादन का उल्लेख है:

1. लेल सुत घरमक प्रनमुक
2. सुभनक नीत प्रती

अभिलेख औ.6.

पाण्डु कुण्ड के पास की शिला पर पंद्रहवीं शताब्दी ई० की नागरी लिपि में लिखित अभिलेख में रवन के पुत्र सुंदर के अभिवादन का उल्लेख है:

1. रवन सुत सुंदरकैर
2. मरम (प्रनमु)

अभिलेख औ.7. चित्र 237.

पाण्डु कुण्ड के पास की शिला पर चौथी शताब्दी ई० की ब्राह्मी लिपि में लिखित अभिलेख में मनोरथ का नाम लिखा है:

1. मनोरथइ

चित्र 237. मनोरथ का पाण्डु कुण्ड लेख

अभिलेख औ.8. चित्र 238.

पाण्डु कुण्ड के पास की शिला पर दसवीं शताब्दी ई० की नागरी लिपि में लिखा है:

1. धिगंतृ जजअे

चित्र 238. पाण्डु कुण्ड लेख

अभिलेख औ.9. चित्र 239.

पाण्डु कुण्ड के पास की शिला पर अंकित अभिलेख। इस अभिलेख का विवरण एफ० मैसी (1848: 323) द्वारा दिया गया है। अंतिम तीन पंक्तियां बाद में लिखी गयी जान पड़ती हैं। ऊपर की तीन पंक्तियां सत्रहवीं शताब्दी ई० की नागरी लिपि में लिखी हुयी है, जिसमें तिथि संवत् 1667 (1610 ई०) चैत्र सुदि 5 तथा नवाब अब्दुल खान के शासनकाल, कालंजर के निवासी लेखक रामदास, तथा तरफदार गोसाइदास के पुत्र पण्डवन द्वारा गणेश के अभिवादन का उल्लेख है:

1. पडकफे[1]रीथपे सरक(का)र नव(वा)व अवदुलहषं(षान)
2. संवत् 1667 चैत्र सुदि पचैमगत्यु[2] लीषीतं
3. रामद(दा)स तरफद(दा)र गोस(सा)इद(दा)स सुत पंडवनकह[3] प्रनमु[4]
4. श्री गणो(णे)श
5. कालीञ्जर-
6. हऐणवासी

चित्र 239. पाण्डु कुण्ड लेख, संवत् 1667

टिप्पणी:

1. मैसी ने *पंडबफे* पाठ किया है।
2. मैसी ने *पांचै मंगलु* पाठ किया है।
3. मैसी ने *कहे* पाठ किया है।
4. मैसी ने *प्रनामु* पाठ किया है।

अभिलेख औ.10.

पाण्डु कुण्ड के पास की शिला पर सत्रहवीं शताब्दी ई० की नागरी लिपि में लिखित अभिलेख में लरतरी द्वारा अभिवादन का उल्लेख है:

1. लरतरीन प्रथीत्र प्रममुप्य वनके

अभिलेख औ.11.

पाण्डु कुण्ड क्षेत्र की शिला पर आधुनिक नागरी लिपि में लिखित अभिलेख में तिथि संवत् 1923 (1866 ई०) अंकित है:

1. सं 1923

इस क्षेत्र के लेखों से विदित है कि खंभोरन भैरव की चसणमारु गुहा में वसंत द्वारा सातवीं-आठवीं शताब्दी ई० में शिव मंदिर, मूर्ति, वापी का निर्माण करवाने के साथ प्राचीन मंदिरों का जिर्णोद्धार करवाया गया था। सोलहवीं शताब्दी ई० के चार लेखों से विदित है कि महेश के अभिवादन के पूर्व कुण्ड में स्नान किया जाता था। सुगति हेतु लखन उनकी भार्या उड, गोपाल एवं उनके पुत्र जसुधर, रूपजैत द्वारा महेश का अभिवादन किया गया था। अभिलेखों से सिलावट वन्हप, तथा संजू के पुत्र साजु द्वारा सीला गढ़ने का कार्य किये जाने की जानकारी उपलब्ध है।

चण्डी दरवाजा के लेखों में सर्वाधिक महत्वपूर्ण है सातवीं-आठवीं शताब्दी ई० का पाण्डव वंशी शासक उदयन की प्रशस्ति, जिसमें उनके द्वारा भद्रेश्वर के पूर्वकालिक ईटों से बने मंदिर का भव्य रूप में निर्माण पत्थर से करवाने का उल्लेख हुआ है। अधिकांश विद्वान इस शासक की पहचान कोसल के पाण्डुवंशी राजवंश के प्रथम शासक के रूप में करते हैं। मंदिर निर्माण सम्बन्धी कार्य तथा अभिलेख का लेखन सूत्रधार उन्द द्वारा किया गया था। सोलहवीं शताब्दी ई० में गणेश, दिवधर, भवानंद, भगीरथ तथा मनू द्वारा महेश का अभिवादन किये जाने एवं गोपाल दुबे द्वारा वासुदेव के अभिवादन का वर्णन हुआ है।

बड़ा दरवाजा तथा उसके समीपवर्ती क्षेत्र में बारहवीं से सत्रहवीं शताब्दी ई० तक के लेख अंकित हैं जिनसे मनोकामना पूर्ति, कुल वृद्धि आदि उद्देश्यों से महेश, नीलकण्ठ, त्रिदेव, गणेश का अभिवादन करने हेतु पधारे तीर्थयात्रियों के साथ मंदिर के जिर्णोद्धार आदि की जानकारी मिलती है। धार्मिक उद्देश्य से पधारने वाले तीर्थयात्रियों में लाला, वीग्रहपाल, वलदेव, वघेलों के राज्यकाल में समदेवु के पुत्र हरक, भुक, शिवप्रसाद, मनू, नानक, गोपाल, कलु, भवानंद, दीसद, मणि, गनेश, दिवदर, अर्जुन, नारायण, कोटदार, खमदेइ के पुत्र गोगुराज एवं हलील की चर्चा है।

सीता सेज एवं सीता कुण्ड क्षेत्र में सातवीं-आठवीं शताब्दी ई० से सोलहवीं शताब्दी ई० तक के लेख प्रकाश में आये हैं। एक आरम्भिक लेख में राजा के आदेश पर पहाड़ी पर शिव का मंदिर निर्मित करवाये जाने के साथ जल्हण, रेउत, रतन का उल्लेख है। ग्यारहवीं शताब्दी ई० में सूत्रधार लाखन, सूत्रधार जगधर एवं उनके पुत्र सेउर, और सवधर, गोद्ग, सुनरज, देजारल, देसलि, मंगल, सिलावट सि:द्र एवं उनके मित्र विहलसिह द्वारा देव आराधना के अतिरिक्त महाराणक वहुल के पुत्र लखण द्वारा सेज के आधुनिकीकरण तथा कालंजर दुर्ग की ऊपरी प्राचीर का

निर्माण करवाया जाना वर्णित है। बारहवीं शताब्दी ई० में राजपुत्र देसल, लेखक अर्हणु, सिलावट देउपाल, जसपाल, कुलधर, आदि द्वारा देव आराधना एवं निर्माण कार्य में सहयोग किया जाना जान पड़ता है। तेरहवीं शताब्दी ई० में गोरक्ष अर्थात् गोरखनाथ की मूर्ति का निर्माण करवाये जाने तथा उनकी अर्चना करने का विवरण है, जबकि प्रतिमाशास्त्रीय लक्षणों के आधार पर मूर्ति की पहचान मत्स्येन्द्रनाथ से की जाती है। पंद्रहवीं शताब्दी ई० में होलु द्वारा शिव, रज द्वारा सीता, सूत्रधार कल्ह द्वारा देव आराधना का विवरण उपलब्ध है। सोलहवीं शताब्दी ई० में वसु, पुपा, सूत्रधार देवजी, भवयोग, प्रपान, रूश्रीत, कुलधर, रतन, श्रीपत, छिहील, जट, लेखक रेउअ, कस, नारायण, दमन, परमै पटक के केरा, होरीलदेव द्वारा महेश; दलीप द्वारा महादेव, दोन्दु द्वारा महेश एवं गणेश; रामाइ पटक के केशव द्वारा राम; गोपाल दुबे द्वारा वासुदेव; वावुव द्वारा मलिकार्जुन की आराधना किये जाने का विवरण उपलब्ध है।

पाताल गंगा के ग्यारहवी शताब्दी ई० के लेख में मृग्धारा तथा गंगाद्वार के साथ राणे के पुत्र चाडन का उल्लेख है। तेरहवीं शताब्दी ई० में गोरक्ष अर्थात् गोरखनाथ के मूर्ति निर्माण के अतिरिक्त गंगा के महात्म्य सम्बन्धी विवरण है। पंद्रहवीं शताब्दी ई० के लेख में तीर्थयात्रा की सफलता तथा खीरक एवं चरीग के पुत्र सकल के विवरण से धार्मिक भाव के साथ तीर्थयात्रियों के आवागमन की जानकारी मिलती है। पाण्डु कुण्ड क्षेत्र से ज्ञात प्राचीनतम लेख चौथी शताब्दी ई० का है जबकि बाद का लेख सत्रहवीं शताब्दी ई० का है। इनसे मनोरथ, मन के पुत्र धण, मौघधन, लेल के पुत्र धरम, रवन के पुत्र सुंदर, गोसाइदास के पुत्र पण्डवन, लरतरी, नवाब अब्दुल खान, कालंजर के निवासी लेखक रामदास तरफदार एवं अन्य द्वारा देव आराधना सम्बन्धी विवरण ज्ञात है।

अरविन्द कुमार सिंह

5

पूर्व क्षेत्र के अभिलेख एवं धार्मिक महत्व

कालंजर दुर्ग के पूर्व क्षेत्र में मीन धारा, भगवान सेज, सिद्ध की गुहा एवं मेडुकी भैरव से कुछ अभिलेख प्रकाश में आये हैं। इनमें भगवान सेज गुहा के पास की शिला पर अंकित तीसरी शताब्दी ई० का एक अभिलेख कालंजर दुर्ग के ज्ञात अभिलेखों में सबसे अधिक प्राचीन है, जिसमें सम्भवत: देव की अर्चना किये जाने का विवण है।

क. मीन धारा के अभिलेख

मीन धारा के नाम से प्रसिद्ध जलस्रोत बुद्‌ढ़ा-बुद्‌ढ़ी तालाब के नीचे दुर्ग के पूर्वी क्षेत्र में स्थित है। यहां से दो अभिलेख विदित हैं, जिनमें से एक सातवीं-आठवीं शताब्दी ई० का है तथा दूसरा बारहवीं शताब्दी ई० का है।

अभिलेख क.1. चित्र 240.

मीन धारा की शिला पर अंकित अभिलेख। बारहवीं शताब्दी ई० की नागरी लिपि में लिखित अभिलेख में पुण्यार्थ वीरायण द्वारा अभिवादन का उल्लेख है:

1. तासितकारउ। श्री वीरायणेन प्राकारोय प्रनम

चित्र 240. वीरायण का मीन धारा लेख

अभिलेख क.2. चित्र 241.

मीन धारा की शिला पर वाहक की आकृति (केएफ 274) के बगल में अंकित अभिलेख। सातवीं-आठवीं शताब्दी ई० की सिद्धमातृका लिपि में लिखित खण्डित अभिलेख में वसन्त का उल्लेख है:

1. ग(श्री) शिव वसन्त: र्स्निवंध: ....
2. धारि वाहक:

चित्र 241. वसन्त का मीन धारा लेख

ख. भगवान सेज के अभिलेख

सीता सेज के समान किंतु उससे अपेक्षाकृत छोटे आकार वाली प्रस्तर निर्मित सेज एवं तकिया का निर्माण उभरी हुयी शिला में गुहा को काटकर उसके अन्दर किया गया है। उसके समीप की शिला पर कालंजर दुर्ग का एक प्राचीनतम लेख उत्कीर्ण है।

अभिलेख ख.1. चित्र 242.

भगवान सेज पर अंकित अभिलेख। इस अभिलेख का उल्लेख *इण्डियन आर्कियालाजी 1976-77 – ए रिव्यू*: 63 में हुआ है। सातवीं-आठवीं शताब्दी ई० की सिद्धमातृका लिपि में लिखित अभिलेख में वसन्त का उल्लेख *समधिगत पञ्चमहाशब्द महासामन्त* उपाधि के साथ हुआ है। *समधिगत पञ्चमहाशब्द* उपाधि का प्रयोग सामान्यतया सामन्त शासकों के लिए हुआ है, जो *महा* से आरम्भ होने वाली पांच उपाधियों के विशेषाधिकार का हकदार था। इनका उल्लेख कल्हण की *राजतरङ्गि.णी* (4, 140-143) में *महाप्रतीहरपीड, महासन्धिविग्रह, महाश्वशालाभिकृत, महाभाण्डागार,* एवं *महासाधनभाग* के रूप में हुआ है। उपाधियों की इस तालिका से *पञ्चमहाशब्द* उपाधिधारी व्यक्ति के कार्यों के साथ उसके प्रतिष्ठित स्तर का भी आभाष होता है। यह सम्मानित उपाधि राजा द्वारा अपने सामन्त को प्रदान की जाती थी (सरकार 1966: 288)। इस उपाधि के साथ वसन्त को महासामन्त बताया जाना यह प्रमाणित करता है कि वह कालंजर के महत्वपूर्ण विशेषाधिकार प्राप्त सामन्तीय शासक थे। हन्स टी० बेकर (2014: 209) ने कालंजर दुर्ग के वसन्त की पहचान राजा उदयन के मंत्री एवं विश्वसनीय मित्र के रूप में की है, जिन्होने उदयन नाटक में विदुषक वसन्तक (वसन्त ऋतु के मंत्री) की भूमिका का निर्वहन किया था। किन्तु इसप्रकार के निष्कर्ष के लिए प्रमाणिक साक्ष्य की आवश्यकता है। इसका पाठ है:

1. ओं समधिगत पञ्चमहाशव्द महासामन्त श्री वसन्तक:

चित्र 242. वसन्त का भगवान सेज लेख

अभिलेख ख.2.

भगवान सेज पर आधुनिक नागरी लिपि में लिखित अभिलेख में राम के अभिवादन का उल्लेख है:

1. श्री रामाय नमः।।

अभिलेख ख.3. चित्र 243.

भगवान सेज गुहा के पास की शिला पर अंकित अभिलेख। तीसरी शताब्दी ई० की ब्राह्मी लिपि में लिखित अभिलेख में उदयन द्वारा अर्चना अर्थात् अभिवादन का उल्लेख है। विजय कुमार एवं अन्य (2016: 90) ने *र(क) उदयेन च* पाठ किया है, किंतु आरम्भिक दो अक्षर संयुक्ताक्षर है तथा पांचवे अक्षर पर *ए* की मात्रा सम्बन्धी चिन्ह नहीं बना है। अंतिम खण्डित अक्षर का पाठ सन्देहास्पद है, जो *इ* या *क* जान पड़ता है, जिसमें दूसरा विकल्प अधिक सम्भावित है:

1. र्चक्त्य उदयन(क)

चित्र 243. उदयन का भगवान सेज लेख

अभिलेख ख.4. चित्र 244.

भगवान सेज गुहा के पास शिला पर बारहवीं शताब्दी ई० की नागरी लिपि में लिखित अभिलेख में कमलचंद्र द्वारा अभिवादन का उल्लेख है:

1. श्री कमलचंद्रः
2. प्रणमति।।

चित्र 244. कमलचन्द्र का भगवान सेज लेख

ग. सिद्ध की गुहा के अभिलेख

सिद्ध की गुहा का निर्माण सीधी शिला को काटकर साधु की तपस्या हेतु किया गया जान पड़ता है। एडविन टी. एट्किन्सन (1874: 464) ने इस स्थल के एक अभिलेख में राजा के पुत्र जतित का उल्लेख होना बताया है, किन्तु इसप्रकार का कोइ लेख हमलोगों की नजर में नहीं आया।

अभिलेख ग.1. चित्र 245.

सिद्ध की गुहा की शिला पर बारहवीं शताब्दी ई० की नागरी लिपि में लिखित खण्डित अभिलेख में तिथि के केवल अंतिम दो अंक ही लिखे हैं, जो संवत् 1237 (1180 ई०) हो सकता है। इसमें नारायण द्वारा नीलकण्ठ के अभिवादन का उल्लेख हुआ जान पड़ता है:

1. हस्तंकंठ। श्री नारायण: प्रणमति।। सं 37

चित्र 245. नारायण का सिद्ध की गुहा लेख

अभिलेख ग.2. चित्र 246.

सिद्ध की गुहा के एक पाषाण खण्ड पर बारहवीं शताब्दी ई० की नागरी लिपि में लिखित अभिलेख में मुख के पुत्र वशु द्वारा कुमारेश्वरदेव एवं पुढमाधव के अभिवादन का विवरण है:

1. श्री कुमारेश्वरदेवंधीन्य पुढमाधवो वर्णमी
2. श्री कुमारेश्वरदेव मुषे सुत: वशु प्रणमति।

चित्र 246. वशु का सिद्ध की गुहा लेख

अभिलेख ग.3.

सिद्ध की गुहा की शिला पर बारहवीं शताब्दी ई० की नागरी लिपि में लिखित अभिलेख में व्यक्तिगत नाम का उल्लेख है:

1. दसलिक
2. गोल्ह-
3. ण

अभिलेख ग.4.

सिद्ध की गुहा की शिला पर अंकित खण्डित अभिलेख। बारहवीं शताब्दी ई० की नागरी लिपि में लिखित अभिलेख का सम्भावित पाठ है:

1. वहरनु .... वराधेहु

अभिलेख ग.5.

सिद्ध की गुहा की शिला पर मानव आकृति के नीचे अंकित खण्डित अभिलेख। बारहवीं शताब्दी ई० की नागरी लिपि में लिखित अभिलेख में भक्त दिनु द्वारा देव के अभिवादन का विवरण है:

1. श्रीदेवभक्त दिनुकस्ये ....
2. सदा ण्यि(नि)त्य प्रणमति ....

घ. मेडुकी भैरव के अभिलेख

दुर्ग के दक्षिण पूर्व में, पन्ना दरवाजा के पास, भैरव का झिरका है। इसके ऊपर की शिला पर मेडुकी भैरव की विशाल आकृति अन्य आकृतियों के साथ निर्मित है। भैरव का झिरका तथा भैरव की मूर्ति के आस-पास कुछ अभिलेख लिखे हुए हैं, जिनमें आरम्भिक अभिलेख संवत् 1194 (1137 ई०) का तथा बाद का लेख संवत् 1603 (1546 ई०) का है।

अभिलेख घ.1.

भैरव का झिरका के पास वाहक की आकृति के बगल में शिला पर अंकित अभिलेख। बारहवीं शताब्दी ई० की नागरी लिपि में लिखित अभिलेख में सूत्रधार पणसिंह का नाम लिखा है:

1. सुत्रधरि पणसिंह

अभिलेख घ.2.

भैरव का झिरका के पास वाहक की आकृति के बगल में शिला पर बारहवीं शताब्दी ई० की नागरी लिपि में लिखित अभिलेख में शिलउट नुउ द्वारा अभिवादन का उल्लेख है:

1. सिलउट नुउ(क)
2. ने(नि)त्य प्रणमत्ती

अभिलेख घ.3. चित्र 247.

भैरव का झिरका के पास वाहक की आकृति के बगल में शिला पर अंकित अभिलेख। अल्वायस अन्टोन फुहरर (1891: 152) ने इस अभिलेख की तिथि संवत् 1195 बतलायी है। बारहवीं शताब्दी ई० की नागरी लिपि में लिखित अभिलेख में तिथि संवत् 1194 (1137 ई०) तथा ठकुर कुलदास द्वारा अभिवादन का उल्लेख है:

1. ठकुर श्री कुलदास नित्य
2. प्रणमत्ति।। सं 1194

चित्र 247. भैरव का झिरका लेख, संवत् 1194

अभिलेख घ.4.

भैरव का झिरका के पास वाहक की आकृति के बगल में शिला पर अंकित अभिलेख। सोलहवीं शताब्दी ई० की नागरी लिपि में लिखित अभिलेख में तिथि संवत् 1600 (1543 ई०) तथा कसिक द्वारा महेश के अभिवादन का उल्लेख है:

1. महेसकह प्रनमु कसिक
2. नीतं प्रती वींयैयती वरिकेप्तैत्र सं 1600

अभिलेख घ.5.

मेडुकी भैरव के पास आकृति (केएफ 266) के नीचे अंकित अभिलेख। बारहवीं शताब्दी ई० की नागरी लिपि में लिखित अभिलेख में होलदेव द्वारा मेडुकी भैरव के अभिवादन का विवरण है:

1. मेडुकी भैरल्हा(व) होलदेवका प्रनामुमापु

अभिलेख घ.6. चित्र 248.

मेडुकी भैरव के पास आकृति (केएफ 266) के बगल में अंकित अभिलेख। चौदहवीं शताब्दी ई० की नागरी लिपि में लिखित अभिलेख में तिथि संवत् 1422 (1365 ई०) तथा कायस्थ ढलश द्वारा भैरव की चरण वन्दना करने का विवरण है:

1. कायस्थवंस ढलश-
2. त्राथ्ये निधिकलानिधी-

3. श्रानू ताल्हीदरागनः
4. श्री भैरव पदद्वयं। सं 1422

चित्र 248. मेडुकी भैरव लेख, संवत् 1422

अभिलेख घ.7. चित्र 249.

मेडुकी भैरव के पास की शिला पर अंकित अभिलेख (केएफ 268)। सोलहवीं शताब्दी ई० की नागरी लिपि में लिखित अभिलेख में तिथि 1566 (1509 ई०) तथा मनू द्वारा मेडुकी भैरव के अभिवादन का विवरण है:

1. सेषर मनूवियय देवाक प्रनामु मेडुकी भैणो(रो)-
2. रर्चकह नित्य प्रति सं 1566
3. रापनकह

चित्र 249. मेडुकी भैरव लेख, संवत् 1566

अभिलेख घ.8.

मेडुकी भैरव के पास की वाहक आकृति (केएफ 269) के बगल में अंकित अभिलेख। सातवीं शताब्दी ई० की सिद्धमातृका लिपि में लिखा है:

1. गहवमू

अभिलेख घ.9.

मेडुकी भैरव के पास की वाहक आकृति (केएफ 269) के बगल में अंकित अभिलेख। सोलहवीं शताब्दी ई० की नागरी लिपि में लिखित अभिलेख में मेडुकी भैरव के अभिवादन का विवरण है:

1. ततृगीर
2. मंडुकभैरवकह
3. प्रममु वीमु प्रती
4. विहेत्तं

अभिलेख घ.10. चित्र 250.

मेडुकी भैरव के पास आकृति (केएफ 268) के नीचे अंकित अभिलेख। बारहवीं शताब्दी ई० की नागरी लिपि में लिखित अभिलेख में तिथि संवत् 1194 (1137 ई०) तथा ठक्कुर माल्हण एवं उनकी पत्नी लखमा द्वारा अभिवादन का विवरण है:

1. ठक्कुर श्री माल्ह-
2. ण पत्नी लषमा
3. नित्यं प्रणमति।।
4. सं 1194

चित्र 250. मेडुकी भैरव लेख, संवत् 1194

अभिलेख घ.11. चित्र 251.

मेडुकी भैरव के पास आकृति (केएफ 268) के नीचे अंकित अभिलेख। सोलहवीं शताब्दी ई० की नागरी लिपि में लिखित अभिलेख में तिथि संवत् 1600 (1543 ई०) तथा केसव के पुत्र कवि गोपाल दुबे द्वारा वासुदेव के अभिवादन का विवरण है:

1. वसुदेवकह प्रनम नित्य प्रती
2. स्यस्तकेनती केसव पुत्र गोपलदुवेक-
3. विनक सं 1600

चित्र 251. मेडुकी भैरव लेख, संवत् 1600

अभिलेख घ.12. चित्र 252.

मेडुकी भैरव के पास आकृति (केएफ 267) के नीचे अंकित अभिलेख। बारहवीं शताब्दी ई० की नागरी लिपि में लिखित अभिलेख में तिथि संवत् 1194 (1137 ई०) तथा करणिक ठक्कुर माल्हण द्वारा अभिवादन का विवरण है। लेखक के लिए करणिक ठक्कुर की उपाधि का प्रयोग इंगित करता है कि करणिक (लेखक) होते हुए वह ठक्कुर के पद से सम्मानित था। अभिलेख का पाठ है:

1. श्री श्री करणिक ठक्कुर श्री
2. माल्हणः नित्यं प्रणमति।। सं-
3. वत् 1194 मार्ग्ग सुदि 6

चित्र 252. मेडुकी भैरव लेख, संवत् 1194

अभिलेख घ.13.

मेडुकी भैरव के समीप की आकृति के पास सोलहवीं शताब्दी ई० की नागरी लिपि में लिखित अभिलेख में वीधु द्वारा अभिवादन का विवरण है:

1. श्री वीधु प्रणमति

अभिलेख घ.14.

मेडुकी भैरव के समीप की आकृति के पास सोलहवीं शताब्दी ई० की नागरी लिपि में लिखित अभिलेख में तिथि संवत् 1603 (1546 ई०) तथा कायस्थ वंश के गेव के पुत्र भलाश्री द्वारा अभिवादन का विवरण है:

1. .... प्रणामनैक
2. नित्य प्रति कायस्थ वंश-
3. गेव पुत्रस्या भलाश्री
4. दपणकु सं 1603

अभिलेख घ.15. चित्र 253.

मेडुकी भैरव के पास आकृति (केएफ 267) के नीचे अंकित अभिलेख। चौदहवीं शताब्दी ई० की नागरी लिपि में लिखित अभिलेख में तिथि संवत् 1423 (1366 ई०) तथा श्रीवास्तव कुल के देवपाल के पुत्र रतन द्वारा भैरव की चरण वन्दना करने का उल्लेख है:

1. श्रीवास्तव्यकुलोत्वन्स:
2. श्री भैरवपदद्वयम्।
3. श्री देवपाल तनय:
4. श्रीमात्रत्नो नमस्यति।।
5. सं 1423

चित्र 253. मेडुकी भैरव लेख, संवत् 1423

अभिलेख घ.16.

मेडुकी भैरव की शिला पर पंद्रहवीं शताब्दी ई० की नागरी लिपि में लिखित अभिलेख में तिथि संवत् 1546 (1489 ई०) तथा उरुद द्वारा मेडुकी भैरव के अभिवादन का उल्लेख है:

1. सिधिः संवत् 1546 समये कर्तिक सुदि 13 सुक्रे मेडुकि भैरवहठ प्रनमु
2. वहु पदेदे वरुनमो लभसोल उरुदक नीत प्रती प्रनामु

अभिलेख घ.17.

मेडुकी भैरव की शिला पर सोलहवीं शताब्दी ई० की नागरी लिपि में लिखित अभिलेख में करकटी द्वारा महेश के अभिवादन का विवरण है:

1. महेसमो-
2. वीक प्रनमु
3. करकटीक प्र-
4. नीमु

अभिलेख घ.18.

मेडुकी भैरव की शिला पर पंद्रहवीं शताब्दी ई० की नागरी लिपि में लिखित अभिलेख में तिथि संवत् 1540 (1483 ई०) तथा विजयचंद्र एवं कुमार के शिष्य देवम्ह द्वारा तप तथा मेडुकी भैरव के अभिवादन का विवरण है:

1. श्री विजयचंद्र प्रणमतेः।।
2. संव(त्) 1540 समये मह-
3. ताय कुमारसीष्येन
4. देवम्हत्रान्य व्रधस्वल्हेमक-
5. त्रत्य हरिहरिकेपदेत्रुनद्यु तप-
6. स्यक प्रनामुमे मेदुकी (भैरव)कह

अभिलेख घ.19.

मेडुकी भैरव की शिला पर सोलहवीं शताब्दी ई० की नागरी लिपि में लिखित अभिलेख में गांगु द्वारा अभिवादन का विवरण है:

1. रिसुत्वनत्या प्रनमु
2. गांगु

अभिलेख घ.20.

मेडुकी भैरव की शिला पर चौदहवीं शताब्दी ई० की नागरी लिपि में लिखित अभिलेख में तिथि संवत् 1416 (1359 ई०) तथा स्सलक द्वारा अभिवादन का विवरण है:

1. संवत् 1416 भाद्र वदि 6
2. स्सलकघ (प्र)नामु .... रम

अभिलेख घ.21.

मेडुकी भैरव की शिला पर पंद्रहवीं शताब्दी ई० की नागरी लिपि में लिखित अभिलेख में तिथि संवत् 1501 (1444 ई०) तथा सूत्रधार उदैचंद एवं सुण, अरित, भवदेव, पैगदास, मीरा, गइती, लखण, नरसिंघ, भीख के पुत्र धरी और सेखचंद द्वारा अभिवादन का उल्लेख है:

1. संवत् 1501 भदौ वदि 5 भौमोक
2. प्रन्ममि सुत्रधर उदैचंद सीष सुण-
3. क प्रनमु मंडुकि भैरौर्कन सी(नी)त्य प्रती कोटी प्रनमु
4. तथमतवु अरितथपतिनू तथ भवदेव्वयंद
5. तथत्रैय दतथ पैगदस तथह मीराक प्रनमु ...
6. .... गइतिक प्रर्नमु गीतय लषनक प्रर्नमु ....
7. नरसिंघक प्रर्नमु
8. भीष पुत्र धरि पुत्रे सेषचंद
9. द्यनर्प नीती प्रर्नमु

अभिलेख घ.22.

मेडुकी भैरव की शिला पर पंद्रहवीं शताब्दी ई० की नागरी लिपि में लिखित अभिलेख में भागाइ के पुत्र होलघर एवं महेश और मोवी द्वारा मेडुकी भैरव के अभिवादन का विवरण है:

1. श्री मांडुकी भैरम्वाय नमः
2. भागाइ सुत होलघरइक प्रनामु नि(त्य)-
3. प्रर्नमु कर्कर्कु-
4. देवदाक कोटि दीन प्रती
5. महेस मोविक
6. प्रर्नमु दिन प्रति
7. कोटि

अभिलेख घ.23.

मेडुकी भैरव की शिला पर सोलहवीं शताब्दी ई० की नागरी लिपि में लिखित खण्डित अभिलेख में तिथि संवत् 1582 (1525 ई०) तथा उधव के पुत्र भगत द्वारा मेडुकी भैरव के अभिवादन का विवरण है:

1. संवत् 1582 जेष्ट वदि 10 मांडुकी
2. भैरवकह प्रनामु उधव पुत्र भगत-
3. क तथा श्रासपैदऐ समक ....

अभिलेख घ.24.

मेडुकी भैरव की शिला पर सोलहवीं शताब्दी ई॰ की नागरी लिपि में लिखित अभिलेख में तिथि संवत् 1569 (1512 ई॰) तथा उछहन द्वारा महादेव के अभिवादन का विवरण है:

1. प्रर्नमु उछहनेक दीन प्रति कोटि
2. महदेवोकह प्रा(प्र)नामुकं दीवद-
3. नेक नीत प्रती संवत् 1569

अभिलेख घ.25. चित्र 254.

मेडुकी भैरव की शिला पर पंद्रहवीं शताब्दी ई॰ की नागरी लिपि में लिखित अभिलेख में तिथि संवत् 1541 (1484 ई॰) तथा दिनकर द्वारा मेडुकी भैरव के अभिवादन का विवरण है:

1. दिनकरज्योतिश्रीक प्रणमि
2. मांडूकीभैरवकह संवत् 1541

चित्र 254. मेडुकी भैरव लेख, संवत् 1541

अभिलेख घ.26.

मेडुकी भैरव की शिला पर अंकित खण्डित अभिलेख। पंद्रहवीं शताब्दी ई॰ की नागरी लिपि में लिखित खण्डित अभिलेख में तिथि संवत् 1543 (1486 ई॰) तथा महाराज के समय में भैरव के अभिवादन का विवरण है:

1. महाराजश्रिशमये तांतना
2. ददोमानेही ... तसेधय ... संवत् 1543
3. प्रनमु नित्यकै भैरौहकह प्रनामु

अभिलेख घ.27.

मेडुकी भैरव की शिला पर पंद्रहवीं शताब्दी ई॰ की नागरी लिपि में लिखित अभिलेख में तिथि संवत् 1555 (1498 ई॰) कार्तिक सुदि 1 के दिन भैरव के अभिवादन का विवरण है:

1. संवत् 1555 समये
2. कातिक सुदि 1 एतो

3. पल्माह श्री भैरवक-
4. ह प्रनामु दाष्टघं
5. दतीप नित्यं प्रति त:
6. संज्यातारडाहतो
7. भैरुहदेवय

अभिलेख घ.28.

मेडुकी भैरव की शिला पर आठवीं शताब्दी ई० की सिद्धमातृका लिपि में लिखित अभिलेख में शैव धर्मानुयायी जोगरत रतन का विवरण है:

1. जोगुइभृध्यह रत-
2. निक सयवाह

अभिलेख घ.29. चित्र 255.

मेडुकी भैरव के पास शिला पर पांचवीं शताब्दी ई० की ब्राह्मी लिपि में लिखित अभिलेख में अनेक लोगों द्वारा अभिवादन का विवरण है:

1. नेक्यच(र्च)धु

चित्र 255. मेडुकी भैरव लेख

अभिलेख घ.30.

मेडुकी भैरव के पास की शिला पर पांचवीं शताब्दी ई० की ब्राह्मी लिपि में लिखा है:

1. सुधिरगक

अभिलेख घ.31.

मेडुकी भैरव के पास की शिला पर पांचवीं शताब्दी ई० की ब्राह्मी लिपि में लिखा है:

1. भानुकुल

अभिलेख घ.32.

मेडुकी भैरव के पास की शिला पर पांचवीं शताब्दी ई० की ब्राह्मी लिपि में लिखा है:

1. रीस्योज

इस क्षेत्र में मीनधारा के लेखों से सामन्त शासक वसन्त के उल्लेख के अतिरिक्त वीरायण द्वारा पुण्यार्थ अभिवादन किए जाने का विवरण है। भगवान सेज क्षेत्र से कालंजर का प्राचीनतम लेख प्रकाश में आया है, जिसमें उदयन द्वारा अर्चना किया जाना उल्लिखित है। साथ ही यहां से सामन्त वसन्त एवं कमलचंद्र द्वारा अभिवादन सम्बन्धी विवरण भी उपलब्ध है। सिद्ध की गुहा से बारहवीं शताब्दी ई० के लेख विदित है, जिनमें एक से मुख के पुत्र वशु द्वारा कुमारेश्वरदेव एवं पुढमाधव के अभिवादन का ज्ञान होता है। अन्य से नारायण, दसलि, गोल्हण, दिनु द्वारा कालंजर में देवाराधना किया जाना विदित है।

मेडुकी भैरव में दो को छोड़कर अधिकांश लेख बारहवीं से सोलहवीं शताब्दी ई० के हैं। पांचवीं शताब्दी ई० के एक लेख में अनेक लोगों द्वारा अभिवादन किए जाने तथा आठवीं शताब्दी ई० के लेख में शैव धर्मानुयायी योग क्रिया में रत रतन के उल्लेख से न केवल धार्मिक भाव से पूजा-अर्चना की जानकारी उपलब्ध होती है बल्कि शैव धर्मानुयायियों की कालंजर दुर्ग पर उपस्थिति तथा योगिक क्रियायों में उनके संलग्न होने का भी ज्ञान होता है। बारहवीं शताब्दी ई० में सूत्रधार पणसिंह, शिलउट नुअ, ठकुर कुलदास, कसिक, करणिक ठक्कुर माल्हण, माल्हण की पत्नी लखमा द्वारा देव आराधना किए जाने का उल्लेख है। चौदहवीं शताब्दी ई० के लेख में श्रीवास्तव देवपाल के पुत्र रतन, स्सलक; पंद्रहवीं शताब्दी ई० के लेख में उरुद, कुमार के शिष्य विजयचंद्र, गांगु, सूत्रधार उदैचंद एवं सुण, अरित, पैगदास, मीरा, गइती, लखण, वरसिंघ, भीख के पुत्र धरी, सेखचंद, दिनकर, महाराज; सोलहवीं शताब्दी ई० के लेखों से ठकुर कुलदास, कायस्थ ढलश, मनू, केसव के पुत्र कवि गोपाल दुबे, वीघु, कायस्थ गेव के पुत्र भलश्री, करकटी, भागाइ के पुत्र होलधर, महेश, मोवी, उधव के पुत्र भगत, उद्दहन द्वारा वासुदेव, भैरव, महेश, मेडुकी भैरव एवं अन्य देवों के अभिवादन की जानकारी उपलब्ध होती है। मेडुकी भैरव का उल्लेख अभिलेखों में भैरव, मंडुकी तथा मांडुकी भैरव के रूप में भी हुआ है। पंद्रहवीं शताब्दी ई० के निर्माण कार्यों में सूत्रधार उदैचंद की महत्वपूर्ण भूमिका का ज्ञान विविध क्षेत्रों के लेखों में उनके नामोल्लेख से होता है।

अरविन्द कुमार सिंह

6

दक्षिण तथा तलहटी क्षेत्र के अभिलेख एवं धार्मिक महत्व

इस अध्याय के अंतर्गत पन्ना दरवाजा, मृग्धारा, एवं अन्य क्षेत्र के अभिलेखों को वर्गीकृत कर उनका विवरण प्रस्तुत् किया गया है।

च. पन्ना दरवाजा के अभिलेख

पन्ना दरवाजा, जिसे भास्कर दरवाजा के नाम से भी जाना जाता है, पर संवत् 1585 तथा 1600 के दो तीर्थयात्री लेख लिखे हुए हैं। इसके अतिरिक्त दुर्ग की प्राचीर पर दो लेख बारहवीं शताब्दी ई० की नागरी लिपि में लिखे हुए हैं।

अभिलेख च.1. चित्र 256.

पन्ना दरवाजा के एक पाषण खण्ड पर अंकित अभिलेख। सोलहवीं शताब्दी ई० की नागरी लिपि में तिथि संवत् 1600 (1543 ई०) तथा पुरन द्वारा महेश के अभिवादन का उल्लेख है:

1. रमयकेलौहल्ल
2. महेसकह प्रनमु-
3. प्रवत पुरनक नित्य
4. प्रति संवत् 1600

चित्र 256. पन्ना दरवाजा लेख, संवत् 1600

अभिलेख च.2. चित्र 257.

पन्ना दरवाजा के एक पाषण खण्ड पर अंकित अभिलेख। अल्वायस अन्टोन फ़ुहरर (1891: 152) ने इस अभिलेख की तिथि संवत् 1550 बतायी है। सोलहवीं शताब्दी ई० की नागरी लिपि में तिथि संवत् 1585 (1528 ई०) फाल्गुन सुदि 6 तथा हरि के पुत्र परव एवं गुरिदग और उदक द्वारा महेश एवं नीलकण्ठ के अभिवादन का उल्लेख है:

1. संवत् 1585 फगुन सुदि 6 शलौपुर
2. महेसकह प्रनामु हरिए पुत्र परव-
3. रिक नित्य प्रति गुरिदगुक ....
4. डि्.हतहूद्विल उदक प्रनमुतत्य ली(नी)लकं(ठ)

चित्र 257. पन्ना दरवाजा लेख, संवत् 1550

अभिलेख च.3.

पन्ना दरवाजा के प्राचीर के एक पाषण खण्ड पर बारहवीं शताब्दी ई० की नागरी लिपि में लिखित खण्डित अभिलेख में पप द्वारा अभिवादन का उल्लेख है:

1. पप प्रणमती

अभिलेख च.4.

पन्ना दरवाजा के प्राचीर के एक पाषण खण्ड पर बारहवीं शताब्दी ई० की नागरी लिपि में लिखा है:

1. गीण्डजीतं

छ. मृगधारा के अभिलेख

पुराने पत्थरों का उपयोग करते हुए मृगधारा में एक प्रकोष्ठ बाद में निर्मित किया गया, जिसके अन्दर से निरन्तर जल धारा प्रवाहित होती रहती है। जलधारा के पास की शिला पर सात मृगों का अंकन है। प्रकोष्ठ की अंदर एवं बाहर की दीवार पर बाद के अभिलेख लिखे हुए हैं। इसके पास की शिला पर मृगों की दश आकृतियां तथा कुछ लेख उत्कार्ण हैं। पांचवीं शताब्दी ई० के तीन लेख पश्चिम की शिला पर अंकित है, जिसपर वाहक की आकृति भी बनी है तथा उसके बगल में एक अभिलेख उत्कीर्ण है।

अभिलेख छ.1. चित्र 258.

मृग्धारा के पास की शिला पर अंकित अभिलेख। कृष्ण कुमार (*इण्डियन आर्किआलाजी 1976-77 - ए रिव्यू:* 63) ने इस अभिलेख का वाचन *विदिशा प्रतिवसिन ने(त्र)पाल* किया है। हन्स टी० बेकर (2014: 196) के अनुसार यह लेख अधिक महत्वपूर्ण है, जिसके अंतिम शब्द का पाठ निश्चित नहीं होने पर भी उन्होने उसे सत्य से अधिक दूर नहीं माना है। उनके अनुसार इसमें *वैदिसप्रतिवासिन(:) ने(निर्व्वं) शा-ला(कुडा:)* लिखा है, जो पाशुपत की शाखा लाकुडस या लाकुलस अर्थात् लागुडि का प्राचीनतम प्रमाण हो सकता है। लाकुडस या लाकुलस सम्प्रदाय के साधु, जो विदिशा से कालंजर आए थे, भगवान सेज, सीता सेज जैसी गुहाओं में या शैलाश्रयों में निवास करते रहे होगें। पांचवीं शताब्दी ई० की ब्राह्मी लिपि में लिखे इस लेख का पाठ है:

1. वैदिश प्रतिवासिन: ने(नि)र्व्वं शा-लाकुडइ

चित्र 258. विदिशा के लाकुडों का मृग्धारा लेख

अभिलेख छ.2. चित्र 259.

मृग्धारा के पास की शिला पर अंकित अभिलेख। कृष्ण कुमार (*इण्डियन आर्किआलाजी 1976-77 - ए रिव्यू:* 63) ने इस अभिलेख का पाठ *विदिश गहपति प्रनमत* किया है। हन्स टी० बेकर (2014: 195) ने सही पाठ करते हुए इसमें जनपद प्रमुख के अभिवादन का उल्लेख होना बताया है। किन्तु तीर्थयात्री लेखों से प्रमाणित है कि उपासक धर्म स्थलों की यात्रा राजा-महाराजा या अधिकारियों के अभिवादन के लिए नहीं करते थे। भक्तिभाव से ओत-प्रोत ऐसे यात्रियों का उद्देश्य देवी-देवताओं की पूजा-अर्चना एवं उनके सम्मुख नतमस्तक होना होता है। इस अभिलेख का भी उद्देश्य विषयपति द्वारा देव उपासना का उल्लेख करना है, जिनका नाम या तो खण्डित हो गया है या लिखा नहीं गया था। पांचवीं शताब्दी ई० की ब्राह्मी लिपि में लिखित अभिलेख का पाठ है:

1. .... ति विषयपति प्रणमति

चित्र 259. विषयपति का मृग्धारा लेख

अभिलेख छ.3. चित्र 260.

मृगधारा के पास की शिला पर अंकित अभिलेख। कृष्ण कुमार (*इण्डियन आर्किआलाजी 1976-77 - ए रिव्यू*: 63) ने इस अभिलेख का पाठ *स्रि व्यस मत्र गुनदित्यप्रनम* किया है। हन्स टी० बेकर (2014: 195) के अनुसार लेख में आदित्य द्वारा त्रिशूलादित्य के अभिवादन का उल्लेख है तथा उन्होने त्रिशूलादित्य को दुर्ग का शासक या उच्च अधिकारी होना बतलाया है। किन्तु त्रिशूलादित्य से शिव की अभिव्यक्ति सम्भावित जान पड़ती है, जिनकी पूजा-अर्चना आदित्यदास द्वारा की गयी थी। पांचवीं शताब्दी ई० की ब्राह्मी लिपि में लिखित अभिलेख का पाठ है:

1. आदित्यदासः तृशूलादित्यम्प्र(नम)ति

चित्र 260. आदित्यदास का मृगधारा लेख

अभिलेख छ.4. चित्र 261.

मृगधारा के पास की शिला पर, वाहक के बगल में अंकित अभिलेख। खण्डित एवं अस्पष्ट अभिलेख एक प्रशस्ति लेख है, जैसा कि पंक्ति 3 में उल्लिखित है। साथ ही इसमें उदै, मघ, निरच के पुत्र दिनकर तथा देसगण द्वारा अभिवादन का विवरण होने की सम्भावना जान पड़ती है। आठवीं-नवीं शताब्दी ई० की सिद्धमातृका लिपि में लिखे अभिलेख के शेष बचे अंश का सम्भावित पाठ है:

1. ...... वयक प्रनमु सहस्रः उदै .... नीत्य
2. ... मन्द .... क्ये पादद्रहत्त्रिषु रमजदिरचन्चवाख्यः
3. ...... मघार्चः। ए देयसर्गः प्रशस्ति निरच पुत्र द्दिन्न-
4. करः देव्वजग ....। तं देसणगस प्रणमत स-
5. रगहदत्येम्ह .... प्रनमु ...

चित्र 261. मृगधारा का खण्डित लेख

अभिलेख छ.5.

मृग्धारा के पास एक खण्डित पाषाण खण्ड पर बारहवीं शताब्दी ई० की नागरी लिपि में लिखा है:

1. दधजि

अभिलेख छ.6.

मृग की आकृतियों के मध्य में अंकित अभिलेख। मृग्धारा के पास की शिला पर दश मृगों का अंकन है। इनमें आरम्भ की तीन आकृतियों के बाद अंकित मृगों के मध्य सात मृगों या ब्राह्मणों के नाम लिखे हैं, जो हैं उन्मुख, नित्यवित्रस्त, स्तब्धकर्ण, विलोचन पण्डित, घस्मर एवं दीन। यह नाम *हरिवंश* (16.22-23) में वर्णित नामों के समान हैं: *शुभेन कर्मणा तेन जाता जातिस्मरा मृगाः। त्रासोद्वेगेन संविग्ना रम्ये कालंजरे गिरौ।। उन्मुखो नित्यवित्रस्तः स्तब्धकर्णो विलोचनः। पण्डितो घस्मरो ना दीनामभिस्ते भवन् मृगाः।।* *हरिवंश* में उल्लिखित विवरण का तात्पर्य है कि अपने सराहनीय ब्यवहार के कारण कालंजर के रमणीय दुर्ग पर मृग के रूप में उनका पुनर्जन्म हुआ, जिन्हे अपने पूर्व जन्म का ज्ञान था और वे भयभीत थे। हन्स टी० बेकर (2014: 197, नोट 592) ने अंतिम नाम नादिन बतलाया है, जबकि अभिलेख में दीन लिखा हुआ है। हन्स टी० बेकर (2014: 193) ने इनको *स्कन्दपुराण* के सात ब्राह्मणों के कथानक से सम्बन्धित मानते हुए ब्याख्या की है। *स्कन्दपुराण* में उल्लेख है कि उन ब्राह्मणों ने गाय का वध कर उसके मांश के भक्षण का घोर अपराध किया था, जिस कारण कालंजर दुर्ग पर मृग के रूप में पुनर्जन्म होने पर उन्होने पहाड़ी पर से छलांग लगाकर अपने प्राण न्योछावर कर दिए थे। ग्यारहवीं शताब्दी ई० की नागरी लिपि में लिखित अभिलेख है:

1. .... र्लाभह
2. ज्ञातिह
3. उन्मुखः।
4. नित्यर्वित्रस्तः।
5. स्तब्धकर्ण्णः।
6. विलोचनः।
7. पंडितः।
8. घस्मरः स्टधो
9. दीनः।

अभिलेख छ.7.

मृग आकृतियों के ऊपर शिला पर अंकित अभिलेख। ग्यारहवीं शताब्दी ई० की नागरी लिपि में लिखित अभिलेख में वासल द्वारा दश मृगों के अभिवादन का उल्लेख है, जिनकी आकृतियां वहां पर अंकित है:

1. दसव (मृ)गेयस्मादृत्ययोर्चजः वासल ....

अभिलेख छ.8.

मृग आकृतियों के नीचे शिला पर अंकित अभिलेख। ग्यारहवीं शताब्दी ई० की नागरी लिपि में लिखित अभिलेख में शिला कर्मियों के अभिवादन का विवरण है, जिनके नाम हैं सपल, गंधर्व, देवलग, भोज, गजण, जिन, तथा जोसटः

1. देवश्रीधष्वधतिह श्रीमंर्चाहु प्रणमंतिसदः।। सपल सिलावट गंधर्व्यकेत्या सिले(ला)वट देवलग सिलावट
2. भोज सिलावा(व)ट गजण सिलावट
3. जिना सिलावा(व)ट इदपाइदेस तद्जगाय अ(प्र)णौ(नु)मंहेइर सिल(ला)वट
4. जोसट

अभिलेख छ.9. चित्र 262.

मृग्धारा के एक खण्डित पाषाण खण्ड पर सोलहवीं शताब्दी ई० की नागरी लिपि में लिखित अभिलेख में तिथि संवत् 1562 (1505 ई०) तथा मनू द्वारा महेश के अभिवादन का उल्लेख है:

1. महेसकह प्रनमु मनू-
2. वा(वी)यौक सं 1562

चित्र 262. मृग्धारा लेख, संवत् 1562

अभिलेख छ.10.

मृग्धारा के एक पाषाण खण्ड पर अंकित खण्डित अभिलेख। सोलहवीं शताब्दी ई० की नागरी लिपि में लिखित अभिलेख के अधिकांश अक्षर चप्पड़ छोड़ने के कारण नष्ट हो गये हैं। सम्भावित पाठ से स्थान के महत्व तथा नीलकण्ठ और कोटितीर्थ के अभिवादन की जानकारी मिलती है:

1. ... य श्री ले(नी)लदेवक प्रनमु
2. ली(नी)लकंठकहती सकलदेव-
3. तमहक कोटीतीर्थणं सक-
4. लतालार .... स नामक
5. फलुसं .... हम
6. रली .... रव
7. नणुल .... तेह
8. रेधक ....
9. त्य ....

10. थपु ....
11. से ....
12. क ....
13. कस ....
14. कह ....
15. लद ....

अभिलेख छ.11.

मृग्धारा के एक पाषाण खण्ड पर पंद्रहवीं शताब्दी ई० की नागरी लिपि में लिखित खण्डित अभिलेख का सम्भावित पाठ है:

1. सं 15 .... निधरी विसौ
2. क प्रनमु .... हइ मीत्रके नित्प्रति
3. .... मीकहत्र

अभिलेख छ.12. चित्र 263.

मृग्धारा के एक पाषाण खण्ड पर अंकित अभिलेख। पंद्रहवीं शताब्दी ई० की नागरी लिपि में लिखित अभिलेख में तिथि संवत् 1547 (1490 ई०) कार्तिक सुदि 11 रविवार तथा मक द्वारा महादेव के अभिवादन का उल्लेख है:

1. महादेवकस प्रनमु-
2. सै श्री मक प्रन्यमके-
3. (स)दोयक नित्य प्रा(प्र)ति
4. संवत् 1547 समये
5. क(का)र्त्तीक सुदी 11 रवौकं

चित्र 263. मृग्धारा लेख, संवत् 1547

अभिलेख छ.13.

मृग्धारा के एक पाषाण खण्ड पर अंकित खण्डित अभिलेख। सोलहवीं शताब्दी ई० की नागरी लिपि में तिथि संवत् 1613 (1556 ई०) तथा शेरशाह द्वारा अर्चना किये जाने का उल्लेख है:

1. सेरसहिगर्चतोनयेठ
2. वद्धि दुअंदास्तिकहगरते
3. ...... मत्नमक मदंकुन्हे
4. संवत् 1613 समद्ये
5. .... मणयुम
6. .... (क्ष)यनस

अभिलेख छ.14.

मृग्धारा के एक पाषाण खण्ड पर अंकित अभिलेख। सोलहवीं शताब्दी ई० की नागरी लिपि में तिथि संवत् 1562 (1505 ई०) तथा मनू द्वारा महेश के अभिवादन का उल्लेख है:

1. महेसकह प्रनमुमीस्थ
2. मनूवीरीति 1562

अभिलेख छ.15.

मृग्धारा के एक पाषाण खण्ड पर सोलहवीं शताब्दी ई० की नागरी लिपि में चतुर सिंघ द्वारा नीलकण्ठ के अभिवादन का विवरण है:

1. चतुरसिघक नित्य प्रति-
2. सु नी(लकंठ)देवकह

अभिलेख छ.16.

मृग्धारा के एक पाषाण खण्ड पर सोलहवीं शताब्दी ई० की नागरी लिपि में पद्म द्वारा धर्मार्थ कुछ करने का उल्लेख है:

1. पद्महि द्धमेण

अभिलेख छ.17. चित्र 264.

मृग्धारा के एक पाषाण खण्ड पर अंकित अभिलेख। सोलहवीं शताब्दी ई० की नागरी लिपि में तिथि संवत् 1564 (1507 ई०) श्रावण वदि 10 सोमवार तथा मनू द्वारा नीलकण्ठ के अभिवादन का विवरण है:

1. संवत् 1564 समये स्रवण
2. वदि 10 मो(सो)मेकह मि(म)-
3. नीप(नू)वियौक प्रनमु
4. लि(नी)लकंठकह दिन प्रति

चित्र 264. मृग्धारा लेख, संवत् 1564

अभिलेख छ.18.

मृग्धारा के उसी पाषाण खण्ड पर अंकित खण्डित अभिलेख। सोलहवीं शताब्दी ई॰ की नागरी लिपि में लिखित अभिलेख में लवकी द्वारा महेश के अभिवादन का उल्लेख है:

1. महेसकह प्रनमु ....
2. कोठि(टि) लवकि प्रनमु
3. .... कपिल ......
4. तरम ....
5. प्रणमु ....
6. प्रति सं ....

अभिलेख छ.19.

मृग्धारा के उसी पाषाण खण्ड पर अंकित खण्डित अभिलेख। सोलहवीं शताब्दी ई॰ की नागरी लिपि में देव के अभिवादन सम्बन्धी विवरण है:

1. ....
2. ..... तसु कहलजता-
3. .. व प्रनमु दिन प्रती

अभिलेख छ.20.

मृग्धारा के उसी पाषाण खण्ड पर सोलहवीं शताब्दी ई॰ की नागरी लिपि में लिखित खण्डित अभिलेख में तिथि स्पष्ट नहीं है। सम्भावित पाठ में जयदेव द्वारा गणेश, नीलकण्ठ एवं सभी देवों के अभिवादन का विवरण है:

1. सिधि:।। गणेसाये नम:।। नीलकंठम्हे ....
2. त्यरथा सक्ल(कल)देवतन्हकह प्रनमुकाय ....

3. .... एथथ्य नित्य प्रति असक्ष तिर्थन
4. .... लयत्रना जयदेवे प्रनमु दिन प्रति
5. एत्रद प्रनमु नित्यं प्रति संवत् ....
6. ये वैशाष वदि 10 समैकह ....

अभिलेख छ.21.

मृग्धारा के उसी पाषाण खण्ड पर सोलहवीं शताब्दी ई० की नागरी लिपि में तिथि संवत् 1585 (1528 ई०) तथा गुदीन की पुत्री प्रोहीत द्वारा महेश के अभिवादन का विवरण है एवं लेखक का नाम लल लिखा है:

1. महेसकह प्रनमुऔ
2. गुदीन पुत्री प्रोहीतकेह
3. संवत् 1585 चैत्र
4. लीषीतं ललस

अभिलेख छ.22.

मृग्धारा के एक पाषाण खण्ड पर अंकित खण्डित अभिलेख। सोलहवीं शताब्दी ई० की नागरी लिपि में लिखे अस्पष्ट लेख में सम्भवत: महादेव एवं महेश के अभिवादन का विवरण है:

1. संवत् ....
2. महादेव ....
3. कह दिन ....
4. सुमरप ....
5. महेसक ....
6. पतीनी म ....
7. ग ....

अभिलेख छ.23.

मृग्धारा के उसी पाषाण खण्ड पर सोलहवीं शताब्दी ई० की नागरी लिपि में मनू एवं मक द्वारा नीलकण्ठ के अभिवादन का विवरण है:

1. मानूके (श्री म)क प्रन-
2. मु नीलकंठकह

अभिलेख छ.24.

मृग्धारा के उसी पाषाण खण्ड पर सोलहवीं शताब्दी ई० की नागरी लिपि में लिखित अभिलेख में तिथि संवत् 1650 (1593 ई०) तथा राय मलक एवं राय नक द्वारा महेश के अभिवादन का उल्लेख है:

1. महेसकह प्रण-

2. मु राय मलकन
3. राय नक सं 1650

अभिलेख छ.25.

मृग्धारा के उसी पाषाण खण्ड पर सोलहवीं शताब्दी ई० की नागरी लिपि में लिखित खण्डित अभिलेख का सम्भावित पाठ है:

1. श्री र .... त्य
2. ....
3. ....
4. ....
5. मेदित ....
6. पालव्य ....
7. ....

अभिलेख छ.26. चित्र 265.

मृग्धारा के एक पाषाण खण्ड पर अंकित अभिलेख। सोलहवीं शताब्दी ई० की नागरी लिपि में तिथि संवत् 1605 (1548 ई०) तथा गर द्वारा नीलकण्ठ के अभिवादन के साथ सम्भवत: मलु एवं छुटमल द्वारा दुर्ग में निर्माण का विवरण है:

1. गढं मलु छुटमल घटना
2. गरका प्रनामु नीलकंठकह
3. सं. 1605

चित्र 265. मृग्धारा लेख, संवत् 1605

अभिलेख छ.27.

मृग्धारा के एक पाषाण खण्ड पर अंकित अभिलेख। सोलहवीं शताब्दी ई० की नागरी लिपि में लिखित अभिलेख में तिथि संवत् 1600 (1543 ई०) तथा मन्हु द्वारा महेश के अभिवादन का उल्लेख है:

1. य मन्हु महेस-
2. कहे सं 1600

अभिलेख छ.28.

मृग्धारा के एक पाषाण खण्ड पर सोलहवीं शताब्दी ई॰ की नागरी लिपि में लिखे अभिलेख के अक्षर अस्पष्ट हो गए हैं। सम्भावित पाठ में स्थल नाम मृग्धारा एवं यमन, सामुसुल एवं सुम के अभिवादन का विवरण जान पड़ता है:

1. यमनकि प्रनम-
2. द्वसी मिर्गधाराद्यस्य-
3. को सामुसुल प्रन-
4. मु सुमकहहेनस्य-
5. ते कुरसु

अभिलेख छ.29. चित्र 266.

मृग्धारा के एक पाषाण खण्ड पर अंकित अभिलेख। सोलहवीं शताब्दी ई॰ की नागरी लिपि में तिथि संवत् 1600 (1543 ई॰) श्रावण सुदि 6 तथा रामई पट्ट के केशव द्वारा महेश के अभिवादन का विवरण है:

1. महेसकह प्रनमु
2. केसव रामई पट्टक
3. नीत प्रती संवत् 1600
4. समये नम स्रवन सुदी 6

चित्र 266. मृग्धारा लेख, संवत् 1600

अभिलेख छ.30.

मृग्धारा के उसी पाषाण खण्ड पर सोलहवीं शताब्दी ई० की नागरी लिपि में तिथि संवत् 1560 (1503 ई०) तथा दीन्न द्वारा महादेव के अभिवादन का उल्लेख है:

1. महादेवकह प्रन-
2. मुकं दीन्नदरेक नी-
3. त प्रति संवत्
4. 1560

अभिलेख छ.31.

मृग्धारा के एक पाषाण खण्ड पर सोलहवीं शताब्दी ई० की नागरी लिपि में मदन द्वारा महेश के अभिवादन का उल्लेख है:

1. महेसकह प्रनमु मदनक

अभिलेख छ.32.

मृग्धारा के एक पाषाण खण्ड पर सत्रहवीं शताब्दी ई० की नागरी लिपि में लिखित अभिलेख में तिथि संवत् 1691 (1634 ई०) तथा राउत लोक एवं राउत उनाल द्वारा नीलकण्ठ के अभिवादन का विवरण है:

1. राउत लोकंहे धेयवगतां
2. राउत उनाला प्रनामु लि(नी)लकं-
3. ठकयेयोन सकल संवत् 1691
4. समये फाल्गुन ....
5. म ....

अभिलेख छ.33.

मृग्धारा के एक पाषाण खण्ड पर सोलहवीं शताब्दी ई० की नागरी लिपि में लिखित खण्डित अभिलेख में तिथि संवत् 1600 (1543 ई०) तथा अभिवादन का विवरण है:

1. .... नजत्रैमली ....
2. प्रनमु .... द्वल
3. पवेथनेल ....
4. 1600 व ....

अभिलेख छ.34.

मृग्धारा के एक पाषाण खण्ड पर अंकित पंद्रहवीं शताब्दी ई० की नागरी लिपि में लिखित अभिलेख में तिथि संवत् 1510 (1453 ई०) तथा भौनम द्वारा नीलकण्ठ के अभिवादन का उल्लेख है:

1. संवत् 1510 समये .....

2. कह सघुल्जहणा उदासः
3. वरे सौभदपेवे दिन प्रति-
4. प्रनमु लि(नी)लकंठक-
5. ह सदेवसवक प्रनमु-
6. त्येक रम ... भौनमर्चते

अभिलेख छ.35.

मृग्धारा के एक पाषाण खण्ड पर पंद्रहवीं शताब्दी ई० की नागरी लिपि में तिथि संवत् 1555 (1498 ई०) तथा जसेप एवं अन्य द्वारा नीलकण्ठ के अभिवादन का उल्लेख है:

1. संवत् 1555 स म(मा)र्ग वदी 12 सम-
2. ए जसेपक प्रनममी गनत्रनुक
3. ली(नी)लकंटक उमदु-
4. लरलक प्रनमम पताय वरीणंत-
5. कधरदौदर प्रनाम

अभिलेख छ.36.

मृग्धारा के एक पाषाण खण्ड पर सोलहवीं शताब्दी ई० की नागरी लिपि में तिथि संवत् 1600 (1543 ई०) तथा गोसल एवं वान्ह के अभिवादन का उल्लेख है:

1. .... प्रनमु नित प्रती
2. गोसलहदेक वान्हक सं 1600

अभिलेख छ.37.

मृग्धारा के एक पाषाण खण्ड पर सोलहवीं शताब्दी ई० की नागरी लिपि में तिथि संवत् 1600 (1543 ई०) तथा गिरथ दुबे द्वारा महेश के अभिवादन का उल्लेख है:

1. महेसकह प्रनामुक नतरानः स
2. गिरथदुवेक नित्य प्रति सं 1600
3. वर्षे मघव ....

अभिलेख छ.38.

मृग्धारा के एक पाषाण खण्ड पर सोलहवीं शताब्दी ई० की नागरी लिपि में तिथि संवत् 1578 (1521 ई०) तथा मनू द्वारा महेश के अभिवादन की चर्चा है:

1. महेसकहः प्रनमु मनूवीयौक
2. दिन सं 1578

अभिलेख छ.39.

मृग्धारा के एक पाषाण खण्ड पर सोलहवीं शताब्दी ई० की नागरी लिपि में लिखित खण्डित अभिलेख में सगुत द्वारा देव के अभिवादन का विवरण है:

1. .... श्वकुला
2. .... प्रनामु .... सत्यवरक्क
3. .... धमोसे सगुतकह

ज. अन्य अभिलेख

दुर्ग की तलहटी, कालंजर तथा तर्हती ग्राम में कुछ पाषाण लेख तथा एक ताम्रपत्र लेख विद्यमान हैं, जिसका विवरण इस वर्ग में समाहित है। बुढ़ा भद्र दरवाजा, जिसे सवर्गारोहण के नाम से भी जाना जाता है, का संवत् 1580 (1523 ई०) का अभिलेख (कनिंघम 1885: 30) दरवाजे के भग्न होने के कारण अब ज्ञात नहीं है। इसीप्रकार हनुमान कुण्ड क्षेत्र के संवत् 1530, 1560, 1580, एवं 1600 के साथ अनेक छोटे अभिलेख (कनिंघम 1885: 30) और ऐसे ही अन्य स्थलों के कुछ अभिलेख या तो नष्ट हो गये हैं या उनको पढ़ पाना अब सरल नहीं है।

अभिलेख ज.1. चित्र 267.

बलखण्डेश्वर में वाहक (केएफ 424) के शिर के ऊपरी भाग में अंकित अभिलेख। अलेक्जेण्डर कनिंघम (1885: 41) ने इस अभिलेख का विवरण दिया है। इसप्रकार के अभिलेख अन्य स्थलों पर (अभिलेख ख.1, ज.3) भी लिखे हुए हैं। सातवीं-आठवीं शताब्दी ई० की सिद्धमातृका लिपि में लिखित अभिलेख में सामन्तीय शासक वसन्त का विवरण है:

1. समधिगत पञ्चमहासव्द सामन्त श्री वसन्तः

चित्र 267. वसन्त का बलखण्डेश्वर लेख

अभिलेख ज.2.

बलखण्डेश्वर की एक स्तम्भिका पर अंकित अभिलेख। सोलहवीं शताब्दी ई० की नागरी लिपि में लिखित अभिलेख में तिथि संवत् 1603 (1546 ई०) तथा मीतू के पुत्र जाल्हण द्वारा सोमेश्वर (शिव) के अभिवादन का विवरण है:

1. .... (संवत्) 1603 सोमेस्वरः मीतू सुतः जाल्हणः महा-
2. ..... दकां नित्यं प्रणमति।।

अभिलेख ज.3. चित्र 268.

सुरसरि गंगा, जो गंगा सागर नाम से भी विख्यात है, के पास दुर्ग की उत्तरी तलहटी में स्थित वाहक की स्वतंत्र मूर्ति के सिर के बगल में अंकित अभिलेख। अल्वायस अन्टोन फुहरर (1891: 153) के अनुसार अधिक सम्भव है कि वाहक की यह अभिलिखित मूर्ति सुरसरि गंगा से लाकर वर्तमान स्थल पर स्थापित की गयी रही होगी। सातवीं-आठवीं शताब्दी ई० की सिद्धमातृका लिपि में लिखित अभिलेख में सामन्तीय शासक वसन्त का विवरण है:

1. समधिगत प-
2. ञ्चमहासव्द साम-
3. न्त श्री वसन्तः

चित्र 268. वसन्त का वाहक मूर्ति लेख

अभिलेख ज.4.

सुरसरि गंगा के एक पाषाण खण्ड पर आधुनिक नागरी लिपि में राधेश्याम का नाम लिखा है:

1. श्री राधेश्याम

अभिलेख ज.5. चित्र 269.

जहांगीर महल में लगे एक पाषाण खण्ड पर अंकित अभिलेख। इसका सम्पादन पीटर सी० बिशप (2013: 290-292) द्वारा किया गया है। अभिलेख के खण्डित होजाने के कारण इसकी तिथि एवं उद्देश्य स्पष्ट नहीं है। इसमें वणिकों के एक वर्ग का उल्लेख है, जिन्होने कालंजर में धार्मिक कार्य करवाया था। त्यागी वणिक (पंक्ति 6), एवं *महाधनस्य* (पंक्ति 8) के साथ *भूतिकरोरगेन्द्रो* के रूप में वणिक का उल्लेख हुआ है। पंक्ति 4 में बिशप ने श्वेतभद्र का नाम पढ़ते हुए इसे वणिक के लिए उपयुक्त नाम माना है। सामान्यतया भद्र नामान्त यक्षों के लिए

प्रयुक्त हुआ है जिनसे वणिकों का विशेष सम्बन्ध था। इससे कालंजर में धनवान ब्यवसायियों के समुदाय की उपस्थिति और उनकी वंशावली की महत्वपूर्ण जानकारी मिलती है। बिशप ने *चन्द्रकर* (पंक्ति 2) पाठ के आधार पर चन्द्र की मूर्ति, *शशांकसदृश:* (पंक्ति 10) से चन्द्र के समान मूर्ति, तथा *देवद्विजगुरुभक्तिरतो* (पंक्ति 7) से ब्राह्मण धर्म की ओर इसका झुकाव माना है। जबकि अभिलेख में शिव के स्वरूप, उनके रुद्र (पंक्ति 4), ईशान (पंक्ति 6) जैसे नामों, वणिक परिवार जिसने सम्भवत: शैव धर्म सम्बन्धी कुछ निर्माण कार्य करवाया था, से सम्बन्धित विवरण है। सातवीं शताब्दी ई० की नागरी लिपि में लिखित अभिलेख का सम्भावित पाठ है:

1. .... वन: सज्जनै:रद्यात्थाराप्तेद[1] ....
2. .... कर्ण्णेर्वनीनि[2] प्रिया।। यस्यां सचन्द्रकरहार ....
3. ... द वड्.शोजतवी:[3] पदरसेवसाषार:।। दृषु[4] ....
4. ... भूतिकरोरगेन्द्रो वरणोन रुद्र इति च स्रयि[5] ....
5. .... स्यां।। तस्या अनेकयतगुणेयेर्पनासा:[6] ....
6. (सु) .... : श्रुतवान्कृतज्ञ:। त्यागी वणिकर[7] धुरवा[8] ....
7. हरदेव[9] द्विजगुरुभक्तिरतोथ भूव।। तस्य ....
8. ... त्मने रतस्य महाधनंस्यवड्.श[10] प्रवर्द्धन ....
9. .... लसद्गुणज्ञ: पुत्र: सशाड्.कसदृश: ....
10. .... दस्यग्रीसानती वीजपुरत्र दतिर्घ:[11] ....
11. .... अदत्तष दयेसन .... सरन्भुद्ध ...

चित्र 269. जहांगीर महल खण्डित लेख

टिप्पणीः

1. बिशप ने (*प्रत्यसप्त*) पाठ किया है।
2. बिशप ने (*क*)*र्ण्णावतीतिन्* पाठ किया है।
3. बिशप ने (*दव*)*ङ्ग.जनः* पाठ किया है।
4. बिशप ने (*सवास*) ...... (*दृ*) पाठ किया है।
5. बिशप ने *स्मात् श्वेतभद्र इति* (*च श्र*) पाठ किया है।
6. बिशप ने *ने*(*ण परासार*) पाठ किया है।
7. बिशप ने *वणिकरस* पाठ किया है।
8. बिशप ने (*धु*)*रया* पाठ किया है।
9. बिशप ने ..... *देय* पाठ किया है।
10. बिशप ने *महाधनस्य* (*व*)*ड्.ख* पाठ किया है।
11. बिशप ने श्रीमान् *ती*(*वजस*) .... (*इति*) पाठ किया है।

अभिलेख ज.6. चित्र 270.

कालंजर के रामरतन सिंह के परिवार में विद्यमान 15.24 सेन्टीमीटर लम्बे तथा 11.43 सेन्टीमीटर चौड़े आकार वाले ताम्रपत्र पर अंकित अभिलेख। इस ताम्रपत्र लेख का उल्लेख *इण्डियन आर्किआलाजी 1971-72 ए रिव्यूः* 60 में हुआ है, जहां पर तिथि विक्रम संवत् 1803 (1746-47 ई०) उल्लिखित है। साथ ही अभिलेख में नीलकण्ठ के आचार्य को पहरी नामक ग्राम दानस्वरूप देने की बात कही गयी है। किंतु उक्त विवरण सत्य प्रतीत् नहीं होता। तिथि का द्वितीय अंक स्पष्टतः 1 है, जिससे इसका 1103 होना प्रमाणित है। अभिलेख में तिथि हिज्री संवत् में लिखित जान पड़ती है। हिज्र संवत् 1103 की गणना ई० सन् में 1691-1692 के समकक्ष है। यह बुन्देला शासक छत्रसाल, जिनका उल्लेख प्रस्तुत् ताम्रपत्र लेख में हुआ है, के शासन काल के अनुरूप भी है, जिन्होने 1675 से 1731 ई० के मध्य राज्य किया था और उनका देहावशान 1731 ई० में ही हो गया था। इसीप्रकार पहरी ग्राम का उल्लेख इस अभिलेख में नहीं हुआ है।

चित्र 270. छत्रसाल के समय का ताम्रपत्र लेख

अभिलेख में बुन्देला परिवार के राजा छत्रसाल के शासनकाल में कालंजर के महाराज कुमार, दीवान एवं जमीदार अनसिंघजूदेव द्वारा नीलकण्ठ के अभिवादन का विवरण है। सत्रहवीं शताब्दी ई० की नागरी लिपि तथा स्थानीय भाषा में लिखे इस ताम्रपत्र लेख का पाठ हैः

1. पं. कंठके प्रनंः ''नकव ताम्रपत्र''
2. द्योही
3. ली(नी)लकंठज्
4. छत्रसा(ल)

5. वंस सफलहं
6. चा।। अमना
7. सरजै
8. ।।
9. श्री महाराज कोमर श्री दिवानं अन-
10. सिंघजूदेव एतेप्रः कालींजरहारी
11. के नि(ज)मीदार नजीर अप्र-
12. ऊश्री।।0।। के प्रंनेनुं न कौ दयौ-
13. हसो तुमइ। न कोउ जुहजौ आसा-
14. लु शेशसो दीजौहक महर माह(घ)
15. सुदी 14 संवत् 1103 मु. कालींजर

पन्ना दरवाजा और उसके पास के बारहवीं शताब्दी ई० के दो लेखों से पप एवं गीण्ड के अभिवादन की जानकारी मिलती है, जबकि पंद्रहवीं शताब्दी ई० के एक लेख में पुरन द्वारा महेश के तथा दुसरे में हरि के पुत्र परव एवं गुरिद तथा उदक द्वारा महेश और नीलकण्ठ के अभिवादन की चर्चा है। मृग्धारा क्षेत्र के आरम्भिक तीन लेखों में से एक से पाशुपत शैव की शाखा लाकुड के साधुओं के विदिशा से कालंजर आगमन की जानकारी मिलती है, जो इस शाखा के आरम्भिक उदाहरणों में से एक है। सम्भवतः उस समय ए साधु कालंजर की भगवान सेज, सीता सेज जैसी गुहाओं एवं शैलाश्रयों में निवास करते रहे होगें। पांचवीं शताब्दी के दुसरे लेख से विषयपति द्वारा अभिवादन किये जाने तथा तीसरे से आदित्यदास द्वारा त्रिशूलादित्य (शिव) के अभिवादन की जानकारी उपलब्ध है। आठवीं-नौवीं शताब्दी के लेख से देव आराधना हेतु उदै, मघ, निरच के पुत्र दिनकर तथा देसगण के कालंजर में विद्यमान होने की जानकारी उपलब्ध है। दश मृग आकृतियों के पास के लेख से जहां सात मृगों अथवा ब्राह्मणों के नाम तथा वासल द्वारा उनके अभिवादन का ज्ञान होता है वहीं सपल, गंधर्व, देवलग, भोज, गजण, जिन, जोसट जैसे शिला कर्मियों सम्बन्धी विवरण उनके भक्तिभाव के साथ-साथ निर्माण कार्य में सक्रिय भूमिका को इंगित करते हैं। मृग्धारा जलस्रोत के चतुर्दिक निर्मित दीवारों के पाषाण खण्डो पर सोलहवीं शताब्दी ई० के लेख लिखे हुए हैं। इनमें विविध तीर्थयात्रियों द्वारा महेश, नीलकण्ठ, महादेव, गणेश, कोटितीर्थ, आदि के अभिवादन के साथ मृग्धारा का भी उल्लेख हुआ है। बलखण्डेश्वर एवं सुरसरि गंगा के पास निर्मित वाहक मूर्ति लेखों से सातवीं-आठवीं शताब्दी ई० के महत्वपूर्ण सामन्तीय शासक वसन्त की जानकारी मिलती है। जहांगीर महल का उसी समय का एक लेख महत्वपुर्ण है, जिसमें कालंजर में धार्मिक कार्य में संलग्न वणिकों के एक वर्ग का विवरण दिया हुआ है। कालंजर ग्राम के एक ताम्रपत्र लेख में बुन्देल शासक छत्रसाल के शासनकाल में महाराजकुमार, दीवान एवं जमीदार पद पर सुशोभित अनसिंघजूदेव द्वारा नीलकण्ठ का अभिवादन किये जाने की जानकारी उपलब्ध है।

कालंजर जीवन से मुक्तिदायिनी स्थल के रूप में भी प्रसिद्ध है। मृग्धारा की शिला पर सात एवं दश मृगों का अंकन, उनके नामों का लिखा होना, तथा उन नामों का साहित्यिक विवरणों में प्राणोत्सर्ग करने वाले व्यक्यिों के साथ समानता इस तथ्य के स्पष्ट प्रमाण हैं। बाहर की शिला पर बनी आरम्भ की तीन आकृतियों के बाद अंकित मृगों के मध्य सात मृगों या ब्राह्मणों के नाम लिखे हैं, जो हैं उन्मुख, नित्यवित्रस्त, स्तब्धकर्ण, विलोचन पण्डित, घस्मर एवं दीन। यह नाम *हरिवंश पुराण* (16.22-23) में वर्णित नामों के समान हैं, जो अपने सराहनीय ब्यवहार के कारण कालंजर के रमणीय दुर्ग पर मृग के रूप में पुनर्जन्म प्राप्त किये थे, जिन्हे अपने पूर्व जन्म का ज्ञान था और वे भयभीत थे। इनको *स्कन्द पुराण* के सात ब्राह्मणों के कथानक से सम्बन्धित माना गया है, जिसमें उल्लेख

है कि उन ब्राह्मणों ने गाय का वध कर उसके मांश का भक्षण एवं गुरु से झुठ बोलने का घोर अपराध किया था, जिस कारण कालंजर दुर्ग पर मृग के रूप में पुनर्जन्म होने पर उन्होने पहाड़ी पर से छलांग लगाकर अपने प्राण न्योछावर कर दिए थे (बेकर 2014: 193)। चण्डी दरवाजा में लगे एक स्तम्भिका लेख में वर्णित उदयन की पहचान पीटर सी॰ बिशप (2013: 288) ने *बृहत्कथा* में उल्लिखित पौराणिक पाण्डव राज उदयन से सम्भावित मानते हुए कहा है कि *बृहत्कथा* के विवरणानुसार उदयन ने वृषध्वज की उपासना के बाद अपनी दो पत्नियों तथा मंत्री के साथ कालंजर की पहाड़ी से कुदकर अपने प्राण त्याग दिए थे और ऐसा उन्होने जीवन के नश्वरता के सार को समझने के बाद किया था। यद्यपि बिशप द्वारा प्रस्तुत् इस सम्भावना की पुष्टि के लिए और अधिक प्रमाणिक साक्ष्य की आवश्यकता है, फिर भी मृगरूपी ब्राह्मणों के प्राण त्याग और मुक्ति क्षेत्र जैसे विवरणों से मोक्ष प्राप्ति हेतु कालंजर में आत्मघात करने की सम्भावना से इन्कार नहीं किया जा सकता।

अरविन्द कुमार सिंह

7

पावन तीर्थ क्षेत्र कालंजर

धार्मिक अध्ययन की दृष्टि से कालंजर का अपना विशेष महत्व है। इस पावन स्थल के सन्दर्भ में साहित्यिक विवरणों के साथ अपार पुरातात्त्विक सामग्री उपलब्ध है। अभी तक पुरातात्त्विक सामग्रियों का धार्मिक इतिहास लेखन में कम ही उपयोग किया गया है, जबकि वे धर्म के विविध पक्षों को उजागर करने में समर्थ हैं, जैसे पवित्र स्थल की पहचान, तीर्थयात्रियों का आवागमन; देवालय एवं उनके निर्माता के अन्तरसम्बन्ध; दानदाता, जनसमुदाय सामाजिक संगठनों, एवं शिल्पियों की भूमिका; समयान्तराल के साथ होने वाले परिवर्तन आदि। स्मारकों, विशेषकर मंदिरों, का अध्ययन सामान्यतया उनके उद्‌भव, स्थापत्यगत विशेषताओं तथा राजनीतिक वर्ग द्वारा प्रदत्त संरक्षण के संदर्भ में किया जाता है जबकि देवालयों की समाज तथा विविध समुदायों के साथ अन्तरसम्बन्ध निर्धारण में महत्वपूर्ण भूमिका रही है।

चित्र 271. नीलकण्ठ मंदिर

मंदिर स्थापत्य एक उपासना स्थल के रूप में ब्यक्ति एवं जनसमुदाय के मध्य सामाजिक सम्बन्ध बनाता है तथा स्थानीय जनजातियां उनमें स्थापित प्रतिष्ठित देव मूर्तियों की अपनी मान्यता के अनुसार भिन्न रूप में उपासना करती हैं, जैसे बरदेव, दुल्हादेव, पेनगड़वा, शंकरदेव, मटियादेव, करियाबाबा एवं अन्य। आरम्भिक अवस्था में कालंजर के जिन शैलाश्रयों का उपयोग आदि मानव द्वारा किया गया था कालंतर में वे ऋषियों-मुनियों के आश्रय स्थल बने, जैसा कि कालंजर के गुप्तकालीन गुहा सम्बन्धी अभिलेखों से प्रमाणित है। उन्ही शैलाश्रय या गुहा में से कुछ (गुहा संख्या 6) का उपयोग धार्मिक अनुष्ठानों के लिए किया जाने लगा, जहां पर समय के साथ शिवलिंग की प्रतिष्ठापना हुयी। बनाच्छादित निर्जन पहाड़ी को तप साधना हेतु प्रयुक्त किए जाने में ऋषियों-मुनियों को स्थानीय बनवासियों (जनजातीय समुदाय) का पूर्ण सहयोग प्राप्त रहा होगा और उन्ही की धार्मिक भावना के अनुरूप आरम्भ हुयी पूजा-अर्चना ने कालंजर को पावन तीर्थ स्थल के रूप में विख्यात होने का मार्ग प्रशस्त किया होगा। आरम्भ में जनसमुदाय के सहयोग से विकसित इस स्थल की धार्मिक ख्याति से प्रभावित होकर कालांतर में राजा-महाराजा तथा अभिजात वर्ग का आवागमन आरम्भ हुआ जिन्होने पूजा स्थल को वैभवशाली स्वरूप प्रदान करने के उद्देश्य से अनेकानेक निर्माण कार्य करवाये। परिणामस्वरूप स्थापत्य तथा मूर्ति निर्माण परम्परा प्रभावित हुयी और जनजातीय कला के स्थान पर शास्त्रीय कला परम्परा में निर्माण कार्य आगे बढ़ा। उदाहरणार्थ कालंजर की गुहा संख्या 6 में पूर्वकालिक शिवलिंगो के अतिरिक्त चन्देल शासक द्वारा नवीन नीलकण्ठ नामक शिवलिंग की स्थापना तथा गर्भगृह में अन्य परिवर्तनों के साथ गुहा के सम्मुख एक भव्य मण्डप का निर्माण करवाया गया, जो अब खण्डित अवस्था में विद्यमान है (चित्र 271)। विविध धार्मिक मान्यताओं वाले जन समुदाय

के सम्पर्क में आने पर उनकी मान्यतानुसार शैव के साथ-साथ वैष्णव, शाक्त, जैन आदि मंदिरों-मूर्तियों का निर्माण कालंजर की पहाड़ी पर हुआ। समय के साथ हो रहे परिवर्तन तथा तीर्थयात्रियों की बढ़ती संख्या के अनुरूप जन सुविधाएं बढ़ती रहीं। अपनी विशेषताओं के कारण कालंजर का पवित्र धार्मिक स्थल राजनयिक सत्ता के केन्द्र के रूप में इसप्रकार प्रतिष्ठित हुआ कि विविध राजवंशो के अनेकानेक शासक कालंजर का अधिपति कहलाने में गौरव महसूस करने लगे।

पुण्य संचय एवं मनोवांछित फल प्राप्ति की अभिलाषा से मानव प्राचीन काल से धर्म शरणागत रहा है और तीर्थ स्थलों की यात्रा करना अपना धार्मिक कर्तब्य मानता रहा है। यात्रा करने वाले ब्यक्तियों में पुण्य स्थान के रूप में प्रतिष्ठित तीर्थ स्थल पवित्रता का संचार करते हैं, ऐसी मान्यता है। मानव जीवन में धर्म की अहं भूमिका है; यद्यपि देश, काल एवं परिस्थिति के अनुसार धर्म की अवधारणा परिवर्तित होती रही है। धारयति इति धर्मः; सत्यं, शिवं, सुन्दरं; धैर्य, क्षमा, दम, अस्तेय, शौच, इन्द्रिय निग्रह, बुद्धिमत्ता, विद्या, सत्य और अक्रोध जैसे दस लक्षणों वाले; अभ्युदय और निश्रेयस फलदायक; मानव जीवन के निर्माण और उसको धारण करने में समर्थ आदि रूपों में धर्म को परिभाषित किया गया है। धर्म एवं आस्था जनसमुदाय के आपसी गठबन्धन का केन्द्रबिन्दु रहा है। सांस्कृतिक प्रचार प्रसार एवं राष्ट्रीय एकीकरण में राजाओं एवं राजनीतिज्ञों के बजाय आस्था एवं तीर्थयात्राओं की भूमिका अधिक रही है। जनसामान्य की धार्मिक अवधारण से शासन सत्ता भी अप्रभावित नहीं रह सकी। ऐसा प्रतीत् होता है कि भारतीय राजाओं में मौर्य शासक अशोक द्वारा सर्वप्रथम धर्म को विस्तार के साथ परिभाषित करते हुए उसके व्यापक प्रचार प्रसार हेतु प्रयास किया गया था। भारतीय समाज प्राचीन काल से ही धर्म प्रभावित रहा है, जिनकी मान्यता अनुरूप अनेक तीर्थस्थल प्रसिद्धि को प्राप्त हुए। कालंजर उनमें से एक है।

उत्तर प्रदेश के दक्षिणी भूभाग के विन्ध्य पर्वतमाला की सुरम्य पहाड़ियों के मध्य बांदा जनपदान्तर्गत स्थित महातीर्थ के रूप में विख्यात कालंजर का पावन अप्रतिम दुर्ग लगभग 5.7 किलोमीटर की परिधि में समुद्रतल से 381 मीटर की ऊंचायी पर विद्यमान है। यह स्थल प्राचीन काल से ऋषियों-मुनियों का आत्मसाधना केन्द्र रहा है। यहां के शांत, तप-योग-साधना हेतु उपयुक्त रमणीय वातावरण ने प्राचीन काल में तपस्वियों को अपनी ओर आकर्षित किया। कालंजर एवं उसके समीपवर्ती क्षेत्र में अनेक आश्रम होना विदित है, जिन्होने यहां के सांस्कृतिक विकास में महत्वपूर्ण भूमिका निभायी। साहित्यिक विवरण, अभिलेख, स्थापत्य, मूर्तिशिल्प आदि कालंजर के वैभवशाली अतीत के साक्षी हैं। यहां की महत्ता वेदों, महाकाव्यों, पुराणों, बौद्ध, जैन तथा धर्मेत्तर साहित्यिक ग्रंथों, आख्यानों, लोक कथाओं एवं पुरातात्त्विक साक्ष्यों के रूप में विद्यमान है।

वन्य क्षेत्र एवं जलस्रोतों के मध्य विंध्य पर्वत शृंखला की रमणीय पहाड़ी पर निर्मित सुदृढ़ विशाल एवं अजेय माना जाने वाला प्रसिद्ध कालंजर दुर्ग अपनी राजनीतिक एवं सांस्कृतिक विशेषताओं के कारण विगत तीन शताब्दियों से विद्वानों का ध्यान अपनी ओर आकर्षित करता रहा है, किंतु अभी भी इतिहास के अनेक पक्षों पर बिचार नहीं किया जा सका है। भारत के प्राचीन धार्मिक इतिहास को सम्पूर्णता में समझने तथा गहन अध्ययन की दृष्टि से उसके क्षेत्रीय स्वरूप को जानना आवश्यक हो जाता है। प्रस्तुत् प्रयास इसी दिशा में उठाया गया एक कदम है, जिसमें विन्ध्य क्षेत्र तथा विशेषकर कालंजर के धार्मिक महत्व को उजागर करने वाले महत्वपूर्ण साक्ष्यों की ओर ध्यान आकर्षित किया गया है। वास्तव में यह कालंजर दुर्ग की धार्मिक महिमा ही है कि राजनीतिक परिवर्तनों के बावजूद प्राचीन काल से अब तक बिना किसी ब्यवधान के यहां पर तीर्थयात्रियों का आवागमन, मंदिर-मूर्तियों का निर्माण एवं पूजा-अर्चना निरन्तर जारी रही है तथा यह दुर्ग अपनी सांस्कृतिक विरासत, परम्परा, सद्भाव, आदि को सजोये रखने में सफल रहा है। यहां के नीलकण्ठ मंदिर की गणना प्राचीनतम जीवन्त मंदिर के रूप में की जा सकती है। बिहार प्रान्त के कैमूर जिले में स्थित एक अन्य जीवन्त गुप्तकालीन मुण्डेश्वरी मंदिर से नीलकण्ठ मंदिर कई सन्दर्भों में भिन्न है। कालंजर का मंदिर एक गुहा मंदिर है, जिसके सम्मुख मण्डप का निर्माण चन्देल शासन काल में करवाया गया, तथा यह आरम्भ से ही भगवान नीलकण्ठ (शिव) को समर्पित रहा है; जबकि

मुण्डेश्वरी का मंदिर पत्थर से निर्मित है तथा आरम्भ में शिव को समर्पित इस मंदिर में वर्तमान में देवी मुण्डेश्वरी की उपासना की जाती है (जायसवाल, सिंह एवं शर्मा 2017)।

गुप्तोत्तर काल से उत्तर मध्य काल के बीच कालंजर धार्मिक केन्द्र के साथ सामरिक महत्व के राजनीतिक केन्द्र के रूप में प्रतिष्ठापित हुआ। कालंजर गिरिदुर्ग का निर्माण निश्चित रूप में सातवीं शताब्दी ई० या उससे पूर्व हो चुका था, तभी तो सातवीं शताब्दी ई० में कालंजर पर कलचुरि शासक भीमट शासनासीन थे, जिनके पत्थर महल मस्जिद के बाहरी दीवार पर लगे अभिलेख में वर्णित दुर्ग राज (अर्थात् दुर्ग के स्वामी) के उल्लेख से कालंजर गिरि पर दुर्ग की विद्यमानता प्रमाणित होती है। मुण्डेश्वरी के एक लेख में भी सातवीं शताब्दी ई० में किले के अधिकारी का उल्लेख दुर्ग्ग स्वामी के रूप में हुआ है (सिंह 2017: 21)। वासुदेव विष्णु मिराशी (1955: 68) का मानना है कि चालुक्यों के दक्षिणाधिपति बनने के प्रयासों और पुष्यभूति शासक हर्ष के उपरान्त उत्तर भारत की अस्थिर राजनीतिक अवस्था का लाभ उठाकर कलचुरि राजवंश के वामराज ने बुन्देलखण्ड एवं बघेलखण्ड के क्षेत्र पर अधिकार स्थापित करते हुए कालंजर के अजेय दुर्ग को अपनी शासन सत्ता का केन्द्र बना लिया था। इसी वंश के शासक भीमट के अभिलेख का प्रकाशन (अभिलेख इ.65) प्रथम बार सम्भव हो सका है। इस कलचुरि अभिलेख में दुर्ग के उल्लेख से अलेक्जेण्डर कनिंघम (1885: 22) की उस मान्यता पर प्रश्न चिन्ह लग जाता है कि 'कालंजर का दुर्ग के रूप में प्राचीनतम ऐतिहासिक संदर्भ 1023 ई० का है जबकि चन्देल राजा गण्ड के समय में गजनी के महमूद ने यहां पर अधिकार स्थापित किया था'। अन्य क्षेत्र के उदाहरणों से भी विदित है कि शासन सत्ता का केन्द्र बनने से पूर्व दुर्ग विकसित हो जाते थे, जहां पर मर्यादाधुर्य, कोट्टपाल आदि की नियुक्ति की जाती थी, जैसाकि ग्वालियर दुर्ग पर गुर्जर-प्रतिहार शासकों द्वारा वाइल्लभट्ट की मर्यादाधुर्य एवं अल्ल की कोट्टपाल के रूप में नियुक्ति में देखा जा सकता है (सिंह एवं जैन 2016: 54-59)। यद्यपि ग्वालियर दुर्ग गुर्जर-प्रतिहारों से बहुत पहले अस्तित्व में आ चुका था, जैसाकि हूण मिहिरकुल के ग्वालियर अभिलेख से ग्वालियर पर उसके अधिकार तथा उससे भी पहले ग्वालिप ऋषि द्वारा कुष्ठरोग ठीक किये जाने पर ऋषि के निर्देश पर स्थानीय शासक सुरजसेन द्वारा निर्माण करवाये जाने से विदित है (सिंह एवं जैन 2014: 41-43)। कालंजर दुर्ग के सन्दर्भ में भी कोटितीर्थ को कुष्ठ रोगियों का तीर्थस्थल बतलाया गया है, जिसके जल से कुष्ठ रोग ठीक हो जाता था। फरिश्ता कालंजर दुर्ग की स्थापना सातवीं शताब्दी ई० में केदारनाथ द्वारा हुआ बताते हैं (फरिश्ता एवं अन्य 1831-32; *द इम्पेरियल गजेटियर आफ इण्डिया* 1908: 311)। यहां तक कि अलेक्जेण्डर कनिंघम (1885: 23) ने भी ई० सन् के आरम्भ में कालंजर दुर्ग को स्थापित किये जाने की सम्भावना को अधिक बलवती माना है।

कलचुरियों के उपरान्त समधिगत पञ्चमहाशब्द, महासामन्त जैसी उपाधियों से विभूषित सामन्तीय शासक वसन्त की जानकारी कालंजर दुर्ग पर लिखवाये गये उनके अनेक अभिलेखों से है। अभिलेखीय विवरण से उनके द्वारा करवाये गये निर्माण कार्य के साथ दुर्ग के प्रशासक के रूप में उनके कार्यरत होने की भी सम्भावना जान पड़ती है। इसीप्रकार चन्देलों द्वारा दुर्ग को अधिकृत करने के पूर्व पाण्डव शासक उदयन के कालंजर पर शासनरत होने की जानकारी चण्डी दरवाजा में लगे प्रशस्ति लेख से है। गुर्जर-प्रतिहारों के शासनान्तर्ग कालंजर मण्डल के समाहित होने की जानकारी भी अभिलेखीय साक्ष्य से है। भोजदेव के वराह ताम्रपत्र लेख से विदित है कि नौवीं शताब्दी ई० के आरम्भ में गुर्जर-प्रतिहार शासक नागभट्ट द्वितीय के सामन्त शर्ववर्मा कालंजर मण्डल क्षेत्र के प्रशासक थे, जिन्होने कालंजर मण्डलान्तर्गत उदुम्बर विषय में बलाकाग्रहार गांव में भूमि दानस्वरूप दी थी - *श्रीकालञ्जर मण्डलान्तपाति उदुम्बरविषयम्बद्धवलाकाग्रहारे समुपगतान्* (शास्त्री 1927-28: 18, पंक्ति 6-7)। कलचुरियों के समय से ही कालंजर दुर्ग का सामरिक महत्व इतना अधिक बढ़ गया था कि कलचुरि, चन्देल एवं अन्य राजवंशो के शासक इस दुर्ग पर केवल अधिकार करने से सन्तुष्ट नहीं होते थे बल्कि वे कालंजर के स्वामी की उपाधि से अपने को विभूषित कर गौरवान्वित महसूस करते थे। यहां तक कि कालंजर पर अधिकार समाप्त होने के बाद भी दक्षिण भारत के कलचुरि पुरानी याद को जारी रखते हुए *कालञ्जरपुरवराधीश्वरं* 'सर्वोत्तम शहर कालंजर के अधिपति' की

उपाधि धारण करते रहे (फ्लीट 1899: 24, पंक्ति 5)। 954 ई० के खजुराहो अभिलेख से विदित है कि चन्देलों का कालंजर पर सर्वप्रथम अधिकार हर्ष के पुत्र यशोवर्मा के समय में स्थापित हुआ। यशोवर्मा (930-950 ई०) की कालंजर विजय के उपरांत चन्देल कालंजराधिपति की उपाधि से विभूषित होने लगे। विक्रम संवत् 1011 के खजुराहो लेख के अनुसार यशोवर्मा ने सहज रूप से खेल-खेल में कालंजर गिरि को जीत लिया था जो नीलकण्ठ का निवास स्थल था और अपनी तुंगता से मध्यान्ह सूर्य की प्रगति को बाधित करता था - *यस्मिन्मध्यन्दिने स्यात्तराणिरनुदिनं नीलकण्ठाधिवासं जग्राह क्रीडया यस्तिलकमिव भुवः किञ्च कालंजराद्रिं* (किलहार्न 1892: 127-128, श्लोक 31)। कालंजर दुर्ग को चन्देल अभिलेखों में दुर्लघ्य कहा गया है - *गिरौ गरिष्ठे कालञ्जरे* (किलहार्न 1892: 333, श्लोक 11)। गिरि दुर्गों की महत्वपुर्ण भूमिका सुरक्षा, राजनीतिक, सामरिक, धार्मिक, आर्थिक, कलात्मक आदि गतिविधियों के रूप में रही है। चन्देलों के उपरान्त अंग्रेजों द्वारा अधिकृत किए जाने के पूर्व कालंजर दुर्ग पर विविध समयों में मुस्लिमों, बुन्देलों, मुगलों, बघेलों आदि का अधिकार स्थापित था।

गुप्तोत्तर काल में सामरिक एवं राजनीतिक दृष्टि से महत्वपूर्ण दुर्ग के रूप में विकसित होने से पूर्व ही कालंजर की ख्याति चतुर्दिक फैल चुकी थी, जिसका मुख्य कारक था यहां की धार्मिक महिमा। मृग्धारा के पांचवी शताब्दी ई० के लेख में उल्लिखित विषयपति द्वारा प्रणाम निवेदन किया जाना यह दर्शाता है कि उस समय विषयपति जैसे अधिकारी या तो दुर्ग पर ही निवास करते थे या धार्मिक भाव से कालंजर गिरि पर देव आराधना के लिए आया करते थे। पांचवीं शताब्दी ई० से पूर्व भी कालंजर गिरि पर बसाहट थी तथा यहां पर निर्माण कार्य हो रहे थे, जिसके अभिलेखीय प्रमाण हैं। नीलकण्ठ मंदिर के गर्भगृह में छब्बीस शिवलिंग समूह के पास अंकित लेख में वर्णित हरिदेव के पुत्र पलित द्वारा पुण्यवृद्धि हेतु निर्माण कार्य करवाने का उल्लेख पांचवीं शताब्दी ई० के पूर्व कम से कम नीलकण्ठ गुहा मंदिर में नीलकण्ठ के अतिरिक्त अन्य शिवलिंगो की स्थापना, पूजा-अर्चना, और उसमें चल रहे निर्माण कार्यों को इंगित करता है। कालंजर का शिवलिंग स्वयंभू (स्वमेव उद्भूत) शिवलिंग की श्रेणी में माना जाता है। गुप्तकालीन ब्राह्मी लिपि में *कालंजर भट्टारकस्य* लिखित भीटा से ज्ञात मुद्रांक एवं संचानकोट उत्खनन से प्राप्त मुद्रा की डाइ से भट्टारक अर्थात् कालंजर के स्वामी द्वारा छत्र सहित शिवलिंग, त्रिशूल, त्रिशूल-परशु, कालंजर गिरि, लहरिया रेखा एवं अन्य चिन्ह युक्त मुद्राएं जारी करना उस समय तक शिव मंदिर, शैव मठ, अन्य भवनों एवं मंदिरों की विद्यमानता को रेखांकित करता है। साहित्यिक विवरण में भी इसप्रकार की जानकारी विद्यमान है। *वाल्मीकि रामायण* (उत्तरकाण्ड, प्रक्षिप्त सर्ग 7.2.39) के अनुसार श्रीराम की सभा में ब्राह्मण से पीड़ित एक श्वान (कुत्ता) न्यायस्वरूप 'ब्राह्मण को कालंजर के कुलपति पद पर आसीन करने का आग्रह करता है' - *कालंजरे महाराज कौलपत्य प्रतीप्ताम एतच्छुत्वा तुरामेण कालेपत्यं भिषेचितः,* जिससे उस समय तक कालंजर में शैवमठ की विद्यमानता ज्ञात होती है। कालंजर में शैव मठ स्थापित होने की पुष्टि भीटा एवं संचानकोट के मुद्रा-मुद्रांक एवं अन्य पुरातात्विक साक्ष्यों से होती है। कालंजर भट्टारकस्य लेखयुक्त भीटा से ज्ञात मुद्रांक कालंजर के शैव मंदिर-मठ से जारी की गयी होगी। कालंजर के देव का उल्लेख गुप्त कालीन तथा बाद के विविध विवरणों में हुआ है तथा उनकी उपासना प्रमुख देव के रूप में देश के विभिन्न भागों में होती थी।

स्थापत्य की दृष्टि से कालंजर दुर्ग पर उपलब्ध कुछ प्राचीन द्वार शाखाओं से गुप्तकाल में एकाधिक मंदिरों के होने का ज्ञान होता है। पाण्डव उदयन द्वारा भद्रेश्वर (शिव) के पूर्वकालिक ईटों से निर्मित मंदिर को बाद में पत्थर से निर्मित करवाने की जानकारी चण्डी दरवाजा में लगे प्रशस्ति लेख से प्राप्त होती है। संरक्षित स्मारकों, कलाकृतियों तथा अभिलेखों से स्पष्ट है कि कालंजर दुर्ग पर शैलोत्कीर्ण मंदिर, प्रस्तर निर्मित मंदिर, मण्डप आदि का निर्माण, रखरखाव एवं पुनरोद्धार का कार्य अनवरत जारी रहा। यहां के सर्वाधिक प्रसिद्ध देव नीलकण्ठ की स्थापना एक गुहा में की गयी, जिसमें समयान्तराल के साथ कुछ निर्माण कार्य करवाने के साथ गर्भगृह के सम्मुख चन्देल शासक द्वारा मण्डप निर्मित करवाया गया। शिव के लिये निर्मित मंदिरों के अतिरिक्त विष्णु, लक्ष्मी-नारायण, राम-जानकी जैसे देवों के साथ-साथ जैन तीर्थंकरों की मूर्तियां तथा मंदिर भी बनवाये गये। दुर्ग पर महल एवं मुस्लिम अधिकार

के समय मस्जिदें निर्मित करवायी गयीं। विविध धार्मिक मान्यताओं से सम्बन्धित अनेकानेक शैलोत्कीर्ण मूर्तियां दुर्ग पर चतुर्दिक देखी जा सकती हैं, जबकि स्वतंत्र रूप से निर्मित अधिकांश मूर्तियां अमान सिंह महल एवं नीलकण्ठ मंदिर संग्रह में संगृहीत हैं। ब्राह्मणधर्म सम्बन्धी शैव, शाक्त, वैष्णव, सौर, गाणपत्य, कौमार देव प्रतिमाओं के अतिरिक्त वराह, नन्दी, लकुलीश, हनुमान, नाग, नवग्रह जैसे देवों के साथ अन्य देवों तथा सांसारिक दृश्यों का रूपांकन विविध समय में करवाया गया है। पंच देवोपासना, स्मार्तलिंग आदि के भी उदाहरण विद्यमान हैं। कालंजर का स्थापत्य एवं मूर्तिशिल्प तत्कालीन समाज में ब्याप्त बहु देववाद, सर्वधर्म समभाव, समन्वय, सद्भाव आदि को रेखांकित करता है, जिसकी पुष्टि अभिलेखों में किसी एक व्यक्ति द्वारा विविध धर्मों-सम्प्रदायों से सम्बन्धित विभिन्न देवों की आराधना से भी होती है। धार्मिक सद्भाव, सामंजस्य, सहिषुणता का भाव इसतरह से समाज में ब्याप्त था कि एक ही राजपरिवार के सदस्य भिन्न धर्मों के अनुयायी थे तथा उनसे सम्बन्धित मंदिरों-मूर्तियों आदि का निर्माण करवाते, जीर्णोद्धार करवाते, रखरखाव एवं पूजा-अर्चना आदि की ब्यवस्था करते दिखते हैं। उदाहरणार्थ, बुन्देला शासक द्रोणपाल शिव के उपासक जान पड़ते हैं, जिन्होने कालंजर के देवालयों का जीर्णोद्धार करवाने के साथ श्रीखण्डेतु अर्थात् बनखण्डेश्वर महादेव देवालय के समीप द्रोण सागर सरोवर का निर्माण करवाया था। उसी वंश के प्रतापरुद्रदेव एवं उनकी माता त्रिलोकदेवी विष्णुभक्त थे। उनके पत्थर महल मस्जिद अभिलेख में विष्णु को नारायण, हरि, विष्णु, श्रीवल्लभ, पुरुषोत्तम, राम, गोविन्द, माधव, मुरारि के रूप में उल्लिखित किया गया है। अभिलेख के अंत में लक्ष्मी-नारायण के साथ ही शिव-पार्वती का उल्लेख भी व्याप्त धार्मिक सद्भाव की ओर ध्यान आकर्षित करता है। कालंजर के चन्देल कालीन एवं अन्य अभिलेखों में शिव को विविध नामों से सम्बोधित किया गया है, जैसे नीलकण्ठ, महेश, महेश्वर, भद्रेश्वर, महादेव, भैरव, मेडुकी भैरव, विश्वेश्वर, रुद्र, शम्भू, दिगम्बर, शूलधर, उमापति, पशुपति, मरकतेश्वर, वैद्यनाथ, चन्द्रमोली, भवानीपति, केदार, पुरारि, गिरजामर्ता, एवं अन्य।

चित्र 272. काल भैरव

चित्र 273. मेडुकी भैरव

विन्ध्य क्षेत्र में चारो वर्णों के लोगों के अतिरिक्त पुलिन्द, सबर, निषाद जैसी अनेक जनजातियां निवास करती थीं, जो अपने स्वामी के प्रति वफादार थी। सत्तारूढ़ शासक जनजाति भावनाओं एवं विश्वासों का आदर करते थे।

कालंजर दुर्ग की अनेक कलाकृतियां जनजातीय भावनाओं के अनुरूप निर्मित जान पड़ती हैं। कालंजर की पहाड़ी में भगवान महादेव की भव्य तथा उनसे सम्बन्धित दुर्गा, गणपति एवं अन्य देवों की मूर्तियां जनजातीय भावनाओं की देन जान पड़ती है। विशाल मूर्तियों के रूप में महादेव, काल भैरव (चित्र 272), मेडुकी भैरव (चित्र 273), गणेश, चामुण्डा (चित्र 274), हनुमान, यज्ञवराह आदि को देखा जा सकता है। कालंजर में शिव की नौ सिरों वाली प्रतिमा अद्वितीय है (चित्र 275)। अनेक विशाल मूर्तियों की रचना कालंजर कला शैली की विशेषता जान पड़ती है। शैवधर्म के इस महान केन्द्र के विकास में शैवाचार्यों की महत्वपूर्ण भूमिका थी, जिन्होने कालंजर को सभी की धार्मिक भावना के केन्द्र के रूप में विकसित करने में कोई कसर शेष नहीं छोड़ी। शैवाचार्यों के प्रयास से विविध धर्मों के अनुयायियों के मध्य समानता, सद्भावना कालंजर में निरन्तर बनी रही, जिसकी पुष्टि कलाकृतियों एवं अभिलेखों से होती है। कालंजर के वैभवशाली मंदिरों-मूर्तियों के निर्माण कार्य में संलग्न अनेकानेक सूत्रधारों, रूपकारों, शिल्पियों, शिलाकूटों, बढ़ई, महाकर्मिक, कामगारों आदि के नाम अभिलेखों में वर्णित हैं।

चित्र 274. चामुण्डा

चित्र 275. नौ मुखी शिव

गुप्तकालीन मंदिरों-मूर्तियों की विद्यमानता से स्पष्ट है कि उसके पूर्व कालंजर एक प्रतिष्ठित पावन तप स्थान, धर्म स्थल, तीर्थ केन्द्र के रूप में विकसित हो चुका था और भक्तों की भावना के अनुरूप राजकीय एवं जन सहयोग से समय-समय पर वहां पर निर्माण कार्य करवाये जा रहे थे। अभिलेखीय साक्ष्य भी इसी ओर इंगित करते हैं। भगवान सेज के पास के शिलालेख से विदित है कि तीसरी शताब्दी ई॰ में उदयन कालंजर दुर्ग पर उपासनारत थे। नीलकण्ठ के दूसरे द्वार के बाहर के शिलालेखों में उल्लिखित अनेक गुहाओं, गुहास्वामी गणों के विवरण से गुप्तकालीन गुहावासी विविध आचार्यों की जानकारी मिलती है, जो उस समय की ब्यापक धार्मिक गतिविधियों को उजागर करता है। गुप्तकाल में कालंजर के धार्मिक महात्म्य एवं चतुर्दिक उसके ख्याति का ही परिणाम था की यहां के शिव मंदिर अथवा मठ से जारी किए गए दो मुद्रांक भीटा एवं एक मुद्रा डाइ संचानकोट जैसे स्थलों तक पहुंच गयी थी। यह भी कालंजर की धार्मिक महिमा ही थी कि पांचवीं शताब्दी ई॰ में विदिशा के लाकुड या लागुड शैव सम्प्रदाय के अनुनायियों को अपनी ओर आकर्षित कर लिया था, जिसके विषय में जानकारी मृग्धारा के एक लेख से है। कालान्तर में विविध शैव सम्प्रदायों के अनुयायियों एवं आचार्यों की धार्मिक गतिविधियों की जानकारी अभिलेखों से है। कालंजर दुर्ग एवं यहां की धार्मिक गतिविधियों में शैवाचार्यों की महत्वपूर्ण भूमिका की

जानकारी अभिलेखीय विवरणों के अतिरिक्त उनकी अनेक दिव्य मूर्तियों की उपस्थिति से भी होती है। शैवाचार्यों के रूपांकन में उन्हे भव्य शिरोभूषाधारी ध्यानरत मुद्रा में प्रस्तुत् किया गया है (चित्र 276-277)।

चित्र 277. शैवाचार्य एवं शिवलिंग

चित्र 276. शैवाचार्य एवं उपासक

नीलकण्ठ एवं दुर्ग के अन्य क्षेत्र के कलावशेषों में शिवलिंग तथा अन्य मूर्तियों की उपासना में तल्लीन उपासकों की उपस्थिति से कालंजर के तपस्या स्थल होने एवं तीर्थयात्रियों के पूजा-अर्चना हेतु कालंजर आने की जानकारी मिलती है। अभिलेखीय साक्ष्य भी अनेकानेक तीर्थयात्रियों की कालंजर में उपस्थिति और उनके द्वारा की जाने वाली देव उपासना को दर्शाते हैं। तीसरी शताब्दी ई० से सत्रहवीं शताब्दी ई० तक के सात सौ से अधिक तीर्थयात्री लेख कालंजर से विदित हैं, जिनमें तिथि, तीर्थयात्रियों, उनके वंश, कुल, परिवारजनों, तथा देवों के प्रति प्रणाम निवेदन आदि का विवरण है। इनमें से अधिकांश में धार्मिक जनों द्वारा नित्य-प्रति, दिन-प्रति, सर्वदा पूजा-अर्चना-आराधना-प्रणाम निवेदन करने का उल्लेख है, जिससे प्रतीत् होता है कि वे कालंजर दुर्ग या उसके समीपवर्ती क्षेत्र में ही निवास करते रहे होगें जहां से प्रत्येक दिन भगवान में अपनी आस्था व्यक्त करने के लिए आते रहे होगें। इसकी पुष्टि एक ही व्यक्ति के तीस-चालीस वर्षों के मध्य विभिन्न समयों में लिखवाये गये अनेक लेखों से होती है, जैसाकि मनू, बालकदास, राधेस्याम आदि के संदर्भ में देखा जा सकता है। इनमें मनू द्वारा तो पूर्वकालिक बुन्देल शासकों के प्रशस्ति लेखों के किनारों तक पर अपने लेख लिखवाये गये हैं। यह भी ध्यान देने योग्य है कि सात सौ से अधिक अभिलेखों का विवरण तो केवल उन तीर्थयात्रियों का है जिन्होने भगवान के प्रति अपने अभिवादन को अंकित करवाया लेकिन उससे बहुत अधिक संख्या उन तीर्थयात्रियों की रही होगी जिन्होने अपने यात्रा विवरण को लेखबद्ध नहीं करवाया। कुछ लोगों द्वारा दान एवं धार्मिक क्रियाकलापों को लोकविश्रुत नहीं करने की परम्परा प्राचीन है। अभिलेख लिखवाने में होने वाले ब्यय, समय, संसाधन की अनुपलब्धता आदि के कारण भी सामान्यतया तीर्थयात्री लेख लिखवाने में अधिक रुचि नहीं रखते रहे होगें।

राजकीय एवं प्रशस्ति लेखों में भी प्राय: धार्मिक विवरणों की प्राधनता है, जिनका उल्लेख अभिलेखों से सम्बन्धित अध्यायों में किया गया है। संक्षेप में, नीलकण्ठ मंदिर के संवत् 1147 का लेख धार्मिक दृष्टि से महत्वपूर्ण है, जिसका आरम्भ शिव की वन्दना से हुआ है तथा शिव को संसार का मूलस्तम्भ बतलाया गया है। गंगा को ध्वजा तथा पार्वती को शालभंजिका के रूप में उल्लिखित किया गया है - *गंगा यत्र पताका, हैमवती शालभंजिका यत्र।* शैवधर्म, शैव और पाशुपत सम्प्रदायों, तथा आचार्य एवं वारिक प्रमुख अर्थात् प्रधान पुजारी के उल्लेख से विदित होता है कि नीलकण्ठ की पूजा-अर्चना में शैव, पाशुपत आचार्य तथा वारिक आदि महत्वपूर्ण धार्मिक कृत्य में संलग्न थे। कीर्तिवर्मा के गुरु वासुदेव शैव एवं पाशुपत दोनों सम्प्रदायों के संरक्षक थे। संवत् 1186 का लेख यद्यपि छोटा है पर इससे दुर्ग के प्रशासन में महाप्रतिहार द्वारा प्रवेश द्वार की ब्यवस्था का संचालन के अतिरिक्त महानाचनी पद्मावती के रूप नीलकण्ठ मंदिर की प्रधान नर्तकी के विषय में जानकारी प्राप्त होती है। संवत् 1187 के लेख में त्रिशल्क नामक व्यक्ति द्वारा कुछ दान देने का उल्लेख है। संवत् 1188 के लेख से मदनवर्मा के शासनकाल में वच्छराज

के पुत्र राउत उदान द्वारा नीलकण्ठ की मूर्ति की स्थापना का उल्लेख है। संवत् 1192 में नृसिंह मूर्ति की स्थापना के विवरण से शैव धर्म के साथ वैष्णव धर्म की लोकप्रियता विदित होती है। संवत् 1194 के लेख से भारद्वाज गोत्रीय ब्राह्मण द्वारा शिव मूर्ति की प्रतिष्ठा करवाया जाना ज्ञात है। संवत् 1258 के एक लेख में शिव-पार्वती की स्तुति है। इसीप्रकार अन्य राजकीय लेखों से धार्मिक निर्माण के साथ धार्मिक अनुष्ठान सम्पादित करने तथा अन्य धार्मिक गतिविधियों की जानकारी उपलब्ध है।

गुप्तकाल में मंदिर-मूर्तियों का निर्माण एवं प्रतिष्ठापना, मुद्राओं को जारी करना, शैवाचार्यों तथा तीर्थयात्रियों का आगमन दर्शाता है कि उस समय तक कालंजर एक प्रसिद्ध धार्मिक केन्द्र के रूप में विख्यात हो चुका था। इससे पूर्व भगवान सेज क्षेत्र के तीसरी शताब्दी ई० के लेख से उस समय भी उदयन जैसे भक्त द्वारा अर्चना करने की जानकारी है। कालंजर की आरम्भिक धार्मिक गतिविधियों तथा धार्मिक केन्द्र के रूप में उसके विकास की जानकारी में प्राचीन साहित्यिक विवरण सहायक हैं। साहित्य एवं अन्य साक्ष्यों से ज्ञात कुछ तथ्यों एवं घटनाओं की पुष्टि में पुरातात्विक साक्ष्य भी सहायक हैं, जिससे यह सुनिश्चित हो जाता है कि अत्यन्त प्राचीन काल से यह दुर्ग शिव का पवित्र स्थल रहा है, जिसकी गणना उत्तर के नौ पवित्र स्थलों में की जाती है (*पद्म पुराण*, स्वर्गखण्ड 39. 54)। प्राचीन भारतीय काल गणनानुसार कालंजर गिरि सतयुग में रतनकूट, त्रेता युग में महागिरि, एवं द्वापर युग में पिंगालु के नाम से जाना जाता था (द *इम्पेरियल गजेटियर* 1908: 311)। *कूर्म पुराण* (36-38) में वर्णित रुद्रकोटि तथा शैवधर्म के प्रमुख केन्द्र के रूप में प्रसिद्ध कालंजर वैदिक साहित्य में तपस्या स्थली के रूप में उल्लिखित है। एच०एच० विलसन (*संस्कृत डिक्शनरी*: 216-217; कनिंघम 1885: 21) के अनुसार कालंजर का वेदों में उल्लेख तपस्या स्थल के रूप में हुआ है। टालेमी द्वारा उल्लिखित ग्रीक 'तमसिस' को कनिंघम ने 'तपसिस' स्वीकार करने का सुझाव देते हुए तपस्वियों के प्रिय तपस्या स्थल की कालंजर से पहचान की है (कनिंघम 1885: 91)। इसे स्वीकार करने पर वैदिक युग में कालंजर को तपस्या स्थल के रूप में प्रसिद्ध होना माना जा सकता है, जहां पर धर्म साधक एकत्रित होते रहे होगें। वेदों (*ऋग्वेद* 7.5.37-39) में इस क्षेत्र को चेदि देश का अंश स्वीकार किया गया है तथा *भागवत पुराण* (6.4, 19.2) में कालंजर को सृष्टि सृजन के साथ जोड़ा गया है।

प्राचीन धार्मिक साहित्य में कालंजर का उल्लेख प्रायः तपस्या स्थली एवं शैव धर्म के प्रधान केन्द्र के रूप में हुआ है। *विष्णु पुराण* (2.329) में इस परिक्षेत्र का अस्तित्व विन्ध्याचल पर्वत श्रेणियों के अंतर्गत बताया गया है जबकि *मत्स्य पुराण* (181.26-27) में इसका उल्लेख वन के रूप में हुआ है। *पद्म पुराण* के आदिखण्ड में तुंगकारण्य में स्थित पर्वत एवं *महाभारत* (3.83.50, 3.85.15) में तुंगकारण्य तथा तापयारण्य के रूप में कालंजर की चर्चा है। वर्तमान स्थान नाम कालंजर, कालंजराद्रि या कालंजर गिरि को भगवान शिव से सम्बन्धित बतलाया गया है। इस सन्दर्भ में *वायु पुराण* (23.104) में उल्लेख है 'यहां पर काल पर विजय पाने के कारण पर्वतों में उत्तम पर्वत को कालंजर नाम से जाना जाएगा' - *तत्र कालं जरिष्यामि तदा गिरिवरोत्तमे तेन कालंजरो नाम भविष्यति स पर्वतः।* *कूर्म पुराण* (36.35-38) में भी इसप्रकार का उल्लेख है - *काले महेश निहते लोकनाथः पितामहः अयाचत वरं रुद्रं सजीवो यं भवत्विति इत्थेतत्परम् तीर्थ कालंजर मितिशृतम् गत्वाभ्याचर्च्य महादेवं गाणपत्यं स विन्दति। कालंजरयति इति कालंजरः* जैसे विवरणों से ज्ञात है कि समुद्र मंथन से निकले विष का पान कर काल को जीर्ण करने वाले भगवान शिव का तथा इस स्थान का नाम कालंजर हो गया। काल के नाशक के रूप में कालंजर का अन्य साक्ष्यों में भी उल्लेख है। *कूर्म पुराण* (2.35.11-38) की कथानुसार जब काल ने राजर्षि श्वेत को ले जाने (मृत्यु) की धमकी दी तब उन्होने पूर्ण श्रद्धा के साथ कालंजर गिरि पर रुद्र की आराधना की, जो उनके बचाव के लिए प्रकट हुए और काल का नाश किया - *कालंजर महातीर्थं लोके रुद्रो महेश्वरुः कालं जरितवान देवो यत्र भक्तप्रियो हरः।* इससे श्वेत कथानक का कालंजर से सम्बन्ध जान पड़ता है। भगवान शिव ने राजा श्वेत को अपने गणपति बनने की सहमति प्रदान की तथा ब्रह्मा के निवेदन पर शिव ने काल को पुनर्जिवित किया। श्वेत का कथानक *स्कन्द पुराण* (शैव आयतन, अध्याय 167) में भिन्न रूप में उल्लिखित है, जिसके अनुसार उमापति (शिव) के अधिवास कालंजर

गिरि के शिवलिंग का दर्शन करने वाले को अश्वमेध यज्ञ का फल प्राप्त होता है और वह रुद्रलोक जाता है - *गिरौ कालञ्जरे लिंगं दृष्ट्वा स्थानम उमापते: अश्वमेधफलं प्राप्य रुद्रलोकम अवापुन्यात्।* समुद्र मंथन से निकले विष का पान कर उनको कण्ठ में रोके रखने से कण्ठ के नीला हो जाने पर शिव नीलकण्ठ कहलाए। *वामन पुराण* (90. 27) में नीलकण्ठ के निवास कालंजर का उल्लेख पापहर्ता के रूप में हुआ है - *कालंजरे नीलकण्ठं सरश्वामनुत्तम् हंसयुक्तं महाकोश्यां सर्वपाप प्रणाशनम्।* खजुराहो अभिलेख में कालंजर को नीलकण्ठ का अधिवास बतलाया गया है (किलहार्न 1892: 127-128, श्लोक 31)। अजयगढ़ अभिलेख (कटारे 1958: 90, श्लोक 1) में नीलकण्ठ की स्तुति की गयी है - *कैलासशैलमसमं प्रवरं गिरीणां ...... स नीलकंठ: कालञ्जरो जयति संस्पृहणीयवास: स्वर्गैकसामपि विमुच्य दिवं मनोज्ञ:।* महातीर्थ एवं परमतीर्थ के रूप में कालंजर *गरुड़ पुराण* (81.18.19) में वर्णित है - *गौवर्ण परमं तीर्थ तीर्थ महिष्मती पुरी कालंजर महातीर्थ शुक्रतीर्थ मनुत्तमम्।* इसप्रकार पुराणों में कालंजर के नामकरण (*वायु पुराण* 23.204), स्थिति (*वामन पुराण* 76.14), तीर्थ (*पद्म पुराण,* भूमिखण्ड 91.36; *महाभारत,* अनुशासनपर्व, 13.26.33; *गरुड़ पुराण* 81.19; *अग्नि पुराण* 109.23), क्षेत्र (*पद्म पुराण,* भूमिखण्ड 90.34; *स्कन्द पुराण* 4.6.25) आदि के बारे में जानकारी के साथ उसके ऊखल अर्थात् पवित्र तीर्थ स्थल (कनिंघम 1885: 22), श्राद्ध तीर्थ (*वायु पुराण 77.93; ब्रह्माण्ड पुराण* 3.13.100), साधना स्थल (*पद्म पुराण* 132.63), पाप नाशक पुण्य स्थान (*पद्म पुराण,* आदिखण्ड 92.1), तथा नीलकण्ठ (*वामन पुराण* 90.26; किलहार्न 1892: 127-128, श्लोक 31) आदि से सम्बन्धित विवरण है।

पौराणिक विवरणों में कालंजर को अधमर्षण नाम तथा पापनाशक तीर्थ (अर्थात *तीर्थ पापहरं परम्, भागवत पुराण* 6.4.19-22); *तीर्थानां महापातक नाशने, महापापोस्तु संदग्धा,* ब्रह्मक्षेत्र (*पद्म पुराण,* भूमिखण्ड 91.36, 92.1, 90.34) के रूप में व्यक्त किया गया है। *गरुड़ पुराण* (81.18.19) में पापों से मुक्ति प्रदान करने वाले मोक्षदायिनी महातीर्थ बतलाया गया है - *कृते शोचे मुक्तिदश्च शार्ंर्गधारीतन्दिके विरजं सर्वदं तीर्थ स्वर्णाक्षिंतीर्थमुतमम्।* *स्कन्द पुराण* (4.6.25) में पुरुषोत्तम क्षेत्र, *पद्म पुराण* (132.63) में उत्तम तीर्थ, *अग्नि पुराण* (109.23) में परम तीर्थ, मत्स्य पुराण (23.109, 181.26-27) में शुभ एवं परम तीर्थ, तथा *ब्रह्म पुराण* (2.146) में पाप नाशक शिव के महान तीर्थ के रूप में कालंजर का उल्लेख हुआ है - *यायातम परं तीर्थ यत्र कालंजर: शिव: सर्वपाप प्रशमनं तद्धत्तमुच्यते मया।* प्राय: सभी पुराणों में कालंजर को शुभ तीर्थ, महा तीर्थ, उत्तम तीर्थ, परम तीर्थ, गिरिवरोत्तम, हितकाम्या, जम्बूद्वीपगत तीर्थ, आत्म साधना स्थल के रूप में अभिव्यक्त किया गया है। कालंजर महात्म्य (अध्याय 1) के विवरण - *गंगाया: दक्षिणे भागे कालंजर इतिस्मृत: सर्वतीर्थफलं तत्रपुण्यं चैव सनन्तकम् अर्थयोजन विस्तीर्ण तत्र क्षेत्रं मम् मन्दिरम् कालंजरेति विख्यात मुक्तिदं शिवसन्निधौ* से कालंजर में सब तीर्थों का फल एवं अनन्त पुण्य सहज ही प्राप्त होना विदित है। तीर्थ स्थल होने के कारण कालंजर में अनेक मंदिर होने की सम्भावना की पुष्टि विद्यमान कलाकृतियों तथा भग्न मंदिरों के पुनर्निर्माण सम्बन्धी अभिलेखीय विवरणों से भी होती है। कालंजर की धार्मिक महत्ता *वाल्मीकि रामायण* (6, प्रक्षिप्तसर्ग 2.39) और *महाभारत* से भी ज्ञात है। *महाभारत* (आरण्यकपर्व 3.83.53) में कालंजर को लोकविश्रुत की संज्ञा प्रदान करते हुए यहां के देवहृद अर्थात् देव झील में स्नान से हजारों गायों के दान का फल प्राप्त होने का उल्लेख है - *तत: कालंजरं गत्वा पर्वतं लोकविश्रुतम् तत्र देवहृदे स्नात्वा गोसहस्रफलं लभेत्।* इसी ग्रन्थ के तीर्थयात्रापर्वन एवं तीर्थ तालिका में कालंजर का उल्लेख ऐसे स्थल के रूप में हुआ है जहां देवहर्द में स्नान करने से स्वर्ग की प्राप्ति होती है। *महाभारत* (अनुशासनपर्व 13.26.33) के अनुसार कालंजर में एक माह तक स्नान एवं तर्पण करने से अश्वमेध यज्ञ का फल प्राप्त होता है। पुराणों में कालंजर की धार्मिक महिमा के विषय में विभिन्न आख्यान दिए हुए हैं (सुल्लेरे 13:15)। ब्राह्मणेत्तर साहित्य (*सैक्रेड बुक आफ द इस्ट* 45: 57, पाद टिप्पणी 3; *जातक,* जिल्द 6: 265), विदेशी वृत्तांत (*एंशियंट इण्डिया ऐज डिस्क्राइव्ड बाई टालेमी:* 135) तथा अभिलेखीय साक्ष्य भी कालंजर के ऐतिहासिक और धार्मिक स्वरूप की जानकारी में सहायक हैं।

स्कन्द पुराण (20-26) में कालंजर को भारत के कतिपय श्रेष्ठतम मुक्त स्थानों में सम्मिलित किया गया है। *मत्स्य पुराण* में अवमुक्त क्षेत्र का उल्लेख करते हुए बताया गया है कि कालंजर वन, शंकुवन, और स्थलेश्वर

शिव की संनिधि के कारण पवित्र है। क्षेमेन्द्र की *बृहत्कथामञ्जरी* (18.31) में राजा उदयन तथा उनकी भार्या एवं उज्जयिनी की राजकुमारी वासवदत्ता की कथा है, जिसके अनुसार उदयन अपनी दो पत्नियों के साथ कालंजर की पहाड़ी से छलांग लगाकर प्राण त्याग दिये थे – *गोपालकं निवेश्याशु भ्रूभंगेनात्मनः पदे कालञ्जरभृगूत्संगे दिवं व*। गुप्तों के पूर्व प्राणघात स्थल के रूप में प्रसिद्ध कालंजर गुप्त काल में सात ब्राह्मणों के कथानक के साथ जुड़ा, जिन्होने अपने पूर्वजन्म की स्मृति के साथ कालंजर गिरि पर मृग के रूप में जन्म लेकर शारीरिक कष्ट झेलते हुए अपने प्राण त्याग दिए थे। कालंजर की दक्षिण पहाड़ी का मृगधारा स्थल इस कथानक से सम्बन्धित जान पड़ता है, जहां पर मृगों के अंकन के साथ उनके नाम भी लिखे हुए हैं (चित्र 278-279)। विन्ध्यवासिनी क्षेत्र के *स्कन्द पुराण* से छठी शताब्दी ई० में कालंजर की पहाड़ी से छलांग लगाकर प्राणोत्सर्ग करने वाले मृगों की कथा विदित है। कालंजर में मोक्ष प्राप्ति हेतु प्राण त्यागने वाले मृगों का विवरण *स्कन्द पुराण* के विंध्यवासिनी चक्र (3.259-267) में दिया हुआ है।

चित्र 278. मृग्धारा के पास सात मृगों का अंकन

चित्र 279. मृग्धारा की बाहरी शिला पर दश मृगों का लेख सहित अंकन

मृग्धारा की यह कथा भिन्न रूपों में साहित्य में वर्णित है। *हरिवंश पुराण* (21.1.44; 22.1.22; 23.1.37) के अनुसार श्राद्ध का माहात्म्य बतलाते हुए सनत्कुमार ने सात ब्राह्मणों की कथा मार्कण्डेय मुनि को सुनायी थी, जिसके अनुसार *वाग्दुष्टः क्रोधनो हिंस्रः पिशुन कविरेव च खसृम पितृवर्ती च नमाभिः कर्मभिस्तथा* अर्थात् 'कौशिक (विश्वामित्र) के सात पुत्र वाग्दुष्ट, क्रोधन, हिंस्र, पिशुन, कवि, खसृम और पितृवर्ती थे'। पिता द्वारा श्राप देकर अपने से दूर किये जाने पर वे गर्ग ऋषि के शिष्य बनकर ब्रह्मचर्य व्रत का पालन करते हुए उनके आश्रम में निवास करने लगे। किंतु जब वे गाय एवं बछड़े को चराने के लिए ले गये थे तो भूख लगने पर गाय को मारकर खा गये एवं गुरू से झूठ बोलते हुए गाय को शेर द्वारा मारा जाना बतला दिया, जिस कारण वे महापाप के भागी हुए। अगले जन्म में वे दशार्ण देश में धर्म विचक्षण व्याध के रूप में उत्पन्न हुए तथा उनके नाम निर्बैर, निवृत्ति, शान्त, निर्मन्यु, कृति, वेधस और मातृवर्ती थे और वे सभी परम धार्मिक थे – *निर्वैरो निवृत्तिः शान्तो निर्मन्युः कृतिरेव च वैधसो मातृवर्ती च व्याधाः परम धार्मिकः* (*हरिवंश पुराण* 21.1.44)। धर्मानुसार पितरों का पूजनकर गाय का भक्षण करने वाले उन

ब्याधों को अपने पूर्व जन्म और कर्म का स्मरण बना रहा, जिस कारण असत्य से दूर रहते हुए, कम भोजन करते हुए, ध्यानमग्न रहते हुए, माता-पिता की सेवा करते थे तथा माता-पिता की मृत्यु के उपरांत उपवास करते हुए उन्होने अपने प्राण त्याग दिए - *लुब्धकस्यात्मजास्ता त बलवन्तो मनस्विनः पितृनभ्यर्च्च धर्मेण प्रोक्षयित्वा च गां तदा स्मृतिः प्रत्यवर्मश्च तेषां जात्यन्तरेऽभवत् जाता व्याधा दशार्णेषु सप्त धर्म विचक्षणाः* (*हरिवंश पुराण* 21.1.28)। अपने शुभ कार्यों के कारण पूर्व जन्मों के स्मरण के साथ वे मृग रूप में कालंजर पर्वत पर पैदा हुए, जिनके नाम थे उन्मुख, नित्यवित्रस्त, स्तब्धकर्ण, विलोचन, पण्डित, धस्मर, एवं नादी या दीन - *शुभेन कर्मणा तेन जाता जातिस्मरा मृगाः त्रासानुत्पाद्य संविग्ना रम्ये कालंजरे गिरौ उन्मुखो नित्यवित्रस्तः स्तब्धकर्णो विलोचनः पण्डितो धस्मरो नादीनाम तस्तेऽभवन् मृगाः* (*हरिवंश पुराण* 21.1.24-25)। पूर्व जन्म के स्मरण के कारण वे उन्हे और उनके फल को स्मरण करते हुए पूर्ण साधना के साथ शुभ कर्मों में प्रवृत्त रहते थे - *जहुः प्राणन्मरुं साध्य लध्वाहारास्तपस्विनः तेषां मरु साधयतां पदस्थानानि भारत तथैवाद्यापि दृश्यन्ते गिरौ कालंजरे नृपः* (*हरिवंश पुराण* 21.1.28)। मृग जीवन समाप्ति के बाद वे पुनः शरद्वीप में चक्रवाक तथा मानसरोवर में हंस के रूप में उत्पन्न हुए। तत्पश्चात् उनमें से चार कुरुक्षेत्र में वेद पारंगत कुलीन ब्राह्मण के रूप में शेष तीन काम्पिल्य में नरेश ब्रह्मदत्त एवं मंत्री पांचाल तथा पुण्डरीक के रूप में उत्पन्न हुए। ब्राह्मण कुल में उत्पन्न चारो साधना करते हुए मुक्ति को प्राप्त हुए, जबकि राजा एवं मंत्री के रूप में जन्मे तीनों ने पूर्व जन्मों का विवरण सुनकर पूर्व कर्म का स्मरण होने पर सांसारिक माया-मोह को त्यागकर वन में साधना करते हुये मुक्ति प्राप्त की। सात जन्मों का विवरण *हरिवंश पुराण* (1.20-21), *पद्म पुराण* (47.302, 10.62-63, 10.96), एवं *अग्नि पुराण* (117.55) में दिया हुआ है - *सप्तव्याधा दशार्णेषु मृगाः कालंजरे गिरौ चक्रवाकाः शरद्वीपे हंसा सरसिमानसे तेऽभिजाता कुरुक्षेत्रे ब्राह्मणा वेदपारगाः प्रस्थिता दीर्घमध्वानं यूयं किमवसीदथ* (*हरिवंश पुराण* 1.20-21)। ब्राह्मणेत्तर ग्रंथो में भी इस प्रकार के विवरण है। जैन ग्रंथ *उत्तराध्ययन सूत्र* (13.1.15) में सप्तमृग आख्यान चित्तसम्भूइज्जं के रूप में वर्णित है, जिसके अनुसार अनेक जन्मोपरान्त राजा ब्रह्मदत्त द्वारा चित्ररूपी परिव्राजक को अधोलिखित घटना सुनायी गयी - *दासा दासण्णे आसी मिया कालंजरे नगे हंसा मयंग तीरे सोवागा कासि भूमिए* (*उत्तराध्ययन सूत्र* 13.6) अर्थात् 'हम दोनों दशार्ण देश में दास, कालंजर पर्वत पर मृग, गंगा के तट पर हंस एवं काशी में चांडाल थे'। पूर्वजन्मों का स्मरण होने पर मोक्ष प्राप्ति हेतु वन में तपस्या कर वे मुक्त हुए। *चित्तसम्भूत जातक* कथा 498 में भी इसप्रकार का विवरण है किंतु वहां पर दशार्ण एवं कालंजर के स्थान पर अवन्ति और नेरंजना का उल्लेख है। *भागवत पुराण* (5.4.9, 5.5.38, 5.7.1-14, 5.8.30, 11.2.17) में शालिग्राम तीर्थ में तपरत राजा जडभरत से सम्बन्धित कथा में शेर की गर्जना से भयाक्रांत एवं मृत हरिणी के गर्भस्खलन के कारण मृग शावक के गण्डकी नदी की जलधारा में गिरजाने पर द्रवित राजा द्वारा उसे सुरक्षित निकालकर आश्रम में लाकर यम-नियम आदि भूलकर मृग शावक में आसक्तिरत अवस्था में ही प्राण त्याग देने का विवरण है। मृग में आसक्ति के कारण अगले जन्म में कालंजर पर्वत पर उन्हे मृगयोनी में जन्म लेना पड़ा। किंतु पूर्व जन्म के स्मरण के कारण कालंजर छोड़कर पुलस्त्य तथा पुलहाश्रम जाकर अपने शरीर का आधा भाग गण्डकी नदी की धारा में रखते हुए मृग शरीर का परित्याग कर ब्राह्मण कुल में जन्म पाकर उनके द्वारा मुक्ति प्राप्त करने सम्बन्धी कथानक वर्णित है - *इत्येवं निगूढ़निर्वेदो विसृज्य मृगीं मातरं पुनर्भगवत्क्षेत्रमुपशमशील मुनिगणदयितं शालग्रामं पुलस्त्यपुलहाश्रमं कालञ्जरात्प्रत्याजगाम* (*भागवत पुराण* 5.8.30)।

प्राणघात के लिए उपयुक्त माने जाने वाले कालंजर में श्राद्ध कार्य का भी सम्पादन किया जाता था। *वायु पुराण* में कालंजर को पवित्र श्राद्ध क्षेत्रों के अंतर्गत परिगणित किया गया है - *कालंजरे दशार्णायां नैमिषे कुरुजांगले वाराणस्यां नगर्यां तु देयं श्राद्धं च नित्यतः।* *ब्रह्माण्ड पुराण* (3.13.100-101) में भी कालंजर को श्राद्ध तीर्थ कहा गया है, जिसमें वर्णित है कि प्रयाग, कालंजर, दशार्ण, नैमिष, कुरुजांगल तथा वाराणसी में प्रयत्नपूर्वक श्राद्ध-कर्म सम्पन्न करना अभिष्ट है - *भागीरथ्यां प्रयागे तु नित्यमक्षयमुच्यते कालंजरे दशार्णायां नैमिषे कुरुजांगले वाराणस्यां नगर्यां तु देयं श्राद्धं च नित्यतः।* मृग्धारा क्षेत्र श्राद्ध स्थल के रूप में जाना जाता है।

महाभारत (वनपर्व 85.56.87.11) में कालंजर पर्वत को हिरण्य बिन्दु नाम से परम संपूज्य कहा गया है *हिरण्य बिन्दु कथितो गिरो कालंजर महान्।* कालंजर पर्वत तथा वहां पर विद्यमान रम्य वन पुराण संकलन काल से बहुत पहले, सम्भवतः महाभारत काल या उससे पूर्व ही अपनी पवित्रता के लिए विख्यात हो चुका था। पुराणों में कालंजर पर्वत, कालंजर वन, तथा कालंजर क्षेत्र को पवित्र घोषित करते हुए इस स्थान की महत्ता स्थापित की गयी है। तीर्थयात्रियों के लिए यहां पर स्थित नील तीर्थ के जल में स्नान करना तथा नीलकण्ठ शिव का दर्शन करना विशेष पुण्यदायक बताया गया है। पुराणों में भारतवर्ष के श्रेष्ठ शैव तीर्थ के रूप में यह प्रतिष्ठित है। *वामन पुराण* में कालंजर पुनीत शिव तीर्थ के रूप में वर्णित है। इसके विवरण के अनुसार प्रह्लाद की तीर्थयात्रा में उत्तर भारत के प्रसिद्ध तीर्थों में कालंजर तीर्थ की यात्रा विशेष महत्वपूर्ण थी क्योंकि यहां पहुंचकर सर्वप्रथम नील तीर्थ के जल में स्नान किया तदुपरांत नीलकण्ठ शिव का दर्शन किया – *स्नात्वा कोकामुखे तीर्थे संपूज्य धरणीधरम् त्रिसौवर्ण महादेवमयुदिंश जगामह तत्रानारीह्रदे स्नात्वा पूजयित्वा च शंकरम् कालंजर समत्येत्य नीलकण्ठं ददर्शसः।* *वामन पुराण* के अनुसार कालंजर भारत के प्रसिद्ध शैव तीर्थों में प्रतिष्ठित था, जहां देश के विभिन्न भागों से तीर्थयात्रियों का आवागमन होते रहता था।

शैवधर्म का प्रसिद्ध केन्द्र होने के साथ ही कालंजर वैष्णव, जैन एवं शाक्त धर्म का भी प्रमुख केन्द्र था। पौराणिक साहित्य, यथा *पद्म पुराण* (सृष्टिखण्ड 17.196), *मत्स्य पुराण* (13.32), *देवीभागवत पुराण* (उत्तरार्द्ध 30.62. 38) में कालंजर को काली का अधिवास एवं शक्ति पीठ बतलाया गया है – *जया वराह शैले तु कमला कमलालये रुद्रकोट्यां च रुद्राणी काली कालंजरे।* *मत्स्य पुराण* (13.31–32) के सती वृतान्त के प्रसंग – *श्री शैले माधवी नाम भद्रा भद्रेश्वरे तथा रुद्रकोट्यां च रुद्राणी काली कालञ्जरे गिरौ* से कालंजर भारत के 108 प्रमुख शाक्त तीर्थों में एक प्रमुख शक्ति तीर्थ प्रतीत् होता है। इसप्रकार साहित्यिक विवरण शैव धर्म के प्रमुख केन्द्र होने के साथ कालंजर को एक महत्वपूर्ण शक्ति पीठ के रूप में भी उल्लिखित करते हैं। चामुण्डा एवं अन्य देवियों की मूर्तियों की कालंजर में विद्यमानता भी उसके शक्ति पीठ होने की परिचायक है।

पुराणों के आधार पर कालंजर का समीकरण वेदोक्त तपोभूमि से किया गया है। कालंजर पर्वत वेदों के रचना काल के समय से ही एक तपस्या स्थल के रूप में प्रसिद्ध जान पड़ता है। उत्तर भारत के विशिष्ट तीर्थ में कालंजर को परिगणित किया गया है। कालंजर की सुरम्य ऊंची पहाड़ी, वन, झरने, शैलाश्रयों से प्रभावित होकर प्राचीन मनीषियों ने साधना स्थल के रूप में इसका चयन किया जो प्रतिष्ठित पावन तीर्थ स्थल के रूप में विख्यात हुआ। मृग्धारा के पांचवीं शताब्दी ई० के लेख से विदिशा से लाकुड या लागुड पाशुपत सम्प्रदाय के अनुयायियों का कालंजर आगमन, तथा कालंजर की गुहाओं में अन्य साधुओं के साथ उनका निवासरत होना सम्भावित जान पड़ता है। कालंजर में शैवधर्म की प्रसिद्धि एवं शैवाचार्यों की पांचवीं शताब्दी ई० में उपस्थिति, अनेक एकमुखी शिव लिंगो, लकुलीश, छब्बीस शिव लिंग समूह, लिंग प्रासाद अंकित मुद्रांक आदि से होती है। सातवीं शताब्दी ई० के बाद पहाड़ी पर नवीन धार्मिक विचारों का आगमन हुआ। पुरातात्त्विक साक्ष्यों से सशक्त शैवधर्म- पाशुपत, शैव सिद्धान्त की उपस्थिति कालंजर में जान पड़ती है। लकुलीश की अनेकों मूर्तियों एवं अभिलेखों में उनके विवरण से कालंजर में पाशुपत शैव सम्प्रदाय की प्रभावी भूमिका प्रमाणित है। आरम्भिक शैव सिद्धान्त के साथ कालंजर गिरि का सम्बन्ध *निश्वासतत्त्वसंहिता* (*गुह्यसूत्र* 1.33) से विदित है, जिसमें कालंजर को एक महान सिद्ध क्षेत्र के रूप में वर्णित किया गया है। इसीप्रकार की जानकारी *रौरव सूत्र संग्रह* (7) से भी है, जिसमें सदाशिव के प्रणाम निवेदन का उल्लेख है, जो काल के निर्माता, उनके जानकार एवं स्वामी महाकाल हैं तथा कालंजर में निवास करते हैं – *कालेश्वरं महाकालं कालञ्जरनिवासिनम् कालकृत्कालवेत्तारं प्रणतोस्मि सदाशिवम्।* पञ्चाष्टक तालिका में भी कालंजर उल्लिखित है। *स्कन्द पुराण* के अध्याय 166 के विवरण से क्रोधेश्वर एवं कालंजर में सम्बन्ध जान पड़ता है (बेकर 2014: 211)। कालंजर प्राचीन समय से शैव तथा काली का प्रतिष्ठा केन्द्र रहा है, जिसकी पुष्टि शिव प्रतिमाओं के साथ अनेकानेक शाक्त प्रतिमाओं से है। बहुसंख्यक तीर्थयात्री लेखों से स्पष्ट है कि कालंजर तीर्थ आध्यात्मिक केन्द्र के रूप में विकसित होने के साथ सांस्कृतिक सद्भावना, भक्ति एवं भावनात्मक एकता,

आध्यात्मिक जिज्ञासा और मानसिक शांति प्रदायिनी होने के अतिरिक्त जन समुदाय की आवश्यकताओं के पूर्तिकारक रूप में प्रतिष्ठित था। समय के साथ कालंजर दुर्ग एक व्यापारिक और राजनीतिक केन्द्र के रूप में विकसित हुआ। यहां पर यह उल्लेखनीय है कि अनेक राजनीतिक परिवर्तनों के बाद भी अपनी सांस्कृतिक भावनाओं को संरक्षित रखने में कालंजर सफल रहा तथा यहां के प्रसिद्ध देव नीलकण्ठ की उपासना उनके मंदिर में अबाधित रूप में निरंतर जारी रही है। इस दुर्ग के ऐतिहासिक महत्व को देखते हुये 1920 ई० में भारतीय पुरातत्त्व सर्वेक्षण ने इसे केन्द्रीय संरक्षित स्मारक घोषित किया और निरन्तर इसके संरक्षण और परिरक्षण हेतु प्रयासरत है। बेहतर संरक्षण तथा अच्छी जन सुविधाओं को उपलब्ध कराते हुए अधिक प्रचार-प्रसार के माध्यम से ऐतिहासिक दृष्टि से अत्यन्त महत्वपूर्ण इस धरोहर, विश्व के प्राचीन जीवन्त मंदिर युक्त कालंजर के पावन दुर्ग, को एक अत्यन्त लोकप्रिय पर्यटन स्थल के रूप में विकसित किया जा सकता है।

अरविन्द कुमार सिंह

ग्रन्थ सूची

अग्रवाल, के॰एल॰ 1995. 'कालंजर थ्रो द एजेज', *द ग्लोरी दैट वाज बुन्देलखण्ड (फेस्ट्रीच आनरींग महेन्द्र कुमार मानव)*, के॰डी॰ बाजपेयी एवं अन्य (संपादक), शिवकिरन पब्लिकेशन, दिल्ली।

अग्रवाल, रतन चन्द्र 1965. 'प्राचीन राजस्थान के शैव आचार्य एवं शैवमठ', *वर्द*, राजस्थान साहित्य समिति, बिसाहु की मुख्य पत्रिका, इयर 8, भाग 1, जनवरी 1965।

अग्रवाल, वासुदेव शरण 1961. 'ए सर्वे आफ गुप्त आर्ट एण्ड सम स्कल्पचर्स फ्राम नचना कुठारा एण्ड खोह', *ललितकला* 9: चित्र 4 (अप्रैल 1961, कार्ल खण्डलवाला एण्ड मोतीचंद्र संपादक), ललितकला अकादमी, नई दिल्ली।

अग्रवाल, वासुदेव शरण 1965. *स्टडीज इन इण्डियन आर्ट* 2, पृथ्वी प्रकाशन, वाराणसी।

अग्रवाल, वासुदेव शरण 1977. *गुप्त आर्ट*, पृथ्वी प्रकाशन, वाराणसी।

आचार्य, प्रसन्न कुमार (संपादक) 1933. *मानसार*, इलाहाबाद।

आनन्द, मुल्कराज एण्ड स्टेला क्रमरिश 1957. 'होमेज टू खजुराहो', *मार्ग* 10-3, जून 1957।

आपटे, हरि नारायण 1895. *ब्रह्म पुराण*, आनन्दाश्रम संस्कृति ग्रन्थावली, ग्रंथांक 28, पूना।

आपटे, हरि नारायण 1900. *अग्नि पुराण*, आनन्द आश्रम संस्कृत ग्रंथावली, ग्रथांक 41, पूना।

आपटे, हरि नारायण 1905. *वायु पुराण*, आनन्दाश्रम संस्कृति ग्रन्थावली, ग्रंथांक 49, पूना।

आपटे, वामन शिवराम 1977. *संस्कृत हिन्दी कोश*, मोतीलाल बनारसीदास, दिल्ली।

आर्किआलाजिकल सर्वे आफ इण्डिया एनुअल रिपोर्ट 1911-12; 1927-28; 1936-37, न्यू डेलही।

इण्डियन आर्किआलाजी 1971-72 - ए रेव्यू (1975, एम॰एन॰ देसपाण्डे संपादक), द डायरेक्टर जनरल, आर्किआलाजिकल सर्वे आफ इण्डिया, न्यू डेलही।

इण्डियन आर्किआलाजी 1976-77 - ए रेव्यू (1980, बी॰के॰ थापर संपादक), द डायरेक्टर जनरल, आर्किआलाजिकल सर्वे आफ इण्डिया, न्यू डेलही।

एट्किन्सन, एडविन टी॰ 1874. *स्टेटिस्टिकल डेस्क्रिप्टिव एण्ड हिस्टारिकल एकाउन्ट आफ द नार्थ-वेस्टर्न प्राविन्सेस आफ इण्डिया 1: बुन्देलखण्ड*, प्रिन्टेड एट द नार्थ-वेस्टर्न प्राविन्सेस गवर्नमेन्ट प्रेस, इलाहाबाद।

एनुअल रिपोर्ट आन इण्डियन एपिग्राफी फार 1957-59; 1965-67; 1969-70; 1972-73; 1973-74; 1982-83; 1986-87, द डायरेक्टर जनरल, आर्किआलाजिकल सर्वे आफ इण्डिया, न्यू डेलही।

एशर, फ्रेडेरिक 1981. 'पंचायतन शिवलिंगाज: सोर्सेस एण्ड मिनिंग', *कलादर्शन*, अमेरिकन स्टडीज इन द आर्ट आफ इण्डिया, 1-6 (जान विलियम्स संपादक), लिडेन।

कनिंघम, अलेक्जेण्डर 1872. *आर्किआलाजिकल सर्वे आफ इण्डिया फोर्थ रिपोर्ट्स मेड ड्यूरिंग द इयर 1962-63-64-65*, भाग 2, (पुनर्मुद्रित 2000), द डायरेक्टर जनरल, आर्किआलाजिकल सर्वे आफ इण्डिया, न्यू डेलही।

कनिंघम, अलेक्जेण्डर 1879. *द स्तूप आफ भरहुत: ए बुद्धिस्ट मानूमेण्ट आरनामेण्टेड वीथ न्यूमरस स्कल्पचर्स*, लंदन।

कनिंघम, अलेक्जेण्डर 1880. *आर्किआलाजिकल सर्वे आफ इण्डिया रिपोर्ट आफ टूर्स इन बुन्देलखण्ड एण्ड मालवा इन 1874-75 एण्ड 1876-77*, भाग 10, (पुनर्मुद्रित 2000), द डायरेक्टर जनरल, आर्किआलाजिकल सर्वे आफ इण्डिया, न्यू डेलही।

कनिंघम, अलेक्जेण्डर 1885. *आर्किआलाजिकल सर्वे आफ इण्डिया रिपोर्ट्स आफ ए टूर इन बुन्देलखण्ड एण्ड रीवा इन 1983-84 एण्ड आफ ए टूर इन रीवां, बुन्देलखण्ड, मालवा, एण्ड ग्वालियर इन 1884-85*, भाग 21, (पुनर्मुद्रित 2000), द डायरेक्टर जनरल, आर्किआलाजिकल सर्वे आफ इण्डिया, न्यू डेलही।

कटारे, संत लाल 1958. 'अजयगढ़ राक इन्सक्रिप्शन आफ चन्देल कीर्त्तिवर्मन', *एपिग्राफिआ इण्डिका 30*: 87-90 (1953-54, लक्ष्मीनारायण राव एवं डी०सी० सरकार संपादक), मैनेजर आफ पब्लिकेशन्स, डेलही प्रिंटेड एट गवर्नमेन्ट आफ इण्डिया प्रेस, कलकत्ता, (पुनर्मुद्रित 1987), द डायरेक्टर जनरल, आर्किआलाजिकल सर्वे आफ इण्डिया, न्यू डेलही।

कटारे, सन्त लाल 1960. 'कालंजर इन्सक्रिप्शन आफ वी०एस० 1147', *एपिग्राफिआ इण्डिका* 31: 163-166 (1955-56, डी०सी० सरकार संपादक), मैनेजर आफ पब्लिकेशन, गवर्नमेन्ट आफ इण्डिया प्रेस, कलकत्ता, (पुनर्मुद्रित 1987), द डायरेक्टर जनरल, आर्किआलाजिकल सर्वे आफ इण्डिया, न्यू डेलही।

किलहार्न, एफ० 1889. 'देवगढ़ राक इन्सक्रिप्शन आफ कीर्तिवर्मन, द (विक्रम) इयर 1154', *द इण्डियन एण्टीक्यूरी, ए जर्नल आफ ओरिएन्टल रिसर्च इन आर्किआलाजी, एपिग्राफी, ज्योग्रैफी, हिस्ट्री, फोल्कलोर, लैंगुएज, लिट्रेचर, न्यूमिस्मैटिक्स, फिलास्फी, रिलिजन, एण्ड सी० एण्ड सी० 18*: 237-239, (जान फेथफुल फ्लीट एण्ड रिचर्ड कारनेक टेंपल संपादक), पुनर्मुद्रित 1984, स्वाती पब्लिकेशन्स, डेलही।

किलहार्न, एफ.० 1892. 'खजुराहो स्टोन इन्सक्रिप्शन्स आफ यशोवर्मन; आफ द विक्रम इयर 1011', *एपिग्राफिआ इण्डिका: ए कलेक्शन आफ इन्सक्रिप्शन्स सपलिमेन्टरी टू द कार्पस इन्सक्रिप्शनम् इण्डिकेरम् आफ द आर्किआलाजिकल सर्वे आफ इण्डिया 1*: 122-135, (1892, जेस बर्गेस, इ० हुल्त्ज, ए० फुहरर संपादक), सुपरीटेण्डेन्ट आफ गवर्नमेन्ट प्रिन्टिंग इण्डिया, कलकत्ता (पुनर्मुद्रित 1983), द डायरेक्टर जनरल आर्किआलाजिकल सर्वे आफ इण्डिया, न्यू डेलही।

किलहार्न, एफ० 1892. 'अजयगढ़ राक इन्सक्रिप्शन आफ वीरवर्मन; आफ द विक्रम इयर 1317', *एपिग्राफिआ इण्डिका: ए कलेक्शन आफ इन्सक्रिप्शन्स सपलिमेन्टरी टू द कार्पस इन्सक्रिप्शनम् इण्डिकेरम् आफ द आर्किआलाजिकल सर्वे आफ इण्डिया 1*: 325-330, (1892, जेस बर्गेस, इ० हुल्त्ज, ए० फुहरर संपादक), सुपरीटेण्डेन्ट आफ गवर्नमेन्ट प्रिन्टिंग इण्डिया, कलकत्ता (पुनर्मुद्रित 1983), द डायरेक्टर जनरल, आर्किआलाजिकल सर्वे आफ इण्डिया, न्यू डेलही।

किलहार्न, एफ० 1892. 'राक इन्सक्रिप्शन आफ द टाइम आफ भोजवर्मन', *एपिग्राफिआ इण्डिका: ए कलेक्शन आफ इन्सक्रिप्शन्स सपलिमेन्टरी टू द कार्पस इन्सक्रिप्शनम् इण्डिकेरम् आफ द आर्किआलाजिकल सर्वे आफ इण्डिया 1*: 330-338, (1892, जेस बर्गेस, इ० हुल्त्ज, ए० फुहरर संपादक), सुपरीटेण्डेन्ट आफ गवर्नमेन्ट प्रिन्टिंग इण्डिया, कलकत्ता (पुनर्मुद्रित 1983), द डायरेक्टर जनरल, आर्किआलाजिकल सर्वे आफ इण्डिया, न्यू डेलही।

किलहार्न, एफ० 1902-03. 'कहला प्लेट आफ द कलचुरी सोढदेव (विक्रम) सम्वत् 1134', *एपिग्राफिआ इण्डिका एण्ड रिकार्ड्स आफ द आर्किआलाजिकल सर्वे आफ इण्डिया 7*: 85-93, (1902-03, इ० हुल्त्ज संपादक), सुपरीटेण डेन्ट आफ गवर्नमेन्ट प्रिन्टिंग इण्डिया, कलकत्ता।

किलहार्न, एफ॰ 1905. 'बुद्धिस्ट इन्सक्रिप्शन आफ भवदेव रणकेसरिन', *जर्नल आफ द रायल एशियाटिक सोसाइटी* 37: 621, रायल एशियाटिक सोसाइटी आफ द ग्रेट ब्रिटेन एण्ड आयरलैण्ड।

कुमार, कृष्ण 1999. 'कालंजर के बुन्देला शासक प्रतापरुद्रदेव की संस्कृत प्रशस्ति की खोजः बुन्देलखण्ड के मध्यकालीन राजनैतिक एवं सांस्कृतिक इतिहास पर नवीन प्रकाश', *प्राग्धारा* 9: 151-162, (1998-99, राकेश तिवारी संपादक), जर्नल आफ द यू॰पी॰ स्टेट आर्किआलाजी डिपार्टमेन्ट, लखनऊ।

कुमार, विजय 2016. 'निलकंठ टेंपल कालिंजर', *इण्डियन जर्नल आफ आर्किआलाजी* 1-1: 100-371, (विजय कुमार संपादक), नेशनल ट्रस्ट फार प्रमोशन आफ नालेज, लखनऊ।

कुमार, विजय 2019. 'एण्टीक्यूटिज केप्ट एट अमान सिंह पैलेस, कालिंजर फोर्ट, डिस्ट्रीक्ट बांदा यू॰पी॰', *इण्डियन जर्नल आफ आर्किआलाजी* 4-3: 136-1435, (विजय कुमार संपादक), नेशनल ट्रस्ट फार प्रमोशन आफ नालेज, लखनऊ।

कुमार, विजय, आलोक रंजन एण्ड कृष्ण कुमार 2016. 'न्यू कालिंजर इन्सक्रिप्शन्स', *इण्डियन जर्नल आफ आर्किआलाजी* 1-1: 90-99, (विजय कुमार संपादक), नेशनल ट्रस्ट फार प्रमोशन आफ नालेज, लखनऊ।

खेमराज एवं कृष्णदास (संपादक) 1909. *स्कद पुराण,* बम्बई।

गनपतशास्त्री, महामहोपाध्याय टी॰ (संपादक) 1919. *द मयमत आफ मयमुनी,* अनन्तसयन संस्कृत ग्रंथावली, 65, त्रिवेन्द्रम।

जायसवाल, विदुला, अरविन्द कुमार सिंह एवं मीरा शर्मा, *द सैक्रेड लैण्डस्केप आफ मुण्डेश्वरी द 'ओलडेस्ट लिविंग' टेम्पल,* आर्यन बुक्स इण्टरनेशनल, नई दिल्ली एण्ड ज्ञान प्रवाह, वाराणसी।

जावीद, एम॰ सलीम 2007. 'फोर्ट आफ कालिंजर एण्ड इट्स मिडिवल स्ट्रक्चर', *प्रोसीडिंग्स आफ द इण्डियन हिस्ट्री कांग्रेसः* 1020-1028 (67 सेशन, कालिकट)।

जोशी, एम॰सी॰ 2015. *कालंजर फोर्ट, हिस्ट्री, आर्ट एण्ड आर्किटेक्चर,* प्रतिभा प्रकाशन, डेलही।

डे, नन्द लाल 1927. *ज्योग्रैफिकल डिक्सनरी आफ एन्शिएन्ट एण्ड मिडिवल इण्डिया,* सेकेण्ड एडिशन, लुजाक एण्ड कम्पनी।

ड्रेक-ब्रोकमैन, डी॰एल॰ 1929. *बांदा ए गजेटियर, डिस्ट्रीक्ट गजेटियर्स आफ यूनाइटेड प्राविंस आफ आगरा एण्ड अवध,* द सुपरिटेण्डेन्ट गवर्नमेन्ट प्रेस, युनाइटेड प्राविन्स, इलाहाबाद।

डिस्ट्रीक्ट गजेटियर आफ झांसी, द इम्पीरियल गजेटियर आफ इण्डिया, भाग 14ए, जैसेलमेर, न्यू एडिशन, आक्सफोर्ड 1908।

तिवारी, गोरे लाल 1934. *बुन्देलखण्ड का संक्षिप्त इतिहास,* काशी नागरी प्रचारिणी सभा, बनारस।

त्रिपाठी, सोमदत्त 2003. *शक्तिपुत्र छत्रसाल,* सुरुचि प्रकाशन, नई दिल्ली।

त्रिवेदी, हरिहर विट्ठल 1989. *इन्सक्रिप्शन्स आफ द चन्देलाज, कच्छपघाताज, इटीसी., कार्पस इन्सक्रिप्शनम् इण्डिकैरम्* 7-3, द डायरेक्टर जनरल, आर्किआलाजिकल सर्वे आफ इण्डिया, न्यू डेलही।

त्रिवेदी, हरिहर विट्ठल 1991. *इन्ट्रोडक्सन टू द परमाराज, चन्देलाज, कच्छपघाताज, इटीसी., कार्पस इन्सक्रिप्शनम् इण्डिकैरम्* 7-1, द डायरेक्टर जनरल, आर्किआलाजिकल सर्वे आफ इण्डिया, न्यू डेलही।

थापल्याल, के॰के॰ एण्ड डी॰पी॰ तिवारी 2006. 'सिल डाइ आफ द शिव स्राइन कालंजर फ्राम संचानकोट', *रिसर्च बुलेटिन आफ विश्वेश्वरानन्द वेदिक रिसर्च इन्स्टीट्यूट* 4-5: 451-456 एण्ड फिगर।

द इम्पेरियल गजेटियर आफ इण्डिया 14 (1908): *जैसलमेर टू करा,* पब्लिश्ड बाइ मैजेस्टिक सेक्रेटरी स्टाफ फार इण्डिया इन काउंसिल, क्लैरेनोस प्रेस, आक्सफोर्ड।

दुबे, डी॰पी॰ एण्ड अभिषेक के॰ दुबे 2014. 'कालंजर स्टोन इन्सक्रिप्शन आफ द टाइम आफ परमर्दिदेव, संवत् 1258', *स्टडीज इन इण्डियन एपिग्राफी* 40: 70–77, (एम॰डी॰ सम्पथ संपादक), जर्नल आफ द एपिग्राफिकल सोसाइटी आफ इण्डिया, मैसूर।

निगम, एम॰एल॰ 1983. *कल्चरल हिस्ट्री आफ बुन्देलखण्ड,* संदीप प्रकाशन, न्यू डेलही।

नेने, गोपाल शास्त्री (संपादक) 1935. *मनुस्मृति,* वाराणसी।

पण्डित, मिहिरचन्द्र (संपादक) 1930. *सुक्रनिति,* बम्बई।

पंत, पूरन चन्द्र 1982. *प्रीहिस्टारिक उत्तर प्रदेश: ए स्टडी आफ ओल्ड स्टोन एज,* आगम कला प्रकाशन, डेलही।

पागसन, कैप्टन डब्लू॰ आर॰ 1828. *ए हिस्ट्री आफ द बुन्देलाज,* एशियाटिक लिथोग्राफिक कम्पनी, कलकत्ता।

पार्जिटर, एफ॰इ॰ 1922. *एन्शिएण्ट इण्डियन हिस्टारिकल ट्रैडिशन,* आक्सफोर्ड यूनिवर्सिटी प्रेस, लन्दन, रिप्रिंट 1997, मोतीलाल बनारसीदास।

पाठक, एम॰एम॰ (संपादक) 1997–99. *द विष्णु पुराण,* वडोदरा।

पाठक, विशुद्धानन्द 1982. *उत्तर भारत का राजनीतिक इतिहास (600 से 1200 ई॰)*, तृतीय संस्करण, उत्तर प्रदेश हिन्दी संस्थान, लखनऊ।

पाठक, विश्वम्भर शरण 1960. *हिस्ट्र आफ शैव कल्ट्स इन नार्दन इण्डिया फ्राम इन्सक्रिप्शन्स 700 ए॰डी॰ टू 1200 ए॰डी॰,* राम नरेश वर्मा, पुनर्मुद्रित 1980, अभिनव प्रकाशन, इलाहाबाद।

पाण्डेय, रुद्र किशोर 1991. *कालंजर-सौर्य, स्मारक, मूर्तिशिल्प,* साहित्य, झांसी।

फरिश्ता, मुहम्मद कासिम हिन्दू शाह, जे॰ ब्रिग्स एवं हैरत अली हान मुस्ताक 1831–32. *तारिख-इ-फरिश्ता (हिस्ट्री आफ द राइज आफ द मोहम्डन पावर इन इण्डिया, टिल द इयर ए॰डी॰ 1612)*, गवर्नमेन्ट कालेज प्रेस, बम्बई।

फुहरर, अल्वायस अन्टोन 1891. *द मानूमेन्टल एन्टीक्यूटीज एण्ड इन्सक्रिप्शन्स इन द नार्थ-वेस्टर्न प्राविन्सेस एण्ड अवध,* इलाहाबाद, सुपरीटेण्डेन्ट आफ गवर्नमेन्ट प्रेस, एन॰डब्लू॰पी॰ एण्ड अवध, कलकत्ता।

फ्लीट, जान फेथफुल 1888. *इन्सक्रिप्शन्स आफ द अर्ली गुप्त किंग्स एण्ड देयर सक्सेसर्स, कार्पश इन्स्क्रिप्शनम् इण्डिकैरम् 3,* सुपरीटेण्डेन्ट आफ गवर्नमेन्ट प्रिन्टिंग प्रेस इण्डिया, कलकत्ता।

फ्लीट, जान फेथफुल 1899. 'इन्सक्रिप्शन्स एट मनगोली – आफ द टाइम आफ बिज्जल; ए॰डी॰ 1165', *एपिग्राफिआ इण्डिका एण्ड रेकार्ड्स आफ द आर्किआलाजिकल सर्वे आफ इण्डिया 5*: 23–26, (1898–99, इ॰ हुल्त्ज संपादक), आफिस आफ द सुपरीटेण्डेन्ट आफ गवर्नमेन्ट प्रिन्टिंग इण्डिया, कलकत्ता, (पुनर्मुद्रित 1959), द डायरेक्टर जनरल, आर्किआलाजिकल सर्वे आफ इण्डिया, न्यू डेलही।

बाजपेयी, के॰डी॰ 1961. 'सम इन्ट्रेस्टिंग गंगा फिगर्स फ्राम पन्ना', *ललितकला* 10: 21–24, चित्र 1–7, (अक्टुबर 1961, कार्ल खण्डलवाला एण्ड मोतीचंद्र संपादक), ललितकला अकेडमी, न्यू डेलही।

बाजपेयी, के॰डी॰ एवं अन्य 1992. 'कालंजर: एन आर्किआलाजिकल प्रोफाइल', *कालंजर, ए हिस्टारिकल एण्ड कल्चरल प्रोफाइल* (बी॰एन॰ राय संपादक), पोस्ट ग्रैजुएट डिपार्टमेन्ट आफ हिस्ट्री, पण्डित जवाहरलाल नेहरु कालेज, बांदा।

बिशप, पीटर सी॰ 2013. 'टू प्रि चन्देल इन्सक्रिप्शन्स फ्राम कालंजर', *इण्डो-इरानियन जर्नल* 56 (2013): 279–294, ब्रिल।

बेकर, हन्स टी० 2014. द *वर्ड आफ द स्कन्द पुराणः नार्दन इण्डिया इन द सिक्स्थ एण्ड सेवेंथ सेंचुरीज,* ब्रिल, लिडेन।

बेगडे, प्रभाकर वी० 1982. *फोर्ट्स एण्ड पैलेसेस आफ इण्डिया,* सागर पब्लिकेशन्स, डेलही 2018. *भागवत पुराण,* गीता प्रेस।

बोस, एस०एन० 1956. *हिस्ट्री आफ चन्देलाज आफ जेजाकभुक्ति,* कलकत्ता।

मजूमदार, आर०सी० एवं ए०डी० पुसालकर (सम्पादक) 1951. द *वेदिक एज,* जार्ज एलेन एण्ड अनविन लिमिटेड, लन्दन।

मजूमदार, आर०सी०, ए०डी० पुसालकर एवं ए०के० मजूमदार (सम्पादक) 1954. द *क्लैसिकल एज,* भारतीय विद्या भवन, बम्बई।

मजूमदार, आर०सी०, ए०डी० पुसालकर एवं ए०के० मजूमदार (सम्पादक) 1955. द *एज आफ इम्पिरियल कन्नौज,* भारतीय विद्या भवन, बम्बई।

मजूमदार, आर०सी०, ए०डी० पुसालकर एवं ए०के० मजूमदार (सम्पादक) 1957. द *स्ट्रगल फार इम्पायर,* भारतीय विद्या भवन, बम्बई।

मजूमदार, आर०सी० एवं ए०एस० अल्तेकर 1967. द *वाकाटक गुप्त एज,* मोतीलाल बनारसीदास।

मण्डलीक, विश्वनाथ नारायण 1894. *पद्म पुराण,* आनन्द आश्रम, पूना।

मार्शल, सर जान 1915. *आर्किआलाजिकल सर्वे आफ इण्डिया रिपोर्ट 1911-12,* सुपरीटेण्डेन्ट गवर्नमेन्ट प्रिन्टिंग प्रेस, कलकत्ता।

मिराशी, वासुदेव विष्णु 1955. *इन्सक्रिप्शन्स आफ द कलचुरी चेदि एराः कार्पस इन्सक्रिप्शनम् इण्डिकैरम* 4, गवर्नमेण्ट एपिग्राफिस्ट फार इण्डिया, ऊटकमण्ड।

मिराशी, वासुदेव विष्णु 1956. 'सौगर स्टोन इन्सक्रिप्शन आफ संकरगण', *एपिग्राफिआ इण्डिका* 27: 163-170, (1947-48, बी०च० छाब्रा एण्ड एन० लक्ष्मीनारायण राव संपादक), मैनेजर आफ पब्लिकेशन्स, डेलही।

मिश्र, आर०एन० 2018. *एसेटिक्स, पिटी एण्ड पावर, शैव सिद्धान्त मोनास्टिक आर्ट इन द वुडलैण्ड्स आफ सेन्ट्रल इण्डिया,* आर्यन बुक्स इण्टरनेशनल, न्यू डेलही।

मिश्र, मण्डन (सम्पादक) 1976. *देवी पुराण,* श्री लालबहादुर शास्त्री केन्द्रीय संस्कृत विद्यापीठ, शांति निकेतन, नई दिल्ली।

मुखोपाध्याय, नीलमणि (संपादक) 1890. *कूर्म पुराण,* कलकत्ता।

मैकडानेल, ए०ए० एवं ए०बी० कीथ 1912. *वेदिक इन्डेक्स आफ नेम्स एण्ड सब्जेक्ट्स,* भाग 1, लन्दन।

मैसी, एफ० 1848. 'डिस्क्रिप्शन्स आफ द एण्टीक्यूटीज एट कालिंजर' एण्ड 'अकाउण्ट आफ द एण्टीक्यूटीज आफ कालिंजर', *जर्नल आफ द एशियाटिक सोसाइटी आफ बंगाल* 17: 188-196, एण्ड 313-323 (जनवरी-जून 1848), बैपटिस्ट मिशन प्रेस, कलकत्ता।

यादव, राजेन्द्र 2003. 'अनपब्लिस्ड गुप्त रिमेन्स आफ कालंजर', *प्राग्धारा* 13: 222-226 (राकेश तिवारी संपादक), जर्नल आफ द यू०पी० स्टेट आर्किआलाजी डिपार्टमेन्ट, लखनऊ।

यादव, राजेन्द्र 2016. *कालिंजर,* निदेशक, भारतीय पुरातत्त्व सर्वेक्षण, नई दिल्ली।

राय, प्रताप चन्द्र 1970. द *महाभारत आफ कृष्ण-द्वायपायन व्यास,* ट्रांसलेटेड इंटू इंग्लिश फ्राम द ओरिजिनल संस्कृत टेक्स्ट, क्रिटिकल एडिशन, मुंशिराम मनोहरलाल पब्लिशर्स प्राइवेट लिमिटेड, न्यू डेलही।

राय, बी॰एन॰ (संपादक) 1992. *कालंजर: ए हिस्टारिकल एण्ड कल्चरल प्रोफाइल,* डिपार्टमेन्ट आफ हिस्ट्री, पण्डित जवाहरलाल नेहरु कालेज, बांदा।

रायचौधरी, हेमचन्द 1971. *प्राचीन भारत का राजनैतिक इतिहास,* किताब महल, इलाहाबाद।

रिजवी, सैयद अली नदीम 2002, 'द मेडिवल फोर्ट आफ कालिंजर एण्ड इट्स हिस्ट्री', *प्रोसिडींग आफ द इण्डियन हिस्ट्री कांग्रेस 63*: 1233-1259, (63 सेशन अमृतसर, 2002), इण्डियन हिस्ट्री कांग्रेस, कोलकता।

रे, एच॰सी॰ 1931. *डायनेस्टीक हिस्ट्री आफ नार्दन इण्डिया,* मुंशीराम मनोहरलाल पब्लिशर्स प्राइवेट लिमिटेड, न्यू डेलही।

विद्यासागर, जीवानन्द 1876. *मत्स्य पुराण,* महर्षि वेदव्यास प्रणीत, कलकत्ता।

विष्णु, एस॰, पी॰एल॰ बेलवलकर, एवं सुकथन्कर वैद्य 1933. *महाभारत आफ व्यास क्रिटिकल एडिशन,* भण्डारकर ओरियण्टल इन्स्टीट्यूट, पूना।

वोल्ल, फाउस (संपादक) 1877-97. *जातक;* अंग्रेजी अनुवाद कावेल 1895-1913, कैम्ब्रिज।

शर्मा, जी॰आर॰ 1960. *एक्सकैवेशन्स एट कौशाम्बी,* इलाहाबाद।

शास्त्री, आर॰ शाम (संपादक) 1919. *अर्थशास्त्र* (कौटिल्य), मैसूर; वाचस्पति गेरोला द्वारा हिन्दी अनुवाद, चौक अम्बा विद्या भवन, वाराणसी, 1962।

शास्त्री, ए॰एम॰ 1995. *इन्सक्रिप्शन्स आफ द शरभपुरीयाज, पाण्डुवंशीन्स, एण्ड सोमवंशीन्स,* इण्डियन काउंसिल आफ हिस्टारिकल रिसर्च, न्यू डेलही एण्ड मोतीलाल बनारसीदास।

शास्त्री, हीरानंद 1927-28. 'बराह कापरप्लेट आफ भोजदेव; विक्रम संवत् 893', *एपिग्राफिआ इण्डिका एण्ड रिकार्ड आफ द आर्किआलाजिकल सर्वे आफ इण्डिया 19*: 15-19 (1927-28, हीरानंद शास्त्री संपादक), मैनेजर गवर्नमेन्ट आफ इण्डिया सेन्ट्रल पप्लिकेशन ब्रांच, बाम्बे, पुनर्मुद्रित 1983, डायरेक्टर जनरल आर्किआलाजिकल सर्वे आफ इण्डिया, न्यू डेलही।

श्रीवास्तव, सत्य प्रकाश 1995-96. 'नागपुर अंचल: प्राचीन मंदिर एवं उनकी मूर्तिकला', *द रिसर्चर,* भाग 16-17: 78-83।

सक्सेना, चेतन्य स्वरूप, रीवां सम्भग में कालचुरि कालीन मन्दिर स्थापत्य मूर्तिकला का अध्ययन, अप्रकासित शोध-प्रबन्ध।

सरकार, डी॰सी॰ 1966. *इण्डियन एपिग्राफिकल ग्लासरी,* मोतीलाल बनारसीदास, डेलही।

सिंह, अरविन्द कुमार 2017. 'पैलियोग्रैफिक रिकार्ड्स आफ मुण्डेश्वरी डाकुमेण्टेशन आफ इन्सक्रिप्शन्स', (विदुला जायसवाल, अरविन्द कुमार सिंह एवं मीरा शर्मा) *द सैक्रेड लैण्डस्केप आफ मुण्डेश्वरी द 'ओलडेस्ट लिविंग' टेम्पल,* आर्यन बुक्स इण्टरनेशनल, नई दिल्ली एण्ड ज्ञान प्रवाह, वाराणसी।

सिंह, अरविन्द कुमार एवं नवनीत कुमार जैन 2014. *ग्वालियर दुर्ग स्थापत्य कला एवं अभिलेख,* आर्यन बुक्स इण्टरनेशनल, नई दिल्ली।

सिंह, अरविन्द कुमार एवं नवनीत कुमार जैन 2016. *इन्सक्रिप्शन्स आफ ग्वालियर मैटेरियल फार द हिस्ट्री आफ गोपाद्रि रिजन,* बी॰आर॰ पब्लिशिंग कार्पोरेशन, डेलही।

सिंह, आर॰एल॰ 1971. *इण्डिया ए रीजनल जियोग्राफी,* नेशनल *जियोग्राफी* सोसाइटी आफ इण्डिया, वाराणसी।

सुल्लेरे, सुशील कुमार 1987. *अजयगढ़ और कालंजर की देव प्रतिमाएं,* रमानन्द विद्या भवन, दिल्ली।

सुल्लेरे, सुशील कुमार 1998. 'कालंजर के कलचुरि', *कलचुरि राजवंश और उनका युग* (राज कुमार शर्मा, सुशील कुमार सुल्लेरे एवं चन्द्रशेखर गुप्त संपादक), आर्यन बुक्स इण्टरनेशनल, न्यू डेलही।

सुल्लेरे, सुशील कुमार 2016. *कालिंजर एक ऐतिहासिक किला एवं सांस्कृतिक केन्द्र,* बी०आर० पब्लिशिंग कार्पोरेशन, डेलही।

स्मिथ, विन्सेट 1918. *अकबर द ग्रेट मोगल,* आक्सफोर्ड यूनिवर्सिटी प्रेस, न्यू यार्क।

स्वामी, नारायण (संपादक) 1933. *रामायण* (वालमिकि), मद्रास।

हुल्त्ज, इ० 1892. 'ए चन्देला इन्सक्रिप्शन फ्राम महोबा', *एपिग्राफिआ इण्डिका: ए कलेक्शन आफ इन्सक्रिप्शन्स सपलिमेन्टरी टू द कार्पस इन्सक्रिप्शनम इण्डिकेरम आफ द आर्किआलाजिकल सर्वे आफ इण्डिया 1*: 217-222, (जेस बर्गेस, इ० हुल्त्ज, ए० फुहरर संपादक), सुपरीटेण्डेन्ट आफ गवर्नमेन्ट प्रिन्टिंग इण्डिया, कलकत्ता (पुनर्मुद्रित 1983), द डायरेक्टर जनरल, आर्किआलाजिकल सर्वे आफ इण्डिया, न्यू डेलही।

हैमिल्टन, फ्रान्सिस 1819. 'डिस्क्रिप्शन आफ द डायमण्ड माइन आफ पन्ना', *एडिनबर्ग फिलासफिकल जर्नल 1* (1819): 49-54, (ब्रेवेस्टर एण्ड जेम्सन संपादक), अर्खिबल्द कान्सटेबल एण्ड कम्पनी, एडिनबर्ग।

●●●